中国历代墨宝

[台湾商务印书馆学术经典]

中国历代思想家

汉

主编：
台湾中华文化总会
王寿南

九州出版社 JIUZHOUPRESS | 全国百佳图书出版单位

出版说明

《中国历代思想家》系由台湾中华文化总会（原名“中华文化复兴运动推行委员会”、“中华文化复兴运动总会”等）与王寿南教授共同担任主编，两岸学者联袂撰写，台湾商务印书馆出版。这套著作对于读者具有很好的参考意义。作为海峡两岸出版交流中心重点引进项目，此次以简体字出版，对文中的古今地名对照、注文体例和文字错误等作了必要的订正，并将原25分册按历史年代合并为先秦、汉、魏晋南北朝、隋唐、宋明、清和现代等凡7种14册。

原版本的卷头语和三篇序言，从不同角度介绍了该书系的出版缘起和有关情况，简体版将其主要内容附于书前。

该书关于中国历代思想家的选取立意及某些作者的观点，我们并不完全认同。但为便于参考研究，仍保留其原貌，在书中加编者注予以说明；个别之处，有所节略，但不改动原书之观点。

九州出版社

卷頭語

二十年前，吉書同學王勤南博士來訪，出示其所擬中國思想方面個人計劃；時勤南任教於政大歷史系，對中國史學甚長所學，同時兼任文化復興推行委員會委員及讀書出版研究會總幹事，義務為推動兩岸勤勞，成其事之，其後乃年度會副會長，以篤主民出版研究會會，近年之病，許為提示其精神，擇勤南相助。略說其不擬計劃，謂之實於各後之任務，同仁保實以，而詳細研究，述了其壇因，並已編撰預備每當以中小學術文纪至宝余为法福助，孙果称日福助费六千余图，是书已数度再版，未及详校，因日本望月高桐文改名相书长此，此以先生之见，此此以上力为赞，同，意将中至余福助之数为悉玩数，当以读余。纵有言群宗主助，使底如生。此年即致移去也。时年方稍也，未于提供之见，因厥书第一年主持，凡著作之年世家东了观朱也。

三年以来，日于目，为纵来书家之见，为摘聪扱举学者，以至催稿积压，世家同书第一多任之，下劳带也，厥功至伟，[illegible]之笔稿荣矜收门之意，系不可多得之篇章，如出一传，甚堪参借，遂为左右不计。
　　本书思想家，除自然科学与社会人文科学这两栏目，专为重为外，却按照之历史人成就社会与人文科学，在哲路为历和道，成就者以四个方面按此段择中国现代思想家，并思想方面，分别二分条文，各之编择方法，以现代思想家例，作为新兴思想家之主要贡献读一遍，摘取其主要现代思想之原文，以及研究其真谛，再寻到其在现代学术上之影响，由此加以一己之論斷。對其就部居挑引，按時代先後為冊，每冊中亦以各時代敘述，第六冊之第十部則以綜合概說，以為結論，以前於各冊每章每節之以人為經，依其史類也。至於敘學思想史，先論為學，次論其書，上按時代，以人為經，每部為冊，其第六冊則改為綜合概說，上以時為經，文體與思想史相同。至於一人之時力所限，僅就思想家之生平及其傳於敘述，其學說傳世一斑，惟所引其原著皆為之經傳思想，與其相關之書籍，所重者皆資料不遺兹，自撕之传，于书表据以传。画于古以论之，群体变换，从书法到传承，而今书法论书也，以浮之列出例句，言之传去，论之世书里，种种所之形文体，评述下来，以学论世家。故学里书之后以是。论果以记中国历代书画家之名以一书家书提之文，学术对于世界年，而且对历史以来。

论对手和摆放书法书家书共收九十三人，在中国历代书画家中，得四十九人，係及半数。至若学里书法家共收六十七人，而与历代书法学

相关四十一人，古今中外，已见矣
不但文学艺术家的一瞥，而历代思想学问
其趣味之丰富，将于本书之中见也。

王[illegible]

《中国历代思想家》更新版序

王寿南

《中国历代思想家》一书于一九七八年六月初版问世，颇受社会各界的好评，并获得一九七九年“金鼎奖”，在各大学中的文、史、哲各系师生常以本书作为教学与研究的重要参考书。

《中国历代思想家》原本包含自古至今的重要思想家一百人，出版后，即有学界友人询问何以仍遗漏一些在中国思想史上占有一席之地的人物，其实，在最初选录的思想家名单不止一百人，但约稿之时，苦于难觅适当撰稿人，有些重要的思想家，只好从缺，当然我心中一直感到遗憾，总想加以增补。同时，自一九七八年以后的十几年间，若干当代大师级的思想家（如牟宗三、冯友兰、钱穆、陈大齐等）先后逝世，自应将他们纳入本书之内。基于上述两个因素，近十年来在我内心中一直盘算着如何对本书进行增订。

一九九五年七月，我向中华文化复兴运动总会秘书长黄石城先生表示希望该会能支持本书的增订工作，我也提出了一份增订《中国历代思想家》计划草案，黄秘书长回函同意，愿支付增补部分的稿费和审查费。本书的出版发行者是台湾商务印书馆，如果增补，则原来的版本必要废弃，重新排印，费用亦甚可观，幸蒙该馆总经理张连生先生慨然应允重排更新版书稿。在黄秘书长和张总经理的支持下，我开始进行增补工作，感谢海峡两岸学术文化交流的开放，让我能邀约到几位大陆的学者参与撰稿，使本书的增补工作进行顺利。

本书增订工作从一九九六年一月开始，九七年三月完成集稿，计增加思想家十九人：吕不韦、寇谦之、杜光庭、陈献章、李贽、刘宗周、惠栋、阮元、包世臣、胡礼垣、欧阳竟无、马一浮、陈大齐、梁漱溟、钱穆、冯友兰、方东美、唐君毅、牟宗三。

本书更新版能够问世，更感谢中华文化复兴运动总会和台湾商务印书馆的支持，也更感谢新增十九篇文章的作者们。

王寿南谨识

一九九八年七月二十日

于政治大学历史系

《中国历代思想家》序

谷凤翔

自周公、老子、孔子以还，二三千年间，中国之学术思想成为一股巨流，思想家辈出，无代无之，成为中华文化发展之指导，亦蔚为中国文化史中奇观景象之一。中华文化能长流不竭，久而弥新，历代思想家为文化而奉献之智慧与心力，乃为一重要之因素。近年来，出版界日趋繁荣，坊间虽有二三种中国思想史之专书，然似嫌偏于艰深，作为大学专门参考书则可，一般人却未必有阅读之兴趣，时下青年学生往往熟读尼采、罗索之言，对董仲舒、王船山之学说则懵然无知，往往高谈存在主义、社会主义，对老庄哲学、知行学说则毫未涉猎，此种现象极可忧虑，盖不能了解中国学术思想之演变，则容易对传统文化产生误解，由误解容易进而为盲目之反对，因此，为使人们对中国学术思想之演变有较深入之认识以坚固其对中国文化之信心，本会遂着手编撰本书，选择历代重要之思想家一百人，介绍其生平、思想、著作与影响。中国历史悠久，思想家之人数何止一百，本书由于篇幅所限，仅能选择一百人，然则何人应该入选，见仁见智，常有不同，本书一百位思想家之名单系本会与数位学者专家一再研究而后确定者，读者先生如对本书所选之思想家名单有异议，尚请赐教为幸。

本书编撰之目的，在向广大之社会人士提供一套可读性较高之中国思想史，同时，亦提供有志研究中国学术思想之中外学者一项入门导引，因此，本书文体采用语体文，以深入浅出之叙述使读者易于接受。

本书之编撰工作始于一九七四年九月，历时三年余而完成，本书系由本会主编，然实负其责者乃本会学术研究出版促进委员会兼任执行秘书王寿南教授，本书之作者多达七十九人，集稿工作，殊非易事，三年而成三百余万言之巨构，在文化复兴运动之历程中，当能留下一笔光彩之痕迹。

本书由于字数庞大，负担之稿费甚巨，本会经费拮据，实有不胜负荷之感，幸蒙中山文化基金会董事长兼本会副会长王云五先生慷慨应允由中山文化基金会拨款新台币六十万元，以为支持，遂使本书得以完成，本人谨代表本会向中山基金会暨王云五先生致深挚之谢意。

文化复兴工作千头万绪，决非本会所能独任，愿人人以复兴中华文化为己任，则我民族文化之前途必光明灿烂也。

谷凤翔谨识

一九七七年十二月二十三日

于中华文化复兴运动推行委员会

《中国历代思想家》序

王寿南

中国是一个文化源流久远的古国，中国文化的能久能远，其基本的原因是中国学术思想的发达，给予中国人在政治、社会及人生观各方面极大的启示和引导。中国文化能够历久而弥新，便是历代的思想家不断有创新与发明，给中国文化不断地注入活力的缘故。

梁启超先生在《中国学术思想变迁之大势》中把中国学术思想的发展划分为七个时期："一、胚胎时代，春秋以前是也；二、全盛时代，春秋末及战国是也；三、儒学统一时代，两汉是也；四、老学时代，魏晋是也；五、佛学时代，南北朝唐是也；六、儒佛混合时代，宋元明是也；七、衰落时代，近二百五十年是也；八、复兴时代，今日是也。"梁任公的分期大致能为一般人所接受，梁任公所说的衰落时代即指清代，而复兴时代便指清末以至今日。

纵观中国学术思想发展的大势，春秋战国、宋明、清末以后为三个兴盛的高峰，这三个高峰的造成有其共同的因素，便是中国人的生存环境（物质的与精神的）受到了严重的威胁而产生自救性的觉醒，这种自救性的觉醒使中国文化增加活力而得以继续生存下去，所表现出来的便是思想界结出了许多光辉灿烂的花朵。

本书编撰的目的是要介绍历代有重要贡献的思想家的生平、思想和影响，希望这份"整理"传统文化的工作，对目前正在推行的中华文化复兴运动有所帮助。

本书的编撰构想和策划从一九七四年夏开始，我首先向前辈学者王云五先生、钱穆先生、屈万里先生、萨孟武先生、沈刚伯先生等请教，诸位前辈先生对编撰方针、思想家人选、撰写体例，都提供了不少宝贵的意见，使本书得以顺利开始拟订体例。

本书要求以浅显的白话文撰写，都是希望本书成为一部人人能读、愿读的思想史。我从许多年前便提倡“学术通俗化”，呼吁学术走出古代士大夫的象牙之塔，应该对社会大众作更多的影响。中国是一个文明古国，学术思想一向受到世人的重视，可是，我们一般民众和学生却很少对我国的学术思想有较深入的了解，中学课程里虽然选读《论语》、《孟子》，但却很少学生能够畅述孔孟的思想，这是因为教科书所选的是文言文，学生背诵的目的在应付考试，其中思想的精义并没有溶入脑海，所以，背诵古人的名著虽多，却只当作文学作品去欣赏，不能影响观念，本书的力求通俗化，便是希望以通俗的方式，将中国的学术思想介绍给社会大众，使社会大众易于接受。

本书的约稿工作从一九七四年九月开始。每篇文稿交来以后，都要另请一位专家学者予以审阅，应邀担任本书审阅工作的有屈万里先生、萨孟武先生、陶希圣先生、林尹先生、严灵峰先生、陈立夫先生、高明先生、胡秋原先生、程文熙先生、沈云龙先生、何佑森先生、魏汝霖先生、龙宇纯先生、杨树藩先生、周何先生、贺凌虚先生、王尔敏先生、张朋园先生、陆宝千先生、张曼涛先生、陈鼓应先生、何启民先生、吕实强先生、陈新雄先生、李云汉先生、蒋永敬先生、黄锦鋐先生、张玉法先生、黄清连先生、李世杰先生、洪金富先生和印顺、慧岳、晓云三位法师，我在此特别向各位审阅先生致谢。

本书是由中华文化复兴运动推行委员会主编，文复会副会长王云五先生和秘书长谷凤翔先生对本书的编写给予全力的支持，才使本书得以出版。文复会副会长王岫庐（云五）先生是中国出版界的拓垦者，数十年来，一直都是中国文化园地中辛勤工作的园丁，岫庐先生是我最敬爱的老师，他兼任中山学术文化基金会的董事长和商务印书馆的董事长，为了支持本书的编写和出版，岫庐师特别指示中山学术文化基金会拨付六十万元作为本书的稿费，不足之数由文复会负担，本书的出版工作则由商务印书馆负责。本书的能够出版，可说是岫庐师和岐山先生的支助所赐，我愿意在此向岫庐师和谷先生致最高的敬意和谢意。

本书的作者都是饱学之士，他们在学术上的成就毋庸详介，他们肯为本书撰写通俗化的文章，我十分感激，本书如果能得到社会的重视，实在是他们的心血所换来的。

本书的出版是学术通俗化的一项尝试，也是为文化复兴工作尽知识分子的力量。本书的缺点在所难免，我诚恳地希望读者先生们给予指教。

王寿南谨识

一九七七年十一月二十日

于政治大学历史系

目　录

陆贾

王更生　著

目 录

一、前言

陆贾被太史公司马迁目为“有口辩士”，和郦食其同为汉王刘邦所怠慢的“竖儒”。我们在两千多年以后的今天，详加检讨陆贾在秦汉交替间的活动情形，发觉他还实在是汉初学术思想界的先驱。陆贾的籍贯以及生卒年月，司马迁在为他写传的时候，就已经语焉不详，只说他是楚人；而唐朝司马贞作《史记索隐》，却引陈留《风俗传》，说他是春秋陆浑国的后裔，又引《陆氏谱》，说他是齐宣公的远孙，这些显属后人臆测，不足采信的。不过，根据《史记》“以客从高祖定天下，居左右，常使诸侯”的记载，当时陆贾投靠刘邦，相与问鼎天下，凡有关抗暴亡秦的大小战役，说不定他都亲身参与过。而刘邦于秦二世元年（公元前二〇九年）斩蛇起义，三年（前二〇七年）项羽败秦军，沛公入关，汉高帝二年（前二〇五年）项羽弒义帝，汉王举兵声讨，四年（前二〇三年）汉、楚以鸿沟为界，中分天下，次年（前二〇二年）项羽败死，汉王正式即皇帝位，假设在沛公入关前，陆贾始“以客从高祖”，而其年龄又不会少于二十岁的话，我们想他可能出生于秦始皇帝统一全国的前十数年（前二三〇年）。又《史记》本传载，他曾为丞相陈平画策，计杀诸吕，迎立孝文，以及孝文帝元年，奉派出使南越；而这些事均发生在公元前一八七至一七九年之间，孝文帝六年（前一七四年）贾谊上《治安策》，西汉的政治、学术、社会、经济各方面，到此已呈现逐渐蜕变的倾向，和陆贾《新语》中所表现的思想，已有显著的差异；况且自此以后，也不见陆贾活动的记录，所以我们推测他可能就是卒于这几年之内（前一七六年）。这样，他从秦始皇十七年（前二三〇年）出生，至汉孝文帝四年（前一七六年）逝世，大概活了五十四岁左右。

二、两使南越的经过

南越王赵佗，河北真定人，原任南海郡龙川令，归附于秦，到二世胡亥时，因天下大乱，当时南海尉任嚣病重将死，召佗于病榻，告以现在陈胜作乱，天下叛秦，番禺地处绝域，负山面海，南北东西数千里，可以立国。及嚣死，秦又破灭，赵佗就设法除去秦故吏，合并桂林、象郡，自立为南越武王。以后高帝既定天下，认为中国苦战连年，民生劳瘁，不忍再开边衅，于是就在即位的第十一年（前一九六年），派陆贾出使南越。赐佗“南越王”印，希望他能负起“和辑百越，毋为中国患”的责任。陆贾凭他高度的外交技巧，完成了此次历史性的任务。班固《汉书》对此事曾有较详细的描述。说“陆贾到了南越，当时赵佗态度十分傲慢，贾对佗说：‘足下是中国人，祖先坟茔都在真定。今足下竟然违背天性，不仅抛弃了上国衣冠，还想拿区区的南越，和大汉天子为敌，我恐怕大祸就要临头了。再说过去因为秦始皇胡作非为，一时之间，诸侯豪杰并肩而起，只有汉王先期带兵入关，占据咸阳。后因项羽背盟爽约，自立为西楚霸王，使诸侯皆成臣属，当此之时，可算得是天下独强了。而汉王起兵巴蜀，征讨四海，劫掠诸侯，诛杀项羽，五年之间，全国一统，这实在是上天的安排，非人力所能幸致的呵！天子听说你不但不出兵相助，铲除暴乱，还自尊为南越武王；本打算用百万雄师，移兵问罪，但是他以为天下战乱频仍，百姓劳苦，才暂时休兵，派本人出使前来，颁授'南越王'印信，按理你应该郊迎谢罪，北面称臣，想不到你竟仗着分崩离析的南越，态度如此傲慢，假设这种情形，被大汉天子得知，一定派人掘烧你祖先的坟墓，杀尽你的亲族好友，然后再派一偏将，将十万之众以临南越，到那个时候，越人杀君王以降大汉，自是必然的结果了。'又说：'皇帝丰沛起义，讨伐暴秦，诛灭强楚，为天下苍生兴利除害，可说是上继三王五帝之业，下开中国万代之基，人口亿万，幅员广袤，沃野平畴，民殷国富，政令出于一人之手，这是自开天辟地以来，从所未有的盛世呵！而君王辖下，人口不过数万，皆南蛮鴃舌之辈，再加山海崎岖，物产贫乏，两相比较，顶多像汉朝一郡，又怎能和大汉天子并论呢？'"佗遂称臣朝贡，高帝也因为陆贾的外交成功，不血刃而下南越四郡，所以命他为太中大夫。这一年他大约三十四岁。

汉孝文帝于公元前一七九年以外藩的身份，受百官拥戴，继承皇帝位时，陆贾已差不多是五十上下的年龄了。原来在吕后垂帘之初，听信谗臣的建议，严禁南越与内地互市，遂激起赵佗的叛变，自上尊号为"南武帝"。发兵攻打长沙边邑，连陷数城，京师震恐。孝文帝元年（前一七九年）一方面诏告四夷，说明皇恩浩荡，愿与四夷和平相处，不以武力解决问题；一方面接受陈平的推荐，派陆贾以太中大夫身份，第二次出使南越。此次除加派谒者一人为副使外，还带着孝文帝的诏书。南越王赵佗见陆贾至，甚是惊惧，乃顿首谢罪，立即答应"愿奉明诏，永为藩臣"，并回了一通情辞恳切的奏表，大意是说：“我本为南越小吏，高皇帝赐臣玉玺，以为南越王，至高后用事，近小人，信谗言，别异蛮夏，不准与内地通商，本人又风闻祖先坟茔惨遭破坏，兄弟亲族已被杀戮，这样，我才更号称帝。现在幸承陛下哀怜，准予复故号，通使汉朝如故，老夫从今以后，只要死骨不朽，便永远不敢称帝了。”陆贾就在赵佗去黄屋帝制，称藩朝贡以后，顺利完成了他二次出使的任务。

三、计杀诸吕安定汉室

在陆贾首次出使南越（汉高帝十一年，前一九六年）的后两年，高帝驾崩，惠帝即位，吕后垂帘听政，事无大小，一切取决于吕后之手。当时吕后欲王诸吕，但又碍于汉朝“非刘氏不王”的制度，不敢明目张胆，为所欲为；更怕有口辩士起来反对，陆贾是识度闳深，不求闻达的人，自忖既然身遭朝廷的猜忌，不容有所展布，便不如退隐林泉，安稳过活的好。所以就因病致仕，并在雍州好畤县（今陕西省乾县）购得良田数百亩，偕眷定居了下来。以后诸吕擅权，欲劫少主，弄得朝纲紊乱，人人自危；右丞相陈平虽有心平乱，却怕祸延己身，因而燕居深念，忧心如焚。就在大家进退维谷的当儿，陆贾却轻车简从，飘然来访。对陈平说：“足下位居宰辅，食禄三万户，享尽了人间的荣华富贵；而现在却寝馈难安，是怕诸吕劫持少主吗？”陈平看他说穿了自己的心事，就问他如今计当如何？贾说：“俗语说得好，天下安，注意相，天下危，注意将，将相和睦，则人心悦服，人心悦服，即令有什么突发的变故，政权是永久稳固不摇的，所以目前国家的命运，实掌握在丞相和太尉周勃的手中。丞相何不和太尉破除成见，深相结纳呢？”

不久，他又替陈平策划了几条对付吕氏的妙计，陈平就先拿五百金做绛侯周勃的寿礼，再准备丰盛的酒宴和周勃共饮乐，其间周勃又礼尚往还，彼此着实密切起来，使吕氏原本想用离间分化的阴谋，无法得逞。接着，陈平又以奴婢百人，车马五十乘，钱五百万，送给陆贾作交际费。贾也就以置身局外的姿态，活跃于达官贵人之间，一时声名鹊起，成了一位炙手可热的人物。其后依计而行，果然诛杀诸吕，迎立孝文，使汉初动荡的政局，得转危为安。而那位幕后策划的英雄，便是陆贾。

四、因病致仕后的晚年

陆贾的晚年，生活得十分惬意。因为他既不贪功要宠，也不求田问舍，既无所得，当然也就无所谓失，所以终其一生，居官不过太中大夫；而汉初风云变幻的政坛，好像哪一件事都离不了他的斡旋，但论功行赏时，却又很少有他的一份儿。这种功成不居的风范，求之两汉诸子，恐怕是凤毛麟角。陆贾是汉初醇儒，但他的晚年，却是以出世的思想，过着入世的生活。他把出使南越时，获赠的“囊中装”，卖千金，平分给五个儿子，每子二百金，作为各自谋生的本钱；他本人却安车驷马，带着十位能歌善舞的侍从，腰佩价值百金的宝剑，和他的儿子们约好，轮流给人马酒食，十天更换一次。如老死其家，可得宝剑、车马、侍从，凡所到处，一定要杀牲食鲜，不许怠慢。他也不停留久，免得给儿子们添麻烦，自讨没趣。

你说他玩世不恭吧，一旦遇上济人之急的时候，就是为朋友两臂插刀，也义无反顾。譬如为陈平设计，诛杀诸吕，那种挺身赴难的精神，颇富传奇色彩。另外再举他替好友朱建及辟阳侯审食其排难解纷的事为例：朱建原为淮南王黥布相，高祖赐号平原君。为人行不苟合，义不取容。辟阳侯乃吕后幸臣，想和建定交，建不肯。等到建母去世，家贫不能发丧，陆贾往见辟阳侯，同他道贺说："平原君的母亲死了！"辟阳侯很冷漠的答道："平原君的母亲死了，与我何干？何必贺我？"陆贾说："听说君侯过去想和平原君定交，当时之所以被他严词拒绝，是因为他母亲健在，有所顾虑。现在他母亲死了，如果你能及时备礼相吊，他必与君侯结为刎颈之交呵！"于是辟阳侯奉百金为寿具之费，公卿列侯也因而纷纷来吊，使朱建母亲的丧礼办得极尽哀荣，以后，辟阳侯事败，系狱问罪，朱建便借着孝惠近臣闳籍孺的关系，营救脱险，究其实，这都是陆贾一手导演的功效。当时，司马迁作《陆贾传》，只以为他是苏秦、张仪之流亚，称他"有口辩士"；但我却认为除此之外，他还是西汉学术界启蒙的思想家，并有古烈士的逸风。

五、《新语》真伪及其他

《史记·陆贾传》说：“陆生常在高帝跟前称道诗书，高帝骂他说：‘老子是马上得的天下，用不到诗书。’陆生答道：‘马上得的天下，还能马上治理吗？况且汤武革命，逆取顺守，文武兼施，因而获致了长治久安！再说吴王夫差、晋国智伯，哪一个不是由于穷兵黩武，招来灭亡的厄运。至于像秦国，严刑峻法的结果，统一了六国；假使当秦并天下之后，能行仁义，法先王，陛下又怎会有今天的地位呢？’高帝带着羞愧的表情对陆贾说：‘你就写点儿关于秦所以失天下，我所以得天下，以及往古国家成败的原因，供我参考吧！’于是陆生就记述些古今盛衰存亡的事迹，凡十二篇。每奏一篇，高帝都连声赞好，左右大臣也高呼万岁，号其书曰《新语》。”《新语》在班固《汉书·艺文志》里，不单独著录，只在诸子略儒家，录有《陆贾》二十三篇，想必除《新语》十二篇以外，他还有些另外的作品。

宋朝王应麟《汉志考证》，说《新语》仅存七篇，而年长于王氏十岁的黄东发，在他的《黄氏日抄》中所看到的《新语》是十二篇，和现行的本子相同。《四库全书提要》疑此书为后人依托，非陆贾当时的原本，并列举了三条证据：(1)《汉书·司马迁传》，称迁取《战国策》、《楚汉春秋》、陆贾《新语》，作《史记》，而今本《新语》之文完全不见于《史记》。(2) 王充《论衡·本性》引陆贾曰："天地生人也，以礼义之性；人能察己所以受命者顺，顺谓之道。"今本《新语》也没有这些文章。(3)《谷梁传》至汉武帝时始出，而《道基》篇末乃引《谷梁传》曰，时代尤相抵牾。严可均《铁桥漫稿·新语叙》，胡适之《陆贾新语考》，罗根泽《陆贾新语考证》，张西堂《陆贾新语辨伪》，都分别对《四库提要》所举的三条例证有所驳斥；其中余嘉锡《四库提要辩证》，尤加详密。综理诸氏之说，关于现行本陆贾《新语》的真伪，我们至少应该有如下的认知：(1)《汉书·司马迁传》，并没有说过作《史记》曾援引《新语》的话。(2)《汉书·艺文志》诸子略著录《陆贾新语考》二十三篇，而《论衡》引"陆贾曰"，并没有说明是引自《新语》；既然如此，则所引不见于《新语》，原不足怪。(3)《汉书·儒林传》说："汉朝初兴，高祖经过鲁国的时候，申公以弟子的身份，随从老师浮丘伯晋见于鲁南宫。申公后来以《诗》、《春秋》教授生徒，而瑕丘江公完全得了他的衣钵真传。"又说："瑕丘江公在鲁申公那里，得到《谷梁春秋》及《诗》的传授。"可见瑕丘江公从申公那里学到了《谷梁春秋》，而申公的学问又出之浮丘伯；陆贾和浮丘伯的年龄大致相仿，以他来传习《谷梁》，应该是极有可能，根本无所谓时代抵牾的问题。至于《新语》所引"《谷梁传》曰"的话，不见于今本《谷梁传》，原因是由于《谷梁传》曾经秦火，在传承过程中又多有散佚，所以《四库提要》第（3）条的说法，是很难成立的。

此外，我们可以从积极方面来证明现行《新语》，确系陆贾当时的原本。首先从"行文体例"上看：陆贾为了适应汉高帝刘邦的知识水平，和引起他阅读的兴趣，而他又是两汉辞赋的开宗，所以《新语》的文体，上承荀卿，下开淮南，不但辞藻华美，押韵的地方也非常多。最显著的例子，如《道基》篇从"张日月，列星辰，序四时，调阴阳"，一直到"在物者可纪，在人者可相"一节，文中阳、行、长、藏、霜、亡、光、霜、衡、纲、祥、章、量、相，十四字互押。《术事》篇从“立事者不离道德，调弦者不失宫商”到“谋事者不可不尽忠”，其中商、常、殃、羌互押，同、凶互押，亡、望、王、藏互押，通、明、从、应、兴、形、仲、容、清、忠、穷、忠互押，而四次换韵，颇富声律之美，《资质》篇从“隘于山阪之阻，隔于九岏之堤”，直到“处地梗梓，贱于枯杨”，文中堤、溪、蹊、窥四字相押，亡、伤、僵、杨、量、长、觞、光、庠、庄、觞、堂、芳、扬、杨十五字相押，二换韵，声调变化自然。这种骈散穿插的行文体例，说是出自汉初陆贾的手笔，相信谁也不会反对的。次从“师承传授”上看：陆贾传《谷梁春秋》，《新语·辨惑》述鲁定公夹谷之会，和《谷梁传》文略同，而其措词加详。《至德》篇讲鲁庄公“以三时兴筑作之役”，用的是谷梁师说。《明诫》篇云：“圣人察物，无所遗失。”与《谷梁》僖公十六年传文相合。又《至德》篇言：“昔晋厉、齐庄、楚灵、宋襄，皆轻用师而尚威力，以至于斯。”和《谷梁》僖公二十二年传文之义合。以此类推，凡全书讲到春秋时事，用的都是谷梁家法。要知道两汉是个特别重视师承关系的时代，所以《新语》在《谷梁春秋》方面的传述，求之汉初学者，也只有陆贾才能胜任。其次从“政治主张”上看：根据《史记》《汉书》的《陆贾传》，陆贾对高帝之言，“乡使秦已并天下，行仁义，法先圣，陛下安得而有之？”知陆贾的政治主张是行仁义，反刑法。检今本《新语》，其中所记载的，与此完全相同。如《道基》篇：“君子握道而治，据德而行，席仁而生，杖义而强。”又说：“仁者道之纪，义者圣之学；学之者明，失之者昏，背之者亡。”《本行》篇：“治以道德为上，行以仁义为本。”《明诫》篇也说：“君明于德可以及远，臣笃于义可以致大。”类此行仁尚义的话，全书十二篇，篇篇都有。自然今本《新语》的政治主张，和《史》《汉》的《陆贾本传》相同，则书为陆贾原著，自无可疑。再从“汉初学术思潮”上看：汉朝初年，惩秦始皇任刑而亡的教训，整个思想界弥漫着儒、道合流的倾向，陆贾虽是醇儒，但也免不掉受时代的局限。今本《新语》的思想形态，和整个潮流的动向十分切合，如《辅政》篇：“怀刚者久而缺，持柔者久而长。”《无为》篇：“道莫大于无为，行莫大于谨敬。”又说：“君子尚宽舒以苞身，行中和以统远。”“渐渍于道德，被服于中和之所致也。”其中都杂有老子的学说，尤其“道德”连用，本于《老子》，“中和”连用，本乎《中庸》，更明显可见。至于《本行》篇虽盛倡儒道，然措辞多接近《荀子》和《大学》，并旁采《老子》。从这些小地方，我们去搜讨《新语》的思想脉络，只有出于汉初陆贾的时代，才算珠联璧合。最后再从“习惯用语”上看：根据钱宾四先生《读陆贾新语》一文，以为《新语·术事》：“书不必起仲尼之门，药不出扁鹊之方。”书孔子为“仲尼”，这种风气流行于战国末年，从《中庸》、《孝经》上都可以得到证实。《孟子》云“仲尼之徒，无道桓、文之事者”，虽然偶有先例，但到战国末年才成习惯；而汉儒著述，大抵多称孔子。我们由此一习惯上的用语，也可以证明今本《新语》成书的断限，一定不会晚于汉初。综观以上的考证，今本《新语》确乎是西汉初年的旧物，为刘向校定的原本。

陆贾的著作，除《新语》一书外，班固《汉书·艺文志·六艺略》春秋家，还录有《楚汉春秋》九篇；《诗赋略》列陆贾赋三篇。《楚汉春秋》记楚、汉兴亡事，司马迁作《史记》，曾经在此撷取了不少的材料。惜原书久佚，现在我们还能看到的一部分，是清朝茆泮林的辑本，见于《后知不足斋丛书》第五十六册。陆赋三篇，今无一存，《汉书·艺文志·诗赋略》，列有屈原、陆贾、孙卿、客主四家之赋，在陆贾赋之下，还附有枚皋、朱建、庄忽奇、严助、朱买臣、刘辟疆、司马迁、婴齐、臣说、臣吾、苏季、萧望之、徐明、李息、淮阳宪王、扬雄、冯商、杜参、张丰、朱宇等二十位作家，作品二百七十四篇，阵容庞大，俨然是辞赋的开山。《文心雕龙·诠赋》说："汉初词人，顺流而作，陆贾扣其端。"《才略》篇云："汉室陆贾，首发奇采，赋《孟春》而进《新语》，其辨之富矣。"他的三篇辞赋，班固时已亡，可是细玩《文心雕龙·才略上》的话，似乎陆贾有以"孟春"为题的《孟春赋》，到南齐刘勰著《文心雕龙》的时候还读过。

六、儒道合流的时代

刘邦得天下，是中国历史上纯粹以平民身份，用武力向贵族夺得政权的第一人，所以自称："乃公居马上得之，安事诗书？"他既不承认知识在革命过程中的价值，当然也就连带地瞧不起知识分子。如《史记·郦生列传》，转述骑士们对刘邦的看法，说："沛公不喜欢儒生，诸客有头戴儒冠的，沛公就强迫他脱下，往里面拉屎拉尿，给人讲话时，常破口大骂，你千万不能以儒生的身份去见他呵！"《叔孙通列传》也有类似的记载，说："叔孙通穿儒服的时候，汉王很讨厌，改着楚人的短装后，他才高兴。"《陈丞相世家》，陈平答汉王"天下纷纷，何时定乎"的问题时，曾当面批评过他"态度傲慢，对人没有礼貌，有骨气的读书人，不会自动投效的"。刘邦既桀骜不驯，再看那一帮为他冲锋陷阵的文臣武将们又如何？除开张良、韩信、陈平的知识程度较高外，其他像卢绾、萧何、曹参、周勃、樊哙、灌婴之徒，不是出身于县府小吏，就是屠狗贩缯的生意人，根本谈不上什么学术水平的。一位迷信马上得天下的皇帝，加上若干屠狗卖布的生意人，竟然组成了大汉王朝，起初的情形，我们可以看《汉书·叔孙通传》的记载，说："汉王统一全国后，废止嬴秦的一切法律制度，事事只求简单方便；当时群臣在朝聚饮争功，醉后，有的大吵大闹，有的拔剑乱砍柱子，高帝一旁非常担心。"这充分暴露了此帮乡野武夫，一旦暴发后的那种手足无措的丑态。

由于长期的兵连祸结，农村经济破产，大乱之后，饥荒流行；白米售价，每石高达五千，饿死的人，多到无法掩埋，真是民穷财尽，民不聊生，连天子都"不能具醇驷"，将相"或乘牛车"。再加上散居各地的六国王孙，潜藏着一股反抗的伏流，随时有揭竿起义的危机。因此汉初政治措施，便本乎多一事不如少一事的原则，尽量放松压力，企图稳定既得的统治权力。在这天时、人事两相煎迫的环境下，事实上汉高帝又不懂所谓的"政治"，清静无为的"黄老思想"就乘虚而入，成了当时的主流。拿汉初诸帝而言，从惠帝、吕后、文帝、景帝，几乎没有一位不是拱手南面，无为而治的。《史记·吕后本纪》说："孝惠、高后之时，人民刚脱离战国纷争的苦海，君臣都想休养生息，采取'无为而治'的办法。故惠帝端衣拱手，毫无作为。高后以女主听政，足不出户，而天下太平；刑罚不用，犯罪的很少。"至于身居枢要的大臣，如继萧何为相的曹参，以黄老术相齐九年的经验，施之于朝廷，《史记·曹相国世家》说："百姓脱离暴秦，参给他们休息无为，天下都歌颂他。"后来的汲黯也主张："为政之道在于无为，凡事大体相合就够了，不必拘泥法律制度。"陈平作丞相，更认为："丞相的职分，只是上助天子燮理阴阳，顺应四时，外抚四夷诸侯，内亲天下百姓，使公卿大夫各称其职就行了。"试问在这样的一个客观环境下，谁能突破时代的局限，而不受影响？

陆贾既生活于变乱纷乘的时代，受“黄老思潮”的冲击，回顾嬴秦任刑而亡，瞻望汉朝未来的命运，念先王逆取顺守之理，和朝廷上下的无知；因此，时常向高帝说诗书仁义之道，著《新语》十二篇。所以本书不仅是时代的触角，广泛涉及了当时政治上的诸般问题；同时，他更希望能以自己深思密察的政治理想，启汉朝统治集团的愚蒙，作高帝思想教育的南针。虽然陆贾的思想，未能突破时代的局限，又专门替统治阶层说法；可是“人同此心，心同此理”，百世以下，如果我们平心检讨，其中若干修己安人的论点，还是颠扑不破，值得借鉴的。

七、文化演进的三层次

陆贾以为人们为了适应自然，创造发明，和天生、地养有同等重要。不过，只有圣人才能因方设巧，推动文化跃进的巨轮。《新语·道基》说：“天生万物，以地养之，圣人成之，功德参合而道术生焉。”天生、地养、人成，是孕育文化的三要素，而圣人与天、地参合以后，才有道术之可言。所以《道基》篇先言“天道”，次言“地道”，然后又极力推阐“圣人成之”的“人道”。他所说的“天道”，是指“日月的照耀，星辰的罗列，四时的运行，阴阳的调畅，大气的流布，以及五行的相生相克”，将整个自然界的变幻都包括了。他所指的“地道”是：“地上运载的五岳、四渎、流泉、飞瀑、树物所养，万根所含。”举凡万物赖以生存的空间统属之。

可见“道”就是自然的法前。然而“道”不虚生，因为气感相应，天地之间，又产生了跂行喘息、蜎飞蠕动的生物。生物虽然都离不开天生地养，惟人为万物之灵。主宰宇宙，参赞化育，这就是所谓之“人道”。

推原“人道”的发展，上古草莱未辟，人皆无知无识，迨经“圣人成之”，然后始有文化。陆贾分文化演进的过程，为“先圣”、“中圣”、“后圣”三个层次。关于“先圣”方面，更从七个部分去推衍：首先是百官确立，王道产生，他说：“先圣仰观日月星辰，俯察山川河流，模仿自然的法则，订定人为的准绳；于是民智初启。知有父子之亲，君臣之义，夫妇之道，长幼之序，因而百官确立，王道乃生。”其次，神农氏教民熟食，他以为：“当时人民茹毛饮血，神农氏出，觉得行虫走兽，难以养人，于是寻求可食之物，尝百草之实，察酸咸之味，教民吃五谷。”再其次，黄帝构宫室以利民居，他说：“天下之人穴居野处，和禽兽无异。黄帝乃砍伐树木，构筑宫室，上栋下宇，以避风吹雨打。”又后稷教民稼穑，因“人居只知宫室可居，五谷可食，而不知农事；于是后稷裂土分疆，区划土地面积，辟草莱、种五谷，以养万民；养蚕种麻，取丝织布，缝衣裳以蔽身体。”再是夏禹平洪水，民始乐业。“当时，四渎不通，洪水横流，夏禹乃决江疏河，使水行顺畅，达于东海，人民才脱离水患，平土而居。”又再是奚仲发明舟车，以利民行，因为“高山大河，间关阻道，当时由于没有舟车代步，风俗教化互通不易；所以奚仲曲木为轮，削直为辕，驾车服牛，以代人力。又冶金炼铁，刻石镂木，制造各种常用的工具。”最后是皋陶立刑法，检肃奸邪，他说：“好利恶难，避劳就逸，人之天性。于是皋陶立牢狱，定罚则，别是非，明善恶，检肃奸邪，消弭乱源，保障人民生命财产的安全。”以上是先圣们的制作。

时至“中圣”，他以为民人虽知畏法，但缺少礼义的熏陶。于是“中圣”设立“辟雍庠序各级教育制度，以端正上下的仪节，倡明父子的亲情，君臣的道义，务使强不凌弱，众不暴寡，抛弃贪鄙的心理，建立高洁的情操。”所以礼义教育是“中圣”的制作。到了“后圣”，他以为“礼义教育虽然经‘中圣’的制作而实行了，可是各种经国大典，礼乐制度尚未确立，仍不免有人亡政息的遗憾；职是之故，‘后圣’出，乃删述古代载籍而定订五经，因教育需要而明列六艺。上承天文，下统地理，穷究人事，详察幽微；于是又推求性情的本源，建立五伦的关系。采取自然的法则，创制军国典礼，永垂后世，广被鸟兽，发挥匡正衰乱的效果。后来由于天人合策，各种制度，已大致具备。而人民生活程度，已由基本物质的需要，迈向精神上的享受，于是知识水平高的，更发展他们的心智，百工技艺，精研他们的技巧。调丝竹管弦之音，设钟鼓歌舞之乐，来节约奢侈，端正风气。降及后世，生活益加淫佚，黄色歌舞泛滥，人民弃本趋末，技艺翻新，玩好百出，于是雕文绘采，傅粉油漆，利用各种华丽的色彩，穷耳目声色之娱，极工匠设计之巧。至于驴、骡、骆驼、犀牛、大象，玳瑁、琥珀、珊瑚、翡翠、羽毛、明珠、美玉，凡山中所产，水底所藏，都被恣意采撷，精工制作，成人们游乐的宠物。”这所谓之制度、音乐、美术、工艺、建筑、雕刻等，都属于“后圣”的制作。

综观陆贾所说的“文化起源论”，他把“天道”、“地道”、“人道”分开去讲，并强调天地自然的法前，为“人道”所本。而“人道”，也就是人类文化；人类文化的演进，又必须经过圣人的创造，才能显现自然法则的功能，这他叫做“圣人成之”。而自然有变化，人事有代谢，于是按照文化演进的层次，分圣人为“先圣”、“中圣”、“后圣”三期。“先圣”于混沌初开以后，首先将人类从无知无识的野蛮时代，过渡到食五谷、居宫室，有衣裳蔽体，舟车代步的农业社会。“中圣”本乎饱食暖衣而后教的道理，设立各级学校，教以人伦，使父子有亲，君臣有义，夫妇有别，长幼有序，朋友有信。使社会上的各种层面，更加和谐。“后圣”继起，人类已由蒙昧迈入文明，文化的延展，也从物质生活的满足，逐渐趋向精神生活的追求，于是有文学、音乐、美术、工艺、雕刻的种种发明。尤其他把学校教育放在“中圣”，美术、工艺，放在“后圣”，确实是卓识。并强调这一切的创造发明，其目的都在“统物通变，治性情，显仁义”，把物性的世界，一变而成理性的世界，充分映照出文化演进的本质。我们把这种理论，较之《易经·系辞》所谓之“制器尚象”，固然进步；就是和韩非“圣人不期循古，不法常可，论世之事，因为之备”的观点相比，更是脉络圆熟，有超前的创见。

八、古今同法的历史观

陆贾对历史的演进，认定是“万世不易法，古今同纪纲”的。此等观念，上接荀卿，下开司马迁，直到现在我们还可以从荀卿的《性恶》篇，和司马迁《史记·六国年表序》里，找到他立说的来龙去脉。《新语·术事》云：“善言古史的，必须符合当今的潮流；能述远代的，一定要考察眼前的需要。谈及国家盛衰之事者，上陈五帝的功烈，而本身痛加反省；下列桀、纣的败亡，而自己深切警惕。……一般人只以为自古相传的重要，现在的制作反被轻视。亲眼所见的觉得淡而无味，道听途说的却情趣隽永。……治国的大经大法，不一定都出于古圣先王，我们只要在往古来今的史实中，撷取最为需要的部分，能帮助我们成功立业就够了。例如《春秋》上不记五帝，下不言三王，仅叙述齐桓、晋文的小善，以及鲁国十二公的政绩，但借此足以了解政治成败得失的效验。何必事事考之于五帝三王乎？诚以立大业者离不开道德修养，调管弦者要有宫商的认识。天道的运行，在于春、夏、秋、冬四时各得其宜，人道的演进，靠着仁、义、礼、智、信五常的修为，周公和尧、舜的瑞应相符合，二世与桀、纣的祸殃无二致。文王生于东夷，夏禹生于西羌，两人所处的时代与出生的地点固然有别，可是他们法合度同，都完成了治国安邦的理想。……德薄的地位危险，去道的身家灭亡，这种兴亡盛衰的原理，可说是万世不易，古今相同。”所以陆贾主张既不必远，则古称先，但也不一定要取法后王，但“取其至要而有成”就可以了。至于如何“取其至要”？他也有客观的推论，他说：“凡事之所以能成功，是因为遵循了可行的法则，正如药之所以能治病，是由于药品的优良。书不必出仲尼的手笔，药不必是扁鹊的处方，只要合乎善的标准就可以取法。”他这种因时因事而制宜的态度，自是超越荀卿、韩非“法后王”的范畴，为千古制事的科律。

最后我们再检讨陆贾所说的“万世不异法”和“因世而权行”，两者之间，在思想上似乎显然矛盾，因为“法”既“万世不易”，又何来“因世权行”呢？不过，他所谓“万世不异”之“法”，恰当于《道基》篇上“天人合策，原道悉备”之“道”，也就是经国治事的“原理原则”。所以《新语》第一篇《道基》，第二篇就是《术事》，“道”历久不变，万古常新；而“术”却因时制宜，代有不同，两篇前后错列，很能见出陆贾思想次第。《慎微》篇说“道因权而立，德因势而行”，喻义明显，正可作前面的脚注。在汉初扰攘的政坛，陆贾“古今同法”，“择善而从”的历史观，对迷信武力的高帝来说，确实能给他建立最起码的历史认识。

九、无为无不为的人生哲学

“无为无不为”是陆贾的人生哲学，他这种思想，不仅代表了儒道合流的象征，也充分以此作为他政治理论上的依据。《新语·无为》说“道莫大于无为，行莫大于谨敬”，又说：“无为者，乃有为也。”陆贾为了配合时代思潮，乃假借道家“无为”的外衣，阐扬儒家为政的真谛，用意至为深远，所以我说他是汉初醇儒，道理就在于此。他举虞舜、周公为例，说明“无为无不为”的真相，云：“过去虞舜治天下，手弹五弦之琴，口歌南风之诗，寂然若无所施，好像没有治理国事之意。处事淡漠，似乎没有替人民担忧的心。然而当此之时，四海升平，天下大治。周公制礼作乐，郊祀天神地只，柴望山鬼河伯，军队设而不用，刑法悬而不施，但是四海之内，都来贡献方物，边疆民族，也重译来朝。”（《无为》）陆贾“无为无不为”的人生哲学是从现实生活中反射出来的结论。我们更可以从《至德》篇，领悟到他对于“无为无不为”的理想政治。他说：“一个理想的政治，是块然若无其事，寂然若无其声，衙门里若无官吏，村落内若无居民。街坊邻里不争讼吵闹，老弱妇孺都有养活。一切日常琐事，听其自然发展；驿站没有夜间传递的消息，乡里没有夜行的征夫。犬入夜不吠，鸡入夜不惊。年老的在家颐养天年，丁壮的在田间努力耕耘。在朝为官的都尽忠国事，在野为民的都孝顺尊长。行善事的，给他适当奖励；做坏事的，受到适当的惩罚。兴办辟雍庠序各级学校，去教育他们，使智慧不同的人，有明显的分野，廉洁和贪鄙的，有合理的区划。长、幼一定有序，上、下有差。强弱互相照扶，小大相互怀恩，尊卑相互提携。这样有秩序的相依相随，那么天子居于朝廷之上，不言而能赢得人民的信服，不愁就能表现自己的威严；又何必依赖坚甲利兵，严刑峻法，而后才行之有效呢？”观其内容，既不像《老子》的“反朴归真”，“绝圣弃智”，也和《礼记·礼运》所谓之“大同”“小康”有别。我想陆贾可能是把道家“以柔治国”的手段，糅入儒家“中和位育”的思想中，并和现实需要相结合以后，才替汉高帝设计了这幅政治的蓝图。

陆贾的人生哲学，因为是从儒家“中和位育”的思想出发，并酌采了道家“以柔制刚”的手段，所以颇富积极的精神。《新语·思务》云：“有德的君子，凡事要广泛思考，博采善言，进而在朝为官，或退而在野为民，言谈举止，均应遵循法度。见闻越丰富，采择越要谨慎，学问愈博大，言行愈要敦厚。看见邪恶的言行，就想到正直的可贵，好像观赏盛开的花朵，就知道将来要结的果实。目见炫耀的色彩，而不被它所迷；耳听阿谀的言辞，而不为它所乱。纵然诱之以晋楚之富，可是意志坚决，不为所动。谈之以乔松之寿，因为行有所本，丝毫不会改变。然后才能把握立身的原则而有高尚的情操，完成理想的事业，立下不朽的功勋呵！”试想这是何等积极、何等进取的态度。就是因为他见事真切，所以在政治学说上虽然稍有“无为”的倾向，但他的生活态度却要人“屈伸不可失度，动作不可离道”，而努力救世的。他很沉痛地批评当时人的消极生活。《慎微》篇说：“人们不能怀仁行义，乃苦身劳形，入深山，求神仙。抛弃双亲，远离骨肉，不食五谷，不读诗书。逃避现实生活，寻求长生之法，这实在不是一个正常人应有的作为呵！”又说：“有些人不过正常的生活，反而披头散发，攀登高山，吃野生的果实充饥。看他表情毫无生气，听他讲话言不及义，忽而若狂，忽而若痴，无论对什么事情，都引不起他的兴趣。像这样的人，当世不能蒙受他的利益，后代看不到他的才华，君倾而不扶持，国危而不拯救，态度冷漠，不与邻里亲朋来往，踽踽凉凉，过着孤芳自赏的日子，这只能说他是逃避现实，绝非抱道自重。”从他对悲观厌世，懒惰而不长进的人的讥评，不仅透露了当世思想界的纷歧，甚而专讲阴阳五行的学者，又早在为魏晋谈玄的风气做着铺路的工作。而陆贾此时却坚守儒家正统思想，以积极的态度向他们反击，这对于研究中国思想史的人来说，堪资注意的。

陆贾平生最佩服段干木和孔子。《本行》篇说：“治国以道德为尚，做事以仁义为本。故位居崇高而没有道德的，定遭罢黜，家庭富有而不行仁义的，会受刑罚。反之，卑贱而好道德者，为人尊重，贫寒而有仁义者，声誉美好。段干木乃一介寒士，修道行德，魏文侯经过他的家门，还手扶车前横木，向他敬礼。孔夫子厄于陈、蔡之间，肚子饿了，连豆饭菜羹都吃不到；门弟子更是衣不蔽体，食不果腹，其遭遇之悲惨，可说无以复加了。然而二三子近于义，累身匡上，功在国家，夫子一车两马，周游列国，欲匡帝王之道，反天下之政，而所遇多不合，于是追往事，思来者，案纪图录，以知性命，表章六艺，以明教化。于是诗、书、礼、乐各得其所……”段干木为魏文侯师，孔夫子乃人中之龙凤。然而彼等皆志高行廉，与世不合。宁可洁身高蹈，也不食嗟来之食。所以陆贾当吕后用事，“畏大臣有口者”的时候，便干脆免病归田，过着韬光隐晦的生活。然而后来却挺身而出，替陈平画策，交欢周勃，诛灭诸吕，迎立孝文，使那西汉帝国危而复安，这不正符合他“俯仰进退，与道参合，藏之于身，优游待时”，“无为而无不为”的人生哲学吗？

十、仁义为本的政治主张

陆贾的政治主张，是基于他的人生哲学而发，倘以为“仁义”是圣人促进文明进化的张本，故以“仁义为本”的思想，便成了他重要的政治主张。关于仁义的功用，《道基》篇说：“骨肉以仁亲，夫妇以义合，朋友以义信，君臣以义序，百官以义承，曾、闵以仁成大孝，伯姬以义建至贞。”又说：“守国者以仁坚固，佐君者以义不倾。君以仁治，臣以义平。乡党以仁恂恂，朝廷以义便便。”可见力行仁义，不仅可以修己荣身，还可以国治民安。他又说“阳气以仁生，阴节以义降”，这更从人类精神的领域，拓展到整个物质的世界，认定“阳气”“阴节”的调适，也和“仁义”有关。不仅如此，就连五经、六艺，也都以“仁义”为内容，为品鉴的尺度，如云：“《鹿鸣》以仁求其群，《关雎》以义鸣其雄，《春秋》以仁义贬绝，《诗》以仁义存亡，乾、坤以仁和合，八卦以义相承，《书》以仁叙九族。”既然仁义充塞宇宙，化动万物，它的重要性便不言而喻。所以《道基》篇说：“仁者道之纪，义者圣之学，学之者明，失之者昏，背之者亡。”失仁背义，以至于政治昏暗，国家败亡，则“治以道德为尚，行以仁义为本”，当然就是他最好的结论了。

陆贾的政治主张既以“仁义”为本，就必然的反对刑罚。例如评秦政之失，说：“秦以刑罚为巢，故有覆巢破卵之患。”（《辅政》）又说：“秦始皇设为车裂之诛，以敛奸邪……事逾烦天下逾乱，法逾滋而奸逾炽，兵马益设而敌人逾多。秦非不欲为治，然失之者，乃举措太众而用刑太极故也。”（《无为》）评智伯的灭亡，说：“智伯仗威任力，兼三晋而亡。”（《道基》）评晋厉、齐庄、楚灵、宋襄四君之死，云：“宋君死于泓水之战，三君弑于臣子之手，皆轻用师而尚威力，以至于斯。”（《至德》）不是说他们“仗威任力”，就是指他们“用刑太极”，或“举措太众”，弄得朝令夕改，民无所措，“多行不义必自毙”，国亡身死，正是不行“仁义”的结果。

以“仁义”为本的政治主张，建立在下列三个条件上。第一是选贤任能：《辅政》篇说：“身居高位的，自处不可以不安全。面临悬崖的危险，不能没有可靠的依恃，而使贤者在位，能者在职，便是国君最好的屏障。”可见无论什么政治理论，都要靠着贤能之士去推动。他曾以鸟巢、拐杖为喻，证明国家安危和选贤任能的绝对关系，说：“唐尧用仁义为巢，虞舜以稷、契为杖，故地位越高越安稳，政权也越巩固。他们所以地位崇高，态度克让，德配天地，光被四表，功劳垂于无穷，英名流传不朽者，就在于他们自处得到安稳的巢，任杖得到可靠的人。”（《辅政》）自古以来，人君没有不求贤自助，选能自辅的，然而贤能之士或隐居田里，或地位卑贱，既不直接参与国事，就很难辨其贤能而予以起用。所以国君于此又有两种做法：首先要鼓励左右大臣近贤而不偏私，其次要明辨忠奸不为左右所蔽。他曾以楩柟豫章为例，说明良才弃而不用，不如枯杨。他说：“楩柟豫章，天下的名木，长于深山之中，产在溪谷之旁，树立时为众木的共主，砍倒后可做栋梁之材。然而间关道远，隔于九岏之堤，隘于山阪之阻，商贾既不能至，工匠也看不见，虽然都知道楩柟质地好，可是或知而不见，或见而不知，任他腐朽枯伤，呻吟于百仞之壑。当此之时，他的身价，还不如路边枯槁的杨柳！”（《资质》）可见一个人即令身怀绝代才华，如不遭遇有力人士的推荐，仍不免老死山林，不为世用。所以他列举“扁鹊疗病”，

“宫之奇谏假道”，“鲍丘隐于嵩庐”之例，（均见《资质》）以见任贤之难。但君明臣贤，有明君而后始有贤臣，但“谗夫似贤，美言似信；听之者惑，观之者冥”，所以“苏秦、张仪见尊于诸侯，范睢、商鞅荣显于嬴秦，可见如果世无贤君，谁能辨别他们的忠奸呢？”（以上见《辅政》）像唐尧放逐驩兜，仲尼诛少正卯，不信谗佞之计，不被甘言所动，一眼就看穿了元凶巨恶的假面具，这实在不是一般人能做到的。

第二是统驭得法：《新语·至德》开宗明义就说：“一个人想要建功立业，开疆拓土，功盖万世，流誉千载，必先注意本身的修养，深获人民的爱戴。故高居万乘之尊，左右百姓的存亡，拥有山泽的富饶，而功不着于身，名不显于世者，在于不善统驭之故。”可见陆贾的政治主张，决非空谈“仁义”，乃重视实际的统驭方法。而最好的统驭方法，他觉得莫过于以德化民。民以德化，自然众心归向。其次是轻刑厚赏，他说：“设刑不厌其轻，为德不厌其重，行罚不患其薄，布赏不患其厚。因刑罚太重，人民心烦身劳。心烦，则刑罚再多，不会收到法治的效果；身旁，则文过饰非，而一事无成。”（《至德》）这仍是贴着他的人生哲学立说，当他彻底检讨过古今成败之国，以及秦政任刑而亡以后，面对着西汉初年连年战乱，天灾流行的情势，所以他的统驭方法主张德化，主张轻刑厚赏。这也证明了陆贾的政治主张是和现实相结合的。

第三是不与民争利：《新语·怀虑》说：“治国理民者，不可与民争利，否则教化不行，而政令不从。”争利起于纵欲，人之物质欲望一旦增加，前精神欲望即相形减少，心为物欲所蔽，而是非善恶便无由别白了。所以治国不与民争利，确实是政治上正本清源之论。至于如何不与民争利？陆贾在《怀虑》篇也有持平之说。他认为：“要执一政以绳百姓，持一概以等万民。”又说：“专心一意，身无境外之交，心无敧邪之虑。”换言之，就是告诉高帝要视天下为一家，视万民为一人，专心致志去为他们服务，切不可因私害公。陆贾所以这样讲，和现实需要也有关系。例如《怀虑》篇说："现在一般人都不学诗书，不行仁义，不究圣人之道，不极经艺之深，专讲些荒诞不经的言辞，学些不切实用的事情，整天搞阴阳八卦，夸张灾异之变。完全违背了先王的成法，不合圣人的本旨，混淆学者的心理，转移众人的志趣。且指天画地，滥肆批评，动人以邪变，惊人以奇怪，虽然他们讲的能引人入胜，可是细加检讨，其言谈举止，既无助于个人的正心修身，亦无补于天下苦难的苍生。"从这里可以知道，在经过惨烈战争后的汉初，政治、社会方面，固属一片混乱；就是学术思想上，也是异说蜂起。所以陆贾站在时代的尖端，默察实际需要，一方面对阴阳五行说作明显的攻击，另一方面劝高帝"闭私利之门，兴公德之心"。因为"利绝而道着，武让而德兴"，才是治国理民的"持久之道，常行之法"（均见《怀虑》）呵！

十一、陆贾启蒙的影响

秦政因任刑而亡，汉惩其弊，欲力矫前此之失，莫过于"逆取顺守"。而"逆取"之后，如何"顺守"？则端赖"教化"。故陆贾时时向高帝前称说诗书，《新语》中并两次谈到"设辟雍庠序以教之"的话。事实上严刑峻法，只能收一时吓阻之效，如想化民成俗，禁于未然之前，在严刑的背后，势必还有一个更根本的要求，那个要求，是除法律禁令之外，使人民有颗向善的心。所以陆贾当时提出“设辟雍庠序以教之”，正是对症投药。为汉代自文、景以后广开乡学的重要张本。

在诸子百家中，陆贾又选择了孔子作为师范的中心，五经六艺为教学的内容。所以在《新语》十二篇里，他为了加强论证而引“孔子曰”或“孔子行事”的计十次，或称“仲尼”，或称“夫子”，甚或尊为“圣人”的计七次。言“五经”、“六艺”，或简称“经艺”的计五次。引《诗》二次，引《易》四次，引《谷梁春秋》九次。《诗》、《书》并称的五次。至于引《论语》的地方，多达十一次。其他引《礼记·檀弓》、《月令》，《老子》、《墨子》者不过一二。班固《汉书·艺文志·诸子略》儒家云“儒家者流，盖出于司徒之官，助人君顺阴阳，明教化者也。游文于六经之中，留意于仁义之际，祖述尧舜，宪章文武，宗师仲尼，以重其言”，我们拿《新语》引说的多寡，和《汉志》所述儒家者流的特征相较，正可以看出陆贾思想的归趋。

尽管他所指的“五经”、“六艺”，不若《庄子·天运》和《礼记·经解》所说的明确，可是我们从与他同时而稍晚的贾谊《新书·六术》所谓之“《诗》、《书》、《易》、《春秋》、《礼》、《乐》六者之术，谓之六经”推论，他说的“五经六艺”指的定是儒家经典。甚而陆贾言文化起源的三阶段，言仁义为本的政治主张，也无一不是由“五经六艺”中蜕出。这对两汉经学地位的确立，与陆贾的启蒙，不能说绝对没有关系。

再就高帝个人而论，陆贾对他所发生的影响也不止一端，例如司马迁《史记》本传说“号其书曰《新语》”，这是高帝认为陆贾的话，对当世思想界有突破性的开展，他听了直如石破天惊，为他揭示了一个新天地，所以才称其书曰《新语》。可见高帝当时内心所受到的震撼为何如了！

严可均辑《全汉文》卷一，录《高纪下》五年五月罢兵赐复诏："民前或相聚保山泽，不书名数。天下已定，令各归其县，复故爵田宅。吏以文法教训辨告，勿笞辱。民以饥饿自卖为人奴婢者，皆免为庶人。"《汉书·刑法志》，七年疑狱诏，规定疑狱处理的程序，以免"有罪者久而不论，无罪者久系不决"之弊。《汉书·高纪下》十一年二月求贤诏："盖闻王者莫高于周文，伯者莫高于齐桓，皆待贤人而成名。"又说："今天下贤者智能，岂特古之人乎，患在人主不交故也，士奚由进。"此皆与陆贾以仁义为本的政治学说中，所强调的尚宽慎刑，选贤与能，注重德化之义相合。尤其是求贤诏中所标举的周文、齐桓，其为受陆贾《新语》的影响至为明显。

《古文苑》卷十录有汉高祖手敕太子五条中曾谓："吾遭乱世，当秦禁学，自喜，读书无益。洎践祚以来，时方省书，乃使人知作者之意。追思昔所行，多不是。"他到晚年，不仅真肯自己读书，且读书又真肯切己体察。这也分明得力于陆贾的说教。又勉太子："今视汝书，犹不如吾，汝可勤学习。每上疏，宜自书，勿使人也。"又教太子见"萧、曹、张、陈诸生侯"，"皆拜"。这都流露出勖学知礼之意。《汉书·高纪下》十二年："十一月，行自淮南，过鲁，以太牢祀孔子。"此为帝王祀孔子之始。若非因陆贾之说而真有感发，对孔子存有真诚的敬意，相信以高帝个性之狂放，决不会去虚应故事的。

总而言之，在君主专制政体下，陆贾的思想，对高帝全部的政治意识活动，所能发生的真实影响，当然是有限的。不过本于"一家仁，一国兴仁"的道理，当时能浮出这样一位杰出的学者，充分运用儒家学说，为一代帝王做思想上的启蒙，替劫后的烝黎开创一条奋斗的途径；这对于我们民族生命的延续，历史文化的维持，都含有极重大的意义。

十二、结语

陆贾著述，能完整保留到现在的只有《新语》十二篇，虽然他在两汉诸子中居于领先的地位；可是古今学者对他以及他的著作并不十分重视。有系统的研究论文，固不多见；就是一般“哲学史”或“思想史”里，提到他的地方也很少，甚或根本没有。正因为他一向受到学术界人士的冷落，所以今本《新语》还如一片荒原，其中的讹文、错简，令人触目惊心，俯拾皆是。

我们想要研究陆贾的思想，第一步工夫是先对《新语》一书详加校勘。讲到校勘，就要知道它现存的版本。据笔者所知，陆贾《新语》的版本在台可见者，有明万历十年余姚胡氏刊的《两京遗编》本。万历二十年新安程氏刊的《汉魏丛书》本，金闾拥万堂钟惺评定的《秘书九种》本，陈仁锡的《诸子奇赏》本，清《文渊阁四库》本，以及商务印书馆发行《四部丛刊缩编》，影印之明弘治本，至于世界书局印行之《四部刊要》本，是根据弘治本，重付铅椠而成，至于选本方面，唐朝的马总《意林》，魏征《治要》，书皆通行易见。过去胡适之先生写《陆贾新语考》，曾特别赞赏清末唐晏校刻的《龙溪精舍丛书》本，说唐氏用明刻子汇本、范氏天一阁本，与《汉魏丛书》本相校，改正错简多处，《新语》方才可读。但是今人徐复观先生作《汉初的启蒙思想家——陆贾》，于该文第二节“《新语》的问题”，认为唐校所据各本，皆同出一源，几无可资校正，胡氏可能有误。似此，在《新语》还没有一个理想的校本出现以前，读者如能以世界书局《四部刊要》本为主，再参阅唐魏征《治要》，明陈仁锡诸子奇赏本《陆子》，这样虽不能说涣然冰释，也可以说是怡然理顺了。

关于陆贾的生平事迹，亦为学者知人论世不可或缺。而司马迁《史记》，班固《汉书》，虽都为他设有专传，不过由于隔代相望，语多不详。就拿本文的写作来说吧，当笔者考订陆贾的籍贯、生卒，和他平生出处的时候，还是半属臆测，缺乏可资信赖的资料。《汉书·艺文志》的《六艺略》、《诸子略》、《诗赋略》，详载陆贾著述。而陆贾传谷梁师说，为汉初大宗；陆贾赋亦特色独具，与孙卿、屈原相鼎足，更是一代开山，所以后此之王充《论衡》、刘勰《文心雕龙》，凡有关评述陆贾学术文章处，即令吉光片羽，也足以兴发我们对他进一层的认识，是值得密切注意的。《史记·南越列传》，《汉书·西南夷两粤朝鲜传》，叙述陆贾出使南越，经过极详确，从这两份文献里，可以看到他抗颜蛮貊之君，不辱使命的精神，所以不可忽视。

民国以来的学者，由于受到西洋治学方法的影响，对我国古籍常存怀疑态度，不敢信以为真。故有关"陆贾《新语》"的研究亦自不例外，如胡适《陆贾新语考》，罗根泽《陆贾新语考证》，张西堂《陆贾新语辨伪》，余嘉锡《陆贾新语辨证》，张心澄《伪书通考·陆贾新语考》，无一不是旁征博引，务期此一流传百世的宝典，能够拨云雾而见青天，其用心亦深远矣。惟《新语》至今还没有一个理想的校本，我想当大家在辨真别伪方面的努力告一段落后，也应该是进一步去校订文字错讹，蠡测其内容精蕴的时候了。早先《大陆杂志》三十八卷五期载钱穆先生《读陆贾新语》，而后《大陆杂志》五十二卷二期又刊徐复观先生著的《汉初的启蒙思想家——陆贾》，无疑地对这方面的研究，已经播下了种子，今后如想在陆贾《新语》方面有所创发的话，那就看我们如何去栽种，如何去培植了。

参考书目

《陆贾新语》，《四部刊要》本，中国思想名著之一，台北，世界书局印行。

《陆贾新语考》，胡适著，《古史辨》第四册一九五页。

《陆贾新语考》，罗根泽著，《诸子考索》第五三六页。

《陆贾新语辨伪》，张西堂著，《古史辨》第四册二一四页。

《陆贾新语辨证》，余嘉锡著，《四库提要辨证》。

《陆贾新语考》，张心澄著，《伪书通考》七五一页。

《读陆贾新语》，钱穆著，《大陆杂志》三十八卷五期。

《读陆贾新语》，张杰述著，《光华半月刊》五卷二期。

《汉初的启蒙思想家陆贾》，徐复观著，《大陆杂志》五十二卷二期。

《郦生陆贾列传》，司马迁著，《史记》卷九十七。

《南越列传》，司马迁著，《史记》卷一一三。

《郦陆朱刘叔孙传》，班固著，《汉书》卷四十三。

《西南夷两粤朝鲜传》，班固著，《汉书》卷九十五。

《陆贾》，胡适著，《中国思想史长编》第三章。

《陆贾》，杨荫深编著，《中国学术家列传》三九页。

《中国学术发展史讲话》，杨东莼著。

《中国文化史》，柳诒徵著。

《中国文化史》，陈登元著。

《论衡》，王充著。

《文心雕龙》，刘勰著。

《群书治要》，魏征奉敕撰。

贾谊

王更生 著

目　录

历史上诚然有很多以一身系天下安危的人物，可是一个二十岁左右的青年，处在战乱方定，朝廷未安，边境有匈奴觊觎，内部有权力倾轧的时代，他能以炽热的情感，过人的才华，悲天悯人的胸襟，择善固执的态度；在政治上，斟酌时势的需求，发为名言谠论；在学术上，综合儒、法各家所长，又开汉赋的先河。他那生命的历程，像一颗闪烁的流星，忽纵忽逝，给历史留下永不可磨灭的一页。这样的典型，除了西汉贾谊以外，恐怕找不出第二位。

一、不平凡的际遇

贾谊，西汉河南郡（今河南洛阳）人，根据《嘉庆大清一统志·河南府志》上的记载，现在洛阳城东门里还有贾太傅祠，奉祀的便是贾谊。贾谊的先世，史书记载不详，只知道他自幼聪颖绝人，十八岁诵诗书，下笔成章，文名远近皆知。当时河南郡守吴公（史书不载其名），汝南郡上蔡县人（今河南省上蔡县），和发明小篆的李斯同乡，并兼有师生之谊。在他担任郡守时，不但崇法务实，勤政爱民；还特别留心学术，奖掖后进。这位洛阳少年贾谊，便被他延揽到郡守衙门里工作，而刻意栽培。这对贾谊今后一生的学术和事功方面来说，是个重要的关键。

汉高后八年（公元前一八〇年）秋七月，吕后驾崩未央宫，丞相陈平、太尉周勃、朱虚侯刘章等，联合设计消灭诸吕以后，便迎立代王恒（汉高帝的庶子，薄姬所生）为天子，这就是有名的汉孝文帝。文帝自小出守外藩，深知民间疾苦，很想励精图治，有一番作为，所以在他即位后的第二年的十一月（前一七八年），诏举贤良方正直言极谏的人，来匡正国家政治的得失。同时他听说河南郡守吴公治平天下第一，又曾师事李斯，于是征召他担任廷尉之官，掌理全国最高的司法行政。吴公就借着职务上的便利，专章推荐贾谊；说他年轻干练，通晓诗书礼乐诸子百家的著作，可以任重致远。文帝当即采纳了他的建议，召贾谊为博士。

当时随同高帝起义的一般勋旧大臣，多半出身草莽，长于上马杀敌，短于临朝应对，贾谊既以年少而任职博士，故每当诏令颁下，诸老先生有不能言对的，他都替他们一一草奏，并使人人尽如己意；因此博得满朝叹服，认为才能不及。文帝尤其赏识他，所以一年之内，由博士超迁到太中大夫。次年，也就是文帝在位的第二年，又准备任贾谊以公卿之位，想让他担当更重要的职务，然而受到邓通的排挤，和周勃、灌婴、张相如、冯敬等权臣的反对，说他"年少初学，经验不够，专想弄权，挑拨是非"。此时贾谊又以为汉兴已二十多年，天下和洽，人心望治，理当改订历法，更换服色，制定法度，确立官等，大倡礼乐，于是条陈《五曹官制》五篇。文帝为了缓和各大臣的反对情绪，不但不采纳他的意见，还以进为退，把他外放长沙王太傅，这真是忠不见纳，怀才受谤；何况当时长沙地处湿热，人口稀少，交通、文物还相当的落后，试想贾谊以一个有旺盛企图的青年，一旦之间，成了远谪长沙的迁客，此情此景，正如唐朝刘长卿说的"汉文有道恩犹薄，湘水无情吊岂知；寂寂江山摇落处，怜君何事到天涯"，（见刘长卿《长沙过贾谊宅》诗）真是"冠盖满京华，斯人独憔悴"，他那颗炽热的爱国心，又有谁了解呢！

孝文帝二年（前一七八年），贾谊二十三岁，在他赴长沙任所的途中，渡湘水而南下的时候，曾作《吊屈原赋》，来吊祭那位怀沙自伤的楚国忠良。因而触景生情，慨叹"国其莫我知，独堙郁其谁语？""使骐骥可得系羁兮，岂云异夫犬羊！"借他人的酒杯，浇胸中的块垒，尤其身处异乡，满目凄凉，念天地之悠悠，不禁怆然下泪！孝文帝五年（前一七五年），也是贾谊谪居长沙的第四年，一天，有鹏鸟飞进他的寓所，目视贾谊，状貌十分安闲。江南人以为这是种不祥之兆，而贾谊更加怏怏不乐，自觉寿不得长，于是作《鹏鸟赋》以相宽慰。而有"天地为炉兮，造化为工；阴阳为炭兮，万物为铜”，“贪夫徇财兮，烈士徇名；夸者死权兮，品庶凭生”的话。想不到几年的流亡生活，把这位雄心万丈的洛阳少年，折磨得意志消沉，思想也越发成熟了。这时他目睹百物腾贵，钱多而轻；文帝又下令改铸四铢钱，重半两；并废止盗铸令，人民可自由造钱。可是他从政治、经济两方面去审视，这都是召祸起奸，破坏币信的恶法。虽然身在蛮荒，但他按捺不住忧国忧民的情操，因而上《谏除盗铸令使民放铸疏》，文中对当时的经济政策，有极中肯的评述。可是并没有赢得文帝的重视，真使他伤心欲绝！

直到孝文帝六年（前一七四年），也就是贾谊被贬长沙的第五年，因为皇上的怀念，才下诏把他从江南调回，并命在宣室接见。当时正逢文帝郊祀完毕，祠还受福，因有感于鬼神之事，就向贾谊讨论些有关鬼神方面的问题，对国计民生的兴革大计一点也没谈到。虽然文帝于事后对他的博学多闻，倍加称许，但是这与贾谊用世报国的初衷，完全违背，所以千年以后的李商隐，还替他抱不平的说“宣室求贤访逐臣，贾生才调更无伦；可怜夜半虚前席，不问苍生问鬼神”，（见李商隐《贾生》诗）真叫英雄为之气短！时隔不久，发表贾谊为梁怀王太傅。这时他看到绛侯周勃，受人诬害，逮捕系狱，淮南王长谋反，以及匈奴致书朝廷，辞语傲慢，自以为是“天地所生，日月所置的匈奴大单于”，因此他一想到国步的维艰，便不计个人的得失，痛陈时事，而上了他古今传诵的《陈政事疏》（按又名《治安策》），有“臣以为当前的国家大势，可为痛哭者一，可为流涕者二，可为长太息者六，至于其他不合法理民情，妨害治平的事，指不胜屈！”孝文帝八年（前一七二年），皇上封淮南厉王长的四个儿子为列侯，他又上《谏王淮南王诸子疏》，这虽然是忠诚谋国，居安思危的远见，可是文帝却置若罔闻，毫不动心！

孝文帝十一年（前一六九年）的六月，梁怀王循例入朝，因一时大意，坠马而死。怀王名揖，文帝少子，好诗书，钟爱逾恒，所以特别派贾谊为傅。现在不幸发生了这种惨局，贾谊强抑着内心的悲痛，上疏《请益封梁淮阳》，帝就依照他的建议，迁淮阳武为梁王，城阳王喜为淮南王。自此以后，他自伤为傅未能克尽职责，于是抑郁不伸，整天过着以泪洗面的日子。他的精神几乎全面崩溃了，大概就是第二年吧（孝文帝十二年，前一六八年），因哀伤过度，死在他的任所。这时他年才三十三岁。“壮志未酬身先死，长使英雄泪满襟”，宋朝王安石的《贾生》诗，足可以代表后人对他的伤悼之情，诗云“汉有洛阳子，少年明是非；所论多感慨，自信肯依违。死者若可作，今人谁与归；应须蹈东海，不但涕沾衣”，（见《临川先生集·诗集》卷十六）这不但是贾生的写照，也令天下志士同声一哭！

二、青黄不接的时代

自汉高帝元年（前二〇六年）冬十月，沛公带兵入关，一到霸上（地在今西安市东南），秦王子婴驾着素车白马，引颈投降，沛公当时宣布了有名的约法三章：“杀人者死，伤人及盗抵罪。”并明令废止暴秦的血腥统治，为天下父老兄弟除害，于是赢得了全国人民的信仰，因此在以后五年的楚汉相争里，（从项羽自立为西楚霸王，前二〇六年起，到他乌江自刎，西楚灭亡，前二〇二年止，前后合计，适为五年。）获得了最后的胜利。但是凡事有利就有弊，汉高帝除秦苛法是对的，可是维系社会秩序的旧制度，由于兵连祸结，已遭到彻底的破坏；新的良法美意，一时之间又没有产生，所以在世道人心的维系方面，由于缺乏这一条有力的韧带，便出现了真空状态。在这个青黄不接的时代，大而内政、外交，小而食、衣、住、行，没有一样不表现出史无前例的混乱现象。

我们根据《汉书·叔孙通传》上的记载："自从高皇帝除去暴秦的苛法以后，文武百官像出笼之鸟，得到了解放，日常行为，肆无忌惮，大家每天饮酒争功；大醉之后，吵闹不休，上朝的时候，身藏武器，一言不合，就拔剑乱砍，弄得皇帝束手无策。"再看《汉书·礼乐志》上的说法："汉承暴秦的败风陋俗，社会上普遍的不讲礼义，绝无廉耻；甚而子弑其父，弟杀其兄，盗取祖先宗庙里的珍贵祭器，追求物质生活上的享受。政府官员遇事推诿卸责，文过饰非，整天尽搞些书面资料，造假报销，风气一天天糜烂，而大家却恬不为怪，以为是理所当然。"《汉书·食货志》对当时国计民生的记载，更令人怵目惊心。他说："汉兴以来，由于连年战争，弄得田地荒芜，人也失业；而大乱之后，又继之以凶年，物价高涨，民皆相食，饿死的人占全国总人口的半数以上。于是父卖其子，兄卖其弟，从华北平原到长江以南，造成了饥饿大逃亡。"

另外在内政方面，大封异姓或同姓的郡国制度，也充分暴露了它的弱点。因为封国太大，中央对各国的控制当时还没有足够的办法，便自然形成了国内有国，尾大不掉的半独立局面。贾谊的《陈政事疏》说："现在天下所以少安的原因，在大国之王幼弱未壮，汉朝所设的傅相方掌握大权，数年后，诸侯王都二十多岁了，血气方刚，而朝廷原来派遣的傅相又相继称病去职，他们自丞尉以上遍置私人，此时想要长治久安，就是尧、舜复生，也没有办法了。"当时"藩国大的跨州连郡，城有数十，宫室官制都和京师毫无区别"。所以文帝二年齐济北王兴居首先发兵反，帝派柴武率军十万虏兴居，兴居自杀。淮南厉王长因为与文帝最亲，擅作法令，驱逐汉置的傅相，屡次抗命不遵，在文帝六年阴谋叛变，事泄，发配四川，途中绝食而死。吴王濞靠着豫章的铜山，收买天下亡命之徒，即山铸钱，煮海为盐，国富兵强。他的儿子入京，与文帝太子博争道，被博捉杀，吴王大怒，从此便装病不朝。《汉书·诸侯王表》说“由于藩侯们的地大力强，以致淫荒越法，害身丧国”，这些政治上的危机，正是郡国制度最现实的写照。

至于匈奴问题，自从高帝七年（前二〇〇年），因平韩王信而率兵攻打匈奴，被冒顿用佯败之计，纵精兵三十万骑，围高帝于白登（地在今山西省大同城东五公里处），七天之中，粒食未进，后来还是采用陈平的秘计，突围而出，又派刘敬缔结和亲之约，才使这场最棘手的国际战争，得到暂时的平息。可是到孝惠、高后的时候，匈奴领袖冒顿更加骄横，竟然以极尽污蔑的措辞，给高后写了一封信说“寡人生在牛马成群的北方高原，屡次到边境巡视，很想到中国畅游一番，近来听说高帝去世，你孤苦独居；同样我也寂寞无聊，两国之君相乐，愿以你之所无，换我之所有，来满足双方生活上的需要”，这种外交文书，可说甚辱国体。根据《汉书·匈奴传》的记载，当时高后见信大怒，马上召陈平、樊哙、季布，开御前会议，决定对策，真是风声鹤唳，大有不惜一战的态势。后来还是采纳了季布的建议，命大谒者张释答书和亲。孝文帝三年，匈奴右贤王率兵入寇，最后也还是以和亲了事。类似这些向匈奴低首下心，一再委曲求全的事件，自令忠义之士为之痛心，所以贾谊《陈政事疏》说：“陛下怎能以皇帝的至尊，屈居为匈奴诸侯，再说匈奴豺狼，贪得无餍，长此以往，如何了局！”这是忧国伤时的沉痛心声。

我们综观以上的说法，便知道从汉高祖初兴到孝文帝即位，这二十多年来，在法律方面，是仍承秦制，因循不改，新法未立。在经济方面，是城市人口丧亡十分之七八，农村破产，遍地饥荒。在世道人心方面，是道德沦丧，廉耻荡然。在内政方面，是藩侯坐大，阴谋叛变。在匈奴问题方面，是战败求和，丧权辱国。可说是天下扰攘，一片混乱。这是一个青黄不接的新时代，有非常的时代，才有非常的人才，有非常的人才，才有非常的事功。贾谊就是处在这样伟大的时代背景里，造成了他那早熟的思想，择善固执的态度，和悲天悯人的胸襟。虽然历遭横逆之来，但他仍然是锲而不舍的，提出他对当前国是兴革的卓越计划。

三、治国安邦的思想

贾谊的思想，都是为治国安邦而设的，和当时国家的现实环境相互配合，并且又完全是为国君一人说法的。我可以这样说，贾谊虽然有哲学思想，但他不是哲学家；他虽然有丰富的政治见解，但不能说他是纯粹的政治家；他在学术上有卓越的成就，可是也不能说他是学者；他更是两汉辞赋的开山，但也不能就认定他是个不折不扣的文学家。总而言之，他是一位积极救世、忠君爱国的洛阳少年。他兼有众长，却又能运用儒法各家的长处，用“血”和“泪”去完成他的理想。从他传世不朽的著述上去体认，他确实是“只知有君国，不知有自我”的狂热爱国者。所以你称他是汉初的什么家也可以，但是我认为“治国安邦的思想”，才是他思想的全部。本来这也没有错，不过贾谊的论治，单从《史记》、《汉书》本传上去找数据是不够的，其他如贾谊《新书》、《吊屈原赋》、《鹏鸟赋》里，也保存了许多珍贵的证据。以下我想姑且从道术、政事、经济、攘夷、劝学五方面，来谈一谈这位距离现在两千一百多年前的思想家——洛阳贾生治国安邦的思想吧！

1. 道术方面

如果要说贾谊有哲学思想的话，那么这个思想的凝聚就是“道术”。他的道术论，是糅合了儒家的性善说，道家的虚无说，所构成的一套内体外用的心物合一观。根据贾谊《新书》的《道术》、《六术》、《道德说》三篇文献去看，他对“道”的解释，是“道者，乃应世接物的凭借，其本叫做虚，其末叫做术。所谓虚的意思，言其精微奥妙；所谓术的意思，是控驭事物的法则。总括来说，都是道。”但“虚”如何能应世接物呢？他说：“如果心地清明如镜，遇事没有做不好的：一旦面临善恶的抉择，自能各得其当；如内心虚静无私，平情而处，那么对于是非疑难，一定有妥善的安排。所以英明的国君，只要存心公正，清虚平静，则发号施令的时候，就像镜之照形，秤之称物，事情不管怎样复杂，都会使优劣得所，这就是以虚接物的道理。”至于以“术”接物呢？他说：“国君行仁，则境内和平，士民莫不相亲。国君行义，则境内治理，士民莫不和顺。国君有礼，则境内整肃，士民莫不相敬。国君有信，则境内安定，士民莫不诚信。国君公正，则境内顺服，士民莫不拥戴。国君守法，则境内有序，士民莫不辅助。选拔善良则民心向善，能者在位则百官称职。……术就是应事接物的方法，凡大权在握的人，必须行事谨慎；发号施令的人，一定要言辞得体，这就是以术接物的道理。”（以上所引皆见贾谊《新书·道术》）可见他讲的道术，全是从实际生活上着眼，不作形上之说。在贾谊《新书》同篇，他又把人的行为分成善、恶两类，善类的行为计五十六种，恶类的行为也有五十六种，在这善、恶各类行为里，他把一个人的内外、显微、精粗、大小、公私，各方面分析得极其绵密，可以说是化道术接物的理论，为具体可行的事物，这是了不起的见解。

其次贾谊有道德互用之言，他以为“道是德的根本，万物的原始叫做道，而得此可以生生不息的叫做德；德之所以能永久存在，以道为其本原。”而“德”又有“六理”，“六理”就是道、德、性、神、明、命，他并拿玉石做比方，说明“德”的内涵，他说：“德的六理，可从玉石的构造上看出来：玉石各有不同的形状，光泽鉴人，这就代表道。润滑如同油膏，这就代表德。深沉厚重，颜色光润，这代表性。陶神悦性，这代表神。光辉夺目，叫做明。质地坚固，叫做命。这就是德之六理。”（以上所引皆见贾谊《新书·道德说》）在《新书》的《六术》篇上，贾谊以为“六理”不但是六艺所本，如究其极致，六之为数，实可范畴天下一切事物之理，推明所有的法律制度。他说：“阴、阳、天、地、人都以六理为度，内度成业，谓之六法；六法蕴藏于内，六术变化于外，彼此互相感应而为六行。”但“阴阳各有六月之节，天地有六合之事。人有仁、义、礼、智、信的行为，行事和睦，则礼乐复兴。礼乐之兴有六，叫做六行。阴阳天地的变化，如果不失六行，才能合乎六法。人如能六行修明，那么也可以符合六法的标准。”（见贾谊《新书·六术》）可见他由“道术”的体用，推到人类行为的善恶；然后再从“道德”的互用，说明“德”有六理，而“六理”概括天时、人事；最后勉人须谨修仁、义、礼、智、信“六行”，以配合内度成业的“六法”；“六法”既明，则天道、人事的大节可说圆满完备了。这就是他内体外用心物合一观的真相。我们谛观他的思想，颇有儒家的实际，道家的超脱，法家的执住，纵横家的博辩，以及墨家的牺牲精神。所以我们只能说他是陶冶百家，配合时代需求的一种新思想，一种也许还不够十分成熟的思想。

至于《鹏鸟赋》里“至人遗物，独与道俱”，“真人恬淡，独与道息”，甚而又说“释智遗形，超然自丧；寥廓忽荒，与道翱翔”。文中所谓之“道”，其含义显然和《道术》上的“道”，有若干距离，而那种遗形自释，一派消极颓废的念头，与《道德说》和《六术》上的话相比较，又给人一种迥然有别的感受。合理的解释，可能由于遭遇不同，环境各异，发而为文，便前后各自为说了。所以我说他由于英年早逝，对新思想体系的建设，还不够成熟，就是基于这个观点。

2. 政事方面

根据《汉书·贾谊传赞》，引刘向称赞贾谊的话说：“贾谊言三代与嬴秦治乱之意，其论甚美；且通达治体，比之古代的伊尹、管仲，实不稍逊色。”他把贾谊推崇得如此伟大，我们相信以刘向的博学多才，和他与贾谊的时属同代，这绝非溢美之词。假使当时能被文帝重用，对国家定有卓越的贡献；惜为权臣构陷，弄得“壮志未酬”，及今思之，还不禁令人扼腕！由此看来，他对于政事方面，确有值得追述的许多远见，现在就让我们从君道、选吏、民本、张四维、定经制，以及众建诸侯而少其力各方面来做一个鸟瞰。

贾谊谈君道是尊君而不悖民的，故《新书·过秦上、下》以为“始皇仁义不施，而攻守之势异；致一夫作难而七庙隳，身死人手为天下笑。二世继之，因而不改，所以天下莫不引领而观其亡。孺子婴孤立无亲，国灭祀绝，永为后世炯戒”。是以古圣先王深察治乱兴亡之由，而治国理民必须遵循一定的法则。《新书·先醒》论君臣质素的不同，《君道》篇论君临万民要反求诸己，《官人》篇言国君需亲师取友，《大政》篇勉国君应尊贤敬士，这些都在阐明“君有道则存，无道则亡”（见贾谊《新书·君道》）的道理。同时他还举了“楚庄王思得贤佐，日中忘饭”的例子，认为是先醒的明君，又引“宋昭公出亡乃寤，于是革心易行”之例，叫做后醒的贤君。最后更拿“虢君失国，饿死为禽兽食”的例子，称他是至死不寤的昏君。至于他谈到“君道”的要领，除了“反求诸己”外，就是“尊贤敬士”；而“尊贤敬士”的目的，在于“选吏以治民”，所以《新书·大政》说：“君明而吏贤，吏贤而民治；故见其民可以知其吏，见其吏可以知其君。”将国君、官吏、人民三者相辅相成的关系，映衬得真是警切极了，这也就是本文前节论贾谊所谓之“道术”的体用的最好明证。

选吏与国家的关系如何呢？观贾谊的说法，仍一本儒家哲人政治的主张，使贤者在位，能者在职，行风行草偃的效果。他说：“人民的治理在于官吏，国家的安危要看政治。是以明君于施政能谨慎将事，于官吏则选拔贤能，然后国家可兴。”选吏既然如此重要，那么吏如何来选呢？他说：“明君选吏，必须参考人民的意见，人民称赞他，明君再详加考察，觉得他确实贤能，然后选他为吏，既为吏，如士民群起反对，明君要再加详察，发现他的确不堪胜任时，就免除他的职务。故明君选吏一定要慎重其事，首先考虑人民的反应，把人民看作考核吏治良窳的根据。”（以上所引皆见贾谊《新书·大政下》）由此看来，君道、选吏的目的，在于爱民。他又把人民当成国家君主官吏之本、之命、之功、之立，较孟子“民贵君轻”之说尤加积极而具体。在《新书·大政下》又说：“民是万世之本，士为国家所树，不可欺骗，不可轻蔑，轻蔑人民就会遭不祥之灾，杀身之祸。”按照他的主张，国君在积极方面，应爱民、敬民；消极方面，使人民生活乐利。这种爱敬乐利的民本思想，不仅是儒家“民为邦本”思想的继承，同时我们发现与孙中山先生民权主义的精义，也有古今辉映之处。

在本文第二节里，曾经提到汉承嬴秦的陋风败俗，道德沦丧，廉耻荡然。而《汉书·贾谊传》上更记载着："今世以侈靡相竞争，弃礼义，捐廉耻，日甚月异而岁不同。""一般官吏只知道等因奉此，不明治国大体。陛下（指汉孝文帝）自己又虑不及此，个人深感万分惋惜。"于是他的《陈政事疏》，便针对此点，竭力主张"立君臣，等上下，使父子有礼，六亲和睦"。并引《管子》"礼义廉耻，是谓四维；四维不张，国乃灭亡"，说"秦灭四维而不张，故君臣乖乱，六亲殃戮，奸人并起，万民叛离"，前后不过十三个年头，[案：由始皇帝二十六年（前二二一年）王贲灭齐，全国统一，秦王政定皇帝封号开始，到秦二世三年（前二〇七年）沛公入关，赵高弑帝止，首尾不计，适得十三年正。]而秦都咸阳就成了供人凭吊的废墟。汉初礼义未备，民如鸟兽，到处横行，社会道德的衰落，令人怵目惊心，所以贾谊特别提出张四维，定经制，来挽救当前的危机。他的办法是"令君臣、上下各有差等，父子六亲相处得宜，奸邪小人不投机取巧，人我之间彼此信赖"，这样就能"措国家于盘石之安，而行事有所遵循了"。我们欣然了解贾谊的"张四维，定经制"，就是把"心理建设"与"社会建设"，作为国家全面建设的基点，这也就是孙中山先生在《心理建设》自序中说的："国家之治乱，系于社会之隆污；社会之隆污，系于人心之振靡。"他那种伟大建国的理想，和饥溺存心的济世热忱，固然在当时没有赢得文帝的信赖，但却给后世永远留下了暮鼓晨钟！

汉初，除了社会混乱，人心败坏之外，还存在着一个迫在眉睫的危机，那就是藩国诸侯权埒君王，骄横不法，贾谊把这种情形，比做"一个身患重病的人，不但病体虚弱，而且四肢发肿，肿得一胫之大几如腰，一指之粗几如股"。又说"今日汉朝之病，不仅是全身肿胀，脚又不良于行，例如亲者或无分地以安天下，疏者或专大权以逼天子"，（以上所引皆见贾谊《新书·大都》）所以"诸侯王虽名为人臣，实际上都存有布衣昆弟之心，时刻想着如何宰制天子，而帝制自为。他们有的擅封官爵，赦免死罪；甚或黄屋左纛，弄得汉法不立，汉令不行”。（见贾谊《新书·亲疏危乱》）所以贾谊向文帝痛陈政事，还特别谈到制服的方法，在于化大国为小国，削弱他们的实力，这就是有名的“强干弱枝”的政策。他说：“然则，天下大计可以了解了，想要诸侯王皆忠心服顺，莫若叫他们都像长沙王一样那么封地狭小，想要天下长治久安，天子高枕无忧，莫如众建诸侯而削减他们的力量；力小易使以义，国小则没有邪心。”（见贾谊《新书·藩强》）又说：“天下大局，如身之使臂，臂之使指，灵活运用，使诸侯王敢于自杀，不敢有叛心；辐辏并进，归命于天子，不可有徼幸之权。”（见贾谊《新书·五美》）不过，当时诸侯藩国，齐、楚、淮南，势大力强，如操之过激，立加削弱，一定会激起全面性的叛乱，因而针对时势所需，主张先割地定制，使诸侯王就其所有的封地，再分封他们的子孙，如此数代之后，其国势自然因分化而缩小了。他说：“割地定制，分齐为若干国，赵、楚为若干国……割地定制以后，下无背叛之心，上无讨伐之意，上下欢洽，诸侯顺附。”（同上）

贾谊所擘画的“强干弱枝”的政策，实乃振弊起废，兴国济世的伟大构想，以后晁错在孝景帝的时候，又倡此议，结果议尚未成，就酿成七国之乱，而晁错也以身殉道了。孝武帝时，主父偃也以“割地定制”说上，于是藩国分化，天下富强。我们从这些既往的史实上去看，贾谊的政治理想，虽当时未能实行，但能言之于事情未发之前，足见他有过人的眼光。

3. 经济方面

在经济方面值得一谈的约有两点：一是禁铸，一是劝农。原来我国上古社会重视农耕，春秋以后，工商发达，秦孝公行商鞅之计，奖励耕战，压迫商人。到了汉朝，商人凭着雄厚的资本，垄断市场，交通王侯，高帝乃下令商贾不得衣丝乘车，并加重他们的租税。惠帝、高后以为天下初定，特别放宽对商贾的禁令，但仍然严令商人子弟不得担任政府的官吏。在币制方面，始皇帝兼并天下后，铜钱重半两，汉兴，以为秦钱重难用，改铸荚钱，重三铢，（按《汉书·律历志》："二十四铢一两，十六两为斤。"三铢就是一两的八分之一，比秦钱轻四分之一。）文帝又感到钱多而轻，就更铸四铢钱，并解除盗铸的禁令，任由人民仿造。贾谊觉得从法的观点上看，这无疑是悬法以诱人入罪；从经济的观点上看，伪币横行，不仅扰乱金融，更败坏政府的威信。所以他列举三祸，以劝文帝收回成命，他说："听人民自由放铸，人民为了贪图暴利，势必在铜中杂以铅铁；杂以铅铁，就触犯了政府铸钱的规定，因而冤狱繁兴，此为祸一也。其次所铸钱币成色不纯，成色不纯，则伪钞充斥，币信降低，币信降低，民心动荡不安，此为祸二也。由于自由铸钱可获暴利，人民必趋之若鹜，抛弃农耕，改采铜矿，最后造成田地荒芜，农村破产，此为祸三也。"（见贾谊《新书》的《铸钱》、《铜布》）国家任由人民采铜铸钱，既是弊端丛生，当然要严禁人民仿铸，此不但可导引货币金融的正常流通，达到控制物价，互均有无的目的，更可以运用大量的铜铁，铸造兵器，以对抗匈奴的侵略，所以贾谊在《新书·铜布》上，又列举了禁铸的七福，如云："钱币由政府铸造，人民不致误蹈法网，此一福。人民不自由仿铸，则伪币不生，伪币不生，便增加了人民对政府的向心力，此二福。人民不群趋采铜，可以专力务农，增产报国，此三福。政府操造币之权，可收平准物价的效果，此四福。政府收天下之铜铸炼兵器，以北敌匈奴，此五福。政府控制币值，可以调剂金融的盈虚，而不虞匮乏，此六福。政府既有稳定的货币政策，可增强对全国人民的控驭力，此七福。"虽然贾谊的话，在今天看来，已卑之无高，但是颇能切中当时的情弊。可惜的是文帝见不及此，一味听信邓通的谗言，拒绝了他的建议。

至于汉初的农业，由于受到工商日渐繁荣的影响，致令世风淫靡，奸邪蜂起，而农村经济遭到严重的打击。贾谊目睹这种背本趋末的现象，特一秉古人“富而后教”的明训，首倡“重农积贮”。而“重农积贮”的方法，可分两个步骤，同时进行：即一、节约浪费，二、轻商重农，他对节约浪费的说法，是“仓廪实而知礼节，如人民生活问题不解决，而国家还想长治久安，实乃旷古未闻。古人说：一夫不耕，就可能有人挨饿；一女不织，就可能有人受冻。生产少而消耗多，物力必日趋匮乏，何况今日风俗淫靡，佚乐过度，而国库没有丰富的积蓄，人民更缺少隔日之余粮，平时无事，尚可勉强过活，一旦遇到旱涝成灾，真不敢想象那种悲惨的景象。所以我们欲祛除淫邪的歪风，必须厉行节约浪费。使车舆、服饰、器械各有一定的制数”。（以上所引见贾谊《新书》的《无蓄》、《瑰玮》）行节俭，定制数，确乎可收制裁奸邪淫佚的歪风；但这是消极的防止；至于积极的行动，还在重农轻商。他在《瑰玮》篇上说：“奇巧、末技、商贩，以及那些游手好闲的人，性喜佚乐，素行淫侈，平常不注意节衣缩食，一旦遇上凶旱天灾，必是饥寒交迫，铤而走险……所以为今之计，应该强迫那些不务正业的人，从事农业生产，使天下之人各食其力，大家安分守己，克勤克俭，自然就国泰民安了。”文帝深受感动，于是亲自下田耕作，来表率群伦，为天下倡。

4. 攘夷方面

自从刘敬往匈奴和亲，奉宗室女翁主为单于阏氏后，目睹匈奴河南白羊、楼烦王，去长安近者七百里，轻骑一日一夜可以到秦中；且东有六国强族的反对力量，一旦有变，国家即有不测之忧，因而向高帝献“强本弱末”之术，（见《汉书·刘敬传》）徙齐田、楚昭、屈、景、燕、赵、韩、魏，以及天下的豪杰名家实关中。平居无事，可以防备胡人的寇边；诸侯有变，又可率他们以武力东伐。然而匈奴自白登解围之后，日加骄横，和亲、纳币，并不能满足他们的欲壑。所以在孝惠三年（前一九一年）春为书致高后，措辞极尽亵嫚污辱之能事，当时高后因平城之痛未复，乃忍辱含垢，命大谒者张释报书和亲。时及孝文帝，国力犹未充足，不敢贸然北讨；而胡人对我国北方边境的侵略却有增无减。贾谊时任梁怀王太傅，所以在孝文帝六年（前一七四年）上书言匈奴之事。他说：“我们现在正身临倒悬的危机，匈奴嫚侮侵略，为害天下，其目的在亡我国家，灭我种族，而我们汉朝不但不加抵抗，每年还要向他们供奉金絮采绘，卑躬屈膝，低首下心，弄得黑白不分，是非颠倒，真叫有志之士为之痛哭流涕！陛下（指孝文帝）又何忍以帝王的尊严，甘心做匈奴的诸侯。即令如此，而匈奴侵凌之祸，也不会平息，长此以往，怎么得了？！我预料匈奴之众，止不过汉朝一大县；试想以我国的广土众民，而受制于形同一县的匈奴，身为大汉天子，能不引咎自愧吗！”（见贾谊《新书·解悬》）所以贾谊主张趁我们目前最有利的时机，给匈奴致命的打击。

《兵法》云“知己知彼，百战不殆”，贾谊既然力主对匈奴作战，以雪国耻；可是他对于匈奴的了解，却茫然无知，说他如同瞎子摸象，仅限于想当然的臆测，并不算过分。例如他说“我料想匈奴能征惯战的军队大约六万骑，如以五口而出壮丁一人计算，五六三十，全国户口不过三十万；还赶不上汉朝千石的大县，似此，竟公然的敢侵略我边陲，屡次和皇上分庭抗礼，破坏我汉朝的统制威信，实在想不出这到底是什么原因”，（案：匈奴寇边从高帝六年围韩王信于马邑，冒顿引兵南踰句注，攻太原，到孝文帝十四年，四十年间共有八次之多，如高帝七年冬十月匈奴围高帝于白登七天。

同年匈奴攻代郡。八年秋匈奴冒顿苦北边，孝惠三年春冒顿致书高后，辞极亵嫚。高后六年夏匈奴攻阿阳、狄道。七年冬十二月匈奴又侵狄道。孝文帝十四年冬，匈奴老上单于将十四万骑入朝那、萧关。依照《史记》、《汉书》的记载，当楚、汉相争的时候，他们的控弦之士就有三十余万骑，今贾谊以为匈奴仅六万骑，户口赶不上汉朝千石的大县，显然对于敌我情况不十分了解。）所以他继而向文帝提出一个“耀蝉计划”，所谓“耀蝉计划”是：“一、设立专门的官员来处理边防大计。其次是移民实边。令千家而为一国，列处塞外；西从陇西，东到辽东，各守汛地，以备边胡。他们都直属中央的管辖，战时可防月氏、灌窳的侵略，平时可退为屯田的良民。这样我大汉天子的威德，就能内行四海，外达边塞，远者悦服，近者来归。”（见贾谊《新书·匈奴》）贾谊虽有时脱不掉书生的习性，而昧于敌我大势；可是这个“耀蝉计划”倒是切实可行，后来汉孝武帝派张骞使西域，断匈奴右臂，也可说就是这个计划的一部分，他真有先见之明。

贾谊以为强国战智，王者战义，帝者战德。故又效法商汤祝网而汉阴投降，舜舞干戚而南蛮悦服的故事，为文帝建“三表五饵”的御胡之策。简言之：所谓“三表”，就是示胡人以信爱，所谓“五饵”，就是利用人类好逸恶劳的弱点，投胡人所好。胡人一旦汉化成功，就可以达到不战而屈其兵的目的，虽然贾谊本人对他的“三表五饵”有成功的自信，认为“以厚德服悍虏，则下匈奴如振槁”，（见贾谊《新书·匈奴》）岂知匈奴悖信亡爱，中国的礼法，实不足以化匈奴的顽愚。而贾谊以君子之心，竟度小人之腹，昧于“兵法用奇”的古训，至被后人讥其有战国纵横家争奇炫博的本色，不是没有原因的。

5. 劝学方面

贾谊是位性善论者，所以他的劝学首先从人性说起，他以为人性本无不同，人所以有贤、不肖的差异，完全是受了后天教育和习俗的影响。他论教育的重要说："南越北胡的人，生来发声相同。嗜欲不异，可是长大以后，各人不但有各人的生活习惯，言语也没法沟通。究其原因，就是受了后天教育和习俗的影响。"（见贾谊《新书·保傅》）教育对于一个人的关系既然如此密切，教育的程序又当如何呢？我们发觉贾谊对学前教育十分注意，尤其是有关胎教、幼儿教育、入学年龄，以及教学课程、师资选择，和学习的环境，都有概括性的提示，现在依次说明如下：

他对胎教的看法是"胎教之道，在断定王后怀孕以后，孕妇站不得跛脚，坐不得歪邪，笑不可喧哗，独处一室不可倨傲，一旦生起气来不可骂人"。（见贾谊《新书·胎教》）至于婴儿出生前后，《新书·胎教》更规定了许多琐细末节，虽然因为时代的进步，他所强调的都成了历史的陈迹，但也可以从中透视出他对胎教的重视。

他对幼儿教育的认识，可以从《新书》的《蚤谕教》、《保傅》两篇文献里得到印证。他说"当儿童天真无邪的时候，来培养他的正确观念，可收事半功倍的绩效"，所以他主张"太子初生，大人们对他无论视、听、言、动，都要以礼相待，而行赤子之教"。又说："太子少长，到能分辨颜色的年龄，就开始入学，学些与政治密切相关的事情。然后循序渐进，由东学而南学，而西学，而北学，再入太学，各阶段都受到充分而完美的教育，然后以之治国理民，自会收到化辑天下的效果。"

至于入学年龄，他似乎也有一个大致的规定，以为"九岁入小学，践小节，学小道，二十岁读大学，践大节，学大道，这样受到良好教育的熏陶，邪恶的思想便无缘侵入了”。（见贾谊《新书·容经》）关于教学课程，他由于受到时代的局限，当然没有我们现在完备，更何况又是为储君一人说法，对象不同，设科也就各异了。他说“讲授春秋时，要详加分析褒善贬恶的原因，来逐渐树立他的正确观念；讲授礼，使他彻底明了长幼卑尊的关系；讲授诗，要推广诗义以驯顺他的情志；讲授音乐，能达到疏通烦闷，消减浮气的目的；讲授古人格言，使他明白先王以化民为本务；讲授史志，使他知道国家兴亡之迹而知所戒惧；讲授统御术，使他能了解万官的职分而作合理的领导；讲授训典，使他得到协和亲族和与人为善的要领，这就是教太子为圣君明王的基本科目”。（见贾谊《新书·傅职》）他一共列举了春秋、礼、诗、音乐、古人格言、史志、统御术、训典等八个科目，以及各科教学进度和目标，可以说已具备了相当完整的体系。

贾谊言慎选师资，是和学习环境，合并来谈的，他说“例如过去周成王尚在襁褓之中，周公为太傅，太公为太师，保是保护身体，傅是辅其德操，这都属于师道的责任，三公的职分。于是又设三少，所谓少保、少傅、少师，是侍奉太子燕游的人。故在太子孩提之时，三公三少就当昌明孝仁礼义来诱导他，一方面疏远邪恶小人，使他不至于受到坏的感染；另一方面选拔天下方正之士，与孝悌博闻有道术的人，来保卫辅翼他。叫他们和太子居处出入。太子一生下来，见的是正事，听的是正言，行的是正道，左右前后又都是正人君子，这样熏陶渐染，长大以后，自然就成了正大光明的人了”。（见贾谊《新书·保傅》）最后又引孔子“少成若天性，习惯如自然”的话，来证成他的看法。如果我们把《孟子·滕文公下》，言“楚人欲学齐语”的故事，和《荀子·劝学》，所举“蓬生麻中，不扶自直”的例子，会合来看，就知道了贾谊在劝学方面立论的张本。

最后，我们似乎需要研究一下贾谊劝学的“教育目标”。换言之，也就是他希望造就成怎样的一个人，我们发觉在《新书·容经》里有志色之经、容经、视经、言经、立容、坐容、行容、趋容、跸旋之容、跪容、拜容、伏容、坐车之容、立车之容、兵车之容等十五个小目，这十五个小目，把人的行止坐卧，动静语默，大部分都包罗进去了。例如他说志色之经“人的志向可以从四方面看出来，身在朝廷之上，有渊深清明严肃的气象；主持祭祀大典，有肃穆默思和平的气象；指挥作战的时候，有一种愠怒专一凛然不可侵犯的气象；身逢父母之丧，有一种忧愁忧思凄然动容的气象。诚于中，形乎外，有怎样的气象，必有相应的仪态”，所以他又继而谈容经“身在朝廷，仪容是小心翼翼端庄有礼；主持祭祀，态度要愉悦敬惧颜色温和；指挥作战，态度果毅教令严明；遭逢丧事，仪容是忧思疲惫若不自胜”。以下他又说明以目视物，所当遵守的四个准则：“在朝廷目光要平视；祭祀之时，要注视所祭的对象；在军旅要张目凝视；丧纪的时候，眼睛向下看。”至于言谈应对，他也列举了四种方式，说“措词庄敬是朝廷之言，温文有序是祭祀之言，屏气低声是军旅之言，语调细弱是丧纪之言”。其他言立、行、跪、坐、疾趋、拜、伏的仪容，规定得极其详密，这不仅可以看出他设教劝学的目标，同时，我们从这些小事小节，实际的践履笃行上，可以领悟到当时社会生活的规范。

四、贾谊传世的作品

想知道贾谊传世的作品，先要弄清楚贾谊的师承关系，可是因为史料的残缺，我们想要把这一点弄清楚，还相当不容易。如刘向《别录》、《汉书·儒林传》二书，措辞都相当含混。唯有唐朝陆德明的《经典释文·序录》，说“左丘明作传以授曾申，申传给卫人吴起，起又传给他的儿子吴期，期传楚人铎椒，椒传赵人虞卿，卿传同郡的荀况，荀况又传给阳武的张苍，张苍传给洛阳贾谊”，统绪十分详备。近代章太炎先生在《春秋左氏疑义问答》卷一，谈到《左传》传授过程时，考订的精密，更超过陆氏。现在我们姑且依照这些有限的材料去加以推求，看看洛阳贾谊和阳武张苍可能的关系。

秦并天下，张苍为御史，主柱下方书，到汉孝景帝五年（前一五二年）去世，年约百余岁。秦并天下时他已三十多了，当时荀卿老死兰陵不久，从这个时间上推测，张苍从荀卿受《春秋》是很可能的事。再说苍是阳武人，阳武今属河南省，距开封西北九十里，新乡八十里，有名的博浪沙就在县东南五里的地方。他自从随沛公入武关，到咸阳以后，沛公立为汉王，还定三秦，命张苍为常山守；赵地既平，又以苍为代相。高后八年（前一八〇年），又由淮南相入为御史大夫。明年文帝即位，贾谊因河南郡守吴公的推荐，由洛阳到长安，与张苍同朝共事；而谊久慕苍在学术上的造诣，遂执礼请益，而得其衣钵，所以清朝江都汪容甫《贾谊年表后案》，就是这么说的。

以上我们对贾谊师事张苍的推测，表面上看，是时地吻合，相当合理；不过，如从另一个角度去详加追索，这中间也并不是毫无破绽可说。例如《史记·张丞相列传》，记载张苍担任丞相十余年，鲁人公孙臣上书言汉以土德王，当有黄龙出现；结果诏下张苍议，而张苍是一个博通历法的专家，又是坚持遵行秦代颛顼历的实力分子，所以他认为汉以水德王，色尚黑，便斥公孙臣的推算不对。不料在文帝十五年（前一六五年）春，果有黄龙见于成纪（属陇西县），于是文帝下诏议郊祀，召公孙臣为博士，草土德时历，改制更年，张苍由此被黜，这实在是当时震动朝野的一件大事。反观贾谊却早在文帝二年（前一七八年）的时候，就以为汉兴已二十多年，理当改订历法，更换服色，（参看本文前面第一章）到文帝十五年黄龙出现的时候，贾谊虽已辞世三年，但却证明了一个事实，那就是贾谊与公孙臣的看法先后不谋而合，和张苍的一贯立场发生了严重的冲突，所以司马迁就不禁感慨地问："张苍文好律历，是汉朝有名的宰相，但却反对贾谊、公孙臣言正朔、服色的事，专门遵行秦时的颛顼历，这到底是什么原因？"我们从这些蛛丝马迹去找张苍和贾谊的关系，不但搭不上师生的情谊，在思想上简直是此疆彼界，形成尖锐的对立。由此看来，唐初陆德明《经典释文·序录》上，记载的《春秋左氏传》的传授统绪，其可信的程度究竟如何？恐怕还值得今人做进一步的探索。

现在剩下的问题，是张苍与贾谊的师承关系，既有可资怀疑的地方，同时在那个讲究师承的时代，他似乎也不可能有自学成功的机会，那么既然如此，贾谊的老师到底是谁？本人以为是担任河南太守的吴公。吴公为上蔡人，曾经师事李斯，史载李斯与韩非是荀卿子的及门高足，吴公又受业于李斯，这实在是学术渊源，其来有自。吴公必是一位法家而兼与我儒有密切关系的学者，他对贾谊不仅在政治上给予有效的奖掖，同时在学术上也给他直接的指导，所以这样说来，贾谊便成了荀卿子的四传弟子。这个道统关系，虽然不见于正史的记述，但我们就凭着他们之间的经久相处，以及在陆氏《释文》不尽可信的情况下，这种推测，应该说是大胆而合理的。

至于贾谊在辞赋方面的成就，也是得之于吴公。说到辞赋，绝不能撇开地区的关系。辞赋的开山屈、宋，身为楚产，自不必说，就连那自刎乌江的霸王项羽，亭长出身的高帝刘邦，他们的《垓下歌》、《大风歌》，又那一位不是楚人楚声。吴公既是上蔡人，所谓“陈蔡之间”，正是楚地，而吴公正是楚人，过去孔子厄于陈、蔡的时候，楚狂接舆还拿“凤兮凤兮，何德之衰”，以讽仲尼，从这些地方，我们可以肯定贾谊得吴公辞赋的真传，应该说是很自然的现象。再加上贾谊服官行政，连遭龉龁，怀才不遇，抑郁难申，在不得已的情况下，发而为文，就有了《惜誓》之篇，《临湘》之悼，《鹏鸟》之赋，缠绵悱恻，令人为之一掬同情之泪。所以百尺楼主陈去病说“盖贾生之举也以吴公，吴公故与李斯同邑，而尝学事焉，其师承有自，故生之学，殆出于荀”，（见《辞赋学纲要》第五章《楚辞杂评》）很能道出贾谊师承统绪的真相。

现在让我们进一步去看一看从他十八岁入仕，到三十三岁结束了人生的旅途，在这段十五年的漂泊岁月里，总是得意的时间少，失意的时间多，他是一个公而忘私、国而忘家的狂热爱国者，他为了因应当时国家社会的需要，或个人一时兴感之所由，不顾一切的反对，拼命地写了许多章表辞赋。明朝黄宝序贾子《新书》，说太傅的作品“通乎天人精微之蕴，穷乎历代治乱之故，洞乎万物荣悴之情，究乎礼乐刑政之端，贯通乎仁义道德之原”，这样说来，他不但“通达国体，古之伊管未能远过”；他的精心杰构，更成了西汉第一等的文字。不过，这些作品，因为时间上隔了两千多年，散佚的恐怕不少；即令到现在幸存还能目见的，更由于历代手钞翻刻的人不小心，错简缺脱，妄增乱删的字句，使原文不易通读的地方也很多。例如《左氏传训诂》这部书，《汉书·儒林传》上明明写着“汉兴以后，北平侯张苍及梁太傅贾谊，京兆尹张敞，太中大夫刘公子，都研究《春秋左氏传》，唯有贾谊作《左氏传训诂》，以授赵人贯公”。北宋王尧臣《崇文总目》，和清唐晏的《两汉三国学案》，也都认为《汉书》的说法可信；尤其唐晏还想根据《汉书》的说法去寻求佚文，可是找不到特别可靠的材料。又如《五曹官制》五篇，班固《汉书·艺文志·诸子略·阴阳家》录有此书，唐颜师古注，便说“汉制，似贾谊条奏的”，察颜氏的口气，好像在他注解的当时，还曾经亲自过目似的。清王先谦《汉书补注》，引王应麟说，也以为这是贾谊的著作，内容包括订历法、易服色、修制度、兴礼乐等，可是到现在只是史存空目，什么都看不到了。

现在贾谊的作品保留得最完整的，要算贾谊《新书》五十八篇。这五十八篇现在分为十卷，依照各篇内容的不同可以区别成三类，就是事势、连语、杂事。事势包括《过秦上》、《过秦下》、《宗首》、《数宁》、《藩伤》、《藩强》、《大都》、《等齐》、《服疑》、《益壤》、《权重》、《五美》、《制不定》、《审微》、《阶级》、《俗激》、《时变》、《瑰玮》、《孽产子》、《铜布》、《壹通》、《属远》、《亲疏危乱》、《忧民》、《解悬》、《威不信》、《匈奴》、《势卑》、《淮南》、《无蓄》、《铸钱》等三十一篇。连语包括《傅职》、《保傅》、《连语》、《辅助》、《问孝》、《礼》、《容经》、《春秋》、《先醒》、《耳痹》、《谕诚》、《退让》、《君道》、《官人》、《劝学》、《道术》、《六术》、《道德说》等十八篇。杂事包括《大政上》、《大政下》、《修政语上》、《修政语下》、《礼容经上》、《礼容经下》、《胎教》、《立后义》、《传》等九篇，按这本十卷五十八篇的贾谊《新书》，《过秦上》篇被司马迁转录到《史记·始皇本纪》，而梁太子昭明编《文选》，又把《过秦上》篇编入第五十一卷，标题加一“论”字，成了《过秦论》，至于班固《汉书·贾谊传》，更从《新书》“事势”，取精用弘，抽出了十六篇，而构成了所谓《陈政事疏》的重要部分。《汉书·食货志》里又转录了贾谊的《论重农积贮疏》，和《谏除盗铸钱令使民放铸疏》，实际上这两道疏就是《新书》事势里的《忧民》、《无蓄》、《铜布》和《铸钱》四篇的综合运用。《新书》连语十八篇，有《保傅》、《傅职》、《容经》、《辅佐》四篇收入了《大戴记》，而《大戴记》里的《礼察》，明明列于《汉书·贾谊传》，但《新书》却反而少了这一篇。我们从这种重出脱漏的情形上看来，就大略可知贾谊《新书》在历代变动剧烈的消息了。

再其次是贾谊的辞赋，根据《汉书·艺文志·诗赋略》的记载，上面一共著录了贾谊赋七篇，《隋书·经籍志》里还有《贾谊集》四卷，这样看来，有关贾谊的文学作品，到唐朝魏征、长孙无忌合撰《隋书》的时候，还相当完整地保存着。可是事隔一千三百年以后的今天，我们所能看到的，仅有《吊屈原赋》、《鹏鸟赋》、《惜誓赋》、《旱云赋》、《虚赋》等，《吊屈原赋》、《鹏鸟赋》都被司马迁收入《史记》的《屈贾列传》里，《惜誓赋》据东汉王逸的《楚辞章句》，疑惑这不是贾谊的作品，以后每代都有不同的说法，所以一直到现在，这篇《惜誓赋》是否为贾谊的手笔，还是文坛上的一大悬案。《旱云赋》、《虚赋》都收在章樵的《古文苑》，和严可均的《全汉文》里，我们可以覆案。

从各方面来衡量，以一个两千多年前在政治上、学术上、甚而词章上，有过杰出表现的贾谊，还能有如此够分量的作品保存到现在，虽然不算是充分完备，但要想根据这些去探究他的思想的话，应该是绰绰有余。不过，我在此要做一个附带的声明，清朝大校勘家卢抱经校贾谊《新书》，每当遇到百思不得其解的时候，他就拿《汉书》做蓝本，认为凡《新书》与《汉书·贾谊传》合的为真，否则都是后来浅人增窜，因此被他大刀阔斧“刊正”了许多地方。后来很有些学者，从古文字学的观点去通读，便觉得卢氏太过于大胆，过于轻率。现在大胆疑古而轻率的人也还不少，不过像贾谊《新书》这部西汉的作品，我们最好还是不要太武断。

参考书目

在这一节里，我想给读本文而又有志作进一步研究的读者们，提供些重要的参考用书，同时我这里所介绍的，也可以说差不多是前人研究有成的全部文献。首先我发现民国以前的读书人，可能是受了文选家的影响，只知道贾谊的《治安策》，行文明快，造语警切，为“千古书疏之冠”；《过秦论》“行文开阖起伏，精深雄大，真名世之作”（所引皆王文儒《古文辞类纂评注》引归震川语）；所以我们想要在以往的著述里找一些完全属于贾谊学术思想方面的作品，实在是满目苍凉，几乎看不到会有谁在这方面下过工夫。今后我们如果能突破明清选文家的范畴，和基于前人在校注方面已有的成就，去放眼观察，切己体会，也许可以革故鼎新，把贾谊的研究，推向一个理想的高峯。不过“行远自迩，登高自卑”，考据为义理之母，焉有字句不明，而能发微阐幽之理。基于这个原因，以下我就按着“板本”、“校注”、“其他”三方面的顺序，向诸君介绍。

在贾谊《新书》的板本方面，以建本、潭本最早。建本是南宋孝宗淳熙八年（一一八一年）建宁府陈八郎书铺印的；潭本是南宋理宗淳佑八年（一二四八年）程漕使照着建本重雕的，可以说是第二手的本子，这两个本子都很可贵，过去卢文弨校《新书》的时候还用它做底本，可是目前在台湾，一本也看不到。至于明孝宗弘治十八年（一五〇五年）吴郡沈颉的刻本，到现在也只是史留空目，不见原书。另外有人根据潘祖荫《滂喜斋藏书记》，说贾谊《新书》有一个元末明初的刻本，但是细察潘氏说话的口气，也仅限于揣测，难以叫人采信。明自正德以后，贾谊《新书》的刻本很有几个，例如：明武宗正德八年（一五一三年）的李梦阳本，九年（一五一四年）的陆良弼本，明神宗万历年间的《汉魏丛书》本，万历五年（一五七七年）的子汇本，十年（一五八二年）的《两京遗编》本，二十年（一五九二年）的《增广汉魏丛书》本，还有也是明刊，不书刊刻年月，题名《贾长沙集》的黑口本，以及明末仁和朱图隆刊本。以上这八个明刻本，李梦阳本、陆良弼本、《两京遗编》本、朱图隆本，都藏在台北“国家图书馆”特藏组。《汉魏丛书》本，台湾新兴书局曾经缩印发行，子汇本，台湾商务印书馆已把它附在景印的《宋、元、明善本丛书》十种里公开发售。黑口本《贾长沙集》，原为国立北平图书馆藏书，现存台北士林外双溪故宫博物院。《增广汉魏丛书》本，现在只见存目，未见原刻。时至清朝，在国内，还没有看到有关贾谊《新书》的新雕板本，而日本倒有个仿刻的本子出现，那就是宽延二年己巳九月（即清乾隆十四年，一七四九年）的刊本，书分十卷，分五册装和二册装两种；五册装的现藏国家图书馆，二册装的原为东北大学藏书，现寄存在台湾师范大学国文系图书室。

在贾谊《新书》的校注本方面，最早的要算明朝何孟春的《贾太傅新书订注本》，何本是正德十四年（一五一九年）在云南刊刻的，所以又叫滇刊本。装订的形式有两种，一是四册装，一是二册装，每册首页第一行沿边齐地都盖有“谦牧堂藏书记”的篆刻一方。此书原本现藏“国家图书馆”。其次是清朝的卢文弨，据他自己说，是合众本来校订贾谊《新书》的，固然他有时因为艺高胆大，间或失之武断；而事实上，他仍不失为贾太傅的功臣。不可讳言的，这是一本初学必读的要籍，台湾中华书局把它收入《四部备要》，学者可以参看。另外在清末光绪年间，泰州王耕心先生手定的《贾子次诂》本，这是王氏的稿本，到现在还藏在“国家图书馆”，没有正式印行。本人曾数往借阅，展卷之下，看到王氏的正楷墨书，朱砂批校，分篇注解，资料宏富，为研究贾子者不可多得的作品，同时这也是翰苑中唯一的孤本，真是稀世的珍宝。至于目前在台湾研究贾谊《新书》的，虽然凤毛麟角，但是像河南修武县的祁玉章老先生，可说是这块寂寞园地里的一位垦殖不懈的园丁。记得他在一九六九年五月出版了第一本书《贾子探微》，随后继续努力，在一九七四年的十二月又独资印行了第二本书《贾子新书校释》。在该书自序里，作者有这样几句话，说“至清，考证学兴起，对于先秦诸子的校释，粲然大备；唯于贾谊《新书》，仅有卢文弨抱经堂的校本，况且卢氏又任意删削，大失本真；其他各家虽偶有臆见，也都限于分条札记而已。至于义理的疏通，二千年来，一直没有人去注释。所以我利用三余之暇，博稽群书，手钞目验，岁月渐久，积稿盈箧，因加检理，成《贾子新书校释》一书”。他前后下了六年的苦功，写成了这部六十万言的煌煌巨典，就我这个见识狭隘的人看来，自有贾谊《新书》到现在，在校释的范围内，祁老先生的这部书，可称得上是一部空前的杰作。我深切相信这部书不仅可供做学者研究贾谊《新书》的重要参考，同时对留心两汉学术思想发展情形的人来说，它也极具阅读价值。

其他有关贾谊学术思想的探究，除了一般性质的中国哲学史上约略提到他以外，还看不出谁在义理方面有过单独的论著发表。因此在这一片荒原上，以下所介绍的两部著述，便成空谷足音，难能可贵了。第一部书就是本文前面说的，祁玉章老先生的《贾子探微》。这部书除自序外，共分五章，第一章《贾子行谊》，第二章《贾子年表》，第三章《贾子著述考征》，第四章《贾子思想探微》，第五章《贾子品评》。全书一百零三页，不到七万五千字，可以说是须弥芥子的写法，纳大于小，很有推十合一的价值。又在一九六九年十二月，为庆祝瑞安林景伊先生六秩寿辰，当时政大、师大、文化学院三校院曾经亲炙林师教诲的同学，有共同筹印论文集以资献贺的计划，我那时也写了一篇将近十万字的论文，题目叫做《贾谊学术三编》。前编记传，在说明贾谊的生平行事；后编发微，在阐扬贾谊的经世思想；余编考校，在校勘《新书》的字句错讹。我认为这篇论文有三个地方是不同众作的：一、是对清朝汪容甫的《贾谊年表》的证补，二、是对贾谊学术传授的考察，三、是有关贾谊平生著述的检讨。这三点可以说给进一步想研究贾谊的朋友们，做了点儿奠基的工作，所以我也愿意把它附在各家巨著的后面，一方面有个供读者参考的机会，另一方面也聊表我个人对这位乡先贤贾太傅的崇敬。

本文写作既竟，想到由于前人对贾谊平生著述的整理与发皇，才使我得以顺利地完成了这篇短文，所以我不得不向这些劳苦功高的学者们致由衷的敬意；同时，虽然我存心尽量尊重贾谊原著的精神，来以辞抒意，可是由于古今、人天之隔阂，深怕这支不能生花的拙笔，对西汉初年的这位伟大思想家的精神意态，难作充分而令人满意的表达。至于引文、译句有欠合信达雅的地方，那是限于本人的学力，这和各原著本身的价值，是没有多大关系的。

董仲舒

林丽雪　著

目　录

一、生平事略

1. 名籍生卒

董仲舒，汉广川人（今河北枣强县东三十里）。广川旧属赵地，所以又称赵人。后来徙居茂陵（今陕西省兴平市东北）。①《汉书》本传不曾记载仲舒的生卒年月，只说他少治《春秋》，景帝时立为博士。而《汉书·叙传》说："抑抑仲舒，再相诸侯，身修国治，致仕县车。"按应劭《韦贤传》注"古者七十县车致仕"，则仲舒在元朔末年去位归居时，应已七十岁。又《汉书·食货志》说："仲舒死后，功费愈甚，天下虚耗，人复相食。"据《武帝纪》及《五行志》所载，饥人相食是在元鼎三年，足证元鼎三年以前，仲舒已死。而元狩五年时，仲舒犹因大农管天下盐铁，而议盐铁事，可见仲舒之死，当在元鼎元、二年间。《匈奴传赞》又说仲舒亲见四世之事，由此推之，其生年应在孝惠、高后时。享年七十余岁。

① 《汉书》本传曰："年老，以寿终于家，家徙茂陵。"案《武帝纪》徙郡国豪杰于茂陵，前后有三，一在建元二年，一在元朔二年，一在太始元年。仲舒卒于元鼎中，是其徙居茂陵，绝非太始元年。究系在建元二年或元朔二年，也不可考。

2. 出仕经过

董仲舒少治《春秋》，孝景时，立为博士。并且兼通五经，堪称一代大儒。他笃志经传，专精述古，进退容止，非礼不行。下帷讲诵时，门庭若市，座无虚席，以致弟子辗转相授，新学者但就旧弟子受业，而不能亲见老师。可惜景帝仍承汉初清简无为的作风，立博士只是循例行事，实际上，儒生并不被重用，董仲舒的才华因而迟迟不得展露。直到遇见了那位雄心万丈、跃跃欲试的武帝，其抱负才得以伸展，理想才得以实现。

武帝即位后，颇思有所建树，因此，即位的第一年第一个月，即建元元年（公元前一四〇年）冬十月，② 便下诏丞相、御史、列侯、中二千石、二千石以及诸侯相举贤良方正直言极谏之士。其后，又连续诏举贤良文学之士，前后百数。董仲舒便是在元光元年（前一三四年），以贤良对策获得武帝的嘉许，才得脱颖而出。③ 这次对策共计三折，亦即有名的《天人三策》。其内容主要在揭橥“天人相与”的观念，并提出原则性的大计——兴教化之功，其中包括贵德贱刑、移风易俗、养士、办教育诸项。此外，尚有涉及实际政务的措施，如选郎吏、抑豪富、崇儒术等。而建元元年，武帝已听从卫绾的建议，罢黜治申、商、韩非、苏秦、张仪之言者，也就是对战国以来法家、纵横家的言论开始厌弃。又元光元年，田蚡也曾奏请抑黜黄老刑名百家言。经过这两次抑黜的结果，仅余儒家言论

② 汉初袭秦历，尚以十月为岁首，故冬十月即第一个月。

③ 董仲舒对策的时间，说法不一。（一）《资治通鉴》说是在建元元年（前一四〇年），（二）官本《汉书》考证齐召南说是在建元五年（前一三六年），（三）《汉书·武帝纪》说是在元光二年（前一三三年），（四）戴师静山在《汉武帝抑黜百家非发自董仲舒考》一文中，说是在元光二年至四年间（前一三三年—一三一年）。本文取第三种说法，详细考证可参看施之勉《董子年表订误》一文。

是不被禁止的。董仲舒的《天人三策》，以儒家思想为立论重心，并辅以阴阳家之说，正符合武帝援饰儒术的要求以及迷信鬼神的心理，于是擢用为江都相。

江都易王非是武帝之兄，以孝景前二年（前一五五年）立为汝南王，后徙王江都（今江苏省江都市），治故吴国。易王素骄好勇，董仲舒常以礼义匡正，深获敬重。据《汉书》本传说，易王曾问及越王勾践与大夫泄庸、种蠡可否称为“越之三仁”，董仲舒对以“仁人者正其谊不谋其利；明其道不计其功”的道理，并指责五霸先诈力而后仁谊，不足以称于大君子之门，易王被说得心服口服。

可是，董仲舒江都相的任期并不太久，即以推灾异获罪，废为中大夫。事情的原委是这样的：先前建元六年（前一三三年）时，辽东高庙、长陵高园殿曾遭火灾，董仲舒居家推论那次灾异的原因。他以为汉承秦敝，本已难治，又加上兄弟亲戚骨肉之连，骄扬奢侈，恣睢者众，更为难治。而高庙本不当居辽东，高园殿亦不应在陵旁，上天所以燔毁它们，就是要借此来警戒在位者，应诛除诸侯及近身大臣中之骄奢不正者。这番议论虽一反儒家温柔敦厚的作风，却句句中肯。汉初，有鉴于秦代以郡县亡国，因此，大封诸侯以为屏藩。而诸侯的势力日渐扩张，致使“一胫之大几如腰，一指之大几如股”，不但有损皇室的威严，更有碍皇室的巩固。前朝贾谊、晁错曾先后对此提出高策，而招致不少怨尤。至武帝时，诸侯的骄奢和大臣的僭越益甚。可是，董仲舒深知此议势必引起诸侯大臣的不满，因而迟迟不敢上奏。不料，恰被贪狠狡诈的主父偃窥见，心生嫉妒，窃而上之。④武帝在朝中召诸儒评阅，由于其利害关系直接影响到朝中权贵，颇引起众人的不满。董仲舒的弟子吕步舒，因不知是其师的议论，而指责为大愚。董仲舒因而获死罪，得赦，废为中大夫。吾丘寿王受诏从他受《春秋》就在此时。从此，董仲舒不敢再言灾异。这是董仲舒在宦途上所遭遇的一次大挫折，也是他廉直寡饰的后果。此事使他的用世热诚大为消减，不久，又碰上冤家公孙弘的得势，险遭陷害，终于使他下定隐退的决心，不再对宦途有所眷恋。

公孙弘，出身狱吏，年四十余乃学《春秋》杂说，其春秋学当然比不上董仲舒精醇。加上他性意忌，外宽内深，凡是与他有过节的人，不管亲疏远近，表面上虽佯与相善，暗地里总不忘寻衅报复。董仲舒为人廉直，对公孙弘的阿谀谄媚位至公卿，深觉不齿。而公孙弘也因治《春秋》不如董仲舒而心怀忌恨。于是，元朔五年，公孙弘拜为丞相后，即推荐仲舒相胶西王，蓄意陷害。胶西王的为人贼盭阴痿，嗜杀成性，乃是众所皆知的事实。过去凡二千石的官吏相胶西王者，不是被陷于死罪，就是被药杀而亡。仲舒恐日久获罪，不久，即称病求免，去位归居，终身不问家产业，以修学著书为事，时已年高七十。

未顷，元朔六年（前一二三年），淮南王安、衡山王赐等人谋反之事被揭发。武帝深悔未听取仲舒的忠告，于是派其弟子吕步舒持斧钺治淮南狱，以《春秋》谊专断于外，先斩后奏，权力甚大。据统计，当时因连坐而死者多达数万人，惨况空前。此后，武帝更

---

④ 《史记会注考证》引梁玉绳说："……《汉志》载其奏，不免阿词曲说，起天下诛残骨肉之心，何以为醇儒？其弟子斥以下愚，宜也。余疑主父偃窜易奏之，不然，何以与削地分封之议、徙豪茂陵之言，如出一口乎？"显然是替董仲舒辩护。而汉时经师传灾异，并不遍授弟子，吕步舒不知其说，本不足为怪。主父偃是否曾窜易董仲舒之说，很难确定。故本文仍从《五行志》之说。

加敬重董仲舒，朝廷每有大事，必先遣使臣及廷尉张汤前往其家请教，董仲舒亦都能“说言访对”。诸如：《繁露·郊事对》所载廷尉张汤与故胶西相董仲舒郊事对，即其一例。又《食货志》载仲舒议盐铁，亦应在归居以后。但这种半隐居的生活，只维持七、八年即告寿终正寝。

依常理判断，董仲舒以一代大儒处在雄才大略、崇儒尊孔的武帝朝内，应该如鱼得水一般得志才是。然而，我们从其坎坷仕途看来，可知他并未见大用。其关键就在董仲舒之主罢百家、尊孔子，独为武帝所嘉纳的原因，乃是由于当时言封禅、明堂、巡狩种种所谓受命之符、太平之治，以及德施方外而受天之佑、享鬼之灵者，无不附会诗书六艺，而托尊于孔子。武帝并非真正敬仰儒家，而只是利用儒家，因此，像公孙弘那样“习文法吏事，缘饰以儒术”的伪儒者，可以获得武帝的青睐而致封侯拜相，然而像董仲舒这样耿介廉直的贞士儒者，却反被疏远。武帝用的只是他的议论，而不是他本身。难怪他最后终于告别政坛，退隐归居。其后，虽然对武帝的垂问也能有所建议，但已不似往日那样热诚地期盼。简而言之，自汉初的好黄老到武帝的崇儒术而言，我们可以说董仲舒是生逢其时；但自崇儒术的真面目而言，我们又未尝不可以说他是生不逢时。

3. 学术渊源

孝景时，董仲舒和胡母生并称春秋大师，为汉代传《春秋》的两大源头。据《公羊义疏》引戴宏序说，此二人的春秋学系来自同一个祖师——子夏。其传承世系大概是这样的：

子夏—公羊高—公羊平—公羊地—公羊敢—公羊寿—┬胡母生
　　　　　　　　　　　　　　　　　　　　　　　└董仲舒

后来，明朱睦㮮《授经图》亦有此说。事实上，这种传承系统，殊不可信。因为自孔子至较胡母生略后的孔安国，据《史记·孔子世家》说已有十三代，则自孔子弟子子夏至与胡母生同年辈的公羊寿，如何只能有五代？故此说想必是出于《公羊》、《左氏》二传在东汉初的互相争胜，公羊家为提高自己的地位，私自造出来，以见其直接出于孔门的嫡系单传。而清凌曙《春秋繁露注序》更以为公羊寿一传而为胡母生，再传而为董仲舒。然按两汉有关资料，可知董、胡二人同业，并同为景帝时之博士，绝无胡母生以公羊传董仲舒之事。当然，董、胡二人既同治《公羊春秋》，董仲舒又曾为文称赞胡母生之德，此二人对《春秋》的解说想必有雷同之处。以致东汉时，何休作《春秋公羊经传解诂》，自云："往者略依胡母生条例，多得其正。"可见其学多本之胡母生，⑤但书中却发挥张三世、异内外、存三统之义，与董仲舒所言略同。而唐徐彦解云："胡母生本虽以公羊经传授董氏，犹自别作条例，故何取之以通公羊也。"便直以董仲舒为胡母生的弟子，此一无根谬说，遂辗转而为定论。

尽管董仲舒公羊学的传承已不可考，但从董仲舒的思想理论看来，说他的学术渊源自儒家是绝无可疑的。他继承了儒家全部——至少是大部的遗产，而以《春秋》的微言大义加以贯通。《春秋》自身是"历史文化"，是"古"。此二者正是儒家立言的根据，也是董仲舒的根据。在汉代庞大的帝国主义之下，没有同一时空的政治可资比较借鉴，托古言今是有志为国者必然的手段。董仲舒以《春秋》综贯儒家思想，主要原因即在于此。他认为《春秋》"道往而明来"，上明三王之道，下辨人事之纪，既可判断是非善恶，又能存亡国、继绝世，补废起弊，实为治国的最高准则。因此，董仲舒的各项思想理论均由此发端。《汉书》称仲舒兼通五经，但无疑的，

⑤ 何休之学出于李育，李育之学本之胡母子都。详见江藩隶《经文公羊先师考》。

《春秋》是他学问的汇归点，犹如挈之在领，最是不容忽视。

不过，董仲舒受汉初阴阳之学特盛的影响，解《春秋》的方法，与别人不同。从《汉书·五行志》的记载看来，他是以阴阳两种势力的消长解说《春秋》的，这种方法在当时确属创举。尤其在阴阳家思想早已深入民心的汉代，更易为人所推崇。后来，胡母生渐不能与他相提并论的原因，恐怕就在这里。汉代经学的传承固然相当遵守师法，但灾异之说不在此限。公羊家说阴阳灾异，乃糅合他说而有，并非《春秋》所固有。董仲舒一心要以阴阳灾异推动政治措施，不免也要精研阴阳家的那套理论。不过，他论阴阳灾异，都能归诸鉴戒，于当时治道颇有帮助，而不致流于荒谬无稽。

要而言之，董仲舒的学术渊源，主要应有二个脉系：一为儒学，一为阴阳学。前者是他的思想本体；后者是他的推论方法。儒学与阴阳学的交融，本为秦汉间的学术潮流，董仲舒难免为它所激荡。值得庆幸的是，他虽说阴阳谈灾异，毕竟还保留了一份儒者的固执，凭着这股热力，构成他一生的绩业，也因而使他自群儒中脱颖而出，成为汉代举足轻重的思想家和政治理论家。

当然，汉初承先秦诸子之学繁兴之后，学风驳杂，学者立论往往糅杂诸家之说，董仲舒的思想渊源除了得自儒与阴阳二家外，恐怕也不免要兼融他家之说。尤其道家思想在汉初已盛行，墨家在先秦时又和儒家并称显学，未尝无相通者，多少也被涵括于董仲舒的学说理论中。这些都留待论董仲舒思想时再细说。

4. 重要著作

董仲舒的著作甚富，可惜几已全佚。据《汉书·艺文志》和本传的记载，董仲舒的作品至少应有三种：

（1）公羊董仲舒《治狱》十六篇（春秋类）。

（2）董仲舒百二十三篇（儒家类）。

（3）《闻举》、《玉杯》、《蕃露》、《清明》、《竹林》之属，数十篇（说春秋事得失）。

按《后汉书·应劭传》说董仲舒作《春秋决狱》二百三十二事，又《隋书·经籍志》有董仲舒《春秋决事》十卷，并指董仲舒《治狱》十六篇而言，其内容多系以《春秋》谊断狱的判例。清王谟、洪颐煊、马国翰、黄奭、龚自珍等人都曾辑录，但仅余一卷而已。至于百二十三篇之内容皆为明经术之意及"上疏条教"，大都已散佚，亦可能有部分被掇辑入于《春秋繁露》一书中。而《闻举》、《玉杯》、《蕃露》、《清明》、《竹林》之属数十篇，亦多散亡，但《隋书·经籍志》有《春秋繁露》十七卷，说是董仲舒所著，据今日所见楼钥定本观之，其中也有《竹林》、《玉杯》等篇，与前述第三类著作当大有关系。

按《春秋繁露》一书，在《汉书》本传及《艺文志》中均未有记载。该书究系何时出现，已难稽考。不过《后汉书·后纪》说："明德马皇后善董仲舒书。"可见彼时仍未以《春秋繁露》名董仲舒书。而始著录于《隋志》的《西京杂记》说："董仲舒梦蛟龙入怀，乃作春秋繁露词。"⑥又《魏书》说《隋志》因梁阮孝绪《七录》，始以《春秋繁露》及《春秋决事》并入经部，似乎阮孝绪已先著录该书。又《续汉书·仪礼志》梁刘昭注补亦有著录，足证南北朝时该书便已流行。可是，自宋王尧臣以下，该书的可信度，便起了动摇。《汉书》不予著录，固然是致疑主因，但怀疑论者所采理由实

⑥《西京杂记》始著录于《隋书·经籍志》，不著撰人名氏，至《旧唐书·经籍志》始注曰葛洪撰，然《酉阳杂俎》载庾信作诗用《西京杂记》事，旋自追改曰"此吴均语"。故晁公武《读书志》遂据此而以为系吴均所依托（详见《四库全书总目提要》卷一四〇，子部小说家类）。此二说均不足信，但其书所述皆汉事，又始著录于《隋志》，殆为魏晋南北朝时代之作。

有加之。譬如攻讦最力的程大昌，在《繁露书后》一文中，即从内容、文体和后世引用情形立论，他说《繁露》的辞意浅薄，间掇董仲舒对策语杂置其中，辄不相伦比。又说繁露本指古冕之旒似露而垂，推想其书皆用一物以发己意，有垂旒凝露之象，故《繁露》系因文体而得名，而今本《繁露》则大异于此。复就《太平寰宇记》、《通典》、《太平御览》所引《繁露》语，不见于程氏所见的本子里，而怀疑他所见非真。其实，《繁露》本系后人拾掇董仲舒遗文而成，并以原来的一篇名《蕃露》（后改名《繁露》）冠上“春秋”二字作为书名。辑录时，将对策语亦一并收入，并非不可能。至于繁露是否指文体言，殆不可知，王应麟即采《逸周书》注，说是冕之所垂，有连贯之象，盖指《春秋》“属辞比事”而言。这种解说从大处着眼，似较程说可信。何况即使繁露果真就文体而言，亦不可能全篇累牍全用此体，所以程说不足为据。此外，《太平寰宇记》、《御览》和《通典》三书所引《繁露》语，程大昌未及见之，乃是由于所见版本不全之故，黄东发《日钞》和楼大防跋《繁露》皆已辨之。但是，《繁露》毕竟只是一部后人辑佚之作，其中驳杂不纯的现象，势所难免。因此，直到今日，仍有人提出质疑，始终难成定谳。诸如文中部分用语，可能有因东汉人依自己的习气窜改或羼入的情形，像《五行顺逆》：“举贤良，进茂才。”茂才本作秀才，因避光武讳而改。又《五行相胜》、《五行相生》和《五行顺逆》等篇云：“火者，本朝。”系后汉尚火德，故以火为朝廷。再者，该书自北宋后期至南宋初年，曾一度大量流失，版本亦有多种。据南宋宁宗嘉定年间，楼大防所见即有四种——里中写本、京师印本、罗氏兰堂本、加潘氏本。这四者不仅文辞有异，甚至在篇目上也大有差异，有少到三十七篇的，也有多至八十二篇的。据首先著录《繁露》篇目的《崇文总目》说应有八十二篇，可见这中间的散佚有多少。有些人见不到足本，当然要起怀疑。何况，它既属辑佚之作，自不可能将董仲舒的言论著作毫不遗漏地完全收录，因此，其他书中所引用董仲舒话语，未必全可见于《繁露》之中。上述这种种现象，都是足以致疑的原因。然而，综观该书内容，大体可分为三部分：一部分解释《春秋》的微言大义，诚如本传所说“皆明经术之意”、“说春秋事得失”，一部分承阴阳家的遗绪，有天人合一之说，即专论对策所谓“天人相与之际”，一部分则专论当时的礼制或即兴之作。而《春秋》的微言大义，事实上又是他天人哲学的主要根据，所以前二部分应是二而一的。因此，其中虽有驳杂不纯的现象，仍不失为探讨董仲舒思想的主要参考数据。尤其，书中言五行，仍与阴阳居同等地位，并未被视为阴阳二气分化而成，而且阴阳五行的发展呈较秦时复杂，但又不似东汉时周密，正代表阴阳五行思想发展过程中的某一过渡阶段，也就是西汉初期阴阳五行思想的型态，是不得前移或后延的，更可见该书非后人所能伪托，故《四库全书总目提要》说：“今观其文，虽未必全出仲舒，然中多根极理要之言，非后人所能依托也。”的确是公允之论。总而言之，今本《春秋繁露》绝非董仲舒手订，而系后人的辑佚之作，其中舛错、脱误在所不免，也可能有董氏后学附益的成分。不过其内容实足与《汉书》所载董仲舒的遗作相发明，而且也与西汉初期思想发展的时代意识相符，当可据以探讨董仲舒的学术思想。

楼大防在获得前述四种版本之后，和胡仲方共为校雠，寄江右漕台楼版印行。后来，明代黑口本，及清武英殿聚珍版本，都是照这本翻印的。清代还有乾隆二十六年（一七六一年）董天工的笺注本、嘉庆乙亥（一八一五年）凌曙的注本，及宣统三年（一九一一年）苏舆的义证刊本，而以抱经堂刊本为最善。

现在可以看到的董仲舒的言论著作，除《春秋繁露》外，计有《汉书》本传《天人三策》、《食货志》二端、《匈奴传》一端、《春秋决狱辑佚》十三条，《汉书·五行志》董仲舒言灾异七十七事，

《艺文类聚·士不遇赋》，此亦见于《古文苑》，又《古文苑》有《雨雹对》、《诣丞相公孙弘记室书》，《续汉书·仪礼志》引《奏江都王求雨》，《周礼·宗伯太祝注》引《救日食祝》，《抱朴子·内篇·论仙》引董仲舒所撰《李少君家录》。这些散见的言论著作，可能包括在本传中所录百二十三篇之内，也可能有后人伪托误传之作。⑦此外，《隋志》集部所著录之《汉胶西相董仲舒集》一卷，也是后人辑佚之作，内容多与前述诸文重复，亦不足述。

至于董仲舒著作湮灭不传的原因，一则由于武帝用仲舒，实为尊经隆儒的伪饰而已，汉代自公孙弘以下，学风败坏，士子莫不以利禄为归，像董仲舒这样的儒者，不一定能获得多少人的欣赏。再则，后来眭孟以再传弟子妄释师说，上书昭帝，终被刑诛。当时禁锢严峻，董氏之书必遭毁禁，学者更不敢出，乃至劭公释传只述胡母生，不及董仲舒。又逢刘歆崇古学，今文益微，公羊学屡被讥议，董氏之书更无法自存。

⑦ 苏舆《董子年表》曰："《御览》七百二十四引《神仙传》云：李少君与议郎董仲舒相亲，见仲舒宿有固疾，体枯气少云云。仲舒为议郎，史传不见。《抱朴子·论仙》亦引董仲舒《李少君家录》，《汉武内传》亦有东方朔董仲舒侍之文，盖并董仲君之讹。董仲君为方士，见《广弘明集》。王应麟《困学纪闻》十，疑仲舒儒者，不肯为方士家录，断为依托，不知是误文也。"可见《李少君家录》是否董仲舒所作，早已有人提出质疑。

二、时代背景

1. 政治思想

秦自孝公用商鞅之策，变法图强，法家思想开始植根，至秦始皇慕韩非，用李斯之议，统一六国，而法家思想便已全部实现。其后，李斯劝二世“行督责之术”，也是法家的策略。秦的政治和思想全为法家所支配，这是史有定论的。高祖入关，虽力主去秦苛法，与民约法三章，缓刑薄敛，颇能予人休养生息的机会。但是，一方面由于秦的遗毒已深，不是旦夕之间即可消除，一方面又因四夷未附，兵革未息，三章之法不足以御奸，未久，即令萧何摭取秦法之宜者作成九律，此后，法家制度便成为汉家政治的重要支撑力量。

汉初的黄老之治，历高帝、惠帝、高后前后二十三年，而社会顿呈蓬勃景象。当时社会最大的变迁是经济的复苏、诸侯王的骄纵和外患的凌逼。有为主义者莫不厌弃苟且敷衍、姑息偷安的政治，纷纷要求朝廷因事制宜有所更革。文景时的贾谊、晁错在奏疏中即一再强调此等问题的严重性，并殷切地提出许多实际改革方案。由此可见，清静无为之道已不足以应付此时的繁杂社会，改制的机运也就开始酝酿了。

文帝亦知不容再守清简之政，但他素以恭俭玄默为长治久安之计，且因以代王入主中朝，诸侯在外者，非其长兄，则其伯叔父，而廷臣皆高祖时功臣，封侯为相，世袭相承，即使想有所更革，亦为情势所碍。再者，文帝本身缺乏魄力，对贾谊的建议，虽心中窃喜，然以群臣反对，不得不疏远他。史称“孝文好道家之学”，而黄老申韩本是同源而异流，其间不免有相通之处。[①] 文帝所好的道家之学，不仅是黄老之言，亦包含自老氏衍出的慎到、申不害、韩非之学，故《史记·儒林传序》又云：“孝文帝本好刑名之言。”所谓“刑名”，就是“以名责实，尊君卑臣，崇上抑下”之术，[②] 由此可知，文帝号称仁君，表面上主张黄老清静无为，实际上，若无法家刑名之术作为后盾，黄老之术，恐怕是难以奏功的。

文帝本人既好刑名，对太子势必也施以此种教育。景帝天资本已刻薄，在东宫时，又有学申商的晁错为其家令，治刑名的张殴以功臣子的身份陪侍在侧，如何能不走上法家的政治途径？后来的七国之乱，便是肇端于此。

由此可知，文景二帝对社会的变迁，并非无动于衷，他们私下已采取刑名之术控制时局，但表面上仍因循黄老的无为。这种内刑名外黄老的政策，一则是因他们魄力不足，一则亦因时机尚未成熟，不容激烈更革。

至武帝时，上述的种种社会变迁益趋剧烈，不得不谋痛一惩创之道。同时因为诸吕在高后崩后，已为功臣宗室所铲平，而功臣宗室的用权，也因文景以来的逐步措施日渐消除。至此时，汉之为汉者乃定，而中央帝室之尊严也因以确立。武帝本其雄才大略、席三世之余荫，又得此良机，自然不肯安于先祖的无为。加上河间献王修学好古，重金收购民间古籍，所得书皆古文先秦旧书，如《周

① 《史记·老庄申韩同传》，其文云：“申子之学，本于黄老，而主刑名。”又云：“（韩非）喜刑名法术之学，而其归本于黄老。”

② 见《汉书》卷九《元帝纪》颜师古注引刘向《别录》语。

官》、《尚书》、《礼》、《礼记》、《孟子》、《老子》之属，或经传说记七十子之徒所论。又举六艺，立博士。一般学者受民间古学复兴的影响，亦不肯安于无为。是以朝野并趋有为一途，改制之事更是刻不容缓。可是，武帝屡欲有所更革，都为爱好黄老的窦太后所黜，譬如：武帝建元元年（前一四〇年），汉帝国已六十余年，天下乂安，缙绅之属，皆望天子封禅改正度，于是武帝招举贤良，赵绾、王臧等以文学为公卿，欲议古，立明堂城南以朝诸侯，又起草巡狩、封禅、改历、服色诸事，事为窦太后所知，逼得绾、臧等皆自杀身死，一切计划也就因而搁浅。直到建元六年（前一三五年），太后崩，武帝才能大展抱负，而汉帝国改制的愿望始告达成。

武帝欲有所更革，首要的工作应是另寻一个适合现势的学说以代替黄老的无为。武帝自为太子时，受其舅氏田蚡和老师兰陵王臧的影响，对儒家的礼乐制度早已向往。即位以后，以窦婴为丞相，田蚡为太尉，二人皆好尚儒术，且推荐王臧为郎中令，赵绾为御史大夫。武帝身处诸儒之间，耳濡目染，在改制之时，自然优先考虑儒家之学。在先秦诸子中，儒学最适合武帝时的现势，因为黄老一家的政治理论，虽然是西汉初年的显学，但对于大帝国组织的巩固、大帝国前途的开展并无贡献。此时国力既张，需要更积极、更充实的政策。文、景两帝施以内刑名外黄老之术，但法家之术并非长久之计，秦之以法亡国可为殷鉴，武帝自然不能重蹈覆辙。至于墨家主兼爱，大不利于专制，只有儒家严差等、贵秩序、尊王攘夷，最适用于统一帝国。何况经术儒生，高谈唐虞三代，礼乐教化，能为盛世之憧憬，最为太平治世所乐道。武帝本好大喜功，急欲粉饰太平，举凡封禅、改制、巡狩等事，皆有待儒生的佐助，于是儒学便在偶然的机缘和时势的要求下膺选了。

可是，武帝内多欲而外施仁义，提倡儒学是他为自己的诸多欲望所做的掩饰。他一方面可能受母族的影响，笃敬鬼神之祀，③譬如供奉长安女子神君于上林蹏氏观，建造候神人之蜚廉、桂观、益寿以及延寿等观，一方面又因向往神仙不死之境，宠信方士者流，诸如李少君、少翁、公孙卿等人皆以方士而贵为郎将，这在《史记·封禅书》和《汉书·郊祀志》中都有详细记载。而鬼神之祀本为阴阳家的原始职务，方士又系阴阳家的末流。秦汉之际，儒与阴阳早已相互容摄，因此，他所取于儒家的，乃在“阴阳”与“文辞”，以满足其浮夸的本性。同时，他的政治作风，仍保留法家的精神。《史记·酷吏列传》中的那些酷吏，大都是在“上以为能”的情况下被擢拔任用的。他们有的是由“攻剽为群盗”的无赖汉中，因其残贼之性，一跃而为武帝政治的柱石，甚者可以像张汤那样以“多诈舞智”、“文深意忌”贵幸为九卿。这些“以恶为治”的酷吏，断狱判案全依君主意旨，而不循“三尺之法”，此即法家尊君思想的表征。所以宣帝时夏侯胜议立庙乐事，说武帝虽有攘四夷广土斥境之功，然而多杀士众，伤民财力，奢泰亡度，天下虚耗，百姓流离，物故者半，亡德泽于民，不宜为立庙乐。事实上，这种法家精神一直延续，甚至宣帝时，还以此训谕太子说：“汉家自有制度，本以霸王道杂之，奈何纯任德教，用周政乎？”

汉初承秦之后的法家政治，可由以下三方面略窥大概：

第一，君臣的关系。君臣地位之悬殊，是由于法家以人君为统治绝对体所建立的观念。而要表现君之尊和臣之卑，必有一套特定的仪节，就是所谓的朝仪。高祖起自匹夫，即帝位以后，群臣饮酒争功，醉或妄呼，拔剑击柱，高祖患之，于是叔孙通建议复位朝仪。实行以后，使得诸侯以下，莫不振恐肃敬，而高祖也大叹今日始知为皇帝之乐。而这个朝仪的制定，大抵皆袭秦政。

③ 参看胡适《中古思想史长篇》第六章《统一帝国的宗教》，页五三四—五三五。

第二，刑罚的制定。秦用商鞅建议，增加肉刑，大辟有凿颠、抽胁、镬烹之刑。汉初，虽有约法三章，网漏吞舟之鱼，然其大辟尚有夷三族之令。凡是当夷三族者，都先黥、劓、斩左右趾，笞杀之，枭首，菹骨肉于市。诽谤詈诅者，又先断舌，可谓五刑兼具。文帝时，除肉刑，而代之以"当劓者笞三百，当斩左右趾者笞五百"，结果是外有轻刑之名，内实杀人。至武帝时，张汤、赵禹复位律令，凡三百五十九章。大辟四百九条，千八百八十二事，以致"文书盈于几阁，典者不能遍睹"。

第三，吏治的败坏，汉代文职官吏可分为两种，一种是文吏，可以说是职业官吏，明习法令，擅长刀笔，干练称职，这种人原来就是掾吏出身的。一种是儒生出身的官吏，诵习五经，称说仁义，却不见得能办事。这两种官吏是对立的。文吏自幼为干吏，以朝廷为田亩，以刀笔为耒耜，以文书为农业，犹家人子弟生长于宅中，当然比宾客知道其中曲折，而儒生犹如宾客。这些文吏都是沿秦以吏为师，亦都是法家之徒。他们的知识范围，自是在刑名法术之学，根本没有儒家的教化观念。只晓得上下相殴，以刻为明，以恶为治，以置人于死地为自安之道。这种现象不但贾谊时有，即使到宣帝时，路温舒也曾上《尚德缓刑疏》痛陈其恶。

综观高祖建国以迄武帝即位，汉帝国的政治变化甚大，即由无为而有为，由静止而跃动，由守成而建设，由消极而积极。使许多有为主义者敢于挺身献策，诸如重农抑商、削弱封建诸侯、积贮军粟、伐匈奴、重教育等计划，都是发端于文帝，酝酿于景帝，而实现于武帝。仲舒亲历四世，对改制更化之事，不但早已向往，而且胸有成竹，因此当他看到武帝的作风，深知时机已到，就急于一吐为快。尤其自高祖首开纳谏之风，文帝亲策贤良、广开言路之后，儒生论政之风大行，董仲舒躬逢其盛，言论才得以发抒。而以儒代法，则为他立论的主旨，以阴阳推动儒术又为他非不得已的下策。

2. 社会风气

秦用商君之法，遗礼义，弃仁恩，并心于进取，风俗败坏，已不待言。入汉以后，社会风习不但未能改善，反而变本加厉，败坏日甚。这种现象的形成，固然积习难改是一个因素，但是，最主要的原因还是在于经济放任和吏治败坏的结果。

汉之初兴，民间户口耗亡，经济衰落，已不待言。自孝惠、高后之后，此种衰状，即有复苏景象。然因政治宽简，一任社会事态自为流变，以致在经济复苏的过程中，不免有连带而来的弊患。最严重的问题便是新商人阶级的崛起，而形成资产与财富的集中与不均。由此又导致社会奢侈的风气，影响民心至巨。

新商人阶级的崛起，始自春秋诸君浮夸炫耀的幼稚心理，人主大臣竞相以高价收购天下奇货珍宝，于是贾人越国度险，罗致珍奇，然后从中取利。至战国时，不但封建井田之制废，民得自由买卖田地，而同时又开放山泽，听民资生牟利，政府仅征其定额之税，此为当时农业经济分解，而工商突起的另一主要因素。于是往日平民与封君对立的局面，渐转变为农民与商贾的对立。这种现象，到汉初又听任其发展，后果更是不堪收拾。据晁错比较当时农夫和商贾的生活说，一个五口的农家，服役者不下于二人，所能耕作的土地只不过百亩，而百亩的收获，最多不过百石，何况还会遭水旱天灾或政府的急征暴敛。有时不得不低价出售农作物，或者高利向人贷款，乃致卖田宅，鬻子孙，以求偿债。然而商贾大者积贮倍息，小者坐列贩卖。男不耕耘，女不蚕织，衣必文采，食必粱肉。既无农夫之苦，又有阡陌之得。而且交通王侯，力过吏势，千里遨游，轻松无比。这两种生活不啻霄壤之别，难怪有办法的人纷纷经商事贾，造成贫者愈贫，富者愈富的现象。

为了挽救这种不调匀的社会现象，贾谊、晁错等人都力倡重农抑商之策。晁错更提出“入粟拜爵”的方法，主张募天下入粟县官，得以拜爵或除罪。如此，则富人有爵，农民有钱，粟有所渫，不但可损有余补不足，又可扶植农业，积贮军粮。文帝听从他的建议，令人民入粟边塞六百石者，可爵上造。稍增至四千石，为五大夫，万二千石，则可高居大庶长。然而一个五口农家，力耕不过百亩，所收不过百石，能捐得出六百石的有几人？终究还是落到豪强富商手里。如是，则重农而农益轻，贵粟而金益贵。士宦之途，仍在财富，首开鬻爵之路。④ 景帝又立赀算之法，先是定赀算十（十万钱）以上之廉士始可为官，但廉士大都无财，所以下诏改为赀算四即可为官。这个数目仍然相当庞大，不是一般人企望可及。武帝即位以后，干戈日滋，财路衰耗，始立赏官，明开鬻卖之门。凡是入谷者、入羊者、入奴婢者、煮盐冶铁者皆得入仕。此外，因当时世家弟子富人多喜斗鸡走狗，马弋猎博，戏乱齐民，于是又定株送之法，凡是犯罪者可以钱偿罪，甚至补郎。因此富者既可凭其财力，役使平民，又可买爵得官，富贵兼得，造成富者必贵，贵者必富的流弊。

汉代吏治在法家思想的支配下，本已败坏不堪。一般文吏竞相以恶为治，以刻为明，使人民动辄生咎，益轻犯法，盗贼滋起。武帝防不胜防，只得制定沈命法（即连坐法），下令“群盗起不发觉，发觉而捕弗满品者，二千石以下至小吏主者皆死”。其后，小吏畏诛，虽有盗亦不敢发，所以盗贼浸多，上下相匿以文辞避法。一般俗吏只以刀笔筐箧为务，对于世俗之流失败坏，恬不以为怪。而今

---

④ 五等封爵，本为封建世袭制度下的专称，秦孝公用商鞅，变封邑，立二十级爵：（1）公士（2）上造（3）簪袅（4）不更（5）大夫（6）官大夫（7）公大夫（8）公乘（9）五大夫（10）左庶长（11）右庶长（12）左更（13）中更（14）右更（15）少上造（16）大上造（17）驷车庶长（18）大庶长（19）关内侯（20）彻侯。沿而勿革，以至于汉。凡是有爵位者，皆有种种优待，或赐田宅，或免徭役赋税，或减罪，无异一种特权阶级。

株送之法既定，往往故意陷害富家子弟，以图取他们的钱财。官吏和豪门互相勾结，狼狈为奸，吏治益趋卑下。而豪门富商仗恃有钱即可除罪，更加为非作歹，欺压良民，无所不至。

一般农民在商人的兼并下，生活益趋贫困，无以自存。于是弱者沦为奴婢，仰食豪门地主，并免自负政府赋敛之责。而当时所谓商贾，大抵尚以工虞农牧为主，以转贩居积为副，故奴婢为治产之一要素。如今奴婢的激增，适足以助长商贾的势力。至于贫民之强者，不甘沦为奴婢，则亡逃山林，转为盗贼，作奸犯法，流为亡命，任侠之风因而兴起。任侠专主周人困乏，藏匿亡命，借交报仇。凡是贫罪之徒，都可以仰食其门，恃以藏迹。必要时，更可为之效命复仇，法律因而威严扫地，诚如班固所说："背公死党之议成，守职奉上之义废。"（《汉书》卷九十二《游侠列传》）而这种现象和畜奴无异。多畜奴，可以逐利长产；多聚贫罪之徒，可以为奸图利。可见任侠与商贾同出一源，都是经济发展、财源集中的必然后果。

在这种贫富不均的社会里，富者鬻官求爵，骄奢无度；贫者干禁犯法，狡诈难治。全国上下沆瀣一气，廉耻丧尽，礼义不存。风俗的败坏可想而知，有为的儒者岂能坐视不顾？因此"移风易俗"、"复古更化"成为他们的主要课题。

3. 学术潮流

凡专制之世，必禁言论自由。秦汉之交为中国专制政体发达完备的时代，武帝的尊儒和始皇的坑儒，就政治目的而言，实具同等意义。可是，自战国诸子之学并兴以来，各家皆颇具势力，至汉初余威犹存。各派学者，为了在学术上争取一席地位，自然要撷取他家之长，弥补自身之短。像这样在扩充自家学术时，无意间亦包含别家的学术，是学术发展的必然后果，但是却使汉初的学术呈现一片驳杂的景象。此时的儒者多务左右采获，其学术内容实已羼杂百家之学，例如：叔孙通、陆贾、张苍、贾谊、晁错、贾山诸人，或兼法，或兼纵横，或兼阴阳，皆非纯儒。尤其自公孙弘以文学封侯拜相之后，利禄之途已开，学者往往假儒家之名进身仕途，儒学的内涵，也就更加驳杂不纯。所以武帝立五经博士，其实是尊六艺，而非尊儒，虽然对儒学的兴盛不无帮助，儒学却也因而丧失其本来面目。

在汉初驳杂的学风中，儒与阴阳两派思想的合流成为汉代学术的主流，也就是所谓汉家儒学的真面目。其实，这个现象并非始于汉代，而是早已有之。细究起来，这种现象和邹衍初起时以仁义节俭为要归、以闳大不经迎合帝王的口味不无关系，因为邹衍本有意揉合齐、鲁之学，再者，儒与阴阳在秦代已因求仙的妄想而被淆乱为一。秦人好神仙之说，并以祀神为求仙的基础，而儒家重祀礼，因此，明祀礼的儒生都能因求仙而进用。譬如：当时的博士能作真仙人诗。柱下史张苍传《左氏春秋》，但其书却列于阴阳家。张良从仓海公学礼，传说仓海公乃一神仙。可见秦儒的诵法儒学，大都杂有神仙之说。尤以始皇焚书坑儒之后，真正的儒者影灭迹绝，所谓备员之博士，不过叔孙通谄谀偷合之流而已，至于未隐居而又不肯折节献媚者，只有借阴阳之术全身自保了。此后，援阴阳入儒，遂成一时风尚，儒家和阴阳家由“自觉”的结合，渐趋“不自觉”的混融。

汉初，未遑修改秦法，挟书律和妖言令尚存。前者在惠帝四年（前一九一年）时才废除，而后者一直拖延到文帝二年（前一七八年）始真正废除。在这数十年间，儒者习于禁学之风，仍以全身为要，阴阳感化渐深，以致不容儒学再还其本来面目，是以有汉一代鲜有不崇阴阳之儒家。而汉儒多讲求通经致用，好善论政，一方面要加强自身言论的分量，另方面又不能突破政体的限制，自不免本着儒家道德的天命思想，配合阴阳五行学说，引天道以言人事，遂使自迷信中脱颖而出的儒家天道观，急剧退化，再沦入原始宗教的迷信中，所谓汉代的天人合一思想于焉形成。

董仲舒学术的主要源流在于儒学与阴阳学，已俱如前述。然而，这并不是他个人的独创，而是时代风尚所使然。这种混融的天人思想，实为董仲舒一切思想言论的据点。只要把握这个原则，要了解他的各项思想就易如反掌了。

三、天人哲学之一——基础与方法

1. 天人哲学的基础

自先秦以降，诸子学说多系针对时弊而发，故而学术与政治不分。这种现象，渐成风气，尤其俟专制政体逐日发达，大一统帝国奠立以后，学术的自由受到限制，学者想要推广自己的学说，首先要荐诸皇帝，更非把它说成帝王佐治必备的工具不可，于是思想与实际世务越趋交融难辨。董仲舒亦不例外，其思想系以现实层面为依归，而以抽象的天人哲学为立论基础。换言之，他许多有关实际世务的主张，都是基本哲学思想的投射。因此，欲了解董仲舒的政策治术，非得从其基本哲学思想着手不可。董仲舒的天人哲学主要系融合公羊春秋学与阴阳五行学说而成。前者是他个人所受之学，属于儒学正统；后者则是当时的时代思潮，是阴阳家之学。《汉书·五行志》说："汉兴，承秦灭学之后，景武之世，董仲舒治《公羊春秋》，始推阴阳为儒者宗。"正是此意。董仲舒天人哲学的主要目的，是想要予当时渐趋成熟的大一统专制政治，一个新的内容和理想。他的理想就是继承孔子以来的儒家传统，而这些道统则大部分从《春秋》中体认而来。阴阳五行思想不过是他为了成就这份理想所采用的较易取信于时人的论说方法。

《公羊传》本身是一部谨严质实的书，其中绝无宗教性或哲学性的"天"，亦无阴阳五行之说。董仲舒如何通过它来建立当时已经成熟的大一统专制的理论根据，如何把它作为天人哲学的构成因素，这完全靠他所使用的方法。在《精华》篇中，他说："诗无达诂，易无达占，春秋无达辞，从变从义，而一以奉人（天）。"又在《竹林》篇中说："春秋之道，固有常有变，变用于变，常用于常，各止其科，不相妨也。"他就是借用这种权变的方法，突破文字的藩篱，以达到借古喻今、以史言天的目的。事实上，董仲舒对《公羊传》的研究，不过是想由文字以求事故之"端"，由"端"而进入于文义所不及的"微眇"，由"微眇"接上了"天志"，再由"天志"以贯通所有的人伦道德，由此以构成自己的哲学系统，故在许多地方皆加上了一层特殊的转折，以致扭曲了《公羊传》的原面目，终于使《公羊传》反成了刍狗。而他这种穿凿比附的解经法，就是纬书精神的滥觞。后来王充《论衡》的《实知》篇及《案书》篇有"董仲舒，乱我书"之谶，实在是有以致之的。

阴阳五行思想系结合阴阳和五行两种思想而成，其原始意义本来相当平实。阴阳，本作侌昜，系指日光之有无，阴阳是其孳乳字，专指山之南北受日光之情形。因受日则暑热，否则寒冷，于是又有"寒暑"之义。后来，更因阴阳寒暑可感觉却不能听视，有其力而无其形质，乃认为是气。又以其气能使物生长成熟，在远古已有农业的社会中，是甚为重视的，故把阴阳看作有神的意味。阴阳家在体认“阴阳”作用的神通广大后，进而以阴阳之气相动，造成物类相感、天人交通之说。此阴阳意义的转变，是经长期演进的结果。大约在春秋中期始见其端绪，至战国中期，已成为确定的学说，而开始向诸子百家中流布。五行的原始意义应为五种可用的东西，即金、木、水、火、土五种物质的共称，这五者是民生日用必需品，为初民所重视，故易被神格化，又加上人类思想抽象化的结果，终致亦只取其“气”，而不取其“形质”，演变而为宇宙间的五种基本元素。到邹衍时，更与阴阳二气关联在一起。再到了《吕氏春秋》，则把五行配入到四时中去，更配上他们认为与四时相应的政令思想，首次建立了以阴阳五行为依据的宇宙、人生、政治的特殊结构。此一特殊结构，给予汉代思想家重大的影响。尤其是董仲舒所受的影响最为深刻，他由此把阴阳、四时、五行的气，认定是天的具体内容，伸向政治、学术、人生的每一角落，完成了天人哲学的大系统，以形成汉代思想的特性。可以说，汉代思想的特性是由董仲舒塑造的。

天人哲学的内容，主要可分为两大部分：一是天的哲学，一是人的哲学。前者亦就是所谓的天道观，是天人哲学的主体；后者包括政治、学术与人生诸方面的思想，乃天道思想的实地运用。换言之，前者是毂，后者是辐，辐辏于毂，关系至为密切。

“天人相与”的观念，起源于原始社会民神杂糅的迷信思想。彼时民智未开，迷信思想充斥，神人之间不仅无明显的界限，而且可透过巫觋之属传达沟通。其后，因文明的逐日发展，天人思想亦大致循以下三种途径而演进：

(1) 儒家者流，扬弃原始社会神人杂糅的迷信思想，逐次演进而为伦理学的天人思想。

(2) 道家者流，完全摆脱原始宗教的巫魔性和神秘性，而形成一种视天为洁净存在的自然论。

（3）阴阳家者流，将原始社会中神人杂糅的迷信色彩，配合其重视历史的精神，演变而为系统化的五德终始说。

汉代的天人相应说，乃是儒家敬德的天道观，与阴阳家思想结合而成的综合性理论。也就是把阴阳五行运会的、盲目演进的自然历史观，转移为政治得失上的反应，于是朝代的废兴，依然决定于人事而不是决定于天命。这便从阴阳家的手中，把政治问题还原到儒家人文精神之上。而董仲舒在对策中首先揭示“天人相与”观念的重要性，是汉儒天道思想的发端和典范。

董仲舒对策中所谓“道之大原在于天”一语，就是他天道思想的核心。固然他所谓的“天”，有时系指实体的天，即与地相对的天，但在此却指有智力有意志的自然（异于宗教中有人格的上帝），此即天人关系的症结所在。人之形体、性情，乃至行为准则，无一不是受自天，因此，一切人事必在于象天，而其功过亦全在天的洞察力之观照中。善者，天赏之；恶者，天罚之。此即“天人相与”之学的大概。

天有十端：天、地、阴、阳、火、金、木、水、土、人。此十端，可统括为四类组合，即天地一组，阴阳一组，五行火、金、木、水、土一组，人自成一组。换言之，天自身的结构，即包含天地、阴阳、五行与人。而其性格就全由这些结构的相互关系缔构而成。而董仲舒又认为天地之气，合而为一，分为阴阳，判为四时，列为五行。因此，本节拟借阴阳、四时、五行诸主要因素说明董仲舒的天道思想。

天的常道，系由两个相反而又相成的原动力——阴与阳构成的。这两种力量有相斥作用，一消必有一长，一出必有一入，所谓天道的“独一无二”即就此言。而事实上，独阴独阳皆不能生长万物，必待阴阳与天地相参，然后万物始能萌生。因此，阴阳之气同为生命的原动力，缺一而不可。

天道是终而复始，循环不已的，四时的规则变化，便是其具体表现。而四时的产生是由于阴阳的推动。关于阴阳的运行，董仲舒所说与一般说法不同。一般大都以为阳气起于东北，尽于西南。阴气起于西南，尽于东北。若依此说，则阳起于东北而南行，至东方遇木所主之气，即助之使盛而为春；至南方遇火所主之气，即助之使盛而为夏。阴起于西南而北行，至西方遇金所主之气，即助之使盛而为秋；至北方遇水所主之气，即助之使盛而为冬。图解如后：

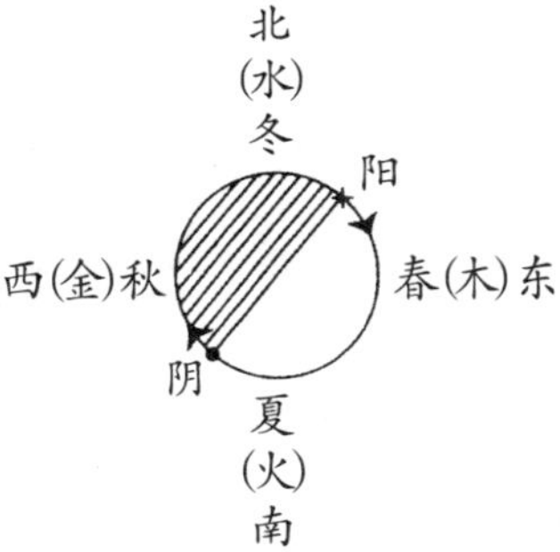

这本为对四时变化最简易的解释，但董仲舒不用此说。他认为“阳气始出东北而南行”，“阴气始出东南而北行”。阴阳二气，“春俱南，秋俱北。夏交于前，冬交于后。”《繁露·阴阳出入上下》中对此就有一个详尽的说明。在大冬时，阴阳各从一方来。阴由东方来西，阳由西方来东，至中冬之月，相遇于北方，即为冬至。然后相背而去，阴向右，阳向左。冬月尽，阴阳俱向南，至中春之月，阳在正东，阴在正西，即为春分。此时，阴阳各居一半，所以昼夜均等，寒暑适中。然后，阴气渐损，阳气渐增，天气加暖，到大夏之月，在南方相遇，即为夏至。而后阳继续向右，阴继续向左。至中秋之月，阳在正西，阴在正东，是为秋分。此时又是阴阳各半，昼夜寒暑与春分时同。慢慢的阳渐增，阴日损，终于又回归到北方。如此形成一个周期，也就是一年四季。兹绘一简图说明之：

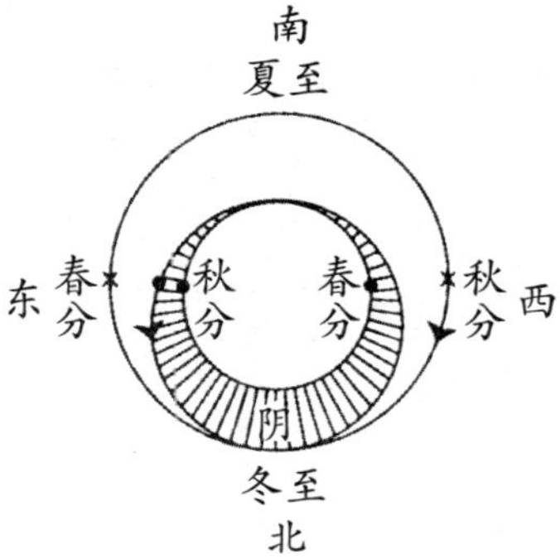

阴阳两数相加恒为一常数，阴增则阳减，反之亦然。但绝不消减至零，也不增加至整。二者又恒朝异向绕四方而行。因此，出入之处常相反，多少调和之适常相顺。而这也就是所谓天道的“中和性”。中者，天地之所终始；而和者，天地之所生成。本来宇宙间的道理，就是相互交感，相互补足的。经过一次交感，便发生一度补足。交感而补足的过程，就发生“中和”现象。虽然，天地之制是兼和与不和，中与不中，但这种不中和的现象，是过渡到中和以前所存在的部分型态，最后仍可走向中和。简言之，中和是天地之道的总归趋。因为能“中”，天地间才有一个相对中的绝对，不会偏倾。如此，方可使人有求“平”的信心，而不致落空，故“所为不失”。能和，天地间始有一个矛盾的协调，不会永久对立。如此，方可使人有推诚合作的可能，故“所为有功”。总之，天地间的道理，是在不中和中求中和，这就是由于“中者，天之用；和者，天之功”的缘故。

由上述阴阳的特性，综观董仲舒的天道思想，约有三端：天道是独一无二的，天道是终而复始的，天道是趋向中和的。由这些特性构成四时的递变，而有春生、夏长、秋收、冬藏的现象，此即“天志”的显现。春暖以生，是天之爱。秋清以成，是天之严。夏温以养，是天之乐，冬寒以藏，是天之哀。

然而，如此一个有规则、有条理的运动体，有时也会因人事的得失而引起它异常的消长流动，以致阴阳错乱，四时倒置，造成所谓的“灾异”。人与天之间的这种感想，就是“同类相动”的原理。天有阴阳，人亦有阴阳，天地的阴气起，人的阴气必应之而起，反之亦然。故而求雨时只需“动阴以起阴”；止雨时，只需“动阳以起阳”。这种关系固然神秘非凡，却无任何神灵的意味，纯为“同类相动”而已。因此，董仲舒对天丝毫不存宗教式的崇拜之情，仅视之为范畴与评鉴人类行为的一个自然理则。

由于五行思想在长期形成过程中所包容的神秘性以及被运用范围的广泛，使得“五行”二字的真正含义，始终没有固定的确解。董仲舒以为五行乃天地之气布列而成，是天道在阴阳之外的另一型态组合。而这五者之间，存在着两种完全不同的相互关系，即所谓的“比相生”和“间相胜”之说。兹以简图说明之：

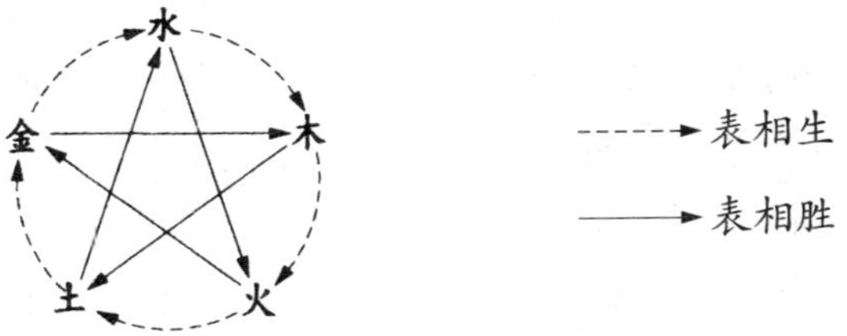

木生火，火生土，土生金，金生水，水生木，这是比相生。金胜木（中隔水），水胜火（中隔木），木胜土（中隔火），火胜金（中隔土），土胜水（中隔金），这是间相胜。至于生胜关系的取决，董仲舒在《五行相生》与《五行相胜》两篇内，以人事释之，将因果倒置，穿凿附会的痕迹显然可见，倒不如《五行大义》及《白虎通·五行》就物性立论恰当些。《五行大义》说相生之理为：木性温暖，火伏其中，钻灼而出，故木生火。火热故能焚木，木焚而成灰，故火生土。金居石依山，津润而生，聚土成山，山必生石，故土生金。少阴之气，润泽流津，销金亦为水，故金生水。木因水润而能生，故水生木。《白虎通·五行》说相生之理为：大地之性，众胜寡，故水胜火。精胜坚，故火胜金。刚胜柔，故金胜木。专胜散，故木胜土。实胜虚，故土胜水。此二说虽亦牵强，但就物性论生胜，与五行的原始立义似较符合。五行相胜之理早已有之，邹衍的五德终始说，即是根据此理。至于相生之理，则为《吕氏春秋·十二纪》的根据。董仲舒兼论五行生胜，但并不以此讲朝代的兴替，而只是以它和自然界的现象结合，用以解释政治得失和人伦道德诸事，使天道经由五行显现予人类，也使五行成为上天昭示人类的行为理则。

五行与自然现象的结合，最主要的是四时和方位两种。木居东方而主春气，火居南方而主夏气，金居西方而主秋气，水居北方而主冬气，土则居中央而主季夏，为五行之主。四时各有其职，五行亦各主一事。春生、夏长、季夏养、秋收、冬藏，故木、火、土、金、水亦分别具有生、长、养、收、藏之特性。以这些特性去和各方面的人事配合，都可以形成一套天人感应的哲学。所以，董仲舒说五行乃忠臣孝子之行，就因为“其行不同”，才分列为五行。圣人知之，故能多爱而少严，厚养生而谨送终，以应天制。如果一个人能够养父如火之乐木，丧父如水之克金，事君若土之敬天，即为“有行人”。同理，五行亦可以和五官配合，而使木为司农，火为司马，金为司徒，水为司寇，土为司营。亦可以和五音配合，而使木音角，金音商，火音征，水音羽，土音宫。亦可以和五事配合，而使貌属木，言属金，视属火，听属水，思属土。凡此种种皆能自成其理。

总之，五行在董仲舒看来，就是上天借以昭告人类的五种行事理则。逆之则乱，顺之则治。人事的不当，就会使五行相干，纲纪无存。如此，则必有自然灾异相应而生。遇此情景，只有以人事救之，方可消除灾异，所以有“五行变救”之说。

由此可知，明阴阳的入出实虚之处，可以观天志。辨五行的本末顺逆、大小广狭，可以观天道。阴阳二者同为构成天道的二因素，本应不分高低，但董仲舒为了成全他崇德抑刑的理想，不得不提出天以阳为经，以阴为权，经用于盛，权用于末之说，来加以补救。凡是恶之属尽为阴，善之属尽为阳，阳为德，阴为刑，刑后德而顺于德。《春秋繁露》中，言阴阳与五行各列篇章，可见彼时阴阳与五行，同为组成天地之体，二者并无从属关系。大约至《白虎通》时，始将五行纳入阴阳统贯之内，以五行为阴阳分化的五种型态。所以《白虎通》只有《五行》篇，不另立阴阳篇，因为言五行，即是阴阳，而较阴阳更为详备，《汉书》中不以阴阳名志，而以五行名志，也是这个缘故。

除前述由阴阳乖谬、四时倒置、五行相干所引起的“灾异”之外，董仲舒复提出“元”来，同列为春秋至意之二端，亦即吾人体现天之微意的两条通路，借此二端，而将历史、人事与天连在一起。“元年”本指君初即位之年，为商周史臣记载的通例。但是，董仲舒却以为“元年”具有深意。他以“元”为天地万物的根源，亦即宇宙起源的第一因。有因才有果，有元才能化育万物，故“元”具有最高性和发展性，颇类似易所谓的“太极”，老子所谓的“道”，以及庄子所谓的“气母”。春秋之道，以元正天，以天正王，以王正诸侯，以诸侯正境内。王正则元气和顺，风雨时，景星见，黄龙下；王不正则上变天，贼气并见。故“元”亦为天人相与关系中重要的一环。

以上系就天人相与关系中天的哲学部分所做的剖析。至于人如何法天道、顺天志以修治人事，是董仲舒其他各项思想理论的依据，也是以下诸章节的主旨所在。简而言之，天道观是董仲舒所有思想的辐辏点，唯有把握这个重点，才是探索其整体思想的快捷方式。

2. 天人哲学的方法

上述所谓天的哲学，即所谓天道，而天道的结构与性格，在董仲舒而言，都是为了成全人的哲学而设立发展的，故天的哲学与人的哲学必须经由某种方法加以沟通联络，使天人合一，并以人为最后归趋，以期达到董仲舒的最终实用目的。

董仲舒所使用的沟通法，大致可归纳为两种：一种是数的偶合，一种是类的相感。凡是有数目可合的，就由数的相参来贯通天人。譬如就最具体而普遍的人形言，天以终岁之数成人之身，故小节三百六十六，以副日数。大节十二分，以副月数。内有五藏，以副五行数。外有四肢，以副四时数。又人身有四肢，每肢有三节，三四十二，十二节相持而形体立，恰如天有四时，每时有三月，三四十二，十二月相受而藏终。诸如此类数目的巧合，就是天人交感的桥梁。此法固然简易，但是这种巧合毕竟不多，故天人之交通，大都靠类来相感，也就是前面所举的“同类相动”之说。同类相动有两个原则：第一，万物各去其所与异，而从其所与同，故美事召美类，而恶事召恶类。第二，天可感人，人亦可感天，这种相感关系，不是片面的，而是互惠的。所以天地之阴气起，而人之阴气应之而起，人之阴气起，天地之阴气亦宜应之而起。譬如：少阳因木而起，助春之生，故春有爱志。太阳因火而起，助夏之养，故夏有乐志。少阴因金而起，助秋之成，故秋有严志。太阴因水而起，助冬之藏，故冬有哀志。此乃四时之则。但喜怒之祸（祸字疑误）、哀乐之义，不独在人，亦在于天。而春夏之阳，秋冬之阴，不独在天，亦在于人。人无春气，何以博爱而容众？人无秋气，何以立严而成功？人无夏气，何以盛养而乐生？人无冬气，何以哀死而恤丧？天无喜气，亦何以暖而春生育？天无怒气，亦何以清而冬杀就？天无乐气，亦何以疏阳而夏养长？天无哀气，亦何以激阴而冬闭藏？所以说“天乃有喜怒哀乐之行，人亦有春秋冬夏之气”，此即所谓“合类”，也就是“通类”。又如春庆、夏赏、秋刑、冬罚，这种四时与四政的配合，也是“通类”之例。

天感人，是上天以它的自然现象昭示人类，以为人类的行为楷模。人感天，则具有双重意义。第一层意义，是说以人事的得失导致自然现象的异常，也就是“灾异”之所由生。第二层意义，则是说在灾异发生之后，人类应由自然现象的失调醒悟己身的过失，进而体认“强勉人事”的重要。以此言之，人类应察身以知天，而“人主之道，莫明于在身之与天同者而用之”。(《繁露·阴阳义》第四十九）如此，便可以把天道贯通到政治和人生诸方面。

综括这种天人交通的方法，是“陈其有形以着其无形”、“拘其可数以着其不可数”,(《繁露·人副天数》第五十六）在“有”与“无”、“可”与“不可”之间，通过想象把它联系起来，其间当然有不少无可理喻之处。但是，董仲舒哲学的重点是在人，而不在天，因此，这中间的矛盾不合理之处，就不是董氏所在乎的了，也不是吾人凭此就可以否定董仲舒哲学思想的价值的。

四、天人哲学之二——人性论、伦理学与养生法

1. 人性论

汉儒性说的特点在于善恶二元论，此种理论的形成与时代背景大有关系。自西汉以至东汉之初，学风驳杂，百家合流，儒家思想与阴阳家思想的混融，成为当时学术的主流。学者立论每好称说天人，侈言阴阳。上自抽象的天道观，下至具体的政治论，无不以此为据，而趋向阴阳二元论。其论人性自亦难脱此道，故汉儒性说实系以阴阳对比的方法，分析人性为善恶的混合体。而董仲舒“始推阴阳，为儒者宗”，他的性说正为汉儒的最佳典范。

董仲舒论性以《春秋繁露》的《深察名号》及《实性》两篇为最详，其他各篇如《玉杯》、《盟会要》等，以及《对策》中亦偶见数语。今特就以上诸文作一简析，以明其性说的源起、意义与价值。

凡思想的产生必有所因，董仲舒性说当非凭空臆造。大体言之，系融合孟、荀与阴阳诸家之论于一炉。孟子主性善，荀子主性恶，此种歧异实源自二人对“天道”看法的不同。孟子言义理的天，以性为天的一部分，故人性本善。他不但承袭孔子的道德的天道观，而且接受周初“天生烝民，有物有则，民之秉彝，好是懿德”（《诗经·大雅·烝民》）的思想。对孟子而言，所谓“懿德”，即是仁、义、

礼、智四端，亦即所谓恻隐之心、羞恶之心、辞让之心、是非之心。此四端是天赋予人的，只要能扩而充之，就能保四海，否则连事父母亦无能为力。换言之，既然我的心性由天所生，则尽性即可知天，存心养性即为事天。人之堕落为恶，全因物欲的陷溺和外界的胁诱，以致丧失其本心——即本性，唯有“收放心”才能臻于至善。因此，孟子的性论乃一道德先天说。

荀子视天为自然物质，无所谓道德原理可言。天与人之间毫无牵连。人与其歌颂天的伟大，思慕天的威力，不如裁制之、利用之，以“自求多福”。他根据己身经验，从人类的社会行为分析人性，发现人生而有好利、嫉恶和耳目之欲，如果从人之性、顺人之情，必出于争夺，而导致暴乱无理。是以必定要有师法之教化、礼义之导引，而后才能谦恭辞让，合于文理而归于治。可见人之性恶，应是明显的事实，若非加上人为力量，便无法向善。借后天教育以改变先天气质，故荀子之意，为一道德人为说。

董仲舒折衷孟、荀二家而言性，以为天道有阴阳，人性亦有阴阳，性善性恶之说皆失之，故而提出性情二元论。他的性说由正名着手，辨性之非善，又就人性与阴阳的关系，分解一整全人性为兼具阳善阴恶的性情二者，复由此归实于王教的不可或缺，以成就客观的政教目的。

他在《深察名号》篇中，论性的善恶，层次分明。首先问“性”一名之义是否与“善”之质相当。他说：“生之自然之质谓之性。”依此义看，其中并未包含“善”义。又天人既相合，天有阴阳，性亦有阴阳。性中既有阴阳贪仁二者之质，便不可定说为善，亦不可定说为恶。又依一般所谓“心”的含义为“栣（案通作衽，义为禁）众恶于内，弗使得发于外者”，若人的受气无恶，心有何可栣？由此可见，“心”一名的含义，即包含人生的质原不全善之意。并以性比于禾，善比于米。米出自禾中，而禾未可全为米，善出自性中，而性未可全为善。善之于性，犹如米之于禾，若谓性善，仅得其一，失之大矣。既需以“人事”成善，性之未善，更卓然可见。其次，就人民之“民”一名的含义，以见人性的不含善义。“民”之号取自“瞑”，倘若性已善，何故以“瞑”为号？性有似目，目在睡眠时，紧闭而不能视物，只有待醒觉后才能视物。当其未醒觉时，只能说它有“视”的本质，不能说它已能视，万民之性亦是有善质而已，须待教化然后才能为善。又就性与情的关系，以证明性非全善。性与情的关系，犹如阴与阳。天有阴阳，人亦有性情。《对策》中说：“性者，生之质也。情者；人之欲也。”然而情乃性之动，故亦在性中。情欲所发不全为善，非继以教化，则善不可保。若说性已善，则情亦已善，与事实不符。最后，复就王教的功用，证明人性非全善。圣王受命的主要目的，在于依循人民生而具有的善质以成就其善性，即所谓“民受未能善之性于天，而退受成性之教于王”。若人性已善，则王者受命的任务何在？圣王既受命成民之性，可见民性本来未善。而且只有在天下无患时，然后性可善。性可善，然后清廉之化流。清廉之化流，然后王道举，礼乐兴。这是性论在董仲舒政治哲学中所占的地位。

至于“性”与“善”二名所指的范畴，董仲舒都曾加以厘定，他说：“名性不以上，不以下，以其中名之。”系就中民之性而言，既非善的圣人之性，亦非恶的斗筲之性，但其最终目的，却置于至高的圣人之性上。孟子以为性有善端，动之爱父母，善于禽兽便是善。而圣人的所谓善，则是循三纲五纪，通八端之理，忠信而博爱，敦厚而好礼，此方为董仲舒所向往推崇的善。由于这种善不易达成，更予董仲舒人性未善说一有力的左证。

综观以上，可知孟子以为善自性出，其教在于扩内，荀子以为善自圣人出，其教在于治外。而董仲舒的性情二元论，旨在归重教化，综合孟、荀之论，以正名为主，并非擅自建立性说。然而其论性的态度与方法，均与孟、荀大相径庭。大体言之，先秦学者都就人的德性生活、文化生活、精神生活而言性。至秦汉时，由于天下既定于一尊，学术亦趋统一。帝王的好恶左右学术潮流，学者都自言其道术为王治所不可少，而终成佐治之具。所以自秦至两汉，学术思想的目标所在与学者用思的态度，都与先秦有异，言性的思路亦渐趋向客观政教的目的。是以董仲舒论性不由道德生活的亲自体验着手，亦即不由吾人对人性的体验了解之深度着手，而采取逻辑的辩证法，探字源以明义。就公认的“心”、“性”、“民”、“王之任”、“圣人之所谓善”诸名的含义，以见人性的不能直说为善，而只为一生之质，唯有借王者政教的力量，才能使之成善成德，此可谓真正的本名理以为论。这种“随其名以入其理”的辩证法，实为历史语言之学，而不足以发人深省，故就此论性的善恶，欲以之成民之德，恐有不当之处，颇为后世学者所诟病。何况所取诸名之义，皆非该字本义，即使以语言学观点言之，亦有所阙失，此即董子论性未能令人满意之处。

孟子为儒家正统，已无需置疑，荀子虽然反孟子性善，但重教化，仍不失为儒家正传。至于董仲舒以阴阳家的二元说为其人性论，将善恶皆本于天，一切立论在于人必象天，虽为阴阳化的儒家，然尚保存积极的人为主义，故亦可视为儒家的一宗。

其后，汉儒言性亦都和董仲舒同出一辙，持一由为政施教及客观宇宙的观点，本阴阳之气以论人性，如刘向的性情相应说、扬雄的善恶混合论等皆是。此种性论，乃先视人为天地的阴阳之气相和所生，故人亦有阴阳两面。天有阳以生，有阴以教。人性中亦有阳——即仁，有阴——即贪戾。天以生为本，而恒扶阳抑阴。扶阳为天之仁，抑阴为天之义，则人亦当抑贪戾以成仁义，以德教兴仁，以刑政成义，然后天人合德之义始告完成。由此又演绎出董仲舒阳德阴刑之说，与《中庸》所谓“天命之谓性，率性之谓道，修道之谓教”，同为由天命言人性，并依人性言道言教的理论。

魏晋以后，性情二元论虽渐为三品性说所取代，但董仲舒分性为圣人之性、中民之性、斗筲之性，实际上已启三品性说的端倪。其后，宋儒言造为气质之性，亦深受其影响。足见董仲舒的论性，在人性论史上，也是要占一席位的。

2. 伦理学

人性既具有善端，则如何才能发展此善端，使成为完全之善，便是董仲舒在伦理方面所重视的课题。本节拟由个人伦理与社会伦理两部分试作探讨。

在个人伦理方面，他继承了儒家的大部分伦理思想，而加以发挥光大。孔子言仁，孟子言仁义，并列举仁、义、礼、智为人的四端，荀子则又特重礼。而董仲舒亦重视仁、义、礼、智四端，且在《繁露》中阐明甚详。

董仲舒以为人毕竟与鸟兽不同，上天赋予人性命时，便同时要使他行仁义而羞可耻，并不是只为生为利而已。仁义二者为孔孟学说的精义。孔子答樊迟问仁，说是“爱人”。（《论语·颜渊》）孟子也说“恻隐之心，仁之端也”。（《孟子·公孙丑上》）董仲舒也以为“仁者，爱人之名也”。（《繁露·仁义法》第二十九）更具体地说：“仁者，恻怛爱人，谨翕不争，好恶敦伦，无伤恶之心，无隐忌之志，无嫉妒之气，无感愁之欲，无险诐之事，无辟违之行，故其心舒，其志平，其气和，其欲节，其事易，其行道，故能平易和理而无争。”（《繁露·必仁且智》第三十）乃就人的心、志、气、欲、事、行六者而言仁。

仁为众德之首，义、礼、智皆具有辅仁的作用。孟子以仁义并称，董仲舒在《仁义法》中则从字形、字音辨仁义的不同。仁者，从人；义者，从我。故“仁之法在爱人，不在爱我；义之法在正我，不在正人”。简言之，“以仁安人，以义正我”，即儒家“躬自厚而薄责于人”之意。如果反以仁自裕，以义设人，则必导致天下扰攘不安。因为以自治之节治人，是居上不宽；以治人之度自治，是为礼不敬。为礼不敬，则伤行而民弗尊。居上不宽，则伤厚而民弗亲。弗亲则弗信，弗尊则弗敬。如此，则天下岂有不乱之理？但是，义又很容易被利所蒙蔽，所以义利之辨也是儒家所重视的。孔子说：“君子喻于义，小人喻于利。”（《论语·里仁》）孟子也说：“鸡鸣而起，孳孳为善者，舜之徒也；鸡鸣而起，孳孳为利者，跖之徒也。欲知舜与跖之分，无他，利与善之间也。”（《孟子·尽心》）可见君子与小人、贤与不肖之分，就在于义利之间。可是，天之生人，就使之生义与利。利以养其体，义以养其心。心不得义，不能乐；体不得利，不能安。而吾人衡量体与心之轻重，便可知义之养生人大于利，因此，董仲舒有“身之养重于义”之说。而这也就是他在《对策》中标榜“正其谊不谋其利，明其道不计其功”的原因。此与孟子“先立乎其大者，则其小者不能夺”（《孟子·告子上》）的意义相仿。

孔子以“克己复礼”为求仁的功夫。非礼勿视，非礼勿听，非礼勿言，非礼勿动。视听言行一合乎礼，便可达到仁的境界。孟子兼言仁义，以礼乃节文仁义之事，他说：“仁之实，事亲是也。义之实，从兄是也。……礼之实，节文斯二者是也。”（《孟子·离娄上》）荀子主以礼矫化人性。人生而有欲，欲有不得，则不能无求，求而无度量分界，则不能不争，争则乱，乱则穷，故先王制礼义以分之，以养欲给求。董仲舒对人性的观点，虽然与荀子有异，但是亦甚重视礼。礼为“体情而防乱”的工具，因为人性虽有善质，然由于情的无法制欲，故仍未能善，必须要晓之以礼，使目视正色，耳听正声，口食正味，身行正道，以安其情，而非夺其情，然后，始能成善。所以，礼的作用很大，可以继天地、体阴阳、慎主客、序尊卑、贵贱、大小之位，差外内、远近、新故、大小之级。而礼的实践，易流为徒具形式，而乏实质，以致孔子有“礼云礼云，玉帛云乎哉！”之叹。（《论语·阳货》）必须文质兼备，斯可谓之礼。志为质，物为文，故礼重在志，志敬而节具，即为知礼。此复与孔子“礼，与其奢也，宁俭；丧，与其易也，宁戚”（《论语·八佾》）的精神相符。以故，董仲舒认为孔子立新王之道，是在于“明其贵志以反和，见其好诚以灭伪”。（《繁露·玉杯》第二）

孟子说：“是非之心，智也。”（《孟子·告子上》）以故，智者必有先见之明，即所谓“见祸福远，知利害早。物动而知其化，事兴而知其归，见始而知其终”（《繁露·必仁且智》）的聪明才智。仁是富于情感的行为，智是理性的判断，必须情感与理智相辅相成，才能达到至善的地步。否则，“仁而不智，则爱而不别；智而不仁，则知而不为。”（同前）二者俱有所偏，所以，智是行仁时不可或缺的必备条件。而仁与智又同为人所不可缺的二大德行。不仁而有勇力才能，则狂而操利兵，不智而辩慧狷给，则迷而乘良马。故不仁不智而有才能，将以其才能辅其邪狂之心，而赞其僻违之行，适足以大其非而甚其恶。

上述仁、义、礼、智四端，散见于《繁露》各篇中，所言平实无奇。而《五行相生》篇中则以东方为司农尚仁，南方为司马尚智，西方为司徒尚义，北方为司寇尚礼，中央为司营尚信。是在仁义礼智四端之外，复添入“信”，以配合五行。后来《白虎通》继承此说，并与五脏相组合。然而其中五行与仁义礼智信的配合与《繁露》所言略有出入，它是以肝仁属木居东方，肺义属金居西方，心礼属火居南方，肾智属水居北方，脾信属土居中央，而且已不似董仲舒的纯就政治立说。五行思想的演进，至此遂又向前迈进了一步。

至于社会伦理中所讲求的人与人之间的关系，则完全建立在天地间阴阳二气的特质之上。阴阳为天道运行的两大原动力，彼此之间，相斥又相成。独阴独阳皆不能生长万物，必待阴阳与天地相参，而后万物始得萌生。故阴阳无所独行，其始也，不得专起，其终也，不得分功。但阳之出常悬于前而任事，阴之出常悬于后而守空处。由此可见，天之亲阳而疏阴。天出阳为暖以生之，地出阴为清以成之，不阳不暖，不清不成，然而暖暑居百，清寒居一，所以阴道始终居于辅阳的地位，不敢专美于前。正如《易传》所云："阴虽有美含之，以从王事，弗敢成也；地道也，妻道也；臣道也，地道无成而代有终也。"(《周易·坤文言传》)万物必有合，合各有阴阳，于是"君臣、父子、夫妇之义，皆取诸阴阳之道"，(《繁露·基义》第五十三)君为阳，臣为阴；父为阳，子为阴；夫为阳，妻为阴。由此遂形成所谓"三纲"之说。

《韩非子·忠孝》曰："臣之所闻曰：臣事君，子事父，妻事夫。三者顺则天下治，三者逆则天下乱，此天下之常道也。"可见此三者并举，早已有之。但"三纲"一词则首见于《春秋繁露》的《基义》篇和《深察名号》篇。在阳尊阴卑的原则下，"下事上，如地事天。"(《繁露·五行对》第三十八)"诸在上者皆为其下阳，诸在下者皆为其上沉。阴犹沈，何名何有（言阴无名无有），皆并于一阳（阴将自己之名及其所有"皆归并于阳"），昌力辞功：上善而下恶。恶者受之，善者不受。"(《繁露·阳尊阴卑》第四十三)"君不名恶，臣不名善，善皆归于君，恶皆归于臣。"(《繁露·王道通三》第四十四)"孝子之行，忠臣之行，皆法于地。"(同前)再加上前述五行为忠臣孝子之行的人伦思想，可以说把人伦的关系都配入到天地阴阳五行中去，将先秦儒家相对性的伦理，转变为绝对性的伦理。这与他在《尧舜不擅移，汤武不专杀》中所说的"且天之生民，非为王也；而天立王，以为民也。其德足以安乐民者，天予之；其恶足以贼害民者，天夺之"的民本思想似有冲突，想必是大一统专制政体下，无可避免的矛盾现象。两汉时，此种思想甚为普遍，所以

《说苑·辨物》曰："其在民，则夫为阳，而妇为阴；其在家，则父为阳，而子为阴；其在国，则君为阳，而臣为阴。故阳贵而阴贱，阳尊而阴卑，天之道也。"又扬雄《太玄》亦有"三纲得于中极"之说，盖皆本于此。

《深察名号》篇中，"三纲五纪"连言，但五纪何指，并未明言。《庄子·盗跖》云："子张曰：子不为行，即将疏戚无伦，贵贱无义，长幼无序，五纪六位将何以利乎？"则古人亦自有五纪之说，且五纪之内容当亦指人伦而言。而《白虎通》有"三纲六纪"之说。三纲是"君为臣纲，父为子纲，夫为妻纲"。六纪则为"诸父有善，诸舅有义，族人有序，昆弟有亲，师长有尊，朋友有旧"。显然地，也是继承董仲舒的思想而来。

3. 养生法

邹衍的阴阳五行学说，在战国末期，由于道家养生思想的发达，而被燕齐海上方士运用于求神致仙之道，于是方药中遂染有阴阳五行的色彩。据《汉书·刘向传》载，刘德（刘向之父）在武帝时治淮南狱，曾得到"邹衍重道延命方"，想必即是这班人的附会之作。《吕氏春秋》中特重养生，他们肯定人是由天所生，更以为人是由天地间的阴阳之气所生化而成。由养生可以与天地相通。这是道家思想在战国末期与阴阳家混合以后的结果。此种思想至汉初仍甚流行，故《繁露》有专论养生的篇章，把养生纳入天人哲学内，作为天人交感的一个途径。而《汉书》本传所载多系董仲舒兴教化之功的思想与措施，未有只字提及养生，又《神仙传》及《抱朴子》中所论董仲舒与李少君的关系，苏舆疑系方士董仲君之误，① 故此养

① 详细请参看本书本文第一章 83 页注⑦。

生之说是否为董仲舒所有，尚待商榷。不过，由于后世公羊学者有以为董仲舒论养生的，故亦略述如后。

《繁露·循天之道》第七十七全篇，都是言养生之道。养生的主要原则就在于循天的中和之道以养气。天道的中和性正俱如第三章所述，“能以中和养其身者，其寿极命”，而养生首重养气，气从神而成，神从意而去，心之所之谓之意，意劳者神扰，神扰者气少，气少者难久，所以君子应止恶以平意，平意以静神，静神以养气。气多则治，也就等于掌握了养生的大旨。

养气的方法可从多方面着手，诸如情绪、房中术、饮食、衣服、居处等。他认为“泰实则气不通，泰虚则气不足，热胜则气□，寒胜则气□，泰劳则气不入，泰佚则气宛至，怒则气高，喜则气散，忧则气狂，惧则气慑，凡此十者，气之害也，而皆生于不中和”。所以不论实虚、热寒、劳佚、喜怒、忧惧都应保持中和的状态，勿使过或不及。这种居处与情绪的趋向中和，丝毫不含怪异的成分，亦无牵强的痕迹。

房中术向来就被视为养生的秘诀，男女乃相对之物，正如天之有阴阳，故男女之法，应法阴与阳。阳气起于北方，至南方而盛，盛极而合乎阴。阴气起乎中夏，至中冬而盛，盛极而合乎阳，不盛不合。故男女皆应待生理状态极成熟极强盛之际，才可以有结合交配之事。同时交配的季节亦有限制。秋冬阴盛，春夏阴衰，故古人“霜降而迎女，冰泮而杀内（减少房事）”。如不与阴阳俱往来，而恣其所欲，则最损养气。行房的次数亦有限制，新牡十日而一游于房，中年者倍新牡，始衰者倍中年，中年者倍始衰，以等比级数逐渐递减，至大衰者则以月当新牡之日，即每隔十月行房一次。董仲舒以一代儒者而谈房中术，似难使人置信。然据《汉书》本传说他曾经先后相素骄好勇的江都王和贼盩阴痿的胶西王，在汉代诸王荒乱的风气中，此二王的荒淫无度是意料中事，所以董仲舒有感而言房中术，并非全不可能。

至于衣服居处，亦应法天的中和之性，春袭葛，夏居密阴，秋避杀风，冬避重漯，此乃就阴阳的调适而言。然而饮食方面，就套入五行厌胜的原理，以为凡天地之物，乘于其泰而生，厌于其胜而死，四时之变即为一显例。冬天的水气，东加于春而木生，是乘其泰之故。春之生，西至于金而死，是厌于胜之故。饮食臭味，每至一时，亦有所胜、有所不胜之理。因为四时不同气，气各有所宜，宜之所在，其物代美，由此可见冬夏之所宜服。譬如冬天水气盛而荠味甘，甘胜寒，故荠以冬美。夏天火气盛，荼味苦，荼胜暑，故荼以夏成。至于春秋之际，适宜万物生长，故可就同时美者而杂食之。如此则可得天地之美、四时之和。天无所言语，而以物示意，君子察于物之异，以求天意，必然可得。

此种理论继续发展，到魏晋时讲炼养服食之术的道教人士，如魏伯阳、葛洪等人，无不以阴阳五行为根据，以致医药服食与阴阳五行的配合，就更加不可究诘了。因此《繁露》论养生，虽然取自道家，但亦受阴阳家的影响，此盖阴阳五行思想发展运用的一个阶段。

五、天人哲学之三——正名说与历史观

1. 正名说

董仲舒的正名思想，大体承袭儒家的传统。孔子论政，讲求正名。如子路问政，孔子答以“必也正名”，因为“名不正，则言不顺；言不顺，则事不成；事不成，则礼乐不兴，礼乐不兴，则刑罚不中；刑罚不中，则民无所错手足”。(《论语·子路》) 又齐景公问政，孔子告以“君君、臣臣、父父、子子”。(《论语·颜渊》) 盖当周衰之世，贵族奢僭，上不尊王，下事篡窃，孔子高唱正名，旨在调整当时君臣上下的权义关系。一名必有一义，君臣父子各如其义，各尽其道，天下始能大治。后来，孟子批评杨墨说：“无父无君，是禽兽也。”(《孟子·滕文公下》) 斥无父无君于人之外，可见孟子的正名与孔子的正名，并就伦理立说。到了荀子时，因为公孙龙、惠施等辩者之徒，乱名改作，以是为非，于是作《正名》篇。而他的“正名”，除了继承孔孟政治伦理的意义之外，尚有逻辑的意义。所以他说：“制名以指实，上以明贵贱，下以辨同异。”(《荀子·正名》)“明贵贱”是指社会上人与人各种关系之名的功用言，也就是孔子所谓“君君、臣臣、父父、子子”之意。“辨同异”则指事物之名的功用而言，务使“异实者莫不异名”、“同实者莫不同名”，而有

“共名”、“别名”之分。要遍举之，则用“共名”，要偏举之，则用“别名”。而“别名”之中复有“别名”，必至于无别而后止。“名固无宜”，初制名时，以某名为某实，本为人所随意约定，但既约定之后，则名便有“固实”、“固宜”，不可随意乱改。名必有一定的意义，然后“志无不喻之患，事无困废之祸”。(《荀子·正名》）为统一起见，一切名皆由政府制定，制定以后，不能任意更动。人民不敢托为奇辞，以乱正名，故壹于道法，而谨于循令。如此，才能达到政和民平的境地。总之，荀子“正名”的最终目的还是在求太平治世，这也是先秦诸子立说的一贯宗旨。

孔子既主“正名”，在整理鲁史记以为《春秋》时，就曾力求文字的精确。《公羊传》的作者既相信孔子将其褒贬之意，寓于笔法之中，所以《公羊传》在文字上作许多精密的训释工作，也可以说是文字的正名功夫，企图捕捉孔子的这一层用意，而致有所谓“微言大义”之学。譬如最有名的一个例子，就是五石六鹢之说。记雷石，先闻其声硕然，视之则石，察之则五。记鸟飞，则先视其六，细察则鹢，所以《公羊》僖十六年传说“贾石于宋五”、“六鹢退飞过宋都”。由文字纪录的顺序，反映出闻与见发现的先后，这当然是很精密的纪录。董仲舒少治《公羊春秋》，有鉴于《春秋》慎辞，谨于明伦等物，诸如小夷言伐而不言战，大夷言战而不言获，中国言获而不言执，皆各有其辞，而深感名分的顺逆与治乱攸关，因此也提倡“正名”。

董仲舒的正名思想，以《繁露·深察名号》所论为最详，其他如《玉英》、《精华》、《实性》、《天道施》各篇亦略有所言。以下就以《深察名号》篇为主，其他诸篇为辅，略加分析。

首先，董仲舒说正名的功用为“治天下之端，在审辨大，辨大之端，在深察名号”。名可以分别亲疏重轻、尊卑文质、近远详略。如果从社会方面看，名分的背后就是等第，等第不紊，则名分不乱，倘等第一乱，则名分自然随之败坏。所以说“大小不逾等，贵贱如其伦，义之正也”。（《繁露·精华》第五）可见在政治上，名是权利义务的分界，因此，“治国之端在正名”。（《繁露·玉英》第四）

此外，名又是一切万物是非善恶的准绳，以名审是非，犹如以绳审曲直，因为“名生于真”、“名之为言真也”。如果不真，就不能以此为名，名与物之间有必然的相关性，甚至可以说“万物载名而生”。（《繁露·天道施》第八十二）而名号取法乎天地，唯有圣人能体察天意以制万物之名，所以名是圣人所发的天意，不可以不深观。要使事各顺于名，名各顺于天，天人之际乃能合而为一。如此，便又把“正名”思想纳入他的天人哲学的大系统中，虽然加强了“正名”的重要性，但是董仲舒又将它视为辩证法的一部分，自然就难免有牵强的痕迹。譬如前面所举他辩人性有善质而非全善，“随其名号以入其理”，就是一个明显的例证。此外，他常好从语言的根源上去判定该字的意义，也是十分荒谬而危险的。譬如他释“王”和“君”各有五科，“皇科、方科、匡科、黄科、往科，合此五科以一言谓之王”，“元科、原科、权科、温科、群科，合此五科以一言谓之君”，完全由声韵着手，可谓穿凿附会，无有此甚。

名号有别，“号凡而略，名详而目”，号是独举其大事，也就是总类之称，故又称“凡号”、“洪名”，相当于荀子所谓的“共名”。名则是偏举其小事，也就是分类之称，故又称“散名”、“私名”，相当荀子所谓的“别名”。譬如：享鬼神曰祭，祭又有祠、礿、尝、烝之别，所以祭为“凡号”、“洪名”，祠、礿、尝、烝则为“散名”、“私名”。

以此言之，董仲舒的正名思想虽然得自孔子《春秋》的启发，但也颇受荀子的影响，而兼有伦理与逻辑的双重意义。但是，他和荀子又有不同。荀子说名的制定只是约定俗成，唯经君王之确定后，此名便不得再改，旨在消除当时名者辩徒钩鈲析乱的弊病。而董仲舒则直以名生于真，名与物之间，有不可破的必然关系。这种立说完全是为了强调正名的重要，进而强调天意的不可逆，这在借天言人的董仲舒哲学中是无可避免的事，而由此以建立的辩证法，当然就具有先天性的缺陷。虽然如此，却不足以抹杀“正名”思想在天人哲学中的地位，因为“名号”也是天人交通的一个途径。

2. 历史观

秦汉的历史哲学大致有三种派别，即五德说、三统说和三世说。前二者所言虽异，却具有一个共同的信念，以为历史的演进是循环不已、周而复始，甚至可以被纳入一个预定的制度系统的。其中以五德说的兴起最早，据《史记·孟荀列传》说：“(邹衍）称引天地剖判以来，五德转移，治各有宜，而符应若兹。”这就是最早将五德终始的原理用以解释历史运行法则的创例。到《吕氏春秋·十二纪》里，更将邹衍历史的五德终始发展而为四时的五德终始，将阴阳五行与天文、历数、颜色、方位、气味、节候、生物、风俗习惯及政治理想等配合在一起，而形成一套阴阳五行的政治、人生、宇宙哲学。故五德生克的原理，不但被用以解释历史的运行和政权的转移，同时，也用以支配王政的原则和制度。不过，在汉代五德终始说流行虽盛，用以解释实际历史时，却各派意见纷纭，争讼不绝。自高祖初起，以地理方位汉居南方属火德，而用赤炽，待即位后，复袭秦水德。而文帝以降，更有土德、水德之争，至武帝即位之初，仍无定论。故而在这同时，又有新的历史哲学应运而生，亦即三统说和三世说。此二种历史哲学，并为公羊学者所宗习，很难说创始者是谁，但是据今日留存的数据看来，董仲舒是最早著录并加以整理成系统的人，即使无创始之功，亦应有集大成之劳。以下分别就三统说和三世说来探讨董仲舒的历史观。

董仲舒身处五德说盛行已久的时代，对五德说早已熟知，因此，他虽不以五德说来解释历史的运行，却也不免要受五德说的影响。据《繁露·三代改制质文》所示，三统说的内容，大体而言，是截取五德说的五分之三，略加改变，并加上一套较五德说更为详密的制度系统演变而成的。他把时代的递嬗归之于三个统的循环，而这三统就是黑统、白统、赤统。王者继位，必须改制以明易姓非继人，而是受命自天，因此，凡是得到那一统而为天子的，改制作科时，就须依照该统的全套定制而行。兹将三统说下的制度表列于后：

制度／三统	正日月朔	岁首	颜色	牺牲	行冠礼处	昏礼亲迎处	丧礼殡处	荐物	朝正
黑统	营室	建寅	黑	角卵	祚	庭	东阶	肝	平明
白统	虚	建丑	白	角茧	堂	堂	楹柱之间	肺	鸣晨
赤统	牵牛	建子	赤	角栗	房	户	西阶	心	夜半

就实际的历史言，汤受命而王，时正白统；文王受命而王，时正赤统；春秋应天作新王之事，时正黑统。而孔子作《春秋》，依董仲舒的看法，是为汉立制，由此影射汉亦应为黑统。

三统又称三正，以黑统为首，董仲舒在举证时，仅止于白统的汤，而不敢上推至黑统的夏，就是因为三统说较晚形成，为了取信于早已熟谙五德说的人们，不得不有的遮掩态度。五德说中，商为金德尚白，周为火德尚赤，周后一代为水德尚黑，正与三统说吻合。但是，夏为木德尚青，与三统说的夏属黑统大异，因此，后起的三统说，在举证时，只能始于殷，而止于周后一代，不能再往前后延伸。

三统又和四法组合而成一个大的循环周期，必须历十二代才能完成一个周期。所谓四法，就是夏、商、质、文，犹如四时，终而复始，穷则反本，即所谓“有四而复者”，它和天地二者组合而为四套不同的制度，就实际历史言：

舜——主天法商而王。

禹——主地法夏而王。

汤——主天法质而王。

周——主地法文而王。

到汉又该是主天法商而王的时候了。各套制度内容在《三代改制质文》中亦有详细的记载，兹不赘述。又以商质主天、夏文主地、春秋主人，构成所谓“春秋三等”。可能由此而有后来“天正、地正、人正”和“天统、地统、人统”的说法。

董仲舒在对策中，更有忠、敬、文三教之说，虽然《繁露》中未予著录，但料必也是三统说下的产物。他根据孔子所云“殷因于夏礼，所损益可知也；周因于殷礼，所损益可知也；其或继周者，虽百世可知也”，（《论语·为政》）解说三教何以始于夏的原因，以为在殷克夏之前，三圣相受而共守一道，禹继舜，舜继尧，到乱世以后，政治的实质才须有所改变。据《史记·高祖本纪》司马迁赞，夏政忠，忠的弊病，是小人流于粗野，所以殷人承之以敬。敬的弊病，是小人崇信鬼神，所以周人承之以文。文的弊病，是小人拘于细碎之礼，而无悃诚，所以应救之以忠。但是秦政不改周文的弊病，反而实行严刑酷罚，所以汉兴应行“忠”政。可见，三教所以要轮番更替的原因，是由于前朝的政治有了弊病，自然要痛下针砭，修正补救。司马迁的春秋学是“闻诸董生”（《史记·太史公自序》）的，所以我们可以推知董仲舒也是主张汉为黑统的。后来，《白虎通·三教》中亦有此说。据《汉书·严安传》引邹子之文说“政教文质者，所以云救也。当时则用，过则舍之，有易则易也。故守一而不变者，未睹治之至也”，此为西汉人称引邹子遗文之仅见者，可见邹衍也是相信文质说的。此盖因春秋时代常有以文质论人或论政的说法，三统说和五德说同受其影响。不过，在三统说中，除质文之外，更进而演成忠、敬、文三教，以配合三统。由此更见三统的成立应在五德说之后，所以更为完善而复杂。

从以上所论三统、四法、三教的各项举证看来，三统说实际上是为汉代制定的，因此，其举例都旨在表明汉在各循环中的地位，而且汉皆居第二循环之首。在四法中，汉为主天法商而王，是由舜、禹、商、周推衍而来的；在三教中，汉当行忠政，是继夏、商、周之后必然的趋势，这都是第二循环的开端无疑。必须加以说明的是，汉为黑统，承殷、周之后，若非《三代改制质文》中指明黑统为三统之首，必使人误会白统居首，继之以赤统、黑统。以此言之，三统说的创立者，为迁就五德说，并成全汉的黑统，确实花费了不少苦心。

在五德说已普遍流行之际，董仲舒何以要费尽心机提倡三统说？其主要原因即在于历法的需求。据《汉书·律历志》说，春秋末期史官丧纪，畴人子弟分散，他们所用的历法不一，竟多达六种，包括黄帝、颛顼、夏、殷、周及鲁历。战国扰攘，秦并天下，却无暇顾及，只知推演五行，应为水德，乃以十月为正朔，色尚黑。汉兴，袭秦正朔，听从北平侯张苍的建议，采用颛顼历。在六历中，这算是最精密的，但仍不适合当时的实际情况，以致弄得晦朔弦望错乱失真。再者，以十月为岁首，先冬后春，不应四时之序，予人民诸多不便，改历自然迫在眉睫。因此，武帝元封七年，大中大夫公孙卿、壶遂及太史令司马迁等都奏言历纪坏废，宜改正朔。武帝于是命御史大夫儿宽与诸博士共议正朔服色事。他们共同认为汉应袭夏时，以正月为岁首，依照三统定制度。三统说本身立论虽有不少未周处，但由于它的历法较五德说更适合实际，所以能获得普遍的推崇。按五德说中，有关三代历法的部分与三统说无别。都是以夏建寅（正月），殷建丑（十二月），周建子（十一月），可是，秦以后就不同了。秦以十月为岁首是建亥，依此下推，则汉武的土德，若以“戌、亥、子、丑、寅”为次而逆数之，则应建戌（九月）；若以“亥、子、丑、寅、卯”为次而循环之，则应建卯（二月）。然而，据当时学者的推算，可能应以寅正最为合适。而传说中，夏行寅正，于是设计出一套能使汉复行夏时的历史哲学，这就是三统说创立的动机，在三统说中，黑统建寅，夏与汉在代次上俱为黑统，故俱应建寅。儿宽、司马迁都是三统说的信仰者，太初改历由他们主持，则采用黑统以行寅正，是顺理成章的事。董仲舒虽然没能参加这次盛会，但太初改历是他的理想，也是他提倡三统说的主要宗旨所在。据此可知太初历实即后来刘歆所说的“三统历”，只是“太初以改元名历，三统则以法数命名”。（朱文鑫《天文学小史》）所以《续汉书·律历志》直言“自太初元年，施行三统历”。可是，太初历仍有不完善之处，司马迁心知邓平之术未善，却不敢稍持异议，《史记》中不载邓平八十一分法，① 想必就是这个缘故。今日要知道太初历的真相，只有从刘歆的三统历去寻其蛛丝马迹了。

武帝太初改制时，历法的部分是依三统说的黑统建寅而制定的，至于其他诸制度则采土德之说。② 到王莽时，也沿用此法，兼采五

① 邓平曾参与太初改历的工作。所谓八十一律，是以黄钟九九自乘为日法，考古历一月之长为二十九日又九百四十分之四百九十九，其策余（即日下小数）大于二分之一，邓平欲化繁为简，定之为八十一分之四十三，于是假托黄钟，以日法为八十一，策余为八十一分之四十三。《汉书·律历志》以一月之日为二十九日八十一分之四十三，正是由此制定的。

② 据《汉书·元后传》载，王莽更汉家黑貂，着黄貂，又改汉正朔伏腊日。太后心中怨恨，令其官属着黑貂，至汉家正腊日，独与左右相对饮酒食。汉制着黑貂，与武帝的土德尚黄不合，而此时正在酝酿火德之说，并不采用水德之说，所以可能是据黑统制定的。

德说和三统说为改制的依据，因此，除了承汉之火德而为土德外，③又继武帝之黑统而为白统。其中依三统说而制定的有正朔、朝正和牺牲三项，以十二月朔癸酉为建国元年正月之朔，以鸡鸣为时，牺牲应正用白。至于服色和徽帜的颜色，则依五德说制成。服色配德尚黄，使节之旄幡皆纯黄。可见王莽依三统说厘定的制度，已比武帝时多，三统说的逐日流行，确为明显的事实。

三统说的内容与制作动机及其对汉代典章制度的影响，已俱如上述，然而它对实际历史的演进有何作用呢？董仲舒针对这一点提出“存三统”之说。由于人类生命的绵延不断，使得历史亦日益增长。在“奉天法古”的原则下，理应对先王皆有所尊奉，但事实上，这种等加级数的累增，是不胜后人负荷的。因此，董仲舒将先王依时代远近分为四个等级，即三王、五帝、九皇以及民。在位帝王将本朝加上前面的二代合称三王，必须存前二代的后嗣以大国，令他们拥有自己的礼乐制度，并待之以宾客之礼。这三代便是所谓的“三统”，例如春秋上绌夏，下存周，以春秋当新王，它的三统便是商、周以及春秋。再往前推五代，合称五帝，封其后代以小国，令他们自行奉祀即可。至于五帝之前的九代，则为九皇，只存其名号，而不需有所奉祀。九皇之外，便列为民。按《三代改制质文》中所举的实际历史之推衍情形，可以下图综括之：

③ 汉自昭宣以后，“禅让说”与“再受命说”兴起，学者多以五行相生论朝代的兴替，王莽的土德说，就是承此时酝酿正久的火德说而来的，火生土，故以土代火是天经地义的事。

<table>
<tr><th>正统
朝代</th><th>商</th><th>周</th><th>春秋</th></tr>
<tr><td>春秋</td><td rowspan="2"></td><td rowspan="4">三王</td><td rowspan="3">三王</td></tr>
<tr><td>周</td></tr>
<tr><td>商</td><td rowspan="3">三王</td></tr>
<tr><td>夏</td><td rowspan="5">五帝</td></tr>
<tr><td>虞</td><td rowspan="5">五帝</td></tr>
<tr><td>唐</td><td rowspan="5">五帝</td></tr>
<tr><td>帝喾</td></tr>
<tr><td>颛顼</td></tr>
<tr><td>轩辕</td><td rowspan="3">九皇</td></tr>
<tr><td>神农</td><td rowspan="2">九皇</td></tr>
<tr><td>庖羲</td><td>九皇</td></tr>
</table>

由此可知，三王、五帝、九皇以及民，都不是固定的称谓，而是随着历史的演进在变动。圣王生则号称天子，死后便存为三统，然后逐次绌减为五帝、九皇与民。愈远的，名号虽尊，但封地愈小；愈近的，名号虽卑，但封地愈大，这是按照亲疏大义制定的。这种制度相当现实，却是历史演进的必然结果，董仲舒深明于此，所以标榜“存三统”之说。

董仲舒的三统说，后来虽渐被学者所推崇，但是也因而发生很大的演变。譬如：刘歆说三统历时，其实是假三统之名论五行相生，与原始三统说名同实异。据《汉书·律历志》所引三统历，是以夏始自子为天统，殷始自丑为地统，周始自寅为人统。不但忘记董仲舒三统说不举夏为例的禁忌，而且多出“天统、地统、人统”三个名目，又其中子丑寅的次序，也与原始三统说不相一致。此种新法，想必是为迎合《左传》“夏数得天”（《昭公十七年传》梓慎语）一语而妄设的。刘歆更将太阳的颜色分成五行的五色，并分配给各统，天统属赤（火德），地统属黄（土德）与白（金德），人统属黑（水德）和青（木德）。且以三辰五星相经纬，诚所谓“五行与三统相错”，而非原始三统说的本来面目。其后讲三统说的，虽然不再采用刘氏夏为天统之说，但往往也有“天统、地统、人统”之说。到《白虎通·三正》中，更以周为天正、殷为地正、夏为人正，这三正的细目，想必又是由《三代改制质文》中所谓“三正以黑统初”和“春秋三等”发展出来的。

综观前述三统说诸端，可知董仲舒倡三统说的主要目的，除了应历法之需外，还是想借天意将汉代政教纳入儒家理想中的正轨。在三教中，汉应行“忠”政，这和在四法中，汉主天法商而王，其道佚阳，亲亲而多仁朴，是同一回事，目的都在转移秦的苛政而为仁政，也就是要效法上天的助阳抑阴，而以德代刑，以期建立大一统专制君王的行为规范和权力约束，其最终目的当然也是落在政治的实用价值之上。

除了这种循环的历史观之外，董仲舒尚主张一种进化的历史观。在《繁露·楚庄王》中，分春秋十二世为三等：

(1) 见三世，凡六十一年，包括哀、定、昭三世，为君子之所见。

(2) 闻四世，凡八十五年，包括襄、成、文、宣四世，为君子之所闻。

(3) 传闻五世，凡九十六年，包括僖、闵、庄、桓、隐五世，为君子之所传闻。

他秉持着亲疏远近的大义，对于愈远的朝代，所持的批评态度愈是严格苛刻，所以说：“于所见微其辞，于所闻痛其祸，于传闻杀其恩与情俱也。”当然，这也是专制政体下，不得不有的批评态度。

这“三等”之说，其实就是后来公羊家“三世”说的肇端。人之所以能为万物之灵，就在于人类的进化不已，故从进化的原理看来，愈是晚近的时代，道德的水平应该愈高，因此而有公羊家的三世之义，于愈进化之世，道德的责求就愈严。何休在隐元年“公子益师卒”传文的解诂中，就发挥此义，而申述加详。他分人类的进化为三大时期。所传闻之世，托治起于衰乱之中，由草昧而进于文明，是进化的第一期。此时，各奉其酋长，各有其国土而已，故曰：“内其国而外诸夏”。人人只知有己之国，而不知有人之国，故曰“先详内而后治外”。由是，酋与酋相争，国与国相攻，天下将无宁日。待诸酋之中，有觉悟者力倡息争，听命于贤者，尔后其国益大，故于所闻之世，托为升平之世，是为进化的第二期。此时，贤者能者进而为天子，而诸酋长则进而为诸侯之君。然而犹有中外之分，华夷之判，盖世界文明，尚未能平等，犹是国家主义，种族主义的时代，故曰“内诸夏而外夷狄”。既有国家主义，就难免有国家之争，有种族主义，就难获种族平等，故当进而为大同之世。于所见之世，托为太平之世，是为进化的第三期。此时，无国界之见，无种界之分，一于平等而已，故天下远近大小若一。可谓至治之世，大同之世界。如此纳远近轻重详略之旨于“三世”之说，三世遂突地成为春秋大义的核心，而为后来康有为所谓“据乱世”、“升平世”、“太平世”之称的由来。

这三世说的进化历史观，是董仲舒本着儒家的理想，以为天下应日趋太平，日臻完美，实则未必属真。因此，三世之说只是“应然”，而非“实然”，将它昭告于世，寓意当然深长。这种历史观与天人哲学本不相涉，但是，我们把它和三统说综合起来看，可以知道董仲舒以为历史的演进是循环或进步的。我们不能恢复过去，也不能取消过去，我们只能继续过去。历史的现在，包含着历史的过去。这就是说历史的演变，所遵循的规律是辩证的。

六、天人哲学之四——政治教育观与社会经济观

1. 政治教育观

董仲舒深感于秦政的殃民，因此，在政治思想方面，力图要改变法治而为德治，即以儒家的教化代替法家的刑罚，此即董氏天人哲学的最终指标。孔子说："道之以政，齐之以刑，民免而无耻。道之以德，齐之以礼，有耻且格。"（《论语·为政》）只有在"德"与"礼"的教化下，人类的人格才能完成，尊严才能建立。董仲舒这一个"崇德"观点的背后，就藏有儒家的人道思想，他说："故子夏言：《春秋》重人，诸讥皆在此。"（《繁露·俞序》第十七）凡是妨害人的生存尊严者，《春秋》皆讥之，因此，在《繁露》的《俞序》、《竹林》、《玉英》诸篇中，他再三指出《春秋》是贵仁贵让，以实现"重人"的精神。又说："天地之精所以生物者，莫贵于人。"（《繁露·人副天数》第五十六）由这一个基点出发，政治的基本任务便在保障人民的生存，谋求人民的安乐，而不是在满足君王个人专制天下的野心。可是，自秦统一天下、集权中央以来，帝位日高，君权日张，已日益走向法家"为统治而统治"的政治，而相对的，臣民的地位日益卑微，臣子的谏诤与民意的反应已渐失其作用

与力量，这当然是有心的儒者所担忧畏惧，而不得不设法挽救的。因此，董仲舒提出“君权神授”的理论，以为“受命之君，天意之所予，故号天子”。(《繁露·深察名号》第三十五）将君权的来源溯自“天父”，表面上看起来，“君人者国之元”、“君人者国之本”，(《繁露·立元神》第十九）这种“崇本”的观念，使“人主立于生杀之位，与天共持变化之事”，(《繁露·王道通三》第四十四）似乎是更强化了法家君权主义的至高性，事实上，是把君权降到天威之下，使君王成为一个有限的相对体，他必须“事天如父”、“事天以孝道”，(《繁露·深察名号》第三十五）以天的意志为意志，以天的好恶为好恶，完全没有自主的权利。而董仲舒又以儒家的理想来规范天的意志，企图使王政走向儒家理想的境地。

君权既为天授，则天便具有予夺国祚和监督政事的两种力量。崇高的君位乃是天父赐给有德的天子的，倘天子恣情暴虐，荼毒天下，则天父就可以把他的君位剥夺，故君位的得失、君权的转移，一视君王有德无德而定。有德者天要奉他为王，此时必有非人力所能致而自至者，就是所谓的“受命之符”，一种预兆吉祥的符瑞，像《书经》上所说“白鱼入于王舟，有火复于王屋流为鸟”，(《今文尚书·泰誓》）都是受命之符，也是天下同心归之的象征。反之，如果不依天意施行仁政，则老天便先以灾害谴告之，不知自省，再以怪异警惧之，尚不知变，而伤败乃至。所以说：“其德足以安乐民者天予之，其恶足以贼害民者天夺之。”(《繁露·尧舜不擅移汤武不专杀》第二十五）如此以灾异表天意，较之先秦儒家那种“天聪明自我民聪明，天明畏自我民明畏”(《尚书·皋陶谟》）的以民意表天意之说，是倒退了一步。这主要是因为民意对人君的影响力，在专制时代没有灾异说来得简捷有力。

君权的转移，一本于天意，而受命的方式有二：一是禅让，一是征诛。前者是和平的转移方式，由君王将帝位让予有德之人，如尧让舜，舜让禹，尧舜的天下是受自天，故不敢私传天下而擅移位。昭帝时，眭弘便以“先师董仲舒有言：虽有继体守文之君，不害圣人之受命”，(《汉书》卷七五《眭弘传》) 作为他倡禅让说的理论根据。后者是诉诸武力的转移方式，由天命有德的圣人讨伐无道的君王，譬如殷伐夏、周伐殷、秦伐周、汉伐秦，都是以有德伐无德，此乃天理，故曰“汤武不擅杀”，与孟子“闻诛一夫”的思想相符。而禅让与征诛所造成的劳逸程度亦异，禅让则“垂拱无为而天下治”，故逸。征诛则“日昃而不暇食”，(《汉书》本传，《对策》第二) 故劳。

君王既受命自天，便须改制以应天，以明易姓非继人而王。改制的内容，通常只包括某些特定的典章制度，诸如居处、称号、正朔、律历、服色、度数等，而不影响政治的实质。可是，如果在乱世，道必有偏而不起之处，此时，就须易道以救弊，故曰：“继治世者其道同，继乱世者其道变。”(《汉书》本传，《对策》第三) 事实上，“易道”才是董仲舒政治思想的重点，他以为“汉继大乱之后，若宜少损周之文，致用夏之忠者”。(同上) 可惜，当时君王只重“改制”，徒然在形式上大事更动，完全忽视政治的实质。

君王既为天的儿子，如何对天事孝道，便成为实践君道的主要途径，而这途径便是所谓的“法天”、“象天”了。这种“法天”、“象天”的思想在董仲舒的言论著作中俯拾可得，诸如“王者承天意以从事”、“欲见所为，宜求其端于天”(《汉书》本传，《对策》第三)、“为人君者其法取象于天”(《繁露·天地之行》第七十八)、“以天之端正王之政”(《繁露·二端》第十五)、“圣人副天之所行以为政”(《繁露·四时之副》第五十五) 等。

董仲舒以“王”的字形释王的职责。王是三画而连其中，就是“取天地与人之中以为贯而参通之”，(《繁露·王道通三》第四十四) 故王的职责，就在于贯通天道、地道与人道三者，使天人达于合一之境。而天的特性可资效法者甚多，最重要的一项原则，便是要法天的助阳抑阴，阳为德，阴为刑，由此而有崇德抑刑的主张。德的内容，可从两方面表现，一方面是统治者首先当从权利中纯化自己，使自己成为有德之人。因为“君者，民之心；民者，君之体”。（《繁露·为人者天》第四十一）君王之所好，人民必从之，所以为人君者应正心以正朝廷，正朝廷以正百官，正百官以正万民，正万民以正四方，四方正，则天下莫敢不壹于正。这本是孔子“政者正也”的基本思想之发挥，对“内多欲而外行仁义”的武帝而言，确实是有必要力倡的。另一方面，对刑罚的观念，而提出教化的观念，因为圣人之道，不独以威势成政，必有教化才能完成政治的目的，复由此提出实现教化的学校制度。使人民不仅是在刑罚之下，成为统治者的被动工具，而是在教化观念之下，都成为人格的存在。发挥人性中原有的善质，以成善性，所以说：“王者上谨于承天意以顺命，下务教化民以成性。”（《繁露·深察名号》第三十五）如此才能把上下互相窥伺的威压与诈骗的社会变成人性交流的礼乐社会、人文社会。简言之，就是要实行“更化”。他认为汉之所以常欲善治而不可善治的原因，就在于当更化而不更化，所以更化的观念是他政治思想的中心。

而诱导人民臻于至善的方法，除了普及教育的长久大计之外，尚须（1）立制度，节人欲。人生而有欲，如今个人逞其所欲，天下必大乱，故须立尊卑之制，以等贵贱之差，使人不得越等踰制，自可节人欲。（2）依民好恶用赏罚，使民有所好恶，然后妥为利用其好恶，予以适当的赏罚，以其好者赏之而劝善，以其恶者罚之而惩恶。

其次，天常以爱利天下为意，以养长为事，春夏秋冬皆其运用。王者亦常以爱利天下为意，以安乐一世为事，好恶喜怒而备用。王的好恶喜怒，犹如天的春夏秋冬。春夏秋冬顺时而至，则岁美，否则岁恶。喜怒哀乐合宜而生，则世治，否则世乱。由此而有四时与四政的配合，春庆、夏赏、秋罚、冬刑。

复由天的高高在上而普施恩德于人类，不见其形而见其功，而提出天的四种特性——位尊、施仁、藏神、见光，做为人君效法的对象。王者亦应任群贤所以为受成，不自劳于事所以为尊。泛爱群生，不以喜怒赏罚，所以为仁。内深藏所以为神，外博观所以为明。简言之，就是“以无为为道，以不私为宝”。这无为的思想与老子“圣人处无为之事，行不言之教”（第二章）的思想相合。君道无为，并非不理国政，而是要用臣宰，即所谓“以臣言为声，以臣事为形”。（《繁露·保位权》第二十）所任贤，则主尊国安，所任非其人，则主卑国危。然臣所出之言、所行之事，能否即为君王的本意，有待考察。因此君王为防备臣宰擅君之威，则不可专听一人，专谋一臣，应该虚心下士，观来察往，谋于众贤，考求众人，故有“考功名”之说。考察的方式不一，分述如下：

（1）诸侯，每月试其国，四试一考，故一岁三考。

（2）世伯，每季试其国，四试一考，故一岁一考。

（3）天子，每年试其国，三试一考，三考而绌陟，故三年一考，九年而绌陟。

有功者赏，有罪者罚，绝不苟且。

这种藏形贵神的政治，君王表面上是寂静无为，不露形影声响，自然就无以定曲直清浊，故能保持君王无有过失，威望不坠，俾收“政无为，而习俗大化”（《繁露·对胶西王越大夫不得为仁》第三十二）之效。此与韩非子“臣有其劳，君有其成功”（《主道》）的思想一致。韩非子之学出自老子，汉初流行的黄老之术，事实上，就是这种内刑名、外黄老之学，故董仲舒显然多少亦受道家思想的影响。

至于泛爱群生是法天的“遍覆包涵而无所殊”（《汉书》本传，《对策》第三）之行，除了爱民之外，还要爱鸟兽昆虫，与儒家“亲亲而仁民，仁民而爱物”的有差等的爱不同，而近于墨子的兼爱。

又由兼爱而恶战伐，以为《春秋》笔法“战事之伐，后者主先”，（《繁露·竹林》第三）就是有低贬先发动战事者之意，又与墨子所谓的“非攻”相符。不过，董仲舒所非弃的，只是纯粹谋求扩充国家的势力，或逞君主一己之私的攻战，至于为解救人民疾苦的放伐之战，或非加暴于他国的“偏战”以及伸张正义的“复雠”之战，均不在其反对之列。此外，“积众贤”的君王自坚之道，亦与墨子尚贤之义相符。由此可知董仲舒思想的涵括性很大，他是兼融了儒、墨、道、法、阴阳诸家学说于一炉，将之纳入天人哲学的体系内，以完成他实现理想政治的目的。

董仲舒以天地之志为君臣之义，他既力主君王应法天之行，于是论人臣，则主张应“法地之道”。地道的特性，便是“暴其形，出其情”，且能“示人高下、险易、坚软、刚柔、肥臞、美恶”。（《繁露·离合根》第十八）因此，他主张人臣亦应比地之道而提供一种特性于人主，这种特性就是“悉见其情于主”的事君唯谨的态度，竭情悉力提供一切所长，以成就君王的功名。诸如：朝夕进退，奉职应对，所以为贵；供设饮食，候视疢疾，所以致养；委身致命，事无专制，所以为忠；竭愚写情，不饰其过，所以为信；伏节死难，不惜其命，所以救穷；推进光荣，褒扬其善，所以劝明；受命宣恩，辅成君子，所以助化；助成事就，归德于上，所以致义。换言之，臣居于辅佐的地位，一方面协助治理政事，一方面又助成君王的威严恩德。功出于臣，而名归于君。

至于民的地位，并不因君位的崇高而被视同草芥，反而承袭儒家“民本”的思想，以为“天之生民，非为王也；而天立王，以为民也”。（《繁露·尧舜不擅移汤武不擅杀》第二十五）统治者得以存在的基本条件是“民的归向”，能使万民往而得天下之群者，必无敌于天下。所以王者之政，旨在爱民，不在害民。“其德足以安乐民者天予之，其恶足以贼害民者天夺之”，（《繁露·尧舜不擅移汤武不擅杀》第二十五）“民意”成为上天予夺国祚的依据。由此可见，董仲舒表面上虽说天意，实即在言民意，只不过是假天威以行人事罢了，所以其形质虽为神权，其精神乃在民权，这与前述《尚书》重民意之说的内在精神实是相通的。可是《繁露·玉杯》第二有“《春秋》之法，以人随君，以君随天”及“屈民而伸君，屈君而伸天，《春秋》之大义也”之说，易使人误解董仲舒亦受法家的遗毒。其实，这两句话，只是为了强调天的至尊性，目的是要把君权降于天威之下，绝不违反“民本”的原则。何况在王者能承天意以顺命之际，以人随君，事实上，也是为儒家所容的，只有在王者无道时，才发挥臣民的最高权利而放伐之。

以上所言均为董仲舒的政治理论，而针对当时政治的实际需要，他提出三项实施的政策：

（一）罢黜百家，独尊儒术。他以为百家殊方，旨意不同，若使杂然并陈，则在上位者无以持一统，法制数变，在下位者不知所守，这都足以影响政治的安定，所以政府不必提倡，而并非要将各家学说，根绝于社会。这一影响重大的历史事件，依《汉书·董仲舒传》载系“自仲舒发之”，事实上，早在建元元年（前一四〇年），卫绾就请罢治申、商、韩非、苏、张之言者，而元光元年（前一三四年）田蚡又奏黜黄老刑名百家言。因此，推明孔氏抑黜百家的建议，应发自卫绾、田蚡，董仲舒奏请“诸不在六艺之科、孔子之术者，皆绝其道，勿使并进”，不过是重申此意而已。

（二）从中央以至各级地方政府，均应普遍设立学校，立太学于国，设庠序于邑。以仁义礼乐教化人民，使游学于《诗》《书》六艺之中。“以《诗》《书》序其志，《礼》《乐》纯其美，《春秋》明其知。”（《繁露·玉杯》第二）而其中以太学为最重要，因为太学为贤士之所关，教化之本源，所以他力倡兴太学，置明师，以养天下之士。武帝听从之，故元朔四年（前一二五年）六月下诏，令礼官劝学，讲议洽闻，举遗兴礼，以为天下先，又令太常议立博士弟子，崇乡党之化，以厉贤材。于是当时的丞相公孙弘与太常孔臧、博士平等人共同研议，参照《礼记·王制》的教育与选举制度加以具体补充，终于形成第一所国立大学，同时也部分实施了董仲舒所主张的贡士制度。其实施办法详列于后：

（1）为博士官置弟子五十人，复其身（免其徭役）。

（2）太常择民年十八以上，仪状端正者，补博士弟子。

（3）郡国县道邑，有好文学，敬长上，肃政教，顺乡里，出入不悖所闻者，令相丞长上所属二千石。二千石谨察可者，当与计吏俱往诣太常，得受业如弟子。

（4）一岁以后，皆得参加考试，能通一艺以上，补文学掌故缺。其高弟可以为郎中者，由太常籍奏。即有秀才异等，辄以名闻。至于不事学，若下材，及不能通一艺者皆罢之。而推荐有不符实的官吏，亦一并处罚。

接着，武帝又令天下郡国皆立学校官。此事据《汉书·循吏传》所载，应可远溯至蜀吏文翁，董仲舒对策中虽有此议，但直到元朔五年（前一二四年），公孙弘为丞相时，才付诸实行，但《董仲舒传》却说立学校之官，是自仲舒发之。可能因为文翁只是“修起学官于成都市中”，至于明令天下郡国皆立学官之事，则系受仲舒此议的影响，所以又把立学校之官的美名归于他。

（三）废止任子或以富赀为郎，应计功以进及责令郡国贡士，实行用人唯贤。汉代吏治败坏的原因，是所实施的选士任官制度，有违于“量材而授官，录德而定位”的用人唯贤制度。因此董仲舒主张废止任子（即由吏二千石子弟凭门第关系选为郎吏）或以富赀为郎，并建议由各列侯、郡守各择其吏民之贤者，岁贡各二人，以给宿卫。一以考察各方面大臣是否识人，一以鼓励他们求贤，以期尽致天下之贤者，并使“廉耻殊路，贤不肖异处”。（《汉书》本传，

《对策》第三）不过废止任子及以富赀为郎的主张，一方面由于封建制度的若干观念，积重难返，一方面又由于武帝的大事征伐，耗费财物，始终未能付诸实行。倒是贡士的办法，却被变相采纳于上述公孙弘奏请实施的太学制度中。故武帝元光元年十一月，令郡国举孝廉各一人，确如《董仲舒传》所说，系自仲舒发之。

2. 社会经济观

董仲舒理想中的社会是一个调匀的社会，一个阶级分明的社会。他深知“先富而后加教”的道理，因此对民生经济问题相当重视。他引孔子“不患贫而患不均”之说，以为贫富相差太悬殊，易生弊端。因为富者必骄，骄而为暴；贫者必忧，忧则为盗，社会秩序必遭破坏，也必然引起许多社会问题。而汉代自从文景以后，经济复苏，新资产阶级兴起，人民贫富不均，早已导致流俗败坏、礼义罔存的现象，益增董仲舒对社会经济问题的重视。

他认为解决这个问题的方法，除了消极地设度制以节人欲，诸如贵贱有等、衣服有制、朝廷有位、乡党有序，俾使“富者足以示贵而不至于骄，贫者足以养生而不至于忧”。（《繁露·度制》第二十七）还应积极地抑豪强、济贫弱，使贫富调匀，上下相安。

关于抑豪强、济贫弱方面，他提出了三项政策：

（一）禁止宦官之家与民争利、争业。他认为天道是公平无私的，予之齿者就去其角，傅其翼者就两其足，是所受大者不得取小。人亦应法天，凡是受禄者，就不食于力，不动于末。若受禄之家乘富贵之资力，以与人民争利于下，人民岂有不贫困之理？人民穷急愁苦，自然不避刑罚，以致偷窃抢劫，无所不为，成为社会致乱的主因。所以，受禄之家，不得与民争利，然后利可均布，民可家足。

（二）推行限田政策，将盐铁任由人民开采，尽量轻徭薄赋，及鼓励关中人民种麦。秦用商鞅之法，废弃古井田制，民田可以自由买卖，造成富者田连阡陌，贫者无立锥之地的悬殊现象，又由政府专川泽之利，管山林之饶，于是邑有人主之尊，里有公侯之富，而小民益加贫困。再者，屯戍力役三十倍于古，田租口赋和盐铁之利，又二十倍于古，贫民只得衣牛马之衣，食犬彘之食。加上不堪贪暴之吏妄加刑戮，终于沦为盗贼，作奸犯法。董仲舒深知井田制度已无法再恢复，只好提出“限民名田”的建议，以塞并兼之路。限民名田的主张，不是彻底的均田，只是立一个私有田产的限制，每个私人名下的田产不得超过法定的额数，其目的不过在求贫富均等。至于将盐铁任由人民开采，尽量轻徭薄赋，以宽民力，及鼓励关中人民种麦，目的在使小民不致无以为生，使贫富不致悬殊太甚，以便从根本解决此一攸关社会与经济的严重问题。这限田之策，当时颇得一般公卿赞成，可是却改成了“贾人有市籍及家属皆无得名田”（《汉书》卷二十四下《食货志下》）之议。此一修正案，曾否付诸实行，史无明文。其后，哀帝因师丹奏请限田；有司奏重提“贾人皆不得名田为吏”（《汉书》卷十一《哀帝纪》）之议。总观这两次改变，使限田的对象大为缩小，纵令实行，效果亦微。对于盐铁由人民开采及轻徭薄赋的政策，武帝由于早年即准备对匈奴用兵，其后更发动绵延四十年的对外争战，岁耗甚巨，非但未能采纳，更于元狩四年（前一一九年）为筹措战费，实行盐铁专卖。

（三）解放私奴，并禁止专杀奴婢。西汉前期，社会畜奴之风甚盛。当时奴隶大致有私奴及官奴之别，前者为个人所有，后者则为公家所有。私奴大都由贫民转卖而成，主要负责料理家事或从事生产。主人不但享有奴隶工作所得，并操有生杀之权。所以董仲舒于奏请实施限田政策的同一议奏中，也主张“去奴婢，除专杀之威”。（《汉书》卷二十四上《食货志上》）如此，既可解放私奴，济助贫弱，又可消除宦官之家，因乘富贵之力，众其奴婢，多其牛羊，广其田宅，博其产业，畜其积委之弊，有助于解决土地兼并与富贵悬殊的问题。解放私奴之议，并未实行。禁止专杀奴婢之议，史籍虽未明载，然由以下几件史实，诸如宣帝时缪元王因杀奴婢而为刺史所举奏（参看《汉书》卷五十三《赵敬肃王传》）、京兆尹赵广汉因杀奴婢事而责丞相魏相之妻（参看《汉书》卷七十六《赵广汉传》）、哀帝时，王莽因其中子杀奴而责令他自杀（参看《汉书》卷九十九上《王莽传上》）等观之，可见此议曾付诸实行。

董仲舒并非不知道人的材力不等，但他总想用人力去使之平等，总想用“度制”做到调匀的地步。这正是一般儒者的共同主张。可是，道家就不同，莫说汉初的无为主义者，即使是与董仲舒同时的司马迁，对这贫富不均的现象，也不以为怪。他说：“天下熙熙，皆为利来，天下攘攘，皆为利往。”（《史记》卷一二九《货殖列传》）无人不想富有，可是由于“巧者有余，拙者不足”，贫富的差异总是难免的。农、虞、工、商为四种正当职业，缺一而不可，故不应有轻商的心理。而且任何东西“贵上极而反贱，贱下极而反贵”，无需刻意去调整。因此，他主张不干涉主义，也就是无为主义。这番论调，当然与董仲舒不同。实际上，这种放任政策是资本主义初起时的政治哲学，其后果必然导致贫富不均的现象，也必然要引起社会改革家的注意，故干涉的政策、均贫富的理想、均田限田的计划，都一一的起来。后来的儒家比较占势力，而道家又绝少能像司马迁那样周知社会经济状况的，所以均贫富、抑兼并的均产主义，渐成为中国的正统思想。师丹的限田之制失败了后，王莽还要下决心实行均田之制。王莽失败了，后世儒者尽管辱骂他，但在社会经济方面，却大都是王莽的信徒。试看班固的《货殖传》，材料全钞《史记》，而论断就完全不同了。他以为商业发达的结果，会导致“饰变诈为奸轨者自足乎一世，守道循理者不免于饥寒之患”。（《汉书》卷九十一《货殖列传》）这等于是教唆人民投机取巧，背义向利，实为伤化败俗大乱之道。并批评司马迁为“崇势利，羞贫贱”。这正是传统儒家的见解，与董仲舒的看法无异。

七、结论

儒家思想最富人文精神，而这种精神是由周初宗教、政治与道德等意识相互容摄的情形始肇其端的。当时，由于原始迷信思想所致，使人间政治社会情实不自限于人间世，而同时投影于天界。受命天子处于天人之间，作为天意下宣和民意上达的媒介，并代天执行化育人民的任务。可是，这种君权神授的论调，由于道德意识的发展，并未流于听天由命的消极思想，反而促成一种积极奋进的心理。天命的转移，系以人自身的德性为依归，天或帝的意志与无限精神权力的特性，便隐而不显了。所以，周初是人道主义的黎明。至孔子始扬弃原始宗教的天道观，而朝纯道德的天道观发展，将主观的祈求和客观的福祉，像楚河汉界般划出一道鸿沟，转移人类对天道鬼神的虔敬，而为对人事应有的敬德，更进而提出“践仁”，从毫无把握的幻想，落实到有绝对把握的道德实践上。对他而言，天只是人类道德规范的最高准则，人性只有借“德性”上通于天，才能获致最高的成就，所以他常以“天生德于予”自恃。至此，纯粹的道德意识才从政教混融的神权势力中脱颖而出，形成以德性应和为主体的天人哲学。人文精神遂取代天道思想，而为儒家的中心目标，其后的儒家大都承袭此思想而发展。

但儒学发展到秦汉之际，则与阴阳家发生结合的关系，因此由人道思想又折返天道思想，而邹衍天人相与的思想，遂成西京之显学。董仲舒适逢其会，涵濡阐扬，成为诸儒的巨擘，而“天人相与”的思想，遂作为他哲学体系的大间架。

董仲舒可以说是以神学家的姿态出现于历史的。是他，把平实近人的儒学形上化起来、神秘化起来、宗教化起来的。孔孟对于宇宙本体的问题，才一触到，便又止住了（儒家太重实用的基本性格所致）。在他，则从主观观念论出发，追踪到宇宙问题的大源上，便自然达到有神论的结果，于是儒学便发展为有似神学的学说了。可是，董仲舒天人哲学的重点在“人”，而不在“天”，尚保持了儒家积极有为的人文精神，大异于一般阴阳家专谈阴阳五行荒谬至极的道理，以致牵于禁忌，泥于小数，舍人事而任鬼神，忘却“自求多福”的真谛。“天”不过是他为自己的哲学所设立的一个至高的理论依据，以期取信于汉初信天道已笃的群众，用心诚为良苦。换言之，在儒学与阴阳学混融的时代潮流里，他继承儒家人文精神的意识始终是觉醒的。正因为这样，他才能实地提出许多惠民便民的政治措施，而有刘向所谓的“王佐之材”的美誉。即如刘向的儿子歆和孙子龚，虽然认为其父祖有过誉之嫌，但也不敢抹杀董仲舒“下帷发愤，潜心大业，令后学者有所统壹，为群儒首”的功劳。（参看《汉书》本传赞）至于梁任公在《阴阳五行说的来历》一文中，（现收入《古史辨》第五册下）指责董仲舒为继燕齐海上方士之后，对阴阳五行学说的建设传播应负罪责的三大人物之一（另二人为邹衍与刘向）。事实上，阴阳五行之说只是他论说的方法，是假神道以设教的工具，儒学才是他真精神所在。对阴阳五行学说的建设与传播，他固然有功，但绝非其本旨。所以阴阳五行学说遗害后世的罪责，应归咎于后人取法的不当，而非董仲舒有心之过。

这种以天统君、假神道设教的思想，目的不过在使大一统的皇帝，在意志上、行为上，不能不有所畏忌，以便接受儒家的政治思想。此盖儒家精神在专制政体下，被迫成的微妙宗教性转变，实不失为敬德意识的表现。而它对汉代的政治确实发生了不少作用。汉帝因日蚀地震，下诏罪己，或责免三公的，在《汉书》帝纪及列传中颇多。如宣帝本始四年（前七〇年）曾因地震北海、琅邪，而下诏丞相、御史与列侯中二千石博问经学之士，有以应变，辅君王之不逮，毋有所讳，（参看《汉书》卷八《宣帝纪》）此即以地震下诏罪己之例。又成帝时，丞相翟方进因天灾递至而被赐死，实为因天灾责免三公的显例。（参看《汉书》卷八十四《翟方进传》）此后，西汉今文经师多言天人灾异，《春秋公羊》有眭孟，《谷梁》有刘向，《书》有李寻，《易》有谷永，《诗》有翼奉。这固然是受董仲舒的影响，但亦为时势所使然。因为汉初兴国，奋笔矫舌之士，无不引秦为说，以秦为胜国，历二世而亡，正足以作为汉皇的殷鉴。自武帝后，朝廷既一反秦的卑近，远规隆古，立言之士，不得不放弃讥秦嘲亡的老调，而转据经术。五经中固然不乏警世之言，但《春秋》灾异的警惧作用最强，于是在通经致用的风气下，学者纷纷称说灾异，推论阴阳。如此，既可收警戒时君之效，又可以经学进身仕途，于是造成一时的风尚，几至无可遏止的地步。

灾异说之用于规谏时君，实行仁政，本无可厚非，不幸的是，由于它的深获人心，以致被利用为政争的工具。譬如元帝初立，萧望之、周堪、金敞与刘向同心辅政，共苦外戚许、史在位放纵，而且中书宦官弘恭、石显弄权，于是刘向等人便使外亲上变事，以为“地动殆为恭等”，此即使用灾异为攻击的武器。其后，永光元年（前四十三年），夏寒，日青无光，石显及许、史皆言周堪、张猛用事之咎。当时成帝内心虽重堪、猛，然患众口之浸润，亦只得迁堪为河东太守、猛为槐里令（参看《汉书》卷三十六《刘向传》）。此外，由于各人立场不同，对灾异的解说亦异，如谷永想依附专权的王凤，故始终以为咎在后宫及帝身，对于黑龙现东莱，说是同姓举兵之象，而非异姓之因。（参看《汉书》卷八十五《谷永传》）但刘向则力反外戚，归咎于王氏的用权。（参看《汉书》卷三十六《刘向传》）此等例证，不胜枚举。待人们因灾异而起的戒惧之心渐趋疲乏以后，符命与谶纬之说又代之而起，而有王莽的符命政治和光武的谶纬政治。此三者其实都是由天人哲学演变而成的，这种后果，当然不是董仲舒始料可及，亦不是他的过错，自不宜归咎于他。

《汉书·董仲舒传》谓“自武帝初立，魏其武安侯为相而隆儒矣。及仲舒对策，推明孔氏，抑黜百家，立学校之官，举孝廉茂材，皆自仲舒发之”。这是说明董仲舒在当时所发生的影响。事实上，这几项措施的目的，都在成全他以儒家的德代替法家的刑的最大愿望。可惜在武帝时政治的风气并不曾转换过来，一直到了有好儒美称的元帝，委政儒生，儒家的气氛才开始增长。可是，元帝是个风雅而善良的人，他没有从根本的法制上把汉家的政治基底转换过来，而只是从大赦及赏赐等方面来缓和汉法的严酷及表达其仁心的广被。惠而不知政，当然不会有多大效率的。加上他好“牵制文义，优柔寡断”，以致使汉家在武帝时早已伏下的衰微之机更完全显现出来。而后世把“孝宣之业衰焉”的罪名归咎于元帝的用儒，以致引起许多责难儒家的借口，这实在是未明就里的结果。尤其儒家的思想重涵养，其影响往往是间接的、持久的，不应以一时的政治效率定其得失。就举东西汉吏治的转变为例，《汉书·酷吏传》十三人中，无一人通经术，《循吏传》六人中，其最优者文翁、龚遂、邵信臣三人，皆通经术。时至东汉，而吏多儒生，推明经意，移易风化，吏治大美于从前，不能不归功于儒家思想的浸渍渐染之功，而从此以后，儒家在政治上的若干观念，如爱民、纳谏、尊贤、尚德、立学、育才等等，已成为二千年来论定政治得失的共同标准。因此，对于暴君污吏，不能不发生若干制约作用，最低限度，那怕在黑暗时期，也提供了人们向前挣扎的一个指针、一个方向。这种精神的统领力量是不可计算的。当然这种理想是汉初贾谊、晁错以来的儒者所共有的，并不是董仲舒的独创，只是一方面由于他的材性之美，一方面由于适逢欲有所为的武帝，这两种主观与客观因素的交并，使他成为推明孔氏的功臣，而同时他也就肩负了儒家定于一尊后，所遭受的诽议。于是后人将汉代以后中国学术思想不似先秦蓬勃的原因，归咎于董仲舒的尊儒之讥，这的确是盛名之累。

董仲舒号为西汉群儒之首，他虽精通五经，但主要立足点还是在春秋公羊学。仲舒的“明于《春秋》”，从《繁露》中专论《春秋》之文看来，不但对《公羊传》中所述孔子作《春秋》的大义及主要褒贬原则，都有所发挥，而且他还有不同于一般传经之儒的两大特色，第一个特色是通过《公羊》来建立当时已经成熟的大一统专制理论的根据，第二个特色是他要把《公羊》作为他天人哲学的构成因素。换言之，他为时势所逼，一方面承认专制政体的合理性，一方面又想给予此政体一个新的理想与内容，这两种企图都要经由《公羊春秋》来加以完成。因此，其公羊学对《春秋》的解释，发生了一大转折，影响到西汉其他经学在解释上的转折，乃至影响到先秦儒家思想在发展中的全面转折，在思想史上的意义非常重大。而公羊学在汉代的兴起，董仲舒居功不小。武帝时，他曾奉命与治《谷梁》的瑕丘江公辩论，仲舒能持论、善属文，江公讷于口，不如仲舒。丞相公孙弘本为公羊学，比辑其议，卒用董仲舒之议。武帝因而尊公羊家，并下诏太子受《公羊春秋》，公羊学于是大兴。后来，何休著《公羊解诂》，有许多解说大义都是承袭董仲舒的，譬如最重要的三科九旨之说，即已见董仲舒之书。《繁露·楚庄王》有张三世之义，《王道》有异内外之义，《三代改制质文》有存三统之义。三国以后，公羊派逐渐衰微，但到清代又开始复兴。像刘逢禄的《公羊释例》、陈立的《公羊义疏》都颇为发挥公羊之义。尤其康有为的《春秋董氏学》更奉董仲舒为圭臬，盛赞明于《春秋》者莫如董子，并谓由董仲舒论元气阴阳之本、天人性命之欲、三统三纲之义、仁义中和之德、治化养生之法诸端中，可以窥见孔子制作《春秋》的本源次第。由此观之，董仲舒于公羊学的阐扬，的确功不可没。故今文学者莫不以为两汉若无董仲舒与何休，则公羊之学遂绝，而《春秋》一经的本意，终不得明于后世。

《史记·太史公自序》述所闻于董仲舒的春秋学，以为"《春秋》者礼义之大宗也"，以礼说《春秋》，尤为人所未发。《春秋》拨乱反正，道在别嫌明微，学者知《春秋》近于法家，不知《春秋》通于礼家，知《春秋》之法可以治已然的乱臣贼子，不知《春秋》之礼足以禁未然的乱臣贼子。自汉以后，有用《春秋》之法引经义以断狱的，如吕步舒以《春秋》谊断淮南狱即是一例，而不见有用《春秋》之礼别嫌疑、明是非、明经义以拨乱反正的。所以董氏之学，在当时见诸施行的，不过是其粗觕的部分，至于较精到之处，则未尝见诸施行。而汉代酷吏正好借此以济其酷，以致引起后人对《公羊》的诟病，这又是董仲舒所遭受的一项无端之毁。

董仲舒这套以《春秋》为材料，以阴阳学为方法，以儒学为宗旨的天人哲学，范围甚广，不论是宇宙的形成、天道的运行、人性的陶冶、伦理的关系、养生的方法、各分的制定、历史的演进、政治教育的策略、社会经济的措施等，都被纳入这天人哲学的轨道内，堪称为一套相当完整的宇宙、政治、人生的哲学体系。这一套哲学本身的价值，是在于他能在儒家与阴阳家思想合流的激变中，把握儒家的真精神，这种强勉努力的精神，的确不是西汉一般学者所能及的。在体认他的用心之后，我们当可知董仲舒的论阴阳五行，不过是大醇小疵，白璧微瑕，不宜以此而抹杀他宣扬儒学之功。再就思想史的立场言，自从邹衍以"阴阳消息"和"五德转移"论政治的得失和历史的运行之后，《吕氏春秋·十二纪》承其遗绪，不但把阴阳五行配入四时十二月中，更配上他们认为与四时相应的政令和思想，建立了以阴阳五行为依据的宇宙、人生、政治的特殊结构，于是阴阳五行、天文律历、数目色味、节候生物、风俗习惯与政治理想等，都被有规律地组合起来。这种特殊结构，在汉代发生很大的作用，董仲舒就深受其影响，将阴阳五行视为天的具体内容，伸向学术、政治、人生的每一角落，完成了天人哲学的大系统，也形成汉代哲学的最大特性。这种思想由今文学者继续发扬，至《白虎通义》而集其大成。故董仲舒的这套哲学，是天人哲学发展史中不可或缺的一环，也是中国哲学由子学时代进入经学时代的一个里程碑，其意义十分重大。

参考书目

（一）专书

《公羊传注疏》二十八卷，汉何休解诂，唐徐彦疏，艺文印书馆影印嘉庆二十年江南南昌府刊本。

《论语注疏》二十五卷，何晏集解，刑昺疏，同上。

《孟子注疏》十四卷，赵歧注，孙奭疏，同上。

《公羊家哲学》，陈柱撰，台湾中华书局影印本，一九七一年六月台一版，一三六页。

《增注经学历史》，皮锡瑞撰，周予同注，台北，艺文印书馆，一九七〇年九月初版，三三八页。

《经学通论》，皮锡瑞撰，台湾商务印书馆《人人文库》，一九六九年九月台一版，三五三页。
《两汉经学今古文平议》，钱穆撰，作者自刊本，一九七一年台初版，四三四页。
《史记》一三〇卷，汉司马迁撰，台北，艺文印书馆影印清乾隆武英殿刊本。
《汉书补注》一〇〇卷，汉班固撰，清王先谦补注，同上，一七八二页。
《后汉书集解》一三〇卷，宋范晔著，清王先谦集解，同上，一三八九页。
《秦汉史》，钱穆撰，台北，三民书局，一九六九年一月三版，二九一页。
《荀子集解》二十卷，唐杨倞注，清王先谦集解，世界书局《新编诸子集成》第二册。
《韩非子集解》二十卷，清王先慎撰，同上，第五册。
《墨子闲诂》十五卷，清孙诒让撰，同上，第六册。
《老子道德经注》二卷，晋王弼撰，同上，第三册。
《吕氏春秋注》二十六卷，汉高诱注，同上，第七册。
《淮南子》二十一卷，汉高诱注，同上，第七册。
《春秋繁露注》十七卷，清凌曙注，《皇清经解续编》八六五卷至八八一卷。
《春秋繁露义证》十七卷，清苏舆著，台北，河洛书局，一九七四年台影印一版。
《白虎通义疏证》十二卷，陈立注，台湾商务印书馆，一九六八年台一版。
《春秋董氏学》八卷，清康有为撰，台湾商务印书馆，一九六九年一月初版。

《全汉文》六十三卷，清严可均辑，台北，世界书局影印本，一九六一年三月初版。

《中国哲学史》（上）（下），冯友兰撰，台北，宜文出版社，一〇四一页。

《中国哲学史补》，同上，一七九页。

《中古思想史长编》，胡适撰，南港胡适纪念馆手稿本，一九七一年二月出版，七〇八页。

《中国哲学原论原性篇》，唐君毅撰，香港，新亚研究所，一九六八年二月出版，五二九页。

《中国政治思想史》，萧公权撰，台北，华冈出版有限公司，一九七一年三月再版，八八〇页。

《中国人性论史》，徐复观撰，台中，东海大学，一九六三年四月出版，六二八页。

《两汉思想史》，同上，台北，学生书局，一九七六年六月初版，六四〇页。

《邹衍遗说考》，王梦鸥撰，台湾商务印书馆，一九六六年台初版，一四五页。

《先秦两汉之阴阳五行学说》，李汉三撰，台北，维新书局，一九六八年元月初版，四三八页。

《中国学术思想变迁之大势》，梁启超撰，台湾中华书局，一九三六年四月初版，一〇四页。

《傅孟真先生集》第三册，傅斯年撰，台湾大学，一九五二年印行，二〇一页。

《汉代天人合一思想研究》，林丽雪撰，台大中文研究所硕士论文，一九七三年六月印行，二八二页。

（二）论文

《阴阳五行说之来历》，梁启超撰，《东方杂志》二十卷十号，页六二—七一，一九二三年五月出版，现收入《古史辨》第五册下。

《五德终始说下的政治与历史》，顾颉刚撰，《清华学报》六卷一期，页七——二六八，一九三〇年六月出版，现收入《古史辨》第五册下。

《三统说的演变》，顾颉刚撰，《文澜学报》二期一卷，页一—九，一九三六年二月出版。

《董子年表订误》，施之勉撰，《东方杂志》四十一卷二十四期，一九四五年十二月出版，页五〇—五二。

《西汉政治与董仲舒》，徐复观撰，《民主评论》六卷二十期，页三——一，二十一期页二—八，二十二期页七——一，一九五五年十月、十一月出版。

《董仲舒的君权神授说》，金耀基撰，《大学生活》四卷十二期，页四二—五〇，一九五九年四月出版。

《董仲舒的政治思想》，杨树藩撰，《政治大学学报》二期，页二二三—二四四，一九六〇年十二月出版。

《春秋董氏说考逸》，夏书枚撰，《新亚书院学术年刊》三期，页一—二六，一九六一年九月出版。

《阴阳五行观念之演变及若干有关文献的成立时代与解释问题》（上）（中）（下），徐复观撰，《民主评论》十二卷十九期，页五—九，二十期页五—九，二十一期页五——四，一九六一年十月、十一月出版。

《董仲舒的仁义学说》，赖炎元撰，《孔孟月刊》五卷二期，页二〇—二二，一九六六年十月出版。

《阴阳五行学说究原》，戴君仁撰，《大陆杂志》三十七卷八期，页一—八，一九六八年十月出版。

《汉武帝抑黜百家非发自董仲舒考》，戴君仁撰，《孔孟学报》十六期，页一七一——一七八，一九六八年九月出版。
《董仲舒学术思想渊源》，赖炎元撰，《南洋大学学报》二期，页一〇七——一一八，一九六八年出版。
《天人相与》，戴君仁撰，《孔孟学报》十七期，页九——二四，一九六九年四月出版。
《董仲舒不说五行考》，同上，《“中央图书馆”馆刊》新二卷二期，页九——一九，一九六八年十月出版。
《董仲舒对策的分析》，同上，《大陆杂志》四十二卷六期，页一——七，一九七一年三月出版。
《董仲舒的治道和政策》，贺凌虚撰，《思与言》十卷四期，页六二——七五，一九七二年十一月出版。
《两汉经学思想的变迁——易、礼、春秋》，戴君仁撰，《文史季刊》三卷二期，页一——七，一九七三年一月出版。
《天人合一思想对两汉政治的影响》，（上）、（下）林丽雪撰，《书目季刊》九卷一期，页七三—九〇，二期页五一——六六，一九七五年六月、九月出版。
《董仲舒的人性论》，林丽雪撰，《孔孟月刊》十四卷四期，页一一——一三，一九七五年十二月出版。

刘安

于大成　著

目　录

一、传略

刘安，是汉高祖刘邦的孙子。其父名长，为高祖之第七子。

汉高祖七年（公元前二〇〇年），韩王信降匈奴，高祖自往击之。韩王信是战国时韩襄王之孙，韩为秦所灭，他从汉高祖起兵，有战功，高祖封之为韩王，都马邑（今山西朔州市）。马邑邻近匈奴。高祖六年，匈奴围马邑，韩王信屡次遣使向匈奴求和。高祖疑其有贰心，以书责之，他心中恐惧，遂降匈奴。他亡走匈奴后，其部下又立了战国时赵王的后裔赵利为王，与匈奴联合拒汉。高祖大怒，亲自率领大兵往击之，因而经过赵国。

赵王张敖，是高祖的女婿，见圣上驾到，自然是极力地奉承，招待得甚为周到。但高祖是个没有教养的人，对赵王非常无礼，常常箕踞而詈骂。赵王的相名叫贯高，心中很气愤，想乘间杀死高祖，被赵王劝阻了一场。贯高乃与自己的心腹十余人相商，准备不告诉赵王，而暗地把高祖杀掉。八年冬，高祖击赵利与匈奴兵还，复经赵国，贯高在柏人县（今河北隆尧县西）埋伏下武士，打算举事。高祖至柏人，日暮，欲宿于此，忽然心动，问："这里是什么地方？"有人告诉他叫柏人。高祖说"柏人者，迫于人"，不肯宿而去。以故贯高埋伏的人竟没有机会下手。

当高祖二次过赵时，赵王为了招待他，曾让自己的一个美人陪伴他，谁知竟因此怀孕了。到高祖九年十二月，贯高谋行刺高祖的事外泄，被仇家知道了，加以告发。高祖下令逮捕赵王和贯高等，把赵王全家都关了起来，那位当年曾侍奉高祖的美人也牵连了进去。她告诉狱吏说：“我已为皇帝生下一个儿子。”狱吏连忙去向高祖报告。但这时高祖正在气头上，不加理睬。美人的弟弟赵兼，因为知道辟阳侯审食其与高祖家关系最为密切，就拜托审食其向高祖的皇后吕雉去关说。不想吕皇后的醋劲很大，听说高祖在外竟有临时夫人，且生有一子，气得不肯管，而审食其也就没有再多说什么。美人觉得高祖太没有情义，一气之下，自杀了。狱吏只好抱了这个龙种来见皇帝。高祖看到自己的骨肉，很后悔对不起这位美人，便把这个孩子交给吕皇后，要吕皇后抚养他。这个孩子，便是刘长。

高祖十一年，淮南王英布反，高祖亲往击灭之，即立刘长为淮南王。

高祖共有八个儿子，他死后，由太子盈继位，是为惠帝。惠帝无子，死后，大臣共立高祖四子恒为帝，是为文帝。

文帝即位时，高祖的八子已死了六个，剩下的只有文帝和淮南王刘长。刘长自以为跟当今天子的关系最亲，恃宠而骄，数不奉法。听别人说，当年审食其为他母亲的事去向吕皇后关说时，态度很不积极，以致他的母亲自杀身死，心中大为怨恨，极欲找一机会来对付审食其，为母报仇。

文帝三年（前一七七年），刘长到长安朝见天子，因得便往访审食其，相见之下，取出事先藏在袖中的铁椎，一椎就打死了审食其。文帝顾念他是为母报仇，又是自己现存的唯一弟弟，所以赦免了他，没有治他的罪。

刘长是个大力士，力能扛鼎，勇武非凡；皇帝又特别宠爱他。因之，当时上自文帝的母亲薄太后，下至满朝文武百官，都对他畏惧有加。这一来，更助张了他的气焰，益加不安分起来。回国后，竟是出警入跸，称制，自作法令，不用汉法，一切的排场，俨然与天子无二。甚至居然计划要造反了。文帝不能忍，废了他的淮南王位。把他用槛车囚起来，发往蜀郡严道县（今四川荥经县）安置。他被囚在槛车里，一路上越想越气，竟在半途中绝食而死了。这年是文帝的第六年。

过了两年，文帝很怀念刘长。刘长遗有四个儿子，此时皆七八岁，乃皆封为侯：安为阜陵侯，勃为安阳侯，赐为阳周侯，良为东城侯。

后来，有人同情刘长，作了一首歌来唱，“一尺布，尚可缝；一斗粟，尚可舂；兄弟二人，不兼容”，意思是说：一尺布虽小，还可以缝成衣服一块儿穿；一斗米虽少，还可以舂来大家吃；天下之大，竟容不得一个弟弟！这首歌曲一时很流行，最后传到了文帝的耳朵里。文帝很难过，就在十六年（前一六四年）四月时，把当年刘长的封地淮南国，三分其地，封给了他的三个儿子，长子安继为淮南王，勃为衡山王，赐为庐江王。东城侯良已死，无后。

刘安的为人，好读书鼓琴，不喜声色犬马。而文帝的孙子武帝，也是个爱好文学的帝王。就辈分来说，刘安是武帝的叔父，所以武帝很尊重他，也很佩服他的学问，每次报书与他，为了怕文辞不及他的华藻，总要把草稿请司马相如等大文学家加以润色。武帝建元二年（前一三九年），也就是刘安做淮南王的第二十六年，刘安曾到长安，把自己的著作《淮南内篇》呈献给武帝，帝甚喜爱，曾在一天的早上，要他为屈原的《离骚》作传。他早上奉到诏命，吃早饭的时候就作好了，进给武帝，可见他文才之敏捷。他的《离骚传》是《离骚》最早的一种传注，可惜没能传下来。武帝由于敬佩他，常找他谈论学问及国家大事，一谈往往就谈到晚上。

虽然武帝对他很好，但他总认为汉朝逼死了他的父亲，对汉家从心底有一种仇恨心理。恰好这一次他入朝，武帝的舅舅武安侯田蚡，因为得罪了武帝的祖母窦太后，被罢免了太尉之职，闲居在家，因而煽动他说："皇帝没立太子；你是高皇帝之孙，仁义之名，闻于天下。有朝一日，皇帝驾崩，除了你，谁有资格能做皇帝呢！"刘安闻之，大为高兴。加以他的手下，又多是些轻薄子弟，也常常拿其父被逼而死的事来挑拨他，他因此也就产生了造反的念头。

他有二子：长子不害，是妾所生，不得宠。次子迁，立为太子。他这位宝贝太子，喜欢舞枪弄棒，学剑术，自以为天下无敌。听说郎中雷被是用剑名家，把雷被找来，要与他比剑。雷被起先不肯，一再推辞，他更误以为雷被的剑术不如他，一定要逼着人家跟他比武。雷被不得已，只好奉陪。不意他的工夫太不济了，该躲的躲不开，竟为雷被所误伤。太子大怒，乃往其父面前说雷被的坏话，刘安也就糊里糊涂的要处分雷被。汉自武帝元光二年（前一三三年），开始伐匈奴，与匈奴绝和亲。此后为伐匈奴，召募兵马，规定：有愿从军者，可以自动到长安应募；若有人壅遏应募者，有罪。当雷被误伤淮南太子刘迁时，心中恐惧，曾即表示愿意奋击匈奴。如今要受处分，就在元朔五年（前一二四年），逃往长安，向皇帝上书，告淮南王及太子阻隔自己从军，武帝乃削减刘安的封地二县，以为儆戒。

刘安被削二县，甚以为耻，怨忿愈深，日夜与心腹按照地图，研究造反进军的路线。

刘安的长子不害，既不得宠，很受他弟弟太子迁及王后的欺负。不害之子名建，极思设法害死太子，而以己父代之，为太子迁所知；因此，好几次遭受太子迁的毒打。刘建不能忍，就使自己的好朋友庄芷上书天子，告淮南王谋反。另一方面，以前被刘长一椎打死的那个审食其，有个孙子叫审卿，想为祖父报仇，也打听到刘安有造反的意图，向宰相公孙弘面前告刘安的状。又有个伍被，原是刘安的属下，刘安数与之议造反事，此时也来向朝廷告发。武帝遂即派吏捕太子迁及王后，包围王宫。刘安为准备造反，将来当皇帝，事先刻好的皇帝印玺，和丞相、御史大夫以及百官的印章等，一下子都被搜了出来，反状俱在，无可抵赖。武帝于是派了宗正刘弃疾治刘安的罪，刘安自杀，王后、太子及同谋造反的人皆收捕诛灭无遗。

刘安自文帝十六年封为淮南王，至武帝元狩元年（前一二二年）因造反事觉自杀，前后凡为王者四十三年。

二、著作

刘安的著作甚多，经我的考订，共有十余种。

《淮南》内篇，共二十一篇，最末一篇《要略》篇，是全书的自序。昔人以为，此书的性质，与《吕氏春秋》相似，都是出于门客之手；实则不然。吕不韦原系阳翟大贾，以权术结交秦庄襄王于穷困之时，终得跻身显贵，为秦相国。其人本不学，故命门客人人着所闻，以成《吕氏春秋》，悬之咸阳市门，以招致名誉。刘安为人好读书，虽亦招致宾客方术之士数千人，但此是战国以来贵族养士之风的余响，目的在流名誉。观其门下士，若伍被、雷被、毛被、晋昌等，没有一个是在学问上有表现的，可以知道，像《淮南》内篇这样一部体大思精的著作，断非诸人之力可以完成。大约此书是先由刘安拟为篇目，然后由门客分头搜集材料，作成初稿，最后再由刘安亲加润色完成。此书原名，叫做《鸿烈》。鸿，大也。烈，功也。因为他还著有《淮南》外篇和中篇，对外篇、中篇而言，所以此书称为内篇。内篇的内容，虽无所不包，但大体言之，是以道家思想为中心的。后来因为外篇和中篇都失传了，因之便直称内篇为《淮南子》。此书内容博大精深，无所不包，汉朝又是辞赋最为盛行的时代，文章讲究修辞，所以此书极为难读，汉朝人已经读它不懂了，因而在东汉时，便有许慎、马融、延笃、高诱四人，分别为此书作注解。汉人替古书作注解，对象都是先秦之书，以汉人而注解汉人之书，以此书为第一部。现在，马融和延笃二家之注，久经亡佚，许慎和高诱之注，也已残缺不全，今本《淮南子》二十一篇，是宋朝人合许、高二家的本子而成的，其中《原道》、《俶真》、《天文》、《地形》、《时则》、《览冥》、《精神》、《本经》、《主术》、《泛论》、《说山》、《说林》、《修务》十三篇是高诱注本，《缪称》、《齐俗》、《道应》、《诠言》、《兵略》、《人间》、《泰族》、《要略》八篇是许慎注本。

《淮南》外篇，原有三十三篇，东汉末年，已经亡佚了十四篇，止存十九篇，现在连一篇也不存了。据唐朝的颜师古说，外篇的内容是“杂说”。刘安著有《庄子略要》、《庄子后解》，都是解说《庄子》的，大约是外篇三十三篇中的两篇。另外前面提到的《离骚传》，也可能是此中的一篇。

《淮南》中篇，也叫《鸿宝苑秘书》，苑秘，也写作万毕，共八篇。内容是长生不老之术，成仙之方，点铁成金，以及一切小小幻术之类。汉朝的宗室刘德，从刘安家获得此书，刘德的儿子刘向，幼而读诵，大以为奇，献于宣帝，并进言：依此书中的方法，可以炼成黄金。宣帝命他负责来炼金，谁知钱花了很多，黄金并未炼成，宣帝大怒，要杀他的头。幸亏他哥哥阳城侯刘安民，上书愿把自己封地的一半还给国家，来赎他的罪，才算救了他一命。此书南宋时失传，清朝人有辑本。我曾根据叶德辉的辑本，又补充了若干材料，所辑视清诸家辑本为详备。大约成仙、长生不老和黄金白银的锻炼，都不是容易的事，很多人都有此向往，然而依方试验的结果，多半不灵，人人试验都不成功，时间久了，兴趣也就索然了，所以不再有人理会它，日久便渐渐失传了。但一般小小的幻术，也就是今人所谓的魔术，则不难试验，学会了，随时可以表演，因而辑本中所收集的，皆是此类。其中有些方法，现在的魔术家还仍旧在表演着，只是大家并不晓得是此书中的玩意儿罢了。

《淮南九师道训》，系解说《易经》之书，刘安聘《易经》专家九人，著为此书，故名。已佚，清人有辑本。

诗赋八十二篇，南北朝的人替他编成《淮南王集》。此书今亦不传，我有辑本。

《相鹤经》，据说此书原是浮丘伯作的，浮丘伯授仙人王子晋，王子晋授崔文子，崔文子把它藏在嵩山石室中，淮南王的宾客八公，采药嵩山得之。这当然是神话，大概此书的作者，不详何人，后人故神其说，所以托名浮丘伯或刘安而已。王安石《临川集》中有此文。

《淮南王养蚕经》，此书大约也是后人依托的，就像《养鱼经》托名范蠡一样。书亦不传，我曾为作辑本。

此外，还有《淮南杂子星》、《太阳真粹论》、《见机八宅经》、《还丹歌诀》、《兵书》、《琴颂》、《三十六水法》、《枕中记》等，皆已失传。

三、思想

1. 杂家

刘安所著的《淮南子》，自来被认为是杂家。杂家，是战国末期新形成的一个学派。

战国时代，是一个七雄割据的时代，一方面，六国要设法对抗秦国，一方面，六国之间彼此也钩心斗角，互相争战。这时，周天子已经名存实亡，丝毫发生不了作用，人心陷溺，天下大乱。这时代的学者，也就是所谓先秦诸子，他们的学说，虽说是异论纷纭，各有千秋，但归纳起来，大体上可以分为两类。

第一类是以整个时代，整个天下为着眼点的。当时因为国与国相攻，杀人盈野，人将相食，所以就有墨子的提倡兼爱、非攻。因为人心太坏了，上而诸侯公卿，下而庶民百姓，鸡鸣而起，孳孳为利，沉溺于利之中而不能自拔，从而形成臣弑其君、子弑其父的种种反常现象，风俗浇薄，法纪荡然，所以就有孟子的性善说，来唤醒人们的良知，就有荀子的性恶说，希望用礼来规范人们的行为，就有韩非的认定唯有法才可以齐天下之不齐。

第二类是针对某一诸侯之国的特殊环境，而为此国设计的治国蓝图。由于战国时代，贵族政治已经破产，各国为了延揽人才，于是布衣卿相乘间崛起，才智之士，挟其说以游诸侯间，取青紫直等如拾草芥之易。但如何才能打动人主之心，这就必须针对某国当前的处境，为之计划出一套解决问题的方案，并进而使其能够争雄于国际之间。因为各国所处的环境不同，解决问题的手段自然不同，种种学说也就自然因之产生了。

比如秦国，是文化较为落后的一国，其俗贪狼强力，寡义而趋利，可威以刑，而不可化以善，可劝以赏，而不可厉以名。所以商鞅为秦孝公变法，要用严刑峻罚，来使民就范。把民户编为什伍保甲，一家有罪，九家连坐；鼓励军功，严禁私斗；提倡耕织，打击商人；又为使百姓免于怠惰，规定兄弟必须分家，否则税赋加倍；又为增加耕地，故坏井田，开阡陌。因之秦国才能很快的恢复到穆公时的富强，而终能以虎狼之势而并吞六国。

再如韩国，本是从晋国分出来的一国，晋国原有一套法令，韩国既建，并未明令废止，但韩本身也自有其法令。这一来，就给予大家一个钻漏洞的机会了，旧法于自己有利，就遵循旧法；新法于自己有利，就援引新法，弄得朝廷没有办法。因之，申不害为韩相，就大讲其刑名之学，循名责实，使百官不敢为奸。对于国君，则申子教给他一种用术来控驭臣子的办法。韩昭侯曾派遣使者，使者既返，昭侯问他何所见。使者说“南门外有一头黄犊吃路边禾苗”。昭侯戒其不可泄漏，乃下令国中“当苗长时，牛马入人田中，法律有禁。今牛马多入田中，地方官应随时来报告；不来报告者，将处以重罚”。地方官于是把已发现的都来报告。昭侯说“还有”。然后才发现了南门外的黄犊。官吏们觉得国君真是明察秋毫，因之人人悚惧，不敢为非了。这种办法，虽不得为君之体，但在一个大家不守法的国度里，还是具有相当作用的。所以《史记》说申不害为韩相，能做到“国治兵强，无侵韩者”也。

楚国之俗，封君太多，官吏冗员太多，而待遇又过于优厚。因此，吴起为楚令尹，规定封君之子孙，三世而收其爵禄，裁汰冗员，减损禄秩，把节省下来的钱，来养战士。所以楚国才能国富兵强，进而争利于天下。

至于纵横家，那更不用说了。当战国时代，上无天子，下无方伯，诸侯以力为政，胜者为上。为了自己的利益，诸侯彼此之间，相结同盟，远交近攻。在这种情形下，因应需要，纵横家乃大行其道。纵横家凭了三寸不烂之舌，可以就其国家的处境，分析其利害，而为之谋划，所以景春说他们能够“一怒而诸侯惧，安居而天下息”，而称赞他们为“大丈夫”；而孟子则以其“以顺为正”，而卑之为“妾妇之道”。妾妇之道，正是他们之所以能够打动人主之心的最佳说明。

战国诸子，是我国学术史上最为辉煌的一段时期，百家争鸣，百花齐放，多采多姿，至于莫可名状。其原因，正是由于当时复杂的国际形势而产生的。而杂家，则是此一辉煌时期的总结束。

现在最早的一部杂家之书，是《吕氏春秋》。根据钱穆先生的考证，此书的作成，是在秦始皇七年。其时，天下虽尚未统一，但秦的国势日张，六国只是在苟延残喘，大一统的局面，早经形成，大一统的出现，只是时间的早晚问题而已。在一种前所未有的大一统局面之下，国家的结构，既前此所未有，时代的演变，又在在与战国不同，这样，政治情况既改变了，学术离不开政治，当然也得跟着改变，政治既由分裂而趋于统一，学术上自然也有融合各家学说而成为一种新学说的需要，于是，杂家之学的出现，就是很自然的了。吕不韦之集合当时学者来共同著作《吕氏春秋》，也就成为形势上不得不然的事了。

秦朝的暴政，行之未久，便因陈胜、吴广的揭竿而起，而敲响了丧钟。经过了天下诸侯的并起亡秦，又经过了刘邦、项羽的争战，最后，由刘邦统一天下，建立了汉朝。刘邦自己，出身泗上亭长（拿今天的话来讲，亭长的差使，相当于区公所区长，兼派出所巡官），他的一班开国功臣，除了张良是贵胄子弟外，像萧何、曹参，是小公务员出身，周勃是为人家办丧事当吹鼓手的，樊哙是屠狗的，陈平是穷光蛋，因为娶了个五嫁而丈夫辄死的阔寡妇，赚了一笔陪嫁费才发迹起来的。这批人，那里懂得什么君臣之礼，只晓得自己跟皇帝老倌是老朋友，尤其那些武将，大家在殿上饮酒，喝醉了，大声乱嚷，甚至拔出佩剑，向着柱子上乱砍，全没个君臣的体统。于是那位先事秦二世，又降楚怀王，再从楚霸王，最后投降汉高祖，专门投机取巧，阿谀奉承的叔孙通，看准了汉高祖的心理，而为之订定朝仪，让高祖受群臣朝拜，过足了做皇帝的瘾，所以高祖龙颜大悦，不由得溜出了一句："吾乃今日知为皇帝之贵也！"也就因为汉之立国，是在秦始皇焚书之后，当汉高祖入咸阳时，萧何虽大收秦丞相、御史府中的律令图书，大约所得也很有限，因之，与父老约，法止三章，而叔孙通之定朝仪，还得采用秦仪，即使汉朝后来的一应官制，大体上也都是沿袭秦朝的制度。

汉高祖做皇帝，前后八年，八年之间，一切开国的武将，先后以罪名而诛除殆尽了，一切造反的，先后平定了，而自平王东迁以来，至此，经过了将近六百年的长期战乱，民生凋敝，百业萧条，老百姓实在疲惫不堪，实在需要休息了。所以自惠帝登基以后，萧何既薨，曹参继为相国，就以黄老之道来治天下了。曹参在为汉相国之前，先做过高祖长子齐悼惠王相国，在齐国，他曾向一位道家学者盖公请教为政之道，盖公教给他："治道贵清静，而民自定。"他用盖公之教治齐，九年，而齐国大治，所以他又移治齐之道来治理天下。

文帝在诸吕之乱被削平后，以庶子外王（文帝初封代王），入主中朝，此时内而先帝之功臣，外而同姓之诸王，势力极大，所以文帝表面上一派黄老无为的姿态，来应付这些骄悍不驯的人物，骨子里却用一套申商刑名之术，来控驭天下。文帝之子景帝，初一即位，即平定吴、楚七国之乱，而汉之开国，至此四五十年，那些开国功臣，亦经先后谢世，中朝的威权既已建立起来，则执法家刑名之术，来统治天下，自然最为合用。而景帝在为太子时，他的智囊，便是一位学申商刑名之术的晁错，他深受晁错影响，法家之学，颇能运用自如。他在十六年的当政期间里，虽则因窦太后（文帝后）之喜爱道家言，表面上仍旧遵循着文帝以来的黄老之道，实际上，他的为政，法家的气味，比了文帝更加来得重些。

经过了文景之治的四十年岁月，与民休养生息，政治大上轨道，于是国富民强，少府之钱，贯朽而不可校，太仓之粟，陈陈相因，红腐而不可食，一片太平盛世的景象。政治既上轨道，法家之术自然无所用武，国家已经富强，不需要再休养生息，道家的无为也就派不上用场。而武帝为太子时，他的少傅王臧，是传《鲁诗》的申培公的学生，所以武帝受王臧影响，特好六艺古学，因此一即位，就罢斥申商韩非法家的学者，不使与于贤良的选举。接着又采纳董仲舒之言，罢黜百家，独尊儒术，设立五经博士，极力提倡儒学。盖儒生高谈唐虞三代，倡礼乐教化，在乱世，其说显得迂阔无用，所以即以孔孟之圣，而辙环天下，卒老于行，而诸子百家，反能驰说以取合诸侯。现在天下艾安，正需要以礼乐来教化百姓，儒生的经术，就自然受到应有的重视而为人主所采用了。

刘安的《淮南子》，是作成在景帝之世，其时天下已大定，中央集权的大帝国已经名副其实的形成，这比了《吕氏春秋》作成的时代，更加明显。政治统一，学术就要统一，秦始皇将统一六国，而有《吕氏春秋》，汉景帝的建立了中朝的权威，则采撷百家之长而融合成一大杂家之书的《淮南子》的出现，也就是顺理成章的事了。

杂家，是采撷百家之长融合而成的，从前的哲学史家，往往说杂家没有中心思想，其实，没有中心思想，只是东抄西凑而成，那与一本杂志或一页报纸副刊一样，如何能成家！杂家既然是诸子百家之一，自然必须有其中心思想。然则什么是杂家的中心思想呢？我们试就《吕氏春秋》和《淮南子》一加研究，可以肯定地说，杂家是以道家思想为其中心的。

《吕氏春秋》的中心思想，胡适之先生说，是“在《本生》、《重己》、《贵生》、《情欲》几篇里发挥的一种很健全的个人主义，可以叫做贵生重己主义”，贵生重己，正是道家的主要思想。至于《淮南子》，其开宗明义的首两篇，便叫做《原道》篇和《俶真》篇。原道的道，指的是老子之道，这一篇，通篇都是发挥老子之道的。俶真的真字，是庄子常用的字眼，意思是真人，真人便是得道之人，庄子称老子为“博大真人”。这一篇的真字，便是指的庄子之道而言，这一篇是发挥庄子之道的。以下十九篇，除《修务》一篇略近儒家的积极精神外，可以说，大体上都是以道家思想来贯穿全书的。尤其《道应》一篇，简直就是《老子》的注解。全书道家的思想是很显然的。

这里也许有人要问：何以《吕氏春秋》和《淮南子》，这两部较早期的杂家著作，都是以道家思想为中心呢？要答复此一问题，便不得不讨论一下杂家这个名称是如何建立起来的问题了。

原来在先秦的书里，凡是谈到哲学家的时候，总是个别的提他们的名字，而并不提及他们是属于那一个学派。像《庄子》的《天下》篇、《荀子》的《非十二子》篇、《吕氏春秋》的《不二》篇、《尸子》的《广泽》篇等，都是如此。只有战国最晚期的韩非子，在其《显学》篇中，曾提及儒、墨二家的名称。因为在先秦时代，那些哲学家，只是运用自己的智慧，为当前的天下国家寻觅解决问题的途径，他们自己，并不考虑自己是那一个学派。在别人的眼睛里。他们都是些大学者，根据他们的言论和著作，顶多也只能察觉到，某人与某人的思想相近，或某人的思想可能受某人的影响，如此而已。韩非子的《显学》篇，作成在那一年，虽不可确考，但他死在秦始皇十四年（前二二一年），再过十二年，便是秦始皇统一天下之年了。由于孔子的门弟子有三千之多，三千门人再分别在各地教授，所以孔门后学遍天下，而他们又都是穿着褒衣博带的儒服，目标特为显著。所以人人皆得指目之曰："此儒家也！"墨家是一种带有宗教色彩的集团，以巨子统领门下弟子，专以济弱扶倾，打抱不平，在社会上的势力极大，所以大家一提起这帮人来，就会说道："此墨家也。"因之，韩非子也就从俗称二家为儒与墨。至其他学者，则略无目标可指，因此，在他们的姓名之外，也就无其他名称可说，在大家的口中或笔下，所出现的，当然亦唯有老子、庄子、荀子等等的名字了。

到了汉朝，司马迁之父司马谈，做太史令之官，等于现在的国史馆馆长。他是个史官，也就是历史学家，历史学家整理古代传下来的史料，当然要有系统地加以分析归类。司马谈在整理战国诸子的资料时，经过研究，而发现某些学者的思想颇为近似，于是把这些相近似的人归为一类，为了叙述时的方便，就依照他们的思想，顺便为他们取上一个合适而足以代表其思想类型的名称。当然，如他们已有现成的名称，而为一般人所公认的，则亦相沿不改。所以，在司马谈所作的《论六家要旨》一文（见《史记·太史公自序》）中，就出现了阴阳、儒、墨、名、法、道德六家学派的名称了。

降至西汉末年的刘向、刘歆父子，二人都是学术史专家，先后在汉廷石渠阁中整理图书，就司马谈已有的基础，再作进一步的研究，而分析得更加精密，于是在司马谈的六家之外，又增出纵横家、杂家、农家和小说家。这就完成了所谓九流十家的类型，而永为后世人所遵用了。刘氏父子新增出来的四家，其中纵横、农、小说三家，与本题无关，姑且撇开不谈。现在，我们来谈一谈他的杂家。

上古时代，民智未开，看到大自然界的一切变化，日升月恒，风雨雷电，寒来暑往，水流花谢，他们的知识既不足以解释此诸般现象之所以然，自然一归之于鬼神，认为种种现象，冥冥中皆有鬼神为之主宰。鬼神既有此伟大法力，在他们想来，当然是超自然的，与“人”不同的，应当是不生不灭，永恒长住的。于是，在他们的脑海里，就逐渐形成一种对鬼神的憧憬，想象鬼神的形象，以及鬼神的生活和所居住的环境，渐渐的，所谓不死民、不死山、不死树、不死之野，甚至不死之药等等的观念，都相继形成了。这种观念，可以称之为神仙家的思想。此种思想，在教育不普及的时代，大约一般人都会相信的。

但要想成仙，到底不是很容易的事。人活在现实世界里，一时既成不了神仙，就得暂时解决眼前的问题。所谓哲学家，就是为现实世界寻求解决方法的学者。哲学家们由于对人生的现实世界，有其彼此不同的认知，所以，他们都有其独特的解决方法。就拿老子来说罢，他对历史经过一番细密的观察，发现柔弱虚无要比了刚强积极好得多。据说老子的老师名叫常枞，常枞临死，伸出舌头来问侍候在床前的老子说：“我的舌头还在吗？”老子说：“好好的。”又问，“我的牙呢？”老子向常枞的口中一看，牙老早就都快掉光了。于是他从舌柔而齿刚，悟出柔者常存，而刚者先亡的道理。所以人应该尽量做到柔弱，太过于刚强，积极进取，是会受到打击而早死的。再进一步，你虽则柔弱了，但若受外物的引诱，终日沉溺于声色利欲之中，也会劳神苦思，伤身害性，还是得短命而死，所以最好有耳目之聪明而不用，则一切外界的声色利欲的引诱，皆可以视而不见，听而不闻，而永保其本性之真，如此，乃可以“长生久视”，而永无大患。

在战国那样一个大动乱而民不聊生的时代里，老子的一套哲学，是比较容易被人接受的。君不见，大圣如孔子者，尚栖栖遑遑，身干七十二主，而再逐于鲁，削迹于卫，伐树于宋，穷于商周，围于陈蔡，狼狈得累累如丧家之狗么？积极进取，虽有拯斯民于水火，而登之衽席之上的抱负，其奈环境不容许何！因而，老子的一套清静无为的哲学，当时很得到一些才智之士的同情。尽管老子本人，并不似孔子那样的躬自传道授业，广收门徒；他之所以著书，不管是否系被关尹子拉住他的青牛而逼出来的，目的不过是发抒一下个人的理想而已。

老子的长生久视，是一种由哲理推演而成的结果，与神仙家长生不死的观念，自然绝对是两回事。但就长生这一意义而言，彼此倒也不无相通之处。因之，老子的思想，与神仙家的说法，不久之后，就渐渐的合流了。试看，后来的天师道，不就是奉老子为祖师么！唐朝因为皇帝姓李，与老子李耳同姓，竟认老子为自家远祖，还爱屋及乌，奉道教为国教哩。

在老子的思想与神仙家思想合流后，有些身通二家之学的人，出来到处活动，这种人，当时大家称之为方士。这些方士，处在战国晚期的时代，其时儒墨二家的势力极大，儒家打着尧舜的旗号，墨家高举夏禹的招牌，都是古代圣王，方士们为要抗衡儒墨二家，若但以老子为祖师爷，在气势上是相形见绌的，于是不得不推出另一个更伟大更高古的帝王来，好压倒儒墨二家，所以，他们就打出了黄帝的字号，以与儒墨二家来争一日之短长了。

清静无为未必是人人都能做得到的，但人没有不愿成仙的，尤其是人主，其身已极人世间的富贵荣华，以全国为私产，以万民为臣妾，所缺者，长生耳。《晏子春秋》记载着，齐景公游于牛山，北临其国都而流涕，说：“这样的大好河山，寡人怎能舍得离此而死呢？”凡为人主者，此心同也，此理同也，所以秦始皇到了晚年，找了些方士来为他求仙人不死之药，并自称真人，不再称朕，使博士为仙真人诗，种种的乖谬措施，都是享尽权势利欲之余的必然结果。这些方士们，也就投帝王之所好，出而鼓其如簧之舌，把什么神仙不死之药说得活灵活现，秦始皇一高兴，不但封他们个一官半职，还大把大把的金钱给他们，要他们去求不死之药。再如汉武帝，因为听了方士李少君的鼓动，也遣方士入海求仙，而燕齐方士就接连不断的来打武帝的主意了。

这一批有机会投到帝王门下来走动，弄个差使干，并骗些钱花用的，是较幸运的。自然不是每个方士都能找到这样的好机会。那些找不到门路，没机会跟帝王搭上关系的，穷极无聊，就只好待在家里传道授业来教授门弟子，闲来无事，也著书立说，代古人立言，把自己写出来的东西，题上黄帝的名字，于是久而久之，黄帝的"著作"，就一部一部的层出而不穷了。在班固的《汉书·艺文志》中，所著录的汉朝皇家图书馆中的藏书，属于黄帝一人名下的著作，就有四百二十四卷之多，其中有属于道家的，也有属于阴阳家、小说家的，还有属于兵家的，更有属于天文、历谱、五行、杂占，或医经、经方、房中、神仙方面的，可谓无奇不有，洋洋乎真大观也。依吾人的想法，黄帝虽是中华文化之祖，但其时他的史官苍颉，刚刚发明了文字，他未必便能立即加以运用，而著书立说至于此极也。再说，当他在位的时候，一方面要跟蚩尤交战，一方面还要发明衣裳、舟车、弓矢、宫室、棺椁以及为战争而发明的指南车等等，可能每天忙得很，恐怕要写如许众多的书，时间上也不大许可。所以班固对这些书，已经怀疑是后人依托的。称情而论，班固的怀疑很对，那四百多卷的书，（此外也许还有，但因班固没看见，所以没收在《汉书·艺文志》里。）大约就是这些方士们的杰作。

其实，这种情形，也是学术发展的一般现象。战国诸子，为了互相争胜，最初是以自己之学，寻瑕抵隙，来攻击他家之学；他家的门人后学，为了免于予人以口实，很自然的，会援引另外别家之学，来补充自家的缺点。于是如此慢慢发展下去，各家各派的学说，必然的会彼此互相吸收，互相调和。试看儒家的孟子与荀子，他们两位的学说，便不与孔子完全相同。孔子只说“性相近也，习相远也”，而孟子却讲性善，荀子乃讲性恶；孔子但讲仁，而孟子却讲义，到了荀子，竟是一变而专讲礼了。所谓黄帝之学，杂取各家各派的学说，而统名曰黄帝，也就是这个道理。

老子之学，既与神仙家之学，也就是黄帝之学，合流为一，因之，此派学术，人乃称之为黄老之学。而司马谈以老子的书，前半言道，后半言德，因名此派为道德家。

至刘向、刘歆父子，认为老子的道与德，只是一体之两面，道为体而德为用，举道可以包德，因之去德而存道，称老子这一派为道家。但二刘又认为老子之书，所讲的道，是清静无为之道，这才是道家的正统；至于道德家学说中所包括的一切清静无为之道之外的学说，与道家正统之学有异，不宜同属之道家，因而，就把这部分全部从道家中划分出来，而另外为他取一个名字，以其内容庞杂，无所不有，所以叫它做杂家。

尽管如此，但杂家之学，既久与道家合流，又原本属于道家，当然道家的色彩相当浓厚，所以，就算它离道家而独立了，然而其中的道家色彩是抹不去的，所以在刘向、刘歆以前的《吕氏春秋》和《淮南子》，这两部被他们归到杂家里边的著作，都是以道家思想为中心的，可能在司马谈的心目中，二书皆是应该归入道德家的。

《吕氏春秋》和《淮南子》，虽然都属于刘向、刘歆的杂家，但仔细考究起来，此二书在精神上，却并不相同。《吕氏春秋》是在秦始皇即将统一天下时，为了配合政治，而有意地综合诸子百家之学而成为一种新的思想体系。所以，在精神上，它是开新的，也就是启后的。而《淮南子》，它是作成在文景黄老之治的晚期，其时汉之建国，已六十年，天下大定，海内一统，政治上极为成功，只要守成就好，暂时无庸开创新局面，所以在学术上，也只要反映当前的情形即可，亦无需乎有什么新思想的产生。因此，《淮南子》中所反映的，只是汉初这一段的历史背景，并不是新的构想。所以，在精神上，它是继往的，是承前的。此亦读《淮南》书者所不可不知者也。

后之人研究吾国学术史，总是对先秦诸子，称道不置，认为是学术史上的黄金时代，为古今中外所未有。而把后来的学术，不及先秦诸子之多采多姿，归咎于汉武帝之罢黜百家，独尊儒术。其实，这种看法是不通的。我在上面说过，学术离不开政治，先秦诸子之所以异论蜂起，各极其致，是由于他们所处的，是一个战国七雄分争的时代，必须有那个分裂的局面，才能产生那样众多的学说。秦汉以后，我国既已由分裂而统一，学术当然也要由分而就合。王安石在宋朝变法之前，他向神宗要求先讲学，使大家先接受他的学说，然后再徐图变法。他又主张兴学校，目的也是想借教育的力量来统一思想。大凡一个大一统的局面下，为了方便政治的推行，必须统一学术，绝不可能任由异端来干扰政令的推行。秦始皇之焚书坑儒，自然是暴君的暴行，不可为训，但他之所以接纳李斯焚书的建议，其根源却是发生于博士儒生的执诗书以是古而非今，有碍于推行其政令。是则汉武帝之罢黜百家，独尊儒术，正是大一统的帝国所不得不采取的必然措施。此其与《吕氏春秋》之作成于秦始皇即将统一天下之前，《淮南子》出现于文景之治天下大定之后，在意义上，是相似的。吾人既知一统之为美，分裂徒滋民生之痛苦，则汉武帝之以经术治天下，吾人当礼赞之不暇，何能谓其有害于学术的进步呢！

2. 道——宇宙观

太古之民，浑浑朴朴，信鬼而好祀，认为天地之间，一应万物，皆有鬼神为其主宰，宗教迷信的色彩极是浓厚。到了老子，他提出了一个“道”，认道为万物之根源，一切万物皆出于道，所以道“可以为天下母”。

这个道，明明是老子假想出来的，并非实有其物，因此，也就无法证明其存在。既是出于假想，自然也就无物可指，无形可象。所以老子说它是“无状之状，无物之象”。道既是万物的根源，天地也是一物，自然天地亦由道而生，则道之出现，当更在天地万物之先，而不知其何所来历，所以老子说“有物混成，先天地生”，“吾不知谁之子，象帝之先”，“是谓天地根”。道虽不可得见，但老子认为万物皆生于道，万物是可见的，而且生生不已，层出而不穷，所以老子说道是“绵绵若存”的。道虽化生万物，其实并非出于有意，乃是顺其自然的使之化生，在道来说，并不任使智术，因此无须苦心劳力，所以老子说是“用之不勤”（勤是劳的意思）。道是自古而有的，至今而尚存，而且会永远存在，不仅此也，天地之大，道乃无所往而不在，所以老子说它“独立不改，同行而不殆”（殆者，止也）。

《淮南子》接受了老子道的观念，而且为要世人皆知道之为物，所以在《原道》篇里，曾对道详加描述，它说：“道，覆盖上天，盛载大地，周围遍及四方八极，其高不可至，其深不可测，包裹天地，生成万物。就像泉源之自然奔涌而出，由涓涓细流，而流遍天下，壮大而急激，能把河岸河床的泥沙，冲刷而变为澄澈。所以，道竖直就能充塞天地，横放就能充满四海，运用起来无穷无尽，没早没晚。舒展开则笼罩六合，卷拢起来却又不满一握。它能小能大，能暗能明，虽柔而刚，虽弱而强。它维系天地，包含阴阳，安定宇宙，而使日月星辰明亮有光。它是又柔弱，又精微的。山之高，渊之深，兽之走，鸟之飞，麒麟之来游，凤凰之来翔，日月之光明，星辰之运行，都是由于它的作用。”

从以上一段话，可以知道，在《淮南子》的意思，道应该具有三种特性：(1) 道是无所往而不在的，(2) 道是万物所以生成之根源，(3) 道是柔弱的。

虽然《淮南子》用了很大的力气，来对道加以描述；但道究竟是不可见不可闻的，你再描述，别人看起来还是似懂非懂。不得已，只好应用比喻的方法来助人了解了。道具有三种特性，世间之物，也同样具有那三种特性，最与道相近似的，大概莫过于水了。试看：道无所往而不在，天下之大，水流无远而弗届；道是万物的根源，而万物不得水则不能生；道最柔弱，水亦最为柔弱。所以《淮南子》就用水来比喻道了。他说：“天下之物，莫柔弱于水。但水之大无物可比，水之深无法测量，水流之长至于无穷无尽，水流之远达于无边无岸。一条大水在奔流的过程中，虽也有支流分它的水势，也有别的河流注入而与之合流，最后总归流入大海里。水，在天则成雨露，在地则为沼泽，皆足以润泽万物，万物没有它不能生长，日常生活上总少不了它。它大大的生养万物，而无所偏私，其恩泽且及于蚑行蠕动之虫，但并不求万物的报答。它的力量可以赡足天下万物而无所穷尽，它的恩德加于百姓而己无所费。其大固无处不到，但又微小得用手抓也抓不住。打击它、刺它，也不会受创伤，砍它，也砍不断，烧它，也烧不着。它柔弱放逸，交错缠结，无法加以消灭。其锋利可以贯穿金石，其强大可以通于天下。任天下万物取用，随时供应无缺。正因它是无成心，无私心的，所以它磨砻振荡之力，与天地一般大。又因为它是无所不在的，所以交结盘错，共万物而相终始。”

《淮南子》这一段话的原文，就文而论文，写得实在很好，不啻是一篇“水赋”。刘安生于辞赋最盛的汉代，他本人又是了不起的大文学家，自然可以有那样精彩动人的大手笔。但是，道既无声无形，而且是出于老子的假想，又如何能加以描述呢？老子就说过“道可道，非常道”，庄子也说过“道不可闻，闻而非也；道不可见，见而非也；道不可言，言而非也”，道假如可以用言语来说明，那就不是道了。它不但不能说明，而且不能闻见，甚至不可思议测度。因为它是万物的根源，也就是所谓本体，本体是不能言说，甚且不许言说的。《庄子·知北游》有一段寓言，便很得此旨：

东郭子问庄子：“所谓道，它在何处？”

庄子回答说：“无所不在！”

东郭子说：“虽无所不在，但须得肯定地指出来才行。”

庄子说：“好罢！那我告诉你：道在蝼蚁！”

问：“道竟是如此的卑下吗？”

答：“在稊稗。”

问：“怎么更卑下了呢？”

答：“在瓦甓。”

问：“这不卑下得不象样了吗？”

答：“在屎溺。”

庄子的话，粗看起来，似乎有点玄，很有禅意，这整个的一问一答，也跟禅家的公案很相像。但庄子的意思，不过是说，道是无所不在的，连最小的蝼蚁，乃至不能动的稊稗，无生命的瓦甓，直到秽浊的屎尿，道也无一而不在。聪明之人，闻之可以顿悟。至《淮南子》的刻意描述，本意欲使人了解，但道本非物，不可言诠；一落言诠，道即成为死的，愈加解说，反而去道愈远了。

其实，刘安何尝不懂得这个道理，他曾在《道应》篇和《本经》篇中，分别用故事来解释过老子“道可道，非常道”的话，《道应》篇所举的故事是这样的：

齐桓公在堂上读书，有个专门制作车轮的工人叫轮扁，在堂下斲轮，听到桓公在读书，放下工具问桓公说：“君读的是什么书？”桓公说：“是圣人之书。”又问：“圣人在那里？”桓公答道：“早就死了。”轮扁说：“那么，君所读的书，不过止是圣人的糟粕而已！”桓公闻之，勃然大怒道：“寡人读书，岂容工人任意讥评！你能说出个道理来，还则罢了；否则便是死罪！”轮扁不慌不忙地说：“当然有道理。我可以拿我的斲轮来做说明：斲轮时，动作太快了，则太滑而砍不进去；太慢了，则又砍不牢。不快不慢，得心应手，而能恰到好处，这等境界，全靠个人体会，我无法教我的儿子，我的儿子也无法从我这里学到。所以老臣今年七十岁了，还在干这斲轮的差使。圣人既带了那无法言传的精义而死了，所留下的，当然只有糟粕了。”

《本经》篇则云：昔容成氏之时，马路排列得很整齐，人们一家挨一家的居住，天下太平，大家就把婴儿寄放在鸟巢里，把多余的粮食堆在田边。人无机诈之心，兽无害人之意，人可以牵着虎豹的尾巴走，也可以踩过虺蛇的身上，一切皆视之为当然的现象。迨到唐尧之时，十日并出，禾稼草木全被晒得焦枯了，百姓无从得食；同时，猰貐、凿齿、九婴、大风、封豨、修蛇等等的妖魔怪物，也出而为害生民。于是尧派羿诛凿齿于畴华之野，杀九婴于凶水之上，射大风于青丘之泽，上射十日，下杀猰貐，斩修蛇于洞庭，擒封豨于桑林。万民皆喜，遂拥戴尧为天子。舜的时候，共工氏振荡洪水，来淹空桑之地。此时龙门尚未开凿，吕梁尚未开通，江淮合流，天下一片汪洋，老百姓只好纷纷上丘陵，登树木来躲避。舜乃使禹疏通三江五湖，开辟伊阙以通伊水，疏导廛涧二水，又挖凿沟洫，使水皆流注于东海。于是九州岛不复有水患，万民得以安其性命。所以大家都称尧舜为圣人。到了后代，桀为璇室瑶台，象廊玉床。纣为肉圃酒池，聚敛天下之财，疲苦万民之力，有谏者则剖其心，破开孕妇的肚子看她怀的胎儿是男是女，使天下挠攘不安，百姓痛苦异常。于是汤乃以兵车三百乘，伐桀于南巢，而放逐之于夏台；武王以甲卒三千，破纣于牧野，而杀之于宣室。天下安宁，百姓和集，是以称汤武之贤。由此观之，凡有圣贤之名者，必遭乱世之患乃能得之。假如有得道的至人，生在乱世，含德怀道，抱无穷之智，不言而死，这样的人，其实从古以来并不在少数，然而没有人称赞他，甚至没有人知道他是至人。可见“道可道，非常道”，凡是着于竹帛，镂于金石，可传于人者，都是糟粕。

由是可知，刘安并非不知“道”是不可言诠的，其所以费了很大的气力来说明道、比喻道，目的不外是认为，既是著书立说，自然须得对真理加以阐释，苟如禅家之不立文字，待人之自悟，则恐能悟者终少。所以，他在《要略》篇中就说过：“学者无圣人之才，若不为之详说，则终身在黑暗中摸索，怕是一辈子也见不着光明。”那么，他之所以不厌其烦的对道详为解说，倒是端的煞费苦心了。

道家既认道为万物之根源，一切万物皆出于道，于是，从而形成其宇宙观。道是不可见的，由道化生出来的万物则可见，所以宇宙的生成，是由无而有的，而其化生的次第，及其所以然之故，在《淮南子》的《天文》篇里，有一大段很精彩的说明：

天地未形成时，是无形的，故曰太始。太始生出虚廓，虚廓生出宇宙，宇宙生出元气，元气分而为二，清阳者上升而为天，重浊者凝滞而为地。天地之精合为阴阳，阴阳之精合为四时，四时之精散而为万物。阳气热，热气积久而生火，火气之精为日；阴气寒，寒气积久而为水，水气之精为月；日月又生出星辰。天之偏气怒而成风，地之含气和而成雨，阴阳交感则成为雷，阴阳相激则成为雾，阳气胜则散而为雨露，阴气胜则凝而为霜雪。

如此，由太始之无形，层层生出宇宙万有，解说得可谓相当圆融。而在《俶真》篇中，更有一段话，叙述天地生成的次第，他把天地之生成，分为七个次第，那就是：(1) 有“始”者，(2) 有未始有“有始”者，(3) 有未始有夫“未始有有始”者，(4) 有“有”者，(5) 有“无”者，(6) 有未始有“有无”者，(7) 有未始有夫“未始有有无”者。不过这七个次第，却并不是顺排的，而是交错排列的，依照他对这七个次第内容的说明，其生成的次第，似乎应该是如下的排列。

第一，最古最先，那是七，有未始有夫“未始有有无”者，也就是连“还没有无”都还没有的时代，在此时代，其情形是如此的：天地未剖，阴阳未判，四时未分，万物未生，一片止水般的平静，没有声音，没有形兆。

第二，是三、有未始有夫“未始有有始”者，亦即连“还没有始”都还无有的时代，此时代的现象是：天气不下降，地气不上升，天地二气不相交感，故一片虚无寂寞，唯大气已成而已。

第三，是六、有未始有“有无”者，就是连“无”都还没有的时代，这时代是：大气包裹天地，陶冶万物而万物未生。大气之大，没有比它更大的。但气是有变化的，它可大可小，其小则即使把毫毛加以分解，把钩芒加以解剖，也不能比它更小。它虽不可见，但一切万物皆由它而生。

第四，是五、有“无”者，谓天地之间已经有了“无”了。“无”的时代，自然是一望虚无，看也看不见，听也听不到，摸也摸不着，广大无边，无法度量的。易言之，也就是宇宙之间，只有一望无际的空间而已。

第五，是二、有未始有“有始”者，也就是万物尚未始生的时代。在这个时代，天气开始下降，地气开始上升，阴阳二气互相交合于宇宙之间，但万物的形兆尚未产生。

第六，是一、有“始”者，也就是万物即将开始产生的时代。这时代的现象是：气蕴积鼓荡而尚未生出物之萌兆，植物尚未生出形状，一切物类，一待时机成熟即将出现。

最后第七，是四、有“有”者，换句话说，就是已有万物的时代了。试看此一时代：万物茂盛而长大，植物则根茎枝叶，青葱苓茏，百花齐放，采色缤纷，动物则翾飞蠕动，蚑行喙息之虫，一时并出。此等万物，皆有实体，可以用手摸得到，抓得住，且皆有数量可数的。

如此，天地之间，一切万物皆已形成，便成为吾人所处的这个世界了。他这种的宇宙论，认为天地万有，皆自无来。换句话说，便是诸般现象，皆是自然生成的，这其间没有任何外力的加入。这一来，鬼神便无所措其间了，由于鬼神并非万物的主宰，则鬼神的权威自然因之而动摇。所以，他这种的宇宙论，对于迷信色彩的破除，是大有贡献的。道是由老子提出的一种观念，《淮南子》乃是根据老子之说而加以发挥。今传的老子《道德经》一书，其作者固然尚待论定，假定孔子曾经向之问礼的老子，已经有了这种自然生成的宇宙论，则孔子以最重祭祀的商人之后，而有“祭如在，祭神如神在”的言论，便不足惊异了。孔子说“如在”，“如神在”，着一“如”字，便充分地表现出孔子不信祖宗鬼神真的“在”了。

《淮南子》为要说明有生于无的道理，由太始虚廓而产生万物，这一套理论到底比较抽象，他还有比较具体的例证，则一般人较易于接受。在《原道》篇里，他由无形而生有形，推出无声而生五音，无味而生五味，无色而生五色。再由宫商角徵羽的五音交错，则其变化不可胜听，由甘酸咸辛苦的五味互用，则味道之多不可胜尝，由青赤白黑黄的五色配合，则色彩之美不可胜观。可知万物只要有本，则一切的变化，尽在自然中。因此，本是最重要的，是最可贵的。至于诸般现象，既由本而生，其重要性当然要差得多。所以，在《道应》篇里，他用一则寓言，说明这个道理。

光耀问无有说："你到底有呢，还是无呢？"

无有不应。

光耀既不得问，于是盯着无有而熟视之，却只见窈窈冥冥，恍恍惚惚的，视之不见其形，听之不闻其声，搏之而不可得，望之而不可极。

光耀连声赞叹说：贵矣哉！怎的竟能到了这种境界呢？我只能做到"无"，却没法达到"无无"（连"无"都没有）。这个"无无"的境界，是如何才能达到的呢？

此一寓言中的两个人物，光耀，也就是光，光虽不可捉摸，但究竟是可见的，所以境界上差了一级。无有，则虚无寂寞，不可闻见，才是至高至上的境界。所以光耀面对着境界超出自己的无有，不由得便欢喜赞叹，油然而生高山仰止，景行行止之思了。

把这种意思，明明白白地说出来的，则是《原道》篇。《原道》篇在用水以喻道的那一段话后面，紧接着，便有一个结论，他说："无形，是物之太祖，无音，是声之太宗。其儿子是光，孙子是水，皆生于无形。因为光虽可见而不可把握，可见，便比不可见的'无形'要差些；水则可以拊揗而把握，自然比了不可把握的光更要差些。但水是无法用人力加以毁坏的，所以有形的东西，以水为最尊贵。无则不生不灭，不增不减；由无而有，到了有实体，则有生住坏灭，所以自无而有，是自生而死，因之，自无而光，自光而水，自水而万物，是愈来愈差了。"

另外，在《俶真》篇中，也有同样的意思。他说："用水中的黑土来染黑色，则染出的颜色比黑土要黑，用染青草来染青色，则染出的颜色比染青草要青。但染出之后，黑色已不是黑土，青色已不是染青草，所染出的黑色、青色便不能变化，不能再用来染别的东西了。黑土与染青草是正本，本才能变化；染成的黑色与青色，功用便差多了。再如秋毫之末，其微可以入于无间，芦中之白苻，其薄可以入于无垠，但不问其微其薄至何等程度，究竟它还是有形的。既是有形的，则遇到比它本身更微更薄的所在，它便塞不进去。至于道，则根本无形，连秋毫之末之微，芦中之苻之薄都没有，所以更能旁通四达，入于无间无垠，而无物可以御阻它。又如大风可以拔木，但却吹不掉人身上的毛发；云台之高，人自上堕下，则折脊碎脑，而蚊虻却上下飞得自在。人与蚊虻同出于道，蚊虻微小，比人近于道，故可以脱其命，而人便不行。毛发比大木来得小，因此大风吹它不掉。可知离道愈远，便每下愈况了。"

究竟万物是否不及水，水是否不及光，光是否不及无形；或者人是否不及蚊虻，那是另外一个问题。站在道家的立场，既发明了一个道而为万物之根源，则自无形而可见，自可见而可握不可毁，然后可以毁坏；或自无形而有形而小，由小而大，大则易毁；层递说下，源委备具，无论如何，不能不认为是相当圆满的一套理论。

3. 人生观

《精神》篇有一大段话，说人之生成，颇有意味。他说："古未有天地之时，只有像，还没有形。有阴阳二神，生于其间，经营天地，于是分为阴阳，离为八极，阴阳二气，刚柔相济相成，遂形成万物，粗气为虫，而精气为人。人身之一切，皆取象于天，所以人之头圆象天，人之足方象地，天有四时五行九解（八方中央）

三百六十日，人亦有四肢五脏九窍三百六十骨节。天有风雨寒暑，人亦有取与喜怒。人之胆象云，肺象气，肝象风，肾象雨，脾象雷，耳目象日月，血气象风雨。”

人身既取象于天，而万物出于道，天亦道之所生，故人不可违道，对于道，只有顺从。违道则诸事不成，顺道则逸而有功。顺道之至，至于与道为一，便是得道。得道之人，执道以应万物，其事至为自然，至为简易。《淮南子》中，此意随处可见，今就其《原道》篇中的例子，取二则以为说明。

伏羲和神农，是太古时代得道的两位帝王，他们的精神，与道合一，以治天下，所以能够像天地运转不止，像河水流动不息，与万物共相终始。又像风兴则云涌，雷鸣则雨降一般，万物无不与之相应。像鬼神出没的无踪无影，像龙兴鸾降的祥瑞骈至。气运如大钧之运转，车轮的旋动，一圈又一圈的周而复始，永无休止。虽治国治民，而永远保持自然，不失自我。他们无所为而为，故所为皆合于道，无所为而言，故所言皆合于德。安静恬和，无所矜饰，故能得其本性之和；虽事有万端，丛脞纷杂，而处理起来，却样样都能得其本性之宜。精神微妙，但其作用，竟比宇宙的总和还要大。其道德能覆盖天地，和合阴阳，调节四时，协调五行，生育抚养万物群生。其恩泽滋润了草木，浸渍了金石，使禽兽长得又大又肥，毫毛又光又亮，鸟的翅膀健壮，兽的犄角长大，兽不会胎死腹中，鸟下了蛋一定能生下小鸟。人人安享天年，父亲不必担心子女早殇，哥哥不致哭弟弟的夭死，童子不会成为孤儿，妇人不会成为寡妇。作为凶兆的虹霓绝不致出现，五星逆行的现象也永不会发生。

为政如此，小而至于御车亦然。“冯夷、大丙，得道以御车，乘云雷之车，以云蜺为六马，驰骋于微雾忽恍之中，遍历了极高极远之地，经霜雪之上而不留痕迹，行日光之下而没有影子，驾了扶摇、羊角之风而上升，行过大山大川，远腾于昆仑山之顶，而直入于天门之中。这是因为他们得道的缘故。后世之不得道者，即使有轻车良马，强劲的马鞭，锋利的鞭末刺针，还是无法与冯夷、大丙并驱争先的。”

人要得道，然则道又是如何的呢？在前面宇宙观一节里，我们曾引了《原道》篇以水喻道的一段大文章，吾人试把那一段文章分析一下，便可以得到了解了。

水是无所为而为的，它只是顺其自然的向下流，所以道是无为的；水没有心智，它顺其自然的流，并不为什么，所以道是清静的；水是柔弱的，所以道也是柔弱的；水可摸而不可毁，是无形之孙，光可见而不可握，是无形之子，至于无形，则为万物之祖，所以道又是无形的，也就是虚无的。

道既具有无为、清静、柔弱、虚无种种德性，则人而欲得道，自然也得做到无为、清静、柔弱、虚无。《原道》篇说“清静者，德之至也；柔弱者，道之要也；虚无恬愉者，万物之用也”，又引老子的话说，“吾是以知无为之有益”。这样，便是得道，便是与道为一了。

人应该清静，因为人性本是静的。受外物所感然后动，那是性之动；外物至于我身，则吾之神去应和他，应付他，那是知觉之动；我的知觉与外物相交接，便会产生好憎之情；好憎之情形成，而知觉为外物所诱，若不能返回到原来清静的本性，那么，天理便会渐致灭而无存了。(《原道》)

所以，人应该清静。不但人应该清静，就连天地也得清静。

日月若失其行，则至于日蚀月蚀而无光，风雨若失其时，会造成灾殃，金木水火土五星若不依轨道运行，也会造成祸灾。试看天地之道，何等广大，还得节其光亮，爱其神明，然则人的耳目精神，何能久用而不知止呢？（《精神》）

《道应》篇曾举一例，来说明不可不清静的道理。楚平王既诛伍奢全家，太子建奔逃于郑，为郑人所杀。太子建的儿子白公胜，怨恨令尹子西、司马子期不肯替自己报杀父之仇，欲为乱以诛子西、子期。罢朝而立，倒拿着马鞭，马鞭末梢的刺马针，刺着了自己的腮，血流至地，而他自己竟浑然不觉。可知精神越于外，智虑荡于内，就会连自己的形体都保不住会受伤的。

所以，不能清静，就会有忧愁。“心有忧者，睡在柔弱的床上，也睡不安稳，吃好吃的饭食，也吃不出味道，听好听的音乐，也得不到快乐。这种人，即使富有天下，贵为天子，还免不了是个可怜的人。只有心常无欲，形常无事，心游于恬，形舍于佚，乐天知命的人，才是最快乐的。”（《诠言》）

水静则平，平则清，清才能现物之形。人要照见自己的形像，谁也不会向流潦上去照，都是向澄水上去照，正是由于澄水是止而不动的。清静之为用如此，故人生当清静。

次说柔弱。在前面第一节，讨论杂家之所以形成时，我曾述说到老子因见常枞的舌存齿亡，而悟出柔弱胜刚强的道理。《淮南子·原道》那一段以水喻道的话，水以柔弱，而能利贯金石，强济天下。凡此皆足以说明柔弱的好处。下面，吾人可以试从《道应》篇里，取二则故事，来比较一下刚与柔的结果。

魏武侯问李克说：“吴国极强，其所以亡者何故呢？”李克对曰：“由于屡战屡胜。”武侯说：“屡战屡胜，乃国之福，何以反致亡国呢？”对曰：“屡战则民疲，屡胜则主骄。以骄主来役使疲民，国家不亡的很少。因为骄则任意而为，任意而为便会尽量役使民力；疲则怨其主，怨其主则尽思极虑的来设法违抗。上思尽民之力，下思违抗其主，吴之亡还嫌晚哩，夫差那能不自到于干遂呢！”

越王勾践困于会稽，忿心张胆，气如涌泉，选练甲卒，皆能使之赴汤蹈火。然而自请身为臣，妻为妾，亲执戈为吴王先马，最后终擒吴王于干遂而复越国。

从这二则小故事可以知道，吴王夫差以刚而自取灭亡，越王勾践却以柔而不动声色的报了大仇。刚与柔的对比，好比少林拳与太极拳，假若二人比武，一方用少林拳的，一上手就以金刚大力之勇直扑对方，对方却用太极拳来应付，软绵绵的，教你的力气全没处使，然后找个空隙，借力使力的那么轻轻一个四两拨千斤，就能让你一个跟头摔出一丈远去。所以刚的能耐，仅能胜过力气不如自己的，碰到双方力气相等，便无所施其刚了。反之，柔弱之力，却能胜过力量超出自己的，这等柔的力量，是无法度量的。老子说“知其雄，守其雌，为天下溪”，意思便是说，你虽实有刚强的力量，却要表现得柔弱，才能为天下所归往。春秋末年晋国的赵襄子，便最懂得个中道理，《道应》篇中有关于他的两则故事，很可以说明他对柔字工夫的体会。

赵襄子名无恤，其母，狄婢也，但其父赵简子知其贤，晚年竟废太子伯鲁，而以之为太子。董阏于问曰：“无恤贱，今以为太子，何也？”简子曰：“他的为人，能为社稷忍耻含垢，是最合适的人选。”此时晋之六卿，知氏最强。一日，知伯与襄子饮酒，而打襄子的头。赵氏之大夫请杀知伯，襄子曰：“先君之立我，说我能为社稷忍耻含垢，难道是说我能杀人吗？”十个月后，知伯围襄子于晋阳（山西太原县），襄子联络韩、魏二家，以黄河之水灌知氏，大败之，斩知氏之首以为饮器。

赵襄子使新稚狗攻狄，取得左人、中人二城。新稚狗使人来报，恰逢襄子将要吃饭，闻之而面有忧色。左右曰："一朝而下两城，此人之所喜也；今君何故乃有忧色？"襄子曰："江河之溢，不过三日；飘风暴雨过不了一天；日中则仄。我赵氏既未厚积其德，一朝而下两城，莫非将亡的征兆么！"后来孔子读史至此，评论道："赵氏将昌矣！"因为忧所以为昌，而喜所以为亡，取胜并不难，能永保胜利的果实才是难事。赵襄子便是真能懂得永保胜利之道的人。

孔子见赵襄子之暴得两城而忧，便赞赵氏之将昌，可知孔子虽一生席不暇暖，积极的奔走救世，其实他也是深谙持盈守雌之道的人。孔子尝观鲁桓公之庙，见宥卮之器，顾谓弟子曰："取水来！"以水灌之，水半满则器正定不动，及器中灌满了水，器便翻转而水全洒出来。孔子蹙然改容曰："善哉！此持盈之道也！"子贡随侍在旁，请问何谓持盈之道，孔子告之曰："挹而损之。"子贡又问何谓挹而损之。曰："物盛则衰，乐极则悲，日中而移，月盈则亏。是故有聪明睿智，要表现出愚的样子，多闻博辩，要表现出无所知的样子，武力勇毅，要表现出畏惧小心的样子，富贵广大，要表现出狭小的样子，德施天下，要表现出谦让的样子。此五者，是先王守天下而不失之道；反此五者，未有不危险的。"此事亦见于《道应》篇，很可以给吾人以启示，志得意满，未有不失败的，要保住已得的成就与地位，唯有尽量表现得谦逊无能。历史上那些功高震主的名将像韩信、英布、彭越等，正由于不明此理，故遭杀身之祸；张良体会得个中三昧，功成名遂而身退，隆准便没奈他何了。孙叔敖深知此理，三为楚令尹（宰相），地位显赫，狐丘丈人谓之曰："人有三怨，子知之乎？"孙叔敖请问三怨，丈人曰："爵高者，人家会妒嫉他；官大者，国君会讨厌他；禄厚者，则怨之所在也。"孙叔敖说："我爵越高而越谦逊，官越大而越小心，禄益厚而施于人者益多，以此来免除三怨，如何？"所以他才能三为令尹无喜色，三已之而无愠色也。

再说虚无。

何谓虚无？简单地说，首先要做到无成心，无成见。《齐俗》篇说："所谓是非，其实是很难肯定的，大家都是是其所是，而非其所非。我有我的是，你有你的是，我有我的非，你有你的非，大家都认为自己才是对的，而以他人为不对。所以，事物只有是否合乎己意，却无所谓对不对。因此，所谓追求真理，其实并不是在追求真理，所追求的，只是合乎己意者，所谓革除错误，所革除的，也不一定便是真错误，而是把不合己意的革除掉罢了。然而，不合我意者，未必便不合人意，合乎我意，也未必便合乎人意。要知真正的对，便绝不可能有一丝儿不对，真正的不对，也绝不可能有半点儿对，这才是真是真非。要是我认为对而别人认为不对，或者我认为不对而别人倒认为对的，那就有是有非了。"比如老子说过"治大国，若烹小鲜"，小鲜，是小鱼。老子只说，治大国，和烹煮一条小鱼的道理一样。但到底烹煮小鱼的办法当如何呢，便因人个性的不同，因而便有不同的解释了。个性宽大者则曰"烹小鱼，不可常常翻动"。个性刻削者则曰"多加作料，使之又咸又酸"。然则倒是那一说才是对的呢？

刘安为了说明此是非无定之理，还曾列举几个例证，都很有意思。

晋平公一次说错了话，乐官师旷举起手中之琴，便向平公打去。因为师旷是个瞎子，没有打个正着，一下子越过平公而打到了平公座位后面的墙，把墙打坏了。左右欲把墙修好。平公说："不要修！让我记住这一次的说错话，好随时警惕自己！"孔子听到此事，评论道："平公这样做，是鼓励臣下进谏的。"韩非却说道："臣子敢打国君，是失礼。失礼而不诛，是纵容。难怪晋平公之不能成霸了。"

有人荐一宾客来见宓子贱，宾出，宓子贱对此人说："你所荐之宾有三样不对：望着我笑，是不敬；讲话而不言师承，是背师；交浅而言深，是胡来！"此人说："不然！望君而笑，是无私心；讲话而不言师承，是书读通了，不必称引老师的话；至于交浅言深，那是忠于君啊！"

试看同一事而双方解释各有不同，世上那有真是非呢？所以一有成心，即不能见事物之真，唯有胸中一片空明，方能得其真相也。灵台空明，即是虚无。

真理，是永远不变的，就像天上的日月，不管你是住在江南，抑是河北，它总在你的头顶上，你骑着千里马跑了一千里，抬头看，它还是在老地方，这才叫真理。至于世上的一应事物，便很难说了。譬如有间屋子，住在它东邻的人，说它在西，住在它西邻的人，却又说在它东，它到底是在东呢，抑在西呢？一切是非，皆似于此。所以一有成心，便似戴了有色眼镜看世界，所看到的，就无所往而不带眼镜之色了。

再比方说，王子比干，谏纣而死，伯夷、叔齐不食周粟而饿死首阳山下，皆各致其极。反过来说，箕子被发佯狂，以免其身，管仲、晏婴身遭大乱而犹出仕，亦何尝不各致其极。但如从箕子来看比干，比干未免太笨了，从比干来看箕子，箕子未免太卑劣了；从管、晏来看夷、齐，夷、齐未免太傻了，从夷、齐来看管、晏，管、晏又未免太贪禄慕位了。你说，到底那一种做法才算是得事之宜呢？那只能说，你有你的是，我有我的是，彼此各有各的道理，则庶乎近之矣。此唯有无成心成见者能之。

人而能做到无成心成见，也就是忘怀是非，境界已经很高，但据道家的看法，这似乎还不够，还要进一步的能无知、忘我，那才能算得上最高的境界。何谓无知、忘我呢？《道应》篇里的两个例子说得好：

唐尧时，有两位老先生，一名啮缺，一名被衣。啮缺问道于被衣。被衣告诉他说："正定你的形体，专一你的视觉，体静神凝，则和气自至；收摄你的心智，端正你的形体，心敛形正，则神明自归。如此，便可得道。得道之人，不追求智巧，看起来，样子楞楞傻傻的，就像新生下来的小牛犊。"话还没说完，啮缺已大悟，两只大眼睛瞪向对方，一言不发。被衣知彼已悟道，行歌而去，曰："形若槁骸，心如死灰，真其实知，不以故自持。墨墨恢恢，无心可与谋，彼何人哉！"

颜回告诉孔子说："我进步了！"孔子问："何以见得呢？"颜回说："我能忘记礼乐了。"孔子说："嗯！是进步了。但还不够。"过了几天，颜回又来说："我进步了。"孔子问："何以见得呢？"回答说："我能把仁义也忘怀了。"孔子说："是进步了，但还是不够。"又过了几天，颜回又报告说："我能坐忘了。"孔子遽然改容问道："何谓坐忘？"颜回说："隳肢体，黜聪明，离形去知，洞于化通，是谓坐忘。"

被衣说的"形若槁骸"，谓形体不动；"心如死灰"，谓心智不用；"真其实知"者，吾人本有真知，爱物欲之蒙蔽，因而失去，今摆脱物欲，则心智清明，是又恢复到真知，"故"是智巧，"不以故自持"，便是不用智巧。"墨墨恢恢"，谓样子糊里糊涂。"无心可与谋"，谓彼既遗忘智巧，心中一无所有，所以我亦不容再说一言也。颜回的话，翻成今天的言语，便是有肢体而不使，有耳目而不用，忘形忘知，一切顺乎自然变化之理，这是忘我的境界。不过，各位千万不要误会，"形若槁骸，心如死灰"，绝不是死人一个。要知真正的虚，是实的；真正的静，是动的。要先能实，才能虚；要先能动，才能静。真正有学问的人，绝不炫耀自己的博学多闻；真正有钱的人，绝不炫耀自己的财富。表面看起来，他似一无所有、一无所知，这才是真有、真知。满瓶子不响，半瓶醋晃荡，一知半解的人，今天批评这个没学问，明天讥刺那个说的不对，正见其浅薄无知。贫婆儿才会摆阔，天天卖弄家私，几曾见有亿万富翁在人前大摆其排场的！此是所谓虚实也。至于动静，也是一样。练武的人，讲究的是个静字，武功至于化境者，如渊渟岳峙，静若处子，才能动若脱兔，不出手便罢，一出手，对方未有不应手而倒者。唯有那武功差劲的，才会沉不住气，架式还没站好，就急于出手，毛手毛脚的，当不得对手的一击，妄动的结果，尚未近得对手之身，尚未看清人家是怎么出手的，自己已经踉踉跄跄的被摔了个四脚朝天了。知乎此，则知所谓无知，乃是真知，所谓忘我，乃得真我，所谓虚无，乃是真有也。明白了这个道理，你就可以对上文说的柔弱，有更进一步的了解了。柔弱，绝不是弱不胜风，却是有真力蕴含于中，只是这个真力，不轻易表现出来，因此，不为人所见而已。打一个比方说，唐初大书法家褚遂良，你若单看他写的《雁塔圣教序记》，好像柔得无骨，无甚笔力，但再看一看他中年写的《伊阙三龛碑》，则铁画银钩，真够得上力能扛鼎的本领。然后便可知道，他晚年的柔，实是从中年的刚修炼来的，那种柔，实在是真力内蕴才能到达的境地。反之，修养不到家者，无真力内充，却硬要表现笔力，结果把字写成剑拔弩张，丑怪可厌。便由是可以体会所谓刚与柔之别了。水之所以能“利贯金石，强济天下”，所以能缺石，能载舟，正是由于水之能柔，而此柔乃真力内充之柔，却不是扶不起来的柔。必须懂得这个道理，才能懂得道家学说的真精神。这断不是但读得几本西洋哲学书，而不知吾国传统文化者所可了解的。

说了半天虚无，然则虚无的好处何在呢？《诠言》篇说得好，驾船行于江中，江中另有一空船，顺流而下向你的船撞来，即使把你的船撞翻了，你也只有自认倒霉，却怨不得那条空船。假若那只撞你的船中有人在上，那就双方准会骂起来了。有人与无人，便是实与虚，虚之好处如此。所以人生在世，苟能虚己，则无过矣。

其实，虚无的道理，就粗浅的方面来说，人人知道，甚至人人都在应用。《诠言》篇中另有几句话，便可作为证明。“天下不是没有信士，但人家分钱财，总用抓阄的办法来决定谁得谁不得，天下并非没有廉士，可是保藏重宝的人，却宁愿关紧门户，锁上加封。正是由于抓阄或关锁是无心的，而人总有心，有心就保不得可能会有偏差。”有心就是不能虚，无心者，即虚也。虚无的道理，真是百姓日用而不知哩。

最后说到无为。前面所说的清静也好，柔弱也好，虚无也好，质言之，实皆无为之作用。唯无为乃可以清静，乃可以柔弱，乃可以虚无也。无为可致清静与柔弱，其理易知；或者有人以为，虚无才能无为，不是无为才能虚无。其实不然。老子说过“为者败之，执者失之”，有所为则有失败，有所执才有所失。反过来说，无所为的当然永远不会失败，什么东西都不抓住的人当然什么也丢不了。因此，《齐俗》篇说：“常常想要做到虚，便无法做到虚。只是顺乎自然，不求虚而自虚的，才能所欲而无不得，才能自然而然的达到虚的境界。”这话也许说得比较抽象，《说山》篇有几句话，恰好可以为此数语之注脚：“夜里躺在床上，若心中有事，就睡不着。睡不着很痛苦，因此，转一个念头，不要想它了，不要想它了。这一来，不但最初想的事没能忘却，却又凭空增加了一个不要想的念头，就更睡不着了。唯有二者俱忘，才能自然睡着。”二者俱忘，便是无为。可知无为之道甚大，乃道家人生观之中心。

所谓无为，意为顺其自然，不可强求。《说山》篇说：有人嫁女儿，关照女儿说：“去罢！千万不可为善！”女儿莫名其妙地问：“不为善，难道要为不善么？”应之曰：“善且不为，何况不善呢！”有意为善，则不能善，唯有无意为善，一切顺其自然，乃为真善也。唐伯虎诗云“善亦懒为何况恶，富非所望不忧贫”，可谓深知此意者。

《说山》篇又说，“求美则不得美，不求美则美矣；求丑则不得丑，求不丑则有丑矣。不求美，又不求丑，则无美无丑矣”，意谓：有人欲求美名，因此想尽了办法钓名沽誉。一旦被人发现，其所作所为，都是假的，便再也得不到美名了。此所谓“求美则不得美”。反之，不求美名，只是本着良知，该为则为，不该为则已，久而久之，自然就可获得美名。此所谓“不求美则美”也。倘使无心做了错事，就坦白认错，只要能不贰过，则别人不但不责备你，反倒会称赞你勇于改过，这便是“求丑则不得丑”。相反的，犯了过错，不求改过，却尽想文过饰非，就无法得到别人的谅解了。这便是所谓“求不丑则有丑”了。可知凡事是强求不来的。唯有顺其自然，也就是所谓无为，才是最好的办法。

《淮南子》一书中，发挥无为之道者，无处而不有。兹试就《原道》篇所述，随便举出几个例子，都可以看出无为的意义。

夏禹之治水，因水性之自下，使之东流入海，神农之播谷，因五谷之性，而相土之宜。苹（一种大的浮萍）生根于水中，树生根于土中，鸟飞于空，兽走于地，蛟龙居于水，虎豹处于山，这些都是天性之自然。两木相摩擦而生火，金属近于火则熔化，圆者能转，中空者（如船）则能浮，这都是自然之势。所以春风至则甘雨降，生育万物，鸟类卵生，兽类胎生，草木滋长开花，这一切都没有人为的力量。秋风起而霜降，生命力极强的草木都凋零了，鹰雕于是出而搏击，昆虫蛰藏，鱼鳖趋于深渊，这一切也不是人为的力量。鸟居巢中，鱼居窟穴，走兽居草丛，人民居室庐。陆地宜牛马，水中宜舟船。匈奴出皮裘，吴越生葛絺。皆各生所急，以备燥湿，各因所处，以御寒暑，并得其宜，物便其所。可知万物本是顺其自然的，圣人又何必要管它呢！

九疑山（在湖南宁远县）之南，其地多水，于是民人剪发文身，使自己的样子变得像水族，好入水捉鱼，只穿短裤头，不穿长裤，以便涉水游泳，只穿短袖之衣，或把衣袖卷至上臂，而用绳拴住，以便划船，此因水之宜也。雁门郡（在山西右玉县南）之北，狄人不吃米谷，轻视老人，重视壮年，其俗崇尚气力，人常带弓，马不解勒，此亦环境所造成者也。所以禹往南方的裸国，脱衣而入，衣带而出，此因俗之自然也。徙树者改易树寒暖之性，则莫不枯槁，故橘种到江北，则变成枳，鸲鸽（八哥）不飞过济水，貈（兽名）渡过汶水（即长江）而死，此由于天性不可改，地位不可变之故也。

共工氏力大无穷，怒而触不周之山，使地东南方下陷。但与高辛氏争为帝，却不能取胜。结果潜于深渊，宗族残灭，继嗣绝祀。越王勾践四伏孙翳，不欲为王，逃于山穴之中，越人以火熏而出之，遂立为君。可知该你为君，你逃也逃不掉；不该你为帝，你争也争不到。唯有因其自然，才是正理。

前引第一段最后的结论，“万物本是顺其自然的，圣人又何必要管它”，上句是宇宙观，下句是人生观。人生须无为，便是由宇宙观应用到人生观和政治观上。宇宙间一切事物，都是顺其自然而发生的，演化的，这其间没有任何主宰，所以人生当也是如此。所以《原道》篇说“达于道者，不以人易天”，不用人力改变自然的法则，这便是得道。然则什么叫做天呢？什么又叫做人呢？《原道》篇也有解释：“所谓天，是纯粹朴素，质直皓白，而未尝有所杂糅的。所谓人者，邪曲不正，曲巧伪诈，是用来应付世人而与世俗交接之道。牛头上戴角而蹄两岐，马项上被髦而足圆，这是天。络马之口，穿牛之鼻，这是人。”换句话说，自然生成的法则，便是天，人为之功，便是人。本来，越是自然，便越是接近于道，照理说起来，人为之功，本是不必要的，甚至于是该加排斥的。但生于此人间世，要想完全脱离世俗，既不可能，况且既要顺自然，而勉强脱离世俗，是不合自然法则的，所以也不能完全不顾与世俗交接的道理。因此，道家也有它的处世之道，这个处世之道，还是顺其自然。《原道》篇说："圣人内修其本而不外饰其末，保其精神，偃其智故；漠然无为而无不为也，澹然无治而无不治也。所谓无为者，不先物为也，所谓无不为者，因物之所为也。所谓无治者，不易自然也。所谓无不治者，因物之相然也。"

这段话中的"内修其本"，就是修道，"外饰其末"就是过分的用人功。"不先物为"就是时机未至不可妄为，"因物之所为"就是顺物自然之性，顺物之自然如此，自然能够"无不治"了。由此可知，刘安之所谓无为，并不是恁事不干，而是顺其自然的去为，不要无知妄作的去蛮干。比如牵牛，你要牛走，假如一味蛮干，抓住牛尾巴拖它走，即使大力士恐怕也拖不动一条牛，这便是违反自然。懂得顺其自然的，只要在牛鼻子上套个环，拴上根绳子，则三尺之童，也可以任其所之的牵着牛到处走了。如此，便是所谓"无为而无不为"，"无治而无不治"了。司马谈《论六家要旨》，说道家"指约而易操，事少而功多"，班固《汉书·艺文志》说道家"知秉要执本"，都说的很对。

无为并不是恁事不干，在《修务》篇里，说得最清楚，他说："或曰：无为，是寂然无声，漠然不动，引之不来，推之不往的。吾以为不然。试看神农、尧、舜、禹、汤五位圣人便知。古者民茹毛饮血，采树木的果实，食螺蚌之肉，时多疾病毒伤之害。于是神农教民播种五谷，相土地之宜，尝百草之滋味，水泉之甘苦，令民知所避就。尧立孝慈仁爱之教，使民如子弟，西至沃民，东至黑齿，北至幽都，南至交趾，莫不受其教化，放谨兜于崇山，窜三苗于三危，流共工于幽州，殛鲧于羽山，四罪而天下咸服。舜作室筑墙盖屋，开垦耕地，以种五谷，令民皆知脱离山洞而有家室。最后南征三苗，而道死苍梧。禹栉风沐雨，决江疏河，凿龙门，辟伊阙，修彭蠡（鄱阳湖）之堤防，驾着各种交通工具，到处巡视，刻木为记号，平治水土，定千八百国。汤夙兴夜寐，以思万事，轻赋薄敛，以宽百姓，布德施惠，以振困穷，吊死问疾，以养孤儿寡妇。百姓亲附，政令流行。乃整兵鸣条，困夏桀于南巢，责其过而放逐之于历山。此五圣皆天下之盛主，劳形尽虑，为民兴利除害而不懈。此外，禹之时天下大水，禹亲以身为牺牲，而祷于阳盱之河，汤之时天下大旱，汤以身祷于桑林之际。圣人之忧民如此，怎能说是恁事不干呢！”

“再如伊尹执鼎俎，调五味，五就商汤，辅成帝业；姜太公鼓屠刀而自朝歌以适周，佐武王伐纣；百里奚转鬻于秦穆公，为秦相而兴秦；管仲不死公子纠之难，束缚于鲁，以归齐桓公，相齐以成霸业；孔子、墨子汲汲于行道，席不暇暖，突不及黔，他们并不是贪禄慕位，是要为天下兴利，而为万民除害啊。”

“由此观之，则圣人之忧劳百姓甚矣。故自天子以下，至于庶人，四肢不动，思虑不用，而欲求事情办得好，未之闻也。”

从上面一大段话，可以知道，所谓无为，并不是“引之不来，推之不往”的，而是要无不为的。但为不是妄为，为帝王者，百姓有了痛苦，就设法去解决，使百姓脱离苦海；为臣子者，万民有害，则为之除害兴利。这等为百姓而忧劳，完全是顺其性之自然的。这才叫做无为而无不为。设或天下太平，为天子者今天选妃子，明天猎禽兽，后天修宫室，再不就出兵征四邻，这就是妄为了。

也许有人会说，既是讲无为，那一切听其自然好了，何必更加人功呢？这个我们可以用孟子的话来作答复。《孟子·离娄下》曰：“禹、稷当平世，三过其门而不入，孔子贤之。颜子当乱世，居于陋巷，一箪食，一瓢饮，人不堪其忧，颜子不改其乐，孔子贤之。”而孟子称“禹、稷、颜回同道”。禹与稷为官，有治民之责，故“禹思天下有溺者，由己溺之也。稷思天下有饥者，由己饥之也。是以如是其急也。”至颜子则一介寒士，既处乱世，没有机会行道，则唯有进德修业，独善其身。彼此的身份不同，自然行藏有异，设使颜子处于禹、稷的地位，亦将三过其门而不入矣。所以孟子说：“禹、稷、颜子易地则皆然”也。准此以观，禹、稷、颜子的做法，都是顺其自然的。今有人焉，食国家之禄，而尸位素餐，则不论是笑骂由他笑骂，好官我自为之也好，抑或非之无非，刺之无刺，同乎流俗，合乎污世，居之似忠信，行之似廉洁，众皆悦之也好，为官而不治事，倒是违反自然的。

顺其自然，是顺事物自然之理，而加以人功，则成功易而且速，此意《修务》篇中有详细的说明。他说：“水势东流，人必事而通之，然后乃得循谷东行；禾稼春生，人必耘耔灌溉，然后五谷乃得遂长。若听其自然，待其自生，则不能流不能生了。所以我所谓的无为，是私心不得入公道，嗜欲不得枉正道，循理而举事，因资而立功，权自然之势，而不容有曲巧，事成而不伐其善，功立而不居其名。非谓其感而不应，迫而不动也。”这里的“听其自流，待其自生”，即我方才说的听其自然；“感而不应，迫而不动”，也就是上文所引的“引之不来，推之不往”。清末两广总督叶名琛，英军来攻，而不为备，终于广州城陷，身为囚虏，客死印度，粤人为之语曰“不战不和，不守不死，不降不走，相臣度量，疆臣抱负，古之所无，今之罕有”，像这样的事至于身，还不晓得去应付处理，这不是道家无为的意思。“循理而举事，因资而立功，权自然之势，而不容有曲巧”，这才是真正的无为。“循”也，“因”也，皆是顺其自然之意。怎么叫做“循理”和“因资”呢？《泰族》篇说“茧可以抽出丝来，然非得工女煮以热汤而抽其统纪，则不能成丝；鸡蛋可以孵出小鸡，但如无母鸡的温之以体，吹之以气，则不能生出小鸡”，茧可以为丝，鸡蛋可以孵小鸡，是有其资，有其理；工女加工，母鸡孵卵，是循理，是因资；如此以举事，自然能立功。这便是顺其自然的无为之道。反之，皮球本不能变为小鸡，硬是要它孵出小鸡来，那便违反自然了。违反自然，便是曲巧。曲巧是要不得的，因为它不但无益，甚且有害。《道应》篇举过一个小故事：吴起为禁令尹，曾适魏。当时有个楚大夫住在魏国的，名叫屈宜咎。吴起去见他，问他说："王命我为令尹，我对楚国的政治，颇有革新，君以为如何？"屈子问："你是如何革新的呢？"吴起说："削减楚国之封君，拉平官员的待遇，损其有余而安其不足，然后砥砺甲兵，以时争利于天下！"屈子说："我听说：古之善治国家者，不变其故，不易其常，你如今的做法，是变其故而易其常也。行之者有殃。我又听说：怒是不合于德的，兵是凶器，争是人之所弃的。你阴谋而不合于德，好用凶器，专干人之所弃的事，这太不对了。我还听说过：不是闯祸的人，制造不出祸患。楚王屡次违忤天理与人道，何以至今而无祸，此事我老想不通。呀！原来要等你来闯祸的！"吴起闻之，大吃一惊，连忙请教："还来得及改吗？"屈子说："祸已形成，无法改了！"果真，吴起的诸般改易更张，得罪了楚国所有的贵戚，等楚悼王一死，宗室大臣群起而攻之，把他干掉了。吴起之变故易常，是违反无为之道，也就是不能顺其自然，而妄用人为的曲巧。如吴起之所为者，与工女抽丝，母鸡孵蛋，虽同是人为的加工，但在精神上、道理上，完全是两回事，是不可同年而语的。

这里最重要的一句话，是"权自然之势"。权者，度量也。有了问题，自然须得设法解决，解决问题，是顺其自然，也就是适应自然。当你去解决问题时，必得先度量一下当时的形势，然后决定应付的方法。曾子芸瓜，不小心把瓜的根弄断了。其父曾皙大怒，拿起根大棍来，照着儿子的背上就是一棍，把个曾子打倒在地，不省人事。万幸尚未打伤，半天苏醒过来。孔子闻之，告门人曰："曾参若来见我，不许他进来！"曾子自以为无罪，使人请问孔子。

孔子说：“舜侍奉瞽叟，瞽叟要找他，他无时不在身边。但要杀他时，却再也找他不着。瞽叟以小棍子打他，他就待在那儿挨着，等用大棍打他，他却又跑掉了。如此，舜终能使瞽叟不陷于不义，而自己也不失其孝道。你父暴怒，而你等在那里挨打，若一棍把你打死，岂不陷父于不义乎！你这大不孝的人，还不知罪么？”像舜便是一个能“权自然之势”的，曾子便不知权了。这个权字的重要如此。

顺其自然，一方面又要顺事物自然的发展。

天地间的事物，是永远在变的，由于变，所以今天跟昨天便不相同。时代变了，情况变了，你就须跟着变，才能适应，这也是顺其自然。

《齐俗》篇说“舜之时，有苗不服，于是舜修政偃兵，执干戚而舞之。禹之时，天下大水，禹令民聚土积薪，择丘陵而处之。武王伐纣，载文王之神主而行，海内未定，故治三年之丧。禹有洪水之患，陂塘之事，故朝死而暮葬，此皆圣人之所以应时耦变，见形而施宜者也”，反过来，禹承舜后，假如一味的守旧，既遭大水，还要执干戚而舞，那老百姓恐怕完全要变成鱼了。正为治水工作甚紧张，所以死陵者葬陵，死泽者葬泽，随死随埋，讲究不得许多。武王若复如此，那来得周代的礼乐教化。这便是“应时耦变，见形施宜”之道。

《泛论》篇说：“禹之时，悬钟鼓磬铎，置鼗，以待四方之士，乃宣扬于天下曰：‘教寡人以道者击鼓，谕寡人以义者击钟，告寡人以事者振铎，语寡人以忧者击磬，有狱讼者摇鼗。’当此之时，一馈而七起，一沐三捉发，以待四方之士。在这种情形下，人人可以进善效忠，下情上达；若犹不能有所表现，那除非是你的才能太差了。秦之时，高筑台榭，广开苑囿，修驰道，铸金人，征发徭役，戍守长城，大收赋税。当时派出的壮丁，西至临洮、狄道，东至会稽、浮石，南至豫章、桂林，北至飞狐、阳原，死在路上的，满坑满谷。在这时候，谁进忠谏，谁就倒霉，高谈仁义者，被视为疯子。逮至汉高祖存亡继绝，举天下之大义，身自奋袂执锐，以为百姓请命于皇天。当此之时，天下雄俊英豪到处转战，前蒙矢石而后堕溪壑，出生入死，以争天下之权，奋勇励诚，以决一旦之命。此时若有人丰衣博带的大谈儒墨之道，谁也看不起他。等到暴乱平定，海内安宁，高祖登上皇帝之位，招揽邹鲁之儒墨，弘扬先圣之遗教，建天子之旗，乘天子之车，撞大钟，击鸣鼓，奏咸池之乐，扬干戚之舞。这时节，若再有人谈兵说武，就会被人疑为图谋不轨了。”禹之时，鼓励进谏，而秦始皇时不可进谏，汉高祖争天下时轻文重武，及至平定天下后偃武修文，时势有不同，则适应的办法自有不同。不同的办法来适应不同的环境，即所谓顺其自然。倘或不识时务，执夏禹之时势，而向秦皇进其忠言，不但言不见听，恐怕脑袋都要搬家了。

《说山》篇也说“和氏之璧，夏后之璜，揖让而进之，足以合欢；但如于夜间丢向他人，人家会误会你是在攻击他，反而会怨恨你，这便是合时与不合时的分别”，又说：“政府春天贷款给百姓，秋天向百姓征税，百姓会感激；苟春天征税而秋天放贷，则百姓便会怨恨。此由于时候不对啊。”得时之重要如此。又举一例说：“越人有习射远者，因见人之射鸟皆向天而发，于是也向天而发，矢力既尽，自天坠下，却在五步之内。不懂得改变射法，便会有此结果。世势已变，而守其故常，譬犹越人之射也。”可知顺其自然，要顺事物自然之变化。譬如夏天搧扇子，很凉快，至冬而犹不知止；或褰衣以涉水，衣不至于沾濡，走在平地上仍不晓得把衣裳放下来，都是胶柱鼓瑟，都不是顺其自然。

所以《泛论》篇有几句很警策的话，说“忤而后合者，谓之知权，合而后忤者，谓之不知权。不知权者，善反丑矣”，忤是不适合之义。时代变了，原来的办法不适合了，于是变法以求适合新的时代，这叫做“知权”，了解权变之道。反之，执旧有之道，以应付已变之时代，自然不能适合，这便叫做“不知权”了。不知权者，用旧有的办法以应付旧时的环境，本来是很好的，如今不知变通，处处扞格，便由好而丑了。这种思想，大约是从《易经·系辞传》的“穷则变，变则通，通则久”而来的。《周易·彖传》每曰“时义”，谓合时也，如豫卦之“豫之时义大矣哉”，或曰“时用”，如坎卦之“险之时用大矣哉”，或单曰“时”，革卦之“革之时大矣哉”等皆是。此外如乾文言之“欲及时也”，“与时偕行”，(亦见《彖传》)“与时偕极”，坤文言之“以时发”，“承天而时行”，大有《彖传》之“应乎天而时行”，贲卦《彖传》之“观乎天文以察时变”，损卦《彖传》之“损刚益柔有时”，艮卦《彖传》之“时止则止，时行则行，动静不失其时”，丰卦《彖传》之“与时消息”，《系辞传》之“待时而动”，此外言时者尚多，可知合时之重要。孔子所以为圣之时者，正在他能“可以仕则仕，可以止则止，可以久则久，可以速则速”，(见《孟子·公孙丑上》)此亦当有会于《周易》之旨也。

从无为，到变法，表面看起来，似乎是相反的，是矛盾的，是不相容的。但若仔细地加以推究，即知其实它是一条线发展下来的，其精神总在顺其自然上，基本上并没有变。《泛论》篇便明白的说过“圣人所根据的是道，所做的是事。道像钟磬，永远是一个调子，事像琴瑟，每支曲子都要改换调子”，顺其自然者，道也；变法者，事也。吾人再来作个比喻，荀子的基本学说，是性恶论。性恶论之基本旨趣，在不认为人类为天赋本能所支配，故倡“化性起伪”之说，以为人为之力可以改变本性。人为之力如何？便是学问，服习积贯之结果，足以尽变其旧，“积善成德而圣心备”，人人可以为尧舜矣。尧舜与性恶，表面上似相反，相矛盾，但从性恶到学习以至于成为尧舜，却恰是直线发展而成。吾人对《淮南子》的由无为而变法，思想体系之完整，唯有叹其博大而精密。谓其不调和，适足以见其浅薄而已。

事实上，这种顺其自然的变，不但无违于其无为之中心思想，而人类世界之自然日有进步，即在其中。《泛论》篇一开头，便把此意说得极为透彻了。“古之王天下者，被发而戴兜鍪，其德生而不杀，予而不夺。天下同怀其德，从无人说他的服装不好。当此之时，阴阳和平，风雨时节，五谷蕃息，手探乌鹊之巢而乌鹊不惊，牵走兽之尾而禽兽不怒。那里用得着什么宽衣大带的礼服礼帽呢！古者人民住在水边地洞里，冬日苦于霜雪雾露，夏日苦于暑热蚊虻，有圣人者出，乃为之筑土构木，以为宫室，上栋下宇，以蔽风雨，以避寒暑，而百姓得以安居。黄帝之臣伯余初发明衣裳时，缉麻搓线，用双手来编结成布，布之粗疏就像鱼网；后世改用织布机，成品极为密致，而民得以掩形御寒。古者用锸耕田，把蚌蛤的壳磨得锐利以除草，以木为镰而采樵，抱着瓦盆子汲水，民劳而功少；后世改用耒耜耰锄耕田，斧头砍柴，桔皋汲水，民逸而利多。古者大川大谷隔绝道路，断绝交通，于是发明独木舟及船，来运输货物，得以各地互通有无。又为担负重物运送千里之劳，乃造车舆，驾马服牛，民得以致远而不劳。又苦于鸷禽猛兽之害伤人，于是铸金锻铁以为兵刃，来防御猛兽。故民迫其难则求其便，困其患则造其备，人人各以其智，去其所害，就其所利”，试看，一切的文明，不都是由于为适应环境而产生的吗？人类的文明，就是这样一天天积累而成的，它是自然产生的。并不是有人吃饱了饭没事干，关起门来瞎胡想想出来的。前者是顺其自然的无为，若是后者，便是人为的智故了。

所以，刘安主张变，但这个变，是顺时代而变，顺环境而变，却绝不是环境无此需要，你硬加人为的智巧去改变它。由此，就又发展成为持后的哲学。

何谓持后的哲学？《原道》篇有解释“领头的穷困，跟在后面的走得通，何者？走在前面的对前途无法了解，跟在后面的却容易得到借镜。前面的人上去了，后面的跟着爬上去；前面的下来了，后面的顺路走下来；前面的跌在坑里了，后面的就可另作打算；前面的失败了，后面的就改弦易辙。就好比镎（矛戈等长兵器的柄末座子）之与刃，及在前面冒险犯难，镎却安全得很，因为它躲在后面的缘故”，这便是持后哲学的理论基础。当秦之末年，项梁起兵时，东阳少年杀其县令，聚众数千人，推令史陈婴为王。婴母谓之曰：“自我嫁到你们陈家，从没听说陈家祖先有做过大官的。今平白无故的忽然做起王来，一定不吉祥。不如找个势力强大的，你带着这支队伍投效他。将来成功了，还可以封侯；万一失败了，你既不是领袖，目标不显著，逃亡也容易些。”于是陈婴以其众投靠项梁。果然，不久，项梁即为秦大将章邯大破于定陶而死，其后陈婴归汉，封堂邑侯。若陈婴之母者，可谓深知持后之论者矣。

但刘安所谓持后，并不是说永远落在时代的后面赶不上趟，意思是教人不要抢在前面充好汉，“是非只为多开口，烦恼皆因强出头”，便是持后的最好解释。因此，所谓持后，还是顺其自然。一切如常的时候，你不必挖空心思去求改变现状，因为那不必要。鲁人欲建一新仓库，闵子骞曰：“仍旧贯，如之何？何必改作！”既无增建仓库的必要，所以不必改作，改作是多事，所以孔子称赞闵子骞说：“夫人不言，言必有中。”（见《论语·先进》）但如情况不同了，你还执旧有之道而不知变通，那就“合而后忤，善反丑矣”了。既要顺其自然的变，自然须把握住时机，太早了，时机尚未成熟，变会变出毛病；太晚了，时机已过，又来不及了。所以《原道》篇说：“所谓后者，不是止而不动，是要合于道，合于时。”君不见禹之治水乎，仆仆道路，三过其门而不入，其子启呱呱坠地，而禹弗子也，鞋子掉了，没工夫捡起来穿上，帽子被头顶上的树枝挂下来了，连回头看一看的工夫也没有，急急忙忙的，是为了争先吗？不是的，是争取时机。圣人之进退不失时，就像夏天一到，就换单衣。夏天未到就换，是太早，会伤风着凉；夏天到了仍不换，是太迟，会中暑害病。所以《原道》篇说："时之变化，其间容不得呼吸一口气的时间，先之则太过，后之则不及，时机是不待人的。故圣人不贵尺璧，而重寸阴，因为时机是难得而易失的。"《缪称》篇也说"圣人不为物先，而常制之，其情形恰似堆积柴薪，后来居上"，你虽不为物先，却永远能赶上时代，那些为物先者，一个个被淘汰了，你却始终不会落伍。就像平地堆木柴，先放下去的，就被压在最下面，唯有持后的，才能高高在上。

以上是刘安的处世之道。

但在刘安而言，世事是不足留恋的，吾人止为生于斯世，故不得不与此世俗相交接。其实，最高的境界，是遗弃世俗，而与道合一，也就是所谓得道。《要略》篇中述《俶真》篇的大旨说："深究自无变到有的道理，分别万物的变化，合同死生的形态，使人能做到遗物反己的境界。"所谓"遗物反己"，便是遗弃世俗而返回到自己本有的无为之性，如此便是得道。但这等境界很高，不易做到，必须了解一切万物皆出于道，也就是自无而有，既知宇宙万象，皆自无来，则世事之种种变化，皆属虚无的暂时现象，可以不去管它，甚至吾人最切身的生死问题，也可以无所用其关心。因为生之与死，不过是一体之两面，本来没有什么差异的。《精神》篇说"我处在天下之中，也属于一物。不知天下是以我来备万物之数呢？还是假如没有了我，万物仍是无所不备呢？那么，我之降生，对这个世界来说，增加了什么？我之死去，又减少了什么？造化之生我，只是顺其自然的事，逃也逃不脱，然则想尽办法求生的，可能是最糊涂的人，上吊求死的人，或者倒有福哩！也许生是一种徭役，而死却是休息罢！生既是顺其自然之事，所以，你欲生也不必去强求生，恶死也不必逃避死，以死为贱却也不要恶死，以生为贵也不要喜生，生或死，你只要顺其天性而安之就对了。吾生在世，有七尺的躯体，死了有一棺之大的一块土，我生时与万物同在，跟我死了仍回到无形之中，并无不同。然则我之生，万物不因而加多，我之死，土不因而加厚，我又何必对生死有何喜憎利害之情呢！造化之生死万物，情形就像陶人之抟土为器；从地上取陶土制为盆子，跟陶土尚未离地，并无不同；已制为盆子，打破了又再回到地上，跟制成盆子时，也并无不同。又像住在江边的人，汲江水以灌园，江水不以为憎；家有积水之人，把积水泻入江中，积水也不以为乐。就水而言，在江中与灌园无异，积于人家与流注于江亦无异"，最能说明刘安的生死观。《俶真》篇中，又把生死作成若干譬喻，"生好比梦，死好比醒，梦中自己变成鸟了，就飞于天，变成鱼了，就没于渊，当其梦时，自己并不知道是在做梦，醒来以后，才知道刚才的一切都是梦中幻景。人活在世上，就像正做一场大梦，并不知是在做梦，必至死后方知。你以为活着很快乐，然而当你未生之时，怎知活着是快乐的呢？如今你既未死，又怎知死后就不快乐呢？所以人不必乐生而恶死"。又打一比方，"从前有个名叫公牛哀的，他有一种形体变易之病，能变成老虎。方其变为虎时，其兄闪进门来窥伺他，他扑上去便将其兄咬死了。当他变成虎时，不知自己曾经是人，当他是人形时，也并不知自己将变成虎，人与虎二种形体，轮流的转变。变为人则乐为人，变为虎时则又乐为虎了。"再作一比方说，"水至冬则变为冰，冰至春则溶为水，你倒说说看，冰与水二者，何苦何乐呢？"

《俶真》篇的三个比喻，意在说明生与死只是一体之两面，二者并无优劣苦乐之分。而《精神》篇中则明白揭出，"死之与生，一体也"，不但生死为一体，甚且为破除一般人乐生恶死的观念，进一步更说明生是苦的，而死才是最大的休息。他说："被征服徭役的人，手举工具，背负土笼，累得满身大汗，呼吸急促，此时若能在树荫下休息休息，就很高兴了。而长居岩穴之间，其乐更非树荫下可比。身有病痛的人，捧着心，按着肚子，弯曲着身子，整夜不能成眠，此时若能平躺下来睡一会，其父母兄弟就为之高兴万分了。而整夜安稳的睡觉，又比平躺下来睡一会强多了。死就像长居岩穴之间，整夜安稳的睡觉一般，比生时快乐多了。”

因之，生命之长短，也不必在意。《说林》篇说："仙鹤寿千岁，蜉蝣朝生暮死，皆能各得其乐。”

以上这种齐死生，同变化的道理，都是从庄子齐物的思想而来的。若能明白这种道理，自然明白世俗不足贵，自然可以返回到自己本有的无为之性了。所以《要略》篇述《原道》篇的要旨曰：“我要用一句话来使你悟道，这句话便是，尊其天性而保其自我。要再加一句，那就是以万物为贱而以己身为可贵。要再说第三句来让你穷究如何才可得道，这第三句便是，遗弃万物而回到自然的本性了。”

话虽如此，但这些抽象的话，到底境界太高，不易把握。所以《淮南子》一书中，曾把修养达到此一境界的方法，分为三个层次，初步是圣人，其次是至人，最高的是真人。修养而至于真人，便是他所揭出的此一境界了。

圣人是比常人高出一级的一种境界。他一切顺其自然，也就是无为。《诠言》篇说“圣人不思虑，不筹划，要来的你就来，他不迎你，要去的你就去，他也不送你。别人虽在他的四周玩种种花样，他却独立在中央，动也不动一下。所以能处在众邪枉之中，而不失其直。笃定泰山，不随俗浮沉。他无心为善，亦不避恶名，不领头妄为，亦不固执己见；不事先计划，但时机既至也不放弃；不求有所得，应得的福也不推辞；自己没有的不求得到，已有的也不失去，既无意外之祸，亦无特别之福”，又说：“圣人不做坏事，不在乎别人的批评，只是修养一己之德，并不求别人称誉我。不敢说一定能免祸，但绝不招祸，不一定能得到福，但绝不为非而使福不来。即使有祸，既不是他自招的，故虽穷厄而不忧，即使得了福，也不是他有意求来的，故能看得开而不自夸。他了解祸福之来不在于己，故能闲居而乐，无为而治。他只是守住他所已有的，而不求其所未曾得到的。”这两段话，意思差不多，都在说明圣人应世的态度。因为圣人一切顺其自然，看得开，所以《俶真》篇说："圣人依自己的饭量而食，依自己的身材而衣，一切依自己的需要，当然不致有贪得之心了。”

无贪得之心的人，便能不为物欲的奴隶，《原道》篇说："圣人不为外物所役使，不因情欲而乱其天性之和，是故欢也好，悲也好，都能发而皆中于节，不致过分。世事尽管千变万化而无所定，圣人却能遗弃世俗而上合于道。”因此，《俶真》篇说圣人之学，是“返性于初而游心于虚”，因之，便能把天下之事，看得等若飞羽浮芥，不值一顾。正以其得失不婴乎心，故能“观察动静之变化，授与受之间恰到好处，不妄好憎，节制喜怒”，(《泛论》）故能“睡下不梦，醒来无忧”。(《俶真》）这都是因为他“内修道术，而不外饰仁义，保养精神，不用智巧，所以才能无为而无不为，无治而无不治”（《原道》）也。

然则圣人之与常人，其不同究何在？《原道》篇说的好："游于江边海滨，驾千里之马，车上建翠羽之盖，目观美妙之舞，耳听奇丽之乐，射飞鸟，逐走兽，这等快乐，会使得一般人淫泆流湎，圣人则不为之引诱而失其情性。反过来，处在穷僻之乡，厕身溪谷之间，家居乱木杂草之中，方丈大的一间小屋子，茅草盖顶，以蓬草为门户，破瓮口为窗牖，揉曲桑条为户枢，房顶漏雨，地面潮湿，又不见阳光，雪霜之后，房间里都长出茭白来了。生活在山峡水草之中的这等环境，一般人为之憔悴柴立，整天发愁，圣人却能不失其所以自乐。”

圣人之所以不失其乐，主要在其心有所定，不随外界环境而转变。所以，《原道》篇又说：“所谓乐，并不是处京台、章华，游云梦、沙丘，耳听九韶、六莹之乐，口尝煎熬芬芳之味，驰骋于平坦之道，钓射于潇湘之滨。所谓乐，乃是能够自得。自得的人，顺天地之自然，而不因环境而影响其心，则乔木之下，空穴之中，可以适其情性。不能自得，则以天下为家，万民为臣妾，犹不足以为乐。所以，一个人苟能不因外界之乐而乐，便能无所不乐，无所不乐，方可以得到极乐。”因为他不随外界环境而转变，所以他能做到“不在乎穷贱，亦不以显达为荣，处高而不危，持盈而不倾，而始终如一。入火不焦，入水不濡。是故不需要势位就显得尊贵，不需要钱财就会很富有，不需要力气就能够强勇”。

这样看起来，圣人之所以高出常人者，只因他能“内修道术”之故，修道，故能保养精神，不用智巧，节制喜怒，不妄好憎，而遗弃世俗以上合于道也。

由圣人进而至于至人，则境界更高。据《精神》篇的说法，他除了“依饭量而食，依身材而衣，遗弃万物，不贪天下”，与圣人相同之外，又能“处太虚之中，游无极之野，上登皇天，而往来于天地之中”。其所以至于此极者，由于他能“轻天下，细万物，齐死生，同变化”，因为“以天下为轻而不贪，则精神无所系累，以万物为小而不欲，则心无所迷惑，以死生为齐一，则不贪生畏死，知种种变化皆是眼前幻景，则不致眼花撩乱”。所以“至人得其真我，无往而不通，无为而不成，不贪生，不畏死，顺天命之自然，种种祸福利害，皆不足以挂心。他抱道守真，因自然之变化，游于太清，轻举独行，而与自然合为一体”。他若为万民主而治天下，则“有聪明而不用，更不用智巧，一依于道，无所表现。只是与民同秉公道而行”，(《原道》)“心神合一，形性和调，静而合德，动而合理，随自然之性，而顺自然之变化，无为而天下自和，无欲而万民自朴，无鬼神祸福之事，百姓皆得享其天年，不怒不争，自得其养。兼包海内，泽及后世。蒙其泽者不知泽何自来，所以生无美名，死无美谥，人不见其功，亦不称其名。他顺其自然的施其惠，民不知不觉的受其德，其德甚大而视之若无有。”所以，他与人相处，能做到“使贫者忘其贫，王公忘其富贵，勇者衰其气，贫者消其欲。他一言不发，能使感到空虚的人，见了他就觉得充实，能使人接近他就自然感到和适”。

拿圣人跟至人比较起来，似乎圣人还有勉而行之的痕迹，至人则可达于安而行之的境界。他不唯自身一切顺乎自然，甚至可以自然影响及于他人。

最后，便是真人的境界了。

《诠言》篇说 :“太初之时，人生于无，成形于有，有形则为物所制。能反于无，好像未有形的样子，谓之真人。真人，是与太初无形合而为一的人。”这话说得太过抽象，不够明晰。在《本经》篇和《精神》篇里，则各有一段话，说得比较具体。

《本经》篇说 :“神明藏于无形，精气返于至真，精通于目则看得明，通于耳则听得清，通于口则言语得当，通于心则思虑畅通。但却要做到目虽明而不视，耳虽聪而不听。心空明而无所思虑，感官的智能一切不用，冥合于性命之情，而不生智巧。所以能停止感官的作用，则可终身无患，百骸无病，不死不生，不虚不盈，是谓真人。”

《精神》篇说 :“真人，是性合于道的。以其性合于道，故有而若无，实而若虚，守着道而不知其他，内守精神而外无好憎，明白素净，无为而归于纯朴，体道而保其精神，自由自在的游于天地之间，出乎尘俗之外，而自在逍遥。胸襟广大，心无知巧。所以，即使像生死那样的大问题，他也不放在心上，即使天地崩坠毁灭，他也毫不在意。他保有真我，不受万物的影响，洞见万事的变化，而能守其宗本。像这样的人，忘记了肝胆，遗弃了耳目，心志专守于内，而与道相通相合。他停下来不知自己要做什么，走起来不知自己要往何处，不识不知的走开，又无缘无故的回来了。形体若槁木，心有若死灰，五脏遗忘了，形骸抛弃了，不用学就会，不用看就能见，不用做就能成功，不用想就能明白。为外物所感才去应付，为环境所迫才有行动，一切顺其自然的去做，就像光之照耀，又如影之效形，依道而行，不妄作为。守着清明的本性而无所变，故外物不能扰乱他，空寂虚无，清静而无思虑。如此人者，大泽焚烧他不觉得热，河汉之水冻结成冰他不觉得冷，大雷震得山崩他不吃惊，大风吹得日色无光也伤害不了他。他把珍宝珠玉看得像碎石，把帝王富贵看得像路人，把毛嫱西施看得像求雨的土偶。他把死生看成自然的变化，把万物看作同类而无别。他的精神冥合于天地之本始，而遨游于无形之中。精神不劳，与道相合，而卓立于至清之境。是故睡觉不做梦，醒来无思虑，魂魄各守其宅。无形兆，无痕迹，使人无由窥其端绪。他酣眠于长夜之中，而世间万物无所不见，休息在无形之地，而天地之大无所不到。平居而无形容可见，安处而无处所可指，动作时无形迹可寻，静止时无形体可见。虽存而若亡，虽生而如死，往来自在，无有阻碍，且能役使鬼神。他能进入不可见不可知之地，随时变化其形像，变来变去，无人能懂得个中的道理。这是他的精神能上至于道啊！”

以上两段话，尤其是后面的一段，表面上说得很玄妙，似不食人间烟火者。各位千万不要执着字面，胶柱鼓瑟；必须透过文字一层迷雾，去体会作者的本心。《俶真》篇说“有真人然后有真知”，真人具有真知，故能了然于事物之变化，即使生死之大，天地覆坠，亦不过一种自然变化，何必大惊小怪，其余更无庸深论矣。他既得道，顺自然而行，所以五脏百骸，皆不必特加役使，乃至形不妄动，心不妄用，而如枯木，如死灰矣。他既与道合一，道不可见，故他的动作形体亦不可见。他内在的修养到家，则寒暑风雷的小小变化，又算得了什么！“心静自然凉”，便是此理。至于最后几句，变化形像，役使鬼神，往来无有阻碍等等，不过说道是变化无方的，是无所不能的，是无所不在的，则真人得道，自然也可以变化无方，无所不能，无所不在而已。明乎此，再来看《俶真》篇说真人的一段话“真人动于至虚，游于无形，骑着飞廉（兽名），后面跟着敦圄（仙人名），驰骋于世界之外，休息于宇宙之内，明照十日，役使风雨，雷公、夸父（仙人名），皆伏首听命，宓妃、织女，皆为其妻妾”，也就不难懂了。

明白了这层意思，就可以知道，《淮南子》二十一篇之中，所谈的只是人生修养，绝对不牵涉到神仙思想。尽管刘安本人好神仙，招致方术之士数千人，并且他所作的《淮南》中篇，专言神仙黄白之术，民间又传说他得道升天。但据《汉书·艺文志》可以知道，今本《淮南子》二十一篇，属于内篇，内篇专论道；另有外篇三十三篇，是杂说。今外篇既亡，所谓杂说，到底说些什么，固不得而知，但必与内篇有异。中篇当然也就与内、外篇不同。正像葛洪的《抱朴子》，内篇专言神仙，而外篇纯言为政、为学、处世、修身之道，绝不杂一句神仙家言。知古人著书，篇分内外，则内容自殊。《淮南》内篇所论者，老子、庄子无为之大道，必知乎此，方可以读淮南之书也。

也许有人会问，《精神》篇说过“五色乱目，使目不明；五声乱耳，使耳不聪；五味乱口，使口受伤；取舍乱心，使性飞扬不安；此四者，乃一般人所用以养生的，却实在都是人之累。所以说：嗜欲使人之气散失，好憎使人之心忧劳，不赶快加以排除，就会志气日渐损耗。人何以不能终其天年而中道夭折呢？正因为他太过重视养生。只有不把生命当回事的人，才能长得其生”，既云“长得其生”，不是长生不死吗？答案是：否！长得其生者，终其天年是也。换句话说，就是不中道夭折的意思。（《精神》篇末二句的原文是“夫惟能无以生为者，则所以修得生也”，修者，长也。刘安之父名长，故《淮南》书中，凡长字皆写作修。“修得生”三字，清儒俞樾改为“得修生”，谓“得修生者，得长生也”。俞先生的脑中，先有一个神仙家长生的观念，以致改得如此离奇，他对《淮南子》的修养之道，完全没有懂。）识浅者为求多活几年，讲营养，天天大鱼大肉的吃，结果脂肪过多，血管硬化，反足促其寿命。此是太过重视养生之故。能不把生命当回事，一切顺乎自然，不惜生，亦不摧残，自然能终其天年了。终其天年，也就是《庄子·养生主》说的“尽年”，也就是《吕氏春秋·尽数》说的“精神安于形体之中，则年寿可长。所谓年寿长，不是说寿本短而加上几岁，是说活到应有的年岁”。

也许还有人会问，《精神》篇说的“使耳目精明，自然看得清，听得明，不要受外物的引诱，气志虚静恬愉，不要有嗜欲，五脏安宁强健有力，精神守于形骸之内，不要使它散失，则前知过去，后见未来，也算不上难事，何况祸福问题呢”，是不是说的未卜先知的仙人呢？答案还是否定的。“前知过去，后见将来”，不过说心智清明，则可以见事明白，观其始而知其终罢了，那有什么未卜先知！孔子说“殷因于夏礼，所损益，可知也；周因于殷礼，所损益，可知也；其或继周者，虽百世，可知也”，难道也是未卜先知么！

自战国晚期以来，流行着一种吐纳导引的修炼法，近年长沙汉墓出土的文物中，就有这么一套图解。《淮南·精神》说“至于深呼吸，吐出腹中秽气，吸入外间清气，做出像熊吊在树上，鸟伸长脖子，鸭子游泳，猴子跳踉，鸱鸮、老虎身不动而扭脖子向后，那是养形者之所为，真人连想也不去想它”，根据《齐俗》篇，世俗传说的神仙王乔、赤松子，就是从事这种吐纳导引的。可知所谓神仙，在《淮南子》的书中，根本上是被排斥的。《淮南子》所说的修养，是修养内在的功夫，以求合于道。其所讲的种种境界皆顺吾人无为之自然，即可以不知不觉的达到。至若做出种种稀奇古怪的动作，把肚子一口气鳖得鼓鼓的，本不合人生之自然，自然须在排斥之列。他连人人艳称的王乔、赤松子等都要排斥，则其不讲神仙之道，又是不问可知的了。

刘安之人生观，大体如此。

最后，还有一点也值得说明一下，那就是他对学问的看法。

本来，早期的道家，像老子，是反对学问的。因为人一旦有了学问，就会动脑筋，出花样，而离淳朴的道越远，所以老子说“绝学无忧”，说：“绝圣弃智，民利百倍。”大约老子的时代，是一个天下纷争的局面（此指今传《老子》一书而言。是否为孔子所见之老子，是另一问题），七雄割据，民不聊生，推原厥故，都是由于人的知识愈丰富，则欲望愈大，欲壑难填，则对内只有上下交争利，对外唯有争地以战，杀人盈野，争城以战，杀人盈城。而民之生苦矣。苟能使人人不知不识，朴重端悫，这等问题便自然得以解决。所以老子反对学。但刘安生在一个大一统的时代，其思想虽以道家为主，却又融合了诸子百家的学说，自然受前此诸子的影响。同时他承认世界的变，提倡顺其自然的去适应这个变，世界既已变得文明，文化越来越高，人类的知识一天天普及。若犹主张重返太古之世，再过那自然的生活，那是开倒车的办法，事实上不可能的。不但不可能，且与其顺其自然的理论相冲突。所以他倒很重视学问。这比老子的思想是进步得多了。

刘安不是主张无为吗？既要无为，还要学个什么？不然，大不然。无为是一个极高的境界，说来容易，做起来可并不容易。正如我上面说过的，柔弱，并不是扶不起来的，反倒是要先做到真力内充，然后才谈得到真柔弱。虚无，也不是空无所有，必须是先累积至于盈满，才能回到真虚无。无为亦复如此，无为不是大白天依枕高卧，诸事不问，而是要做到无不为。同时这个无不为，是顺其自然的，是要把握住时机的。这就不简单了，这就不是笨瓜白痴可以插手的了。所以，要无为，得去学才会，而且还不是一学就会，而是要长久的学才能会的。

学有何等的益处呢？《修务》篇中曾有比喻说："纯钧、鱼肠（皆宝剑名）刚从模型中取出时，砍东西也砍不断，刺对象也刺不进去；等用磨刀石把锋刃磨得锋利了，那就可以水中断大舟，陆地贯犀甲。铜镜刚打模子中取出时，模模糊糊，照不见面孔；迨到经过玄锡、白旃打磨过，则能连人的鬓眉毫毛都照出来。可见后天的功夫之重要了。学，就等于人的磨石刀和玄锡、白旃。"同篇又说学不可以已的道理云："一个人生于僻陋之地，无父母兄弟的教导，从没见过礼节，也没听过圣贤之道，一生住在小屋子里，没出过大门，这种人即使天性不笨，其所能知道的也有限。古代苍颉作书，容成造历，胡曹为衣（容成、胡曹，皆黄帝臣），后稷耕稼，仪狄作酒，奚仲为车（仪狄、奚仲皆夏代人），这六个人，皆有神明之道，圣明之智，还只能一人做一样，留传后世。假使要他们六位交换了来做，也许又做不出来了。但六人各发明一样，加起来就很够用。人的智慧有限，而万事万物又至众，后代的人未必有六子之才，可是六子所发明的六样东西，人人会用，这就是学的功用。可见学是不可以已的了。"所以人不可以偷懒，必须时时的学，肯学，则天下没有办不到的事。"比如舞蹈者，应乐曲而起舞，身体旋转，婀娜动人，一似香草之被风，秀发若旌旗之时曲时舒，舞步之疾，若没若灭。表演树上功夫者，在树枝上翻来翻去，好似白猿纵跃，又似虬龙夭矫，动作繁复，花样翻新。参观的人看了，都会为他们捏一把冷汗，而那表演者却一段演完，徐行微笑，面不改色，气不虚喘。"要知他们并非天生便有那等的好身手，其所以能致此极者，完全是多年的工夫练出来的。学的作用，可以使不能者变为能，使不会者变为会，所以，学是可以改变天性的。不信，你看："马在幼小时，跳跳蹦蹦的，翘起尾巴而奔驰，来得个快，谁也管不了它。发起脾气来，一口能把人的肉咬下一大块来，连骨头也给你咬碎，举起蹄子来一踢，能把人的头踢得开花，胸膛给踢个大洞。有朝一日，经圉人、良御的一番训练，颈项上给它套上衡轭，连上辔衔，那就会乖乖地听话，即使命它走险地，过深沟，它也不敢违抗了。"连马都可以训练，何况人乎！人当然更要给予后天的教导了。

学不但可以变不能为能，变不会为会，更进一步，还可以变化气质。《修务》篇又说："毛嫱、西施，是天下的美人，假使让她口衔腐鼠，面蒙猬皮，身穿豹裘，腰缠死蛇，就连穷人见了，也会掩鼻而过之。若是让她打扮打扮，身施香泽，描画蛾眉，面上粉白黛黑，发上插笄，耳上坠珥，穿上曳地长裙，腰佩玉环，款步而行，再佩带上香草，芳香袭人，双瞳剪水，脉脉含情，巧笑倩兮，美目盼兮，樱桃小口，微微一笑，腮上梨涡儿，口中糯米小牙儿，那个美呀，就甭提了。就让那人品端方、道貌岸然的王公大人遇上了，也没个不心窝儿里痒痒的了。"

以上这些理论，都是从《荀子》来的。《荀子》开宗明义第一篇便是《劝学》，荀子主张服习积贯，重视日积月累的功夫，又以为"君子之学也以美其身"，美其身，即变化气质之谓。荀子的这些思想，在《淮南子》的《修务》篇里，可谓发挥得淋漓尽致了。

《淮南子》的《要略》篇，是其书的自序。在这一篇里，有全书二十篇（《要略》一篇为自序，不算在内）的叙录，其《修务》一篇云："一般人对于道，了解得不够深，读了我的书，可能误会人生当以清静为常，恬淡为本，那就会懈惰而不学，纵欲而适情，苟且自适，将永远无法得道。圣人无忧，疯子也无忧。但圣人的无忧，是以深厚的修养得来的，疯子的无忧，却是不知祸福所致。所以得道者的无为，与不知道者的无为，其无为虽同，其所以无为则异。”这话说得很清楚，无为是人生的目标，但无为有两种，不可混为一谈。一般人的无为，是不知道者的无为，去道绝远。刘安所说的无为，是得道者的无为。由不知道者的无为，必须经过不断地学习，最后才能几于得道者的无为。所以在他的书中，特别辟一专篇，来详论学的功夫之重要。只要真积力久，没有不能达到真无为境地的。

不过，话又说回来，学虽能令不能者变为能，不会者变为会，这是就一般人而言的。像孔子的天纵之圣，生而知之，不学亦可。还有一种白痴，天生智商太低的，学也没有用。那又另当别论了。所以《修务》篇说：“尧、舜、文王，身正性善，发愤而成仁，慷慨而为义，不待学而合于道。丹朱、商均，沉湎耽荒，不可教以道，不可喻以德，严父不能正，贤师不能化。西施、阳文，曼颊皓齿，肤嫩骨美，不待脂粉芳泽，天生就令人爱。嫫母、仳倠，丑陋难看，驼背弯腰，再加化妆，也美不了。这些是无法改变的。上不及尧、舜，下不似商均，美不及西施，丑不至嫫母，这些才是教育的对象。”此处把人性分为三等，也是就其天性之自然而分的。上智不必教，下愚不可教，中人可以上，可以下，教之则上跻于圣贤，不教则日趋于下流。这与孔子说的“唯上智与下愚不移”是一致的。下愚本不可教，顺其自然可也；倘使硬要以人易天，则违反自然的法则，是没有用的。对中材施以教育，犹之容貌平平的女子，经高明的美容师一替她化妆，也可以看似天仙化人。年轻的女明星，未必个个都美，但出现在荧光幕上，差不多人人好看，便是此理。

4. 政治观

《淮南》书中，每对古代史有所叙述，如《览冥》篇云：“昔者黄帝治天下，力牧、太山稽辅之，以调日月之行，治阴阳之气，节四时之度，正律历之数，别男女，分雌雄，明上下之分，列贵贱之等级，使强不得欺弱，众不得暴寡，人民皆安其性命而不夭折，年成好而无灾害，百官正而无私，君臣和而无怨尤，法令明而不暗，卿士公正而不阿私，农夫彼此以田的边界相让，渔父把水曲深处让给别人去捕鱼，路不拾遗，物价公道，城郭不关闭，治安良好，人人生活富裕，连猪狗也不为食物忿争。于是日月明照，星辰不失其行，风雨以时，五谷丰登，虎狼不乱吃人，鸷鸟不乱害人，凤凰来翔于庭，麒麟游于郊野，青龙为之拉车，飞黄（神马）伏羲而食，四夷之国皆来纳贡。但还赶不上伏栃之道。

“往古之时，四极倾塌，九州岛分裂，天不兼覆，地不周载，大火延烧而不灭，大水浩荡而不止，猛兽食人，鸷鸟害人。于是女娲炼五色之石以补苍天，斩断鳌足以拄撑四极，杀黑龙使不得为水灾而天下安，积聚芦苇之灰来阻止大水。苍天的缺口补起来了，四极稳定了，大水干了，天下安定了，猛兽死了，百姓得以生存了。人皆平躺在地上，面向着天，头依方枕，直身而卧。百谷春暖而生，夏热而长，秋收而冬藏。阴阳之气壅滞不通者，加以调理，逆气伤害百姓积财者，加以阻绝。当此之时，人民睡下时什么也不想，醒来时也不用脑筋，一会以为自己是马，一会又以为自己是牛，走起路来慢腾腾的，看东西时两只眼睛瞪得大大的，人人得其天性之和，而不知自己从何而来，求无不得，往无不遂。当此之时，禽兽虫蛇都没有害人之心。伏羲之功，大得上至九天，下至黄泉，名声延及后世，光辉照耀万物，乘着云雷之车，以应龙和青虬来驾车，种种祥瑞之物皆来奔凑于车之前后，他则坐在车中席蓐上，黄云笼罩着他的车子，白螭前导，腾蛇后从，自由自在的，率领着众多鬼神，登于九天之上，而朝上帝于灵门，宁静和穆的与道冥合为一。然而他却不张扬自己的功业，也不宣扬自己的名声，隐藏其道，而止是顺天地之自然而行。他何以能如此呢？因为他的道德上通于天，而胸无智巧啊！

“到了夏桀的时候，天子昏暗，不修大道，不用五帝的赏罚之道，破坏三王的法令之书，所以至德荡然无存，帝王之道破坏无余。其所作所为皆违反天意，发号施令皆不顺四时之序，因此时节紊乱，百物不生。此时君主处在上位而不得安宁，大夫不肯直言正谏，群臣揣摩君主之心，以求合乎君主之意，疏远自己的骨肉，以自求容纳于君，奸邪之人，互相结党而为恶，在君臣父子之间而争求表现，顺着君主的心而加意奉承，使君主日益骄慢，弄得一切失去法度，而混水摸鱼。所以君臣不亲，骨肉疏远，作为社（土地）神的树都干枯得裂了口子，灵台振动而倒塌，狗成群地狂叫着跳进水中，猪口衔着草而跑进人住的屋子里，美人蓬首垢面，不敢打扮，吞下炭去，使自己失音而不歌，丧事不尽其哀，畋猎也得不到快乐，西王母折断所戴的首饰，黄帝之神啸吟而长叹。他整天打猎，飞鸟都断了翅膀，走兽都打断了腿。滥伐山林，山上连棵大树都没有了，泽中也干得没了水。狐狸躲进窟穴中，马牛跑得无影无踪，田中的禾苗没有一株能长起来的，路边的草都被践踏得死光了。用的次数繁多，金都磨得没了棱角，璧都磨得没了羸文，天天占卜，龟腹都被剥光了。

“晚世之时，战国七雄，皆不同族，法令互异，习俗各殊，纵横家奔走诸侯之间，离间挑拨，使彼此用兵相争斗，攻城略地，滥杀不止，使强者变为弱，安者变为危。掘人坟墓，使枯骨暴露于外。攻者制造大的陷阵车，守者则深沟高垒，开辟战场，攻强敌而杀不义，壮士战死，百人之中也许只有一个得生还的，如此惨烈的战争，苟以树立国家的名声而已。是故年富力壮，身手矫健的当兵，出征于千里之外，家中的老弱终日忧悲。补给部队推着车子运送粮饷，路太远了，碰上霜雪，身上的短布袍子又破又烂，人是累得瘦弱不堪，车子也颠簸得处处破损，地上的烂泥高到膝盖，实在走不动了，彼此我牵着你，你拉着我，勉强的打起精神来赶路，最后，疲累极了，不声不响的倒在挽车的横木上就死去了。”

在其他篇中，类此者尚不少，其中亦不无彼此抵牾不合者。这是因为《淮南子》这部书是一部杂家之书，由刘安拟定大纲，命门客分头搜集材料，分别撰写，最后再由他润色而成。所有的古代史，由于年代悠远，流传既久，慢慢地会走了样，同一件事，就可能分化成几种不同的说法，其中的人物，甲也可能变成了乙。后世的学者，根据个人之所闻，而笔之于书，因之，此家之书，与彼家之书，所记载的当然就会有矛盾。《淮南子》的材料，是从若干先秦汉初的书中分别撷取得来的，所以此篇与彼篇之间，便有了不同的说法。这些不同的说法，断不是出于刘安等人的伪造。假若要伪造古代史，再笨的人，也不致不厌其烦的同时造出好几套来，以自露马脚。至于先秦汉初的那些书，其中所述的古代史，也不会是有意的伪造；大致应当是口耳相传之物。这种道理，只要稍具神话学基本知识的人，都能知道。

但不问《淮南子》诸篇中的古代史，其中的人或事有多少的差异，它却有一个中心，是永远不变的，那就是，越古老的时代越好，越是到后代，便依次的越来越差。道家所理想的世界，本是小国寡民，鸡狗之声相闻，民至老死不相往来的世界。时代越后，民智越开化，则纯朴的成分便相对的递减。所以道家向往太古无为的世界，他们的政治理想，自然便把无为悬为最高的标准了。这一点，与他们的宇宙观和人生观，都是一致的。

《诠言》篇说：“君之道，不是有为，而是无为。何谓无为？智者不借着自己的地位来行事，勇者不借着自己的地位来行暴，仁者不借着自己的地位来行惠，可以称作无为了。无为则得道，道是万物之本，是无敌之道。君若好智，则不顺时机之自然，任意而为，不依大道，专用智虑。然而天下之事物无限，一人之智能有限，以有限之智能，应付无限之事物，只靠个人的智虑，过错一定层出不穷了。所以，好智是穷困之道。君若好勇，则轻敌而不从事准备工作，自负而不仰仗他人的助力。以一人之力，来应付强敌，不凭借众人之力，而专靠自己，一定不行。所以，好勇是危险的。君若好赏赐，便没有一定限度，国君没有限度，臣下的欲望便没有止境。要是靠多收赋税来充实府库，则与民为仇，少收赋税而多赏赐，又万无此理。所以，好赏赐是招怨之道。仁、智、勇，都是美的才性，却不可以治天下，由此观之，贤能是没用的，还是应当顺道而行才是。”

《主术》篇是专讲为君理民之术的一篇大文章，此文开宗明义便说明人主无为之道："人主之道，处无为之事，而行不言之教，清静而不动，按照一定的法度去做，不可变来变去，顺乎自然的任臣下去做，责成他们的实际功效，却不自劳苦。所以为君者，虽心知规矩，却要师傅谕导以正道，口能言，却要外交官去办交涉，足能行，却让相者在前领路，耳能听，却要执政者进谏，因此，所考虑计划的，不会有过失，所言皆有文采，所行即为大家的模范，进退都合于时，动静都合于理，不因美丑而有好憎，不因赏罚而有喜怒，一切不加干涉，皆顺其自然，而不自参预。所以古代的王者，冠前垂旒，用以挡住视线，黈纩塞耳，用以阻塞听觉，天子门外有屏，用以隔绝内外。”

人主不视、不听、不言，便是无为，《主术》篇又说此无为之境界曰，“为君之道，就像祭时的尸，其貌俨然的处于祭案之后，一句话也不说，而受人的祭祷”，尸，是祭时扮成受祭之人，他是不能开口的。此意在《诠言》篇中说得更明白："为君者如尸，百官则如祝、宰。尸虽会做菜，却不做；不会做，也没关系。排列祭品的列次先后，尸即使懂，也不去教祝，不懂，也不要紧。不懂祭品的列次先后，便不够资格当祝，但不影响他当尸。不会驾车的不可以充当仆御，却可以任车左（古时战车，一车三人，主将居左，仆御居中，战士居右）。所以地位越高的，事情越少，越安佚。”宰是厨子，祝是负责端祭品的。为官者各有职司，为君者但当垂拱无为，即使你比百官都能干，却不该替他们去办事。

《主术》篇说：“为君者不守君之道，而插手臣下之事，则有司为官而不办事，百官投君之好而讨好于君，如此，人臣就会不花脑筋，反把应做的工作转嫁到君主的头上了。”可知为君者是不当与臣下争事的。

为君者虽不当有为，但这不是说，任找一个白痴也能担任国君。吾人在人生观一节中，曾一再的说过，得道者乃可以无为。因之，所谓无为，乃是得道的无为，因为道是无为的。《原道》篇曾举舜为例，说明无为而民自化的事：“舜耕于历山，一年，农夫皆争处穷瘠之地，而将肥沃之田让人。钓于河滨，一年，渔父皆争处湍濑，把委曲深水多鱼之处让给别人。此时，他不说一句话，双手也不做一个手势，只是心怀自然之德，就能教化之速如神。若舜无自然之德，即使挨家挨户地去教人家要如何如何，也感化不了一个人。”《主术》篇也有说神农的一段：“神农治天下时，不用精神，不用心智，怀着仁诚之心，而甘雨时降，五谷蕃植。不用威，不用刑，法令简约，其化如神，南至交趾，北至幽都，东至旸谷，西至三危，莫不听从。当此之时，法网宽大，刑罚省约，监狱里空无一人，天下的风俗如一，没有一人怀有奸邪之心。”

本来，立天子，建诸侯，置百官，其目的在于治民养民。也就是说，设政府，并不是为管束老百姓，而是为老百姓服务，使老百姓得以安居乐业的。此意在《修务》篇中曾有精辟的说明：“古之所以立帝王，不是为奉养其欲，圣人践帝王之位，也不是为的逸乐其身。为的是天下强陵弱，众暴寡，诈者欺负老实人，勇者欺负胆小的，有人怀有智能而不肯教人，积聚财货而不肯分人，所以才立天子来使之齐同。天子一人，其聪明无法遍照海内，所以才立三公九卿来辅佐他。偏远之处的百姓，受不到天子的德泽，所以才立诸侯来教诲他们。”既是如此，则为君者自当怀有利民之心。而且，此利民之心，是没有条件的，只是出于性之不能已，如慈父之爱其子一样。苟有此利民之心，则百姓自然受其感化。《缪称》篇说："舜不降席而天下治，桀不下堂而天下乱，可知情的作用，是比大声叫呼还要来得大。君无爱民之情，而求民之爱己，从古到今，都没听说过。同样是讲话，可是有人讲话即能取得别人的相信，有人便不能，能取得别人相信的，那是由于他的诚信，在还未说此话时，已得别人的相信了。同样是发令，能使民遵行的，是他有精诚在令之外。圣人在上，民受其化而迁善，是因他先有爱民之情。君动于上，而民不应于下，那是令与情相违的缘故。比如三个月大的婴儿，还不懂事，然而慈母对他的爱，他却能体会，这就是情的作用。所以言语的效用很小，不言之用真是大呀！”

“不言之用”，也就是无为的作用。唯无为乃能无不为，无不成。《主术》篇曾举蘧伯玉治卫事，说明无为之作用。蘧伯玉为卫相，子贡问他："如何治国？”他回答说："以不治来治国。”赵简子欲伐卫。先派史黯去观察一下卫国的情形。史黯回来报告说："蘧伯玉为相，其人贤，不可以加兵。”《泰族》篇更有几句话，说明理想的无为为政所达到的境界，真是高极了："圣王在上，无形无声，其官府以无事可办，朝廷似空无一人，天下无隐士，无逸民，无劳役，无冤刑。四海之内，人人尊仰君德，随顺君意，夷狄之国，则重译而至。并非挨家挨户的去向人劝说，只是推其诚心，施于天下而已。”

不过，话说回来，所谓无为，到底只是一种抽象的境界。太古之世，其民朴重端悫，但知“日出而作，日入而息，凿井而饮，耕田而食”，其时而垂拱无为，以诚心施化，也许还可以。以西汉之大帝国，人口之众，幅员之广，百业蜂起，都市繁荣，而又边境多故，事务之复杂，可想而知，若谓只要做皇帝的无为，便能够天下大治，恐怕是没有的事。总得要有套具体的办法，才能无为而无不为。刘安的具体办法，便是用法。

法，在制定的时候，必须顺乎民心，否则必行不通。法，在制定之后，必须上下同守，否则有法等如无法。

《主术》篇云“法是根据义而定出来的，而义又是出于众人之适合，众人皆适合就合于人心了，这便是治之本”，又云：“法，是天下之度量，人主之准绳。法定之后，合乎规定者便赏，不合规定的便罚。并不因其尊贵而罚得轻，也不因其卑贱就罚得重。犯法的人，即使是贤者也一定要罚，合法的人，即使其人不肖也不加罪，如此，便公正而无私邪了。古之设立司法之官，为的是禁民使不敢放恣，立君，为的是制司法之官使不敢专行，而法籍礼义呢，则是用来禁君使不得擅断的。人人不敢放恣，则道行，道行就合理了，如此便能无为。无为，不是说止而不动，是说一切都不出于己心之有意作为。”

孔子说过“君子之德风，小人之德草。草，上之风，必偃”。（《论语·颜渊》）君子而欲化民成俗，必先从自己做起，自然上行下效。不然，尽管你三令五申，结果也是民免而无耻。故《主术》篇说“百姓所遵守的，在上位者亦必遵守，禁止百姓做的，自己也不可做。国之所以亡，并非无君，而是无法。变乱了法，不是无法，有法而不用，等于无法。所以人主在立法时，先以自身为度，才能令行于天下。孔子说：‘其身正，不令而行；其身不正，虽令不从。’可知君不自犯法，就能令行于民了”，又说：“民之化上，不从其所言，而从其所行。”

早期的道家，原是反对法的，因为天地之间，自有一种自然之理，老子便说过“天之道，损有余而补不足”，为善则有福，“天道无亲，常与善人”（与，是助的意思），为恶则难逃自然的制裁，“天网恢恢，疏而不失”，所以根本用不着人为的法令。有了法令，则有人利用法令，或钻法令的漏洞，“法令滋彰，盗贼多有”。所以法是应加排斥的。又因战国以还，兵连祸结，而人主封君又复贪求无厌，上下交征利，几于率兽而食人。所以老子说：“民之饥，由于税敛太重，民之难治，由于在上位者之有为，民之不畏死，由于他要求生活命。”假如人人安居乐业，生活富足，就不会再有人甘冒杀头的危险而犯法了，《淮南子》曾在《齐俗》篇中，对此有详细的说明：“民有余即让，不足则争，让则生礼义，争则生暴乱。譬如敲门向人家讨点水，无人会不给，因为水是家家都很多的。林中不卖薪、湖上不卖鱼，因为那里太多了。所以东西多了，欲望就少，所求能满足，就不会争。秦朝的时候，有人生下儿子就杀掉，因为无钱养育他，如今我们大汉，单身汉都把孤儿领回家来养，因为人人有多余的钱啊。可知天下太平，小人也会守正道，不为利诱，天下大乱，君子也会变得奸邪，法令是禁不了的。”因之，对于法，刘安并不反对，他的理想，是订出一套大家都可以共遵共行的法，来作为行为的规范，则人主可以深居无为，而天下艾安矣。所以，老子是慨于人主之不守法，故反对法，刘安是希望有法大家守，故赞成有法。两人的用意，实际并无不同。

但刘安的思想，究竟是以道家为中心，他之所以赞成有法，并不是认为有了法，就一切没有问题，对于孟子“徒法不足以自行”的道理，他是了解的，所以，在《泰族》篇里，他说“商鞅为秦立相坐之法，而百姓怨”，商鞅之立法，乃天下之善者，“然商鞅之法使秦亡国，因为他不知治乱之本。”试看“舜为天子，弹五弦之声，歌《南风》之诗，而天下治。周公食珍肴而设钟鼓，而四夷服。秦始皇白昼决狱，夜理文书，然奸邪萌生，盗贼遍天下”，所以，“有道，法虽少，可以化天下；无道，法虽多，还是会天下大乱”，可知，“法，不过是治国的工具，并不是有法就可以治国。”然则什么是治乱之本呢？还是那句老话，人主得道无为，以己之德化民，“则民性可善，而风俗可美”，“若不修其风俗，却引导百姓趋于淫邪，然后随之以刑，绳之以法，不管如何的残杀，也禁止不了百姓的为非作歹。”可知刘安之赞成有法，不过认为法是达到无为的一种工具，基本上，他的政治主张，还是离不开无为的。

孟子说的“徒法不足以自行”，是说法须人去推动，否则，人存政举，人亡政息，有法仍如无法。前面我们引用《修务》篇的话“天子一人，其聪明无法遍照海内”，所以要立百官以为股肱，《泰族》篇也说“举天下之高才以为三公，一国之高才以为九卿，一县之高才以为二十七大夫，一乡之高才以为八十一元士”，也是说要任贤举能，以授之官。因为人主既应无为，则自然深居宫门之内，民间疾苦，从何能知，唯有以众人之耳目为耳目，才能周知天下的情状，所以《主术》篇说：“人主深居隐处，以避燥湿，闺门重关，以备奸贼，内不知闾里之情，外不知山泽之形，然而天下的事物无不知者，是靠众人的力量。所以用众人之智，则保有天下甚易，专用一人之心，连保有自身也很难。”

《主术》篇对于此意，曾翻来覆去的说：“汤、武是圣主，但若乘小舟而浮江湖，则不及越人，伊尹是贤相，骑马的本领，却不及胡人，孔子、墨翟博学而无所不通，说到入森林出险阻的能耐，可赶不上山居之人。由此观之，人的才智很有限，欲治天下，不循道而行，而专靠一己之能，是行不通的，所以才智是不足以治天下的。桀的力气很大，能把兽角折断，把钩子拉直，把两条铁棍绞在一起，把大旗搬来移去，水中能杀鼋鼍，陆上能搏熊罴。但汤以兵车三百乘，就把他困于鸣条，擒于焦门。由此观之，勇力是守不住天下的。才智既不能治天下，勇力也不能使自己比人家强，可知人的材能是不够用的。而人君不下庙堂之上，就能知四海之外，由于他因此物以识彼物，因此人以知他人也。所以积众人之力，没有做不到的事，合众人之智，没有成不了的功。举重鼎，力气小便举不起来，可是若要搬动他，却用不着大力士。”此段发挥用众智众力的效果，可谓淋漓尽致。所以人君只要能善用人力，自己便可清虚无为。

但明主之用人，最要紧的是因材任使，《主术》篇说“贤主之用人，就像巧的木匠之用木，大的做成舟、柱、屋梁，小的做成小梁，长的做屋檐、屋椽，短的做朱儒、欂栌，无论小的大的长的短的，都能够有最合适的用途。天下之物，没有比乌头更毒的了，然而良医储备起来，有时使用得着。连草木之材都各有所用，何况人呢？有的人，朝廷不用他，乡里不称赞他，并非其人不肖，是给他的职位不合适。鹿上山时，连獐子都追不上它，等它下山时，牧竖都能赶上它，因为才有长短之故也。所以有大才略的人，不要责成他的小表现，有小才智的人，不可要他担当大事，就如同狸不能捉牛，虎不能捉老鼠是一样的”，又说：“聋子，可以让他椎打弓弦（弦须先经椎打使软，才能缠弓），但无法让他听见；哑子可以让他守门，却无法让他说话。”如此，只要给他的工作，是他可以胜任的，便做起来轻而易举了。《齐俗》篇更举出历史上的实证，来说明用人得宜的功效“尧治天下，以舜为司徒，契为司马，禹为司空，后稷为农官，奚仲为工，他们来导万民之道，是让住水边的人打鱼，住山上的采樵，住谷中的放牧，住平地的耕田”，这样，当然人人乐于听从，而各安其业了。所以《诠言》篇说“不治天下的人，必然能治天下。即如霜雪雨露，生杀万物，并非天之所为，但大家还是贵天。传布法令，治官理民的，是有司，并非君之所为，但百姓人人尊君。辟地垦草的是后稷，决江浚河的是禹，听狱断案的是皋陶，但居圣名的却是尧”，《道应》篇也说：“尧之贤臣有九人，舜之贤臣有七人，武王之贤臣有五人，尧、舜、武王对于那九、七、五贤臣的工作，一件也不会，然而却垂拱而受成功，是因他们善用人之能的缘故。”因此，《诠言》篇说：“得道以御天下者，自己虽无能，一定要使能者为己用；如不得道，技艺虽多，也是无用的。”

人主能用人，因其材而官之，则集众人之力，可以措天下国家于泰山之安，而君无为也。但这里有一个问题，各个职位都有了合适的人才了，是否人君就可以高枕而卧呢？倘使人君深居宫禁，不问朝事，万一大臣中出个赵高，大权旁落，秦二世不是为其所制了么？所以，刘安早想到了这一点，那就是人君之权势，不可不善加掌握。

刘安对于权势，认识得很清楚，他在《主术》篇里说“权势是人主的车子，爵禄是人臣的辔衔。人主有权势，又掌握住爵禄的予夺大权，只要审事之缓急，对爵禄的取予有节制，就能使天下尽力而不倦”，你看，“楚灵王喜爱腰细女子，楚的女子因之减食，越王勾践好勇，其民都争死而奋不顾身，可见权势对于移风易俗，极为容易。尧若是一匹夫，其仁不能化一里之人，桀在上位，就可令行禁止，可见贤能是没用的，权势才可以易俗”，“孔丘、墨翟修先圣之道，博通六艺，口道先圣之言，身服先圣之行，慕其义而从其风，为之奔走者不过数十人，若他二人居天子之位，天下一定都变成儒墨了。宋人杀文无畏，楚庄王大怒，奋袂而起，遂围宋城，权重才能如此。楚文王好戴獬豸冠，楚国人人效之，赵武灵王胡服而朝，赵国遂全国皆胡服。要是匹夫戴獬豸冠，着胡服，就不免为人所笑了。”

人主须操权势，本是法家中慎到一派的主张，杂家兼容并蓄，故刘安用以济人主之无为。可知刘安的用众智众力，是指的人主有权以左右群臣，合群臣之力以为治，人主居权势之要，而操爵禄之柄，故百姓化于上而不敢为非，如此，则天下治，而人主固无为也。有人把刘安的用众智众力，比傅为近世西方的民治主义，那是不对的。民治主义是主权在民，刘安却是要以君主的权势来颁爵禄、行赏罚的。

道家以为世界是随时在变的，人应该随时代环境而变，此意吾人在人生观一节中，已有详细的说明。刘安的政治观，也主张变法。为了不致重复，只打算很简略地说一说。

《泛论》一篇，多言变法之道。如曰“天下那有一定不变的法呢？合于世事，得于人理，顺于天地，顺于鬼神，就可以为治了。古时的人纯厚，工人敦实，商人朴质，女子贞正，所以政教易化，风俗易移。今世德衰而民俗浇薄，欲以朴重之法治之，好比没有镝衔策錣而御狂奔之马”，又说：“殷变夏，周变殷，春秋又变周之道，三代之礼不同，从古之道，到底从那一个呢？了解法制之本，就要应时而变，不了解法制之本，即使循古而行，还是免不了要大乱。”所谓法制之本，是“治国有常道，利民为本；政教有常道，令行为上。只要利于民，不必法古，只要便于事，不必循旧”，“故圣人之法，随时而变，礼随俗而变，衣服器械，各便其用，法度制令，各因其宜。所以变古没有什么不对，循俗并不一定好”。《齐俗》篇也说：“环境不同，做法就不同，时代不同，风俗就跟着改变。所以圣人斟酌环境而立法，顺着时代而举事。上古的圣王，封泰山禅梁父的，有七十多位，其法度皆不同，不是一定要异乎前人，实在是时代与环境都不同的关系。所以不要学那定下来的法，而要研究为什么要立那样的法，为什么要立那样的法，就是要随着自然的变化而变化。”

四、结论

《淮南子》的全部哲学，可以说是以道为中心，其宇宙观、人生观和政治观，都是一以贯之的。道尚无为，故其宇宙观、人生观和政治观，都是以无为为主。无为者，并非引之不来，推之不往的，而是不妄为，不勉强而为，一切顺乎自然的去为，故能无不为而无不成。天道无为，故春秋代序而四时成，万物生。人生无为，故因时而变，无往不遂。为政无为，故上下皆一遵于法，而天下治，法随时变，故法可行。这样完整的一套哲学体系，出现在二千一百年前，实不能不令人对先民的智慧，产生无限的敬佩。

《淮南子》虽为杂家，但杂家是融合众家学说而成，其中心思想是道家。道家学说，讲无为，讲柔弱，表面看起来，似乎是消极的，不及儒家之积极。固然，儒家的明知其不可为而为，其精神值得称道，值得效法，舍我其谁的气概，尤足令人奋发鼓舞。但如不审时机，不明时势，但知一味的进取，却也每致偾事，道家顺其自然的理论，恰足以补救其缺失。《人间》篇说的好："人之举事，皆先用个人的智虑去衡量过，然后才敢决定做不做。但做的结果，有人得利，有人受害，这是智与愚之所以异。自以为智，认为自己了解存亡之枢机，祸福之门户，可是做的结果，陷溺于祸难中者却不可胜数。假使能预先知道，我的做法是对的，就一定行得通，那天下就没有行不通的路了。所以智虑乃是祸福之门户，动静乃是利害之枢机，百事之变化，国家之治乱，皆待之而后成。所以不陷溺于祸难的人才能成功，此事是不可以不慎重的。”吾人处今之世，其每日所发生之事何限，上而天下大事，下而一身之私，千变万化，未有端涯，苟一不慎，或将追悔莫及。则柔弱也、无为也，又岂可以厚非者乎！

何况所谓顺其自然，实是为政之不二法门。顺民之性，则成，逆民之欲，则败。桀、纣之失天下，汤、武之得天下，未尝外乎此理，历朝之治乱兴衰，亦未尝外乎此理也。同一治水也，禹之所以成功者，因水之性而为之疏导也，鲧之所以失败者，逆水之性欲以防堵之也。观此，则为政之道，思过半矣。

有人说，吾国人得意时是儒家，失意时是道家，这话不错。也有人说，处平世当学儒家，处乱世当法道家，这话也不错。道家的清静柔弱，正是明哲保身的最好方法。但如处平时而又得意，进取而不忘道家无为自然之道，也许更圆满些。

由于前人误解杂家之意，以为是集众家之学而无中心思想，故对于《淮南子》一书，或不甚留意，其影响乃不及老、庄、荀、韩之等。但其书中的典实，亦每为后人所援引。如嫦娥奔月一事，即出于此书的《览冥》篇。只是流传既久，浸成常识，一般人反不知其出处罢了。

参考书目

《淮南王书》，胡适，台湾商务印书馆，一九六二年台一版。
《淮南鸿烈集解》，刘文典，台湾商务印书馆，一九六九年台一版。
《淮南论文三种》，于大成，台北，文史哲出版社，一九七五年七月初版。
《淮南子论文集》，于大成编，台北，木铎出版社，一九七五年十二月初版。
《淮南子解题》，于大成，《学粹杂志》十八卷三期，一九七六年六月。

刘向

廖吉郎　著

目 录

一、从《四库全书》的印行谈起

在一九三三年四月二十四日，教育部长朱家骅先生曾经呈文给行政院，计划影印《四库珍本》，说是《四库全书》关系我国文化至巨，政府久已决意印行，而迄未实现。后来朱先生调长交通，由继任的王世杰先生继续进行，并且聘请袁同礼、傅增湘、陈垣、柳诒征等诸位先生选定孤本秘笈，计经部六十一种，史部十九种，子部三十四种，集部一百十七种，共二百三十一种，定名为《四库全书珍本》，委托商务印书馆就文渊阁本摄影印刷，自一九三四年七月开始出书，分四次出齐，合订一千九百六十册。这是中外所企望的一件大工作，是发扬中华文化的一桩盛举。

由此可知，清朝乾隆皇帝命令修撰的这套丛书，虽说是由于他的好大喜功，且以稽古右文为名，而行牢笼士子，兼得禁书弭患的目的，但是编成以后，给学术界带来的震撼，却是极大的。

由于《四库全书》的卷帙太多，印费不少，所以早在民国成立以后，公私方面，虽然就屡有影印的倡议，但是都功败垂成。如徐世昌任大总统的时候，即曾拟委托商务印书馆计划印行，所拟的版式，略和原书一样，估计成书百部，需费数百万元，用时二十多年，结果没能实现。到了一九二四年，正好是商务印书馆创业三十周年，就打算印行《四库全书》作为纪念，结果因为受到阻挠，也没能完成。一九二五年，段祺瑞执政，章士钊任教长，又拟刊行，已颁明令，因为人事的牵制和战争的关系，还是没能成为事实。这些，都显示了像编辑《四库全书》这样的工作，是如何的受到重视啊！（编者按：台湾商务印书馆将文渊阁《四库全书》于一九八六年印行完成。）

《四库全书》的编修，可以说是一种专门事业，它的能得到完成，固然是由于皇帝的旨意与支持，如为它特地开馆设官，积学名士，几乎都被网罗等是，但是前人成绩的鼓励，也是一项重要的因素。

二、刘向与《四库全书》

早在民国纪元前一九三七年（公元前二六年），正是西汉成帝河平三年的时候，有刘向等人，就曾受诏校理当时的存书，而由刘向总其成。他倾一生的心血，开创了后代校雠目录学的规模，他的思想，就曾深切的指导了四库馆臣的编修工作。如《四库全书》除本书外，另纂有《总目提要》二百卷，这就是远师刘向的叙录和《别录》，所以既撮取每书的要旨，总叙大概外，对于著者的爵里年代、文字得失、源流正变、卷目多寡等等，也都能有精要的审定和评论。

因此在我们称赞《四库全书》有功中华文化的今天，怎能忘记这位整理先秦典籍不遗余力的大功臣呢？他的思想和他的工作成果，实实在在地影响了两千年来的我国学术界，对儒家思想的发扬，也尽到了他能尽的责任。对在如此早的年代，就能提供如此卓越贡献的刘向，我们怎能不加以探讨呢?

三、刘向的生平

1. 刘向的籍贯生卒

刘向是西汉人，字叫子政，本名更生。丰县人。丰县本为秦沛县的丰邑，汉置县。清属江苏徐州府，民国初属江苏徐海道，今为江苏省丰县。

向是汉高祖同父少弟楚元王刘交的玄孙，生于汉昭帝元凤二年，公元前七九年，死于汉成帝绥和元年，公元前八年。享年七十二岁。

2. 刘向的履历

刘向的父亲叫刘德，被封为阳城侯，向由于父亲的关系，十二岁的时候，就被任为辇部，这时是在宣帝地节年间。二十岁时，因行为修饬，被擢为谏大夫。宣帝招选名儒俊才，刘向和王褒、张子侨等人都被选上，献了几十篇的赋和颂。

有一次，因为宣帝喜欢神仙方术的事情，刘向就献言黄金可成。这是向从书里看来的。于是皇帝就叫他试验，结果没能成功，因此差一点被处死。他的父亲曾经为了这件事替他申辩过，不幸不久就死了，幸赖他的哥哥刘安民继续上书营救，才替他减了罪。

后来，政府立了《谷梁春秋》，要大家讲读，因为刘向颇有才气，就被叫来诵习，又在石渠讲论五经，于是又拜为郎中，给事黄门，迁散骑谏大夫给事中。元帝初即位（初元元年，前四八年），有两位很被尊信的人，联合推荐了刘向，以为刘向既是宗室，又能忠直明经，于是受到了拔擢，而得和侍中金敞拾遗于左右。这两个人就是萧望之和周堪。萧、周、刘、金四人遂同心辅政。

不久，因为看到外戚放纵，宦官弄权，望之、堪、向等希望能想个办法，建议皇帝整顿一下，但是由于事机泄漏，反被那班人向皇帝进了谗言，堪、向都被下了监狱，望之也免了官。向后来虽又被征为中郎，但是没有多久，仍被免为庶人。

到了成帝即位（建始元年，前三一年），中书宦官石显等伏罪，刘向才又被任用，从此改掉更生这个名，而叫做刘向（以前应该叫他做更生，以后才叫做刘向）。召为中郎，领护三辅都水，迁光禄大夫。

当时，政由王凤所专断，王凤是成帝的大舅舅，他靠着太后的威势，兄弟七人，都封为列侯。身为汉室宗亲的刘向，这时又看不惯这种情形，于是想尽办法去劝谏皇帝，甚至于讥刺王氏。皇帝虽然知道向的忠心，但是也无可奈何！只有让他去领校中五经秘书，又令为中垒校尉而已，虽然曾数次想用为九卿，因为不受王氏那班居位大臣和丞相御史的支持，所以都没能调迁。

刘向常担心王氏的专权，怕因此危害了刘氏的江山，果然，在他死后十三年，王莽终于杀掉平帝（元始五年，公元五年），而居摄践祚；在孺子婴居摄元年（公元六年），称假皇帝；初始元年（公元八年），自称新皇帝；公元九年（王莽始建国元年），遂废孺子婴为安定公，而改国号叫做新。

3. 刘向的成绩

刘向为人平易，不摆威仪，廉靖乐道，不交接世俗，专积思在经术方面，昼诵经传，夜观星宿，甚至整夜不眠。他所编著的书很多，就一般人所习知的，有：

《尚书·洪范·五行传论》十一篇：今有清陈寿祺辑本三卷，王谟辑本二卷，黄奭辑本一卷；

《五经通义》九卷：今有王谟、洪颐煊、宋翔凤、刘学宠、马国翰、黄奭、王仁俊等人的辑本各一卷，又宛委山堂本及张宗祥校明钞本《说郛》，也都各存一卷；

《五经要义》五卷：今有洪颐煊、宋翔凤、王仁俊等人的辑本各一卷，又见于张宗祥校明钞本《说郛》；

《别录》二十卷：今有洪颐煊、陶浚宣、严可均辑本各一卷，王仁俊补遗一卷，又马国翰、王仁俊所辑别有《七略别录》一卷，陶浚宣又别有《七略别录》二十卷，姚振宗有《七略别录》佚文一卷；

《列女传》八篇：有文选楼本、《四库全书》本、《四部丛刊》本、《丛书集成初编》本、崇文书局汇刻书本、《四部备要》本，又任兆麟有辑本一卷、王仁俊有《列女传佚文》一卷；

《新序》三十卷：今有明覆宋刊本、《汉魏丛书》本、《四库全书》本、《百子全书》本、《四部丛刊》本、《丛书集成初编》本各十卷，又任兆麟有辑本一卷，王仁俊有佚文一卷，卢文弨有校补一篇；

《说苑》二十卷：今有平湖葛氏传朴堂藏明钞本、《汉魏丛书》本、《四库全书》本、《百子全书》本、《四部丛刊》本、《丛书集成初编》本、《四部备要》本各二十卷，又任兆麟有辑本一卷，王仁俊有佚文一卷，卢文弨有校补一卷；

《文集》六卷：今有刘向赋，见于《楚辞》及《汉魏百三家集》，又严可均《全汉文》辑有很多篇刘向的文章。

据清人辑佚所得的刘向撰著，又别有：

王仁俊辑《周易刘氏义》一卷；

任兆麟、马国翰辑《乐记》一卷；

马国翰辑《春秋谷梁传说》一卷，王仁俊辑《春秋谷梁刘更生义》一卷；

王仁俊辑《孟子刘中垒注》一卷；

茆泮林、黄奭、王仁俊辑《孝子传》一卷。

又有疑系嫁名刘向的：

《正统道藏本列仙传》二卷。

在《汉书·艺文志》中所著录的刘向著作，又别有：

《稽疑》一篇；

《刘向分新国语》五十四篇；

《世说》；

《刘向说老子》四篇；

又《隋书·经籍志》著录梁有：

《刘向谶》二卷；

《列女传》二卷。

其他又别有《汉志》不著撰人，后人误为刘向所作的书，如《战国策》等是，《战国策》是刘向所编辑的，不是他的著作。也有汉、隋二志都不著录，而见于《两唐志》的书，如题为刘向撰的《五经杂义》七卷等是。

由上可知刘向的博物洽闻，通达古今。他的孩子也因此都很好学，长子伋，教授《易经》，官做到郡守；次子赐，为九卿丞，可惜早死；少子歆，因为一直帮助他父亲做校理群书的工作，所以在刘向死后，哀帝命他继任为中垒校尉，继续他父亲未完的事业，刘歆因取《别录》的旨要，依成帝时所分工作的项目，再种别群书，撰成《七略》七卷，这部书又被班固删取为《汉书》中的《艺文志》，而流传到现在，成为学术界的瓌宝。

像刘向这样的人，在政治上虽然不很得意，但是因此促成他在学术方面的成就，使他在校雠学上，成为开天辟地以来最有贡献的第一个人，这应该是他始料所不及的。

四、刘向为什么要校理群书

书籍之所以要校理，一定有它的原因，在刘向的时候，主要的，是因为当时书籍的逐渐聚集，并且发觉那些书籍的零乱讹脱，有的竟到了难以阅读的程度。

原来，我国早在夏朝的时候，就有略似书籍的存在。从已出土的甲骨文中，更可以看出殷商时候的人们，就懂得用丝绳或皮革，来贯穿甲骨或简牍，使成为册，并且知道如何去典藏管理它。但是，因为竹木丝绳的容易腐朽，加以天灾人为的种种因素，这种所谓的书，是很快就会散失的，所以到了东周末期的春秋时代，孔子已有文献不足的感叹。

经过春秋战国的百家争鸣，论议的加多，已到不可胜载的情形。由于思想的各不相同，和齐人淳于越是古非今的刺激，所以在始皇三十四年（前二一三年），就采用丞相李斯的建议，禁掉了民间所有的诗、书、百家语，只留下了医药、卜筮、种树的书，和政府中所藏的各种书籍。这些在政府中的藏书，后来又被项羽在咸阳放的一把无情火，烧为灰烬。于是书缺简失，礼坏乐崩，典籍就丧乱失纪了。

到了汉兴，慢慢的，既大收篇籍，又加以序次。废除了挟书的禁令，又广开献书的方法，建了藏书的地方，也设了写书的官员，于是经传诸子，逐渐出世。在成帝河平三年（前二六年），又派人到天下去收罗遗书，民间所私藏的要籍秘典，就又渐渐的集中到了官府。

这时，刘向既为汉室的宗亲，又有才行，可是在官场上却不得志，而成帝也精于诗、书，喜欢观览古文，看到了中秘堆积如山，纷乱歧异的书籍，当然会想到应该加以整理了，于是这个工作，自然而然的，就落到刘向头上。

固然，以刘向当时的志意来说，一定是不只在学术上的，他一定很想在政治上能有一番作为，好报效刘家江山，但是，先是由于自己的献言冶金的失败，差一点被处死，接着是想除去外戚宦官的反为所害，虽然一心一意想尽忠刘汉，却苦无良好的机会，所以这种差事，也只得做了。

结果，到了今天，也因为他认真地做了这个工作，卓有成绩，才使得我们还能认识他。人的幸与不幸，很多都不是当时所能预料的啊！

五、刘向的校雠思想

当刘向接受这种校理群书的任务时，首先，他一定会想到：该如何做呢？以前有那些人做过这些事情？

原来在西周宣王时，有孔子的七世祖正考父，已曾经就周太师校理过《商颂》十二篇，然后以《那》为首篇；到了孔子的时候，对于六经，也曾经加以论序修正过；又孔子的学生子夏，有一次，在卫国听到了有人念晋师三豕涉河的句子，他知道是那个人读的本子错了，就告诉他说“三豕”应该是“己亥”才对，是晋师在己亥时涉河。“己”这个字，因为和“三”形近而误，“豕”、“亥”相似，所以也弄错了，卫人对于子夏的能更正这种错误，非常佩服，称他为“圣”。这是现在所知道的先圣先贤校勘古代典籍的例子，当然，在正考父以前，可能还有，在刘向的时候，也许知道得更多。

又在汉高祖打下了天下的时候，也有萧何的次律令，张良、韩信的序军法，张苍的为章程，和叔孙通的起朝仪，于是文学彬彬稍进，诗书往往间出。武帝时，杨仆也曾经捃摭过遗逸，而记奏兵录。这些都告诉了我们，在西汉的时候，一方面是在征集遗书，一方面也在做着选校的工作，虽然都只限于部分而已，规模不大，但是如没有这些前人的贡献，又那会有汉成帝时刘向等人的成就呢？

前人的这些成绩，自是刘向校理群书时的思想依据，刘向的校雠思想，自会从前人的工作表现中获得启示。

所以，在成帝河平三年（前二六年），诏刘向等人校理中秘群书时，就已经能够按照各人的专长，分配工作，分头去进行了。

他们的工作划分是这样的：由光禄大夫刘向校经传、诸子和诗赋这一方面的书籍；由步兵校尉任宏校兵书；太史令尹威校数术；侍医李柱国校方技。

这种经传、诸子、诗赋、兵书、数术和方技各部的分野，在分类法上说，虽然并不算精密，标准也不能纯一，但是后来也就形成了刘歆《七略》中的《六艺略》、《诸子略》、《诗赋略》、《兵书略》、《术数略》和《方技略》，虽然在名称上小有差异，但是大体上已给刘歆在从事分类工作时，一个确切不移的依据，他只在每一略中，再编定小类，另外再加一个述六略总序和总目的辑略就成了。这种事先的分工，自更会给刘向等人，在开始董理一堆杂乱无序的书籍时，带来一种很大的方便。

刘向的校书，虽然是分工而合作的，当时的部次群籍，除析为六方面外，参与校理的人，还有杜参、班游、史丹，和刘向的儿子伋、歆等人，但是在任宏等三人各以专门名家分任一种外，其余三种，却都归给了刘向总其成，由此可见刘向任务的繁重。在每一部书校理完毕以后，刘向还都要再考求它的旨意得失，叙述作者的行事，而写成一篇叙录，奏给皇帝看。这些事情，当然都不是短时间内所能完成的，也是要颇费心思的，所以在叙录写成以后，书还放在温室中，刘向就死了，后来才由他的儿子刘歆继续他的工作，把书从校雠的地方移到天禄阁上去藏存，而完成了一部《七略》。因此，后人对于这一次的校书，都归功给向、歆父子；由于这一次大规模校书的成就，奠下了后人从事校雠目录的规范，所以今人都一致尊称向、歆父子为我国目录学的始祖。

刘向一生的心血，既都花费在校理中秘图籍上，所得出的成果，自是他的精意所寄。虽然当时别集各篇叙录所成的《别录》，现在已经佚失，但是从残存的几篇及因它而成的《七略》佚文和《汉书·艺文志》当中，我们仍不难探得他的校雠思想，基于这种思想的引导，他的工作方法当不外是：

第一，广罗辅本，以为校理群书的准备。

第二，校补讹脱。这是校理工作的初步。

第三，删除复重，条别篇目，谨定篇次，进而命定书名。这是校理工作的进一步。

第四，通学术，明源流，考师承，究得失，辨异同，以撮指意。这是校理工作的再进一步。

第五，述疑似，辟旧说，存别义。则涉及辨伪。

第六，详作者，明时代，以增进对作品的了解。

第七，分部类，次图卷。这是及于分类编目的工作。想刘向校定群籍的时候，一定会注意到这种事情。在校理图籍时，一定会把体裁或性质相近的书籍，大略的聚集在一起，所以刘歆才能在短短的时间内，继续他父亲的工作，而完成一部《七略》。

第八，准经义，征史传。这是刘氏论次学术的根据。

以上这些，涉及刘向校书和写定叙录的常规。现在再略为分析，举例说明如下：

1. 刘向校书的常规

（一）广罗辅本：刘向在从事校理工作的时候，首先想到的基本问题，一定是如何去找到更多的异本，好作为比勘雠校的依据。因为那时的书籍，或脱或讹，无论那一种本子，都不能保证全无错误，如只据一种本子，那么，当觉得有难解的地方时，最多就只能对它存疑而已，必与另外的本子相雠校以后，才能确定它衍夺错误的地方，所以凡公私所藏的，如所谓的中书、太常书、太史书，和外书、臣向书、臣某书等，刘向都尽量地去搜集，然后择善而从。

如校《管子》时，他一口气找到了中秘所藏的《管子》书三百八十九篇，大中大夫卜圭所藏的二十七篇，臣富参的四十一篇，射声校尉立的十一篇，太史的九十六篇，合中外书共五百六十四篇。这种搜罗异本的工夫下得越大，校书时所得的正确性当然也就越高。刘向一定是知道这个道理，所以他才会不遗余力地去做这种吃力的准备工作。

其他如校《晏子》时，他所找到的书有：中书十一篇，太史书五篇，臣向书一篇，参书十三篇，凡中外三十篇，为八百三十八章；校《邓析》书时，找到了中书四篇，臣叙书一篇，凡中外书五篇；校《申子》时，得民间所有上下二篇及中书六篇。

这是校理群书时，一步重要的准备工作，清乾隆年间，修《四库全书》的广征天下书籍，及后人从事校订工作时的必搜罗异本，多少都是受到这种思想和方法的指引。

（二）校补讹脱：校勘的工作，有一人读书，自校谬误的；也有一人读书，另一人持本，像怨家相对，来找出其中错误的。这是一件枯燥乏味的工作，但是也是一件很重要的事情，尤其是在刘向校理群书的时候，因为那时候，不但书缺简脱，而且由于先秦人的著作，大都是单篇流传，也无所谓著作权，人人都可以取而传抄阅读，加上文具的不理想，所以所流传的，或增或省，或改或乙，多半已错杂失真。刘向当然也看到了这种情形，所以对于讹脱的校补，他也特别的重视，前面讲到的广罗辅本，原就是为的能借以厘正脱误，好重新写为定本的啊！

如他校《战国策》时发现：本字多误脱为半字，像“赵”为“肖”，以“齐”为“立”等是；校《晏子》时发现：中书以“天”为“芳”，“又”为“备”，“先”为“牛”，“章”为“长”等等的错误也非常的多；校《易经》时发现：有些本子，或脱去无咎，悔亡，只有费氏经和古文相同；拿中古文《尚书》去校欧阳、大、小夏侯三家的经文时更发现：《酒诰》脱简一，《召诰》脱简二，率简二十五字的，脱也二十五字，简二十二字的，脱也二十二字。其他文字上的差别脱漏也很多。

像刘向这种比勘文字，补正脱讹的方法，既嘉惠士林，也给后来的人立下了一个典范。

（三）删除复重：异本既备，篇章一定会有复重的情形。文字的脱讹既经校补，多余的章句，当然就该删弃。

如校《管子》时，凡中外书，原有五百六十四篇，刘向除去了重复的四百八十四篇，定著成八十六篇；校《孙卿》书时，凡得三百二十二篇，除复重二百九十篇，定著成三十二篇；校《晏子》时，凡中外书三十篇，为八百三十八章，除复重二十二篇，六百三十八章，定著八篇，二百一十五章等是。

除去复重后的书本，必是清新可读的，于是进而可以条别它的篇目，定著它的篇次。

（四）条别篇目，谨定篇次：古书既多单篇独行，因此，彼此间不但不相联系，甚至连篇目都不一定有，更谈不上什么篇次了。所以刘向校书之后，就把它们加以归类，各标以篇目，著明为某篇第几，而编定了一个先后的次序。

如《孙卿》书三十二篇，定著为《劝学》篇第一，……至《赋》篇第三十二。（现在的《荀子》这本书的篇次，已经后来人的更动，所以《赋》篇是次在第二十六。其他的书，也有同样的情形。）《晏子》八篇，定著为内篇《谏上》第一，……至外篇《不合经术者》第八；《礼经》十七篇，定著为《士冠礼》第一，……至《少牢下》篇第十七等是。

凡古书有不分篇目，无一定篇次，或原有目次不很合理的，刘向都加以整理勘定，使流动不居，增删不定的古书，有了一个固定的新貌，既免散失，也可见一书的始末，这种工夫，在当时实在是我国学术史上，一个值得大书特书的大贡献。

（五）命定书名：刘向校书时，公私所藏的书里，有没有命名的，有的却有很多不同的名称，现在，书既经订补编次，当然要给它一个合理的书名了。

如校《战国策》时，发现有管它叫《国策》的，有称它为《国事》的，也有叫它做《长短》、《事语》、《长书》、《修书》等等不同名称的，刘向以为这是一本写战国时，游士替他所辅助的国家出策谋的书，所以应该叫做《战国策》。这部书的名称，就这样流传下来了。又如刘向省《新语》而作《新序》；改造所校《中书说苑杂事》，叫做《新苑》等，也都是就旧有的简策，加以整理，然后再命定新名的。

以上五项，是刘向面对堆积如山，亟待校雠的简策时，所必须渐次着手进行的工作，等这些纷乱无序的篇卷，成为有系统，而且是紧结固定的书本时，才能更进一步地去了解这些书本的内容，寻绎它的思想，进而溯沿学术的源流，推求事实的得失。所以刘向在理完群书以后，接着又做了一件极有意义的事情，就是替这些书写叙录。刘向的一生，就靠着他那细密而有条理的思想，指导他做了这些非常有价值的工作，更由于这些工作的优越表现，使得他在我国目录学史上，拥有永不磨灭的崇高地位。

2. 刘向写定叙录的常法

（一）著录书名、卷数和篇目：刘向所写的叙录，现在我们还能看到的，当以《孙卿新书》最能保存它的原本面目（详见附录一），其他如《晏子春秋》等，也能存其旧式（详见附录二）。

在《孙卿新书叙录》中，一开头就题上书名、卷数，再分列篇目，如《劝学》篇第一、《修身》篇第二、到《君子》篇第三十一，《赋》篇第三十二等是，每目为一行，然后写着：护左都水使者光禄大夫臣向言。

（二）叙述校雠的情形：在《孙卿新书叙录》中，“臣向言”以下，就写他校雠中秘的情形。

如他说《孙卿》书，原有三百二十二篇，彼此对校后，除掉重复的二百九十篇，编定为三十二篇。在《战国策》、《晏子》、以至于《管子》、《说苑》等其他各书的叙录中，更把原书杂乱的情形、书名的不统一、版本的异同、篇数的多少和文字的讹脱等等，凡是在校雠的时候，所能看到的情形，都扼要的说一说，甚至于校书人的姓名和上书的年月，也都会一一写得清清楚楚，使读的人，对编校群书的经过，都能够一目了然。刘向的负责精神，从这里可以看出一斑。也由于这种思想的指引，使他获得了不平凡的成就。

（三）介绍作者的生平事迹、时代背景、思想渊源和对他的感想：在《孙卿新书叙录》中，说明完校雠的经过情形后；接着，刘向就提到了有关孙卿和他那个时代的重要事项。

他的大意是说：

孙卿是赵人，名况。在齐宣王、威王的时候，齐国在稷下聚集了很多天下贤士，很是尊宠他们，像邹衍、田骈、淳于髡这一班人，都称为列大夫，他们都有著作警刺世人。

这时，有秀才的孙卿，也到了齐国。他对于《诗》、《礼》、《易》、《春秋》，都有很高的造诣，所以也受到了很好的礼遇，曾经三为祭酒。后来，因为有人说了他的坏话，就到了楚国，楚国的春申君任他为兰陵令。在楚国，又有人向春申君说：“商汤借着七十里，拥有天下，文王凭着百里地而兴起。孙卿是一个贤者，我们给了他百里的地方，这对楚国来说，不是很危险的吗？”于是孙卿就到了赵国。后来，因为有人向春申君说："伊尹离开了夏，到殷地去，殷因此统一了天下，夏因此而亡；管仲离开了鲁国到齐国，鲁因此衰弱，齐国因此而强。所以贤者所在的地方，君尊国安。孙卿是天下的贤人，他所离弃的国家，会有危险吧！"春申君于是又派人去聘请孙卿。孙卿就写了东西警刺楚国，又写了赋送给春申君，最后又当了楚国的兰陵令。

等到春申君死，孙卿又被废，后来就死在兰陵。他有两个大弟子，都很有名气，一个是后来相秦的李斯，一个是韩非子。

孙卿见过秦昭王，昭王当时正喜欢战伐，所以不能用他。在赵国，曾在孝成王面前同孙膑议论兵事，结果也不能被任用。

孙卿讲仁义规矩，安于贫贱，孟子也是一个大儒者，讲性善，孙卿晚孟子一百多年，主张人性是恶的，所以写一篇性恶来反对孟子的性善。苏秦、张仪靠着邪门游说诸侯，很是显贵，孙卿也很批评他们的不是。

孙卿因为看到当时政治的混浊，社会的不安，大家盲目的相信一些吉凶祸福的事情，所以就推求儒墨道德的行事兴坏，写了数万字的论著。当时还有公孙龙、处子、李悝、尸子、长卢子、芋子等一班学者，但是讲的都不是儒家的道理，只有孟轲、孙卿能尊崇仲尼。

兰陵人都很用心求学，而且喜欢用"卿"做他们的字，大概是因为孙卿的缘故。汉朝大儒董仲舒曾很赞美孙卿，他们都反对霸道。如果国君能重用孙卿，王道的理想可能会被实现，可惜不然，所以后来弄得六国残灭，秦国也因大乱而亡。《孙卿》书所陈述的王道，是很容易实行的，却没有被重视，实在是很可悲痛流涕的啊！

这一大段话，比起《史记·孟子荀卿列传》中所写的荀子事迹，还来得详细，可见刘向对一书作者的重视。

又如《晏子叙录》所谈到的晏子生平梗概，可以说是简明扼要，说所该说的。刘向既提到晏子的名、谥，对于籍贯，还能把古地名注明是当时的什么地方，这一点尤其难得。刘向在说完晏子的博闻强记，节俭力行，尽忠极谏，不受到威胁以后，又拿他和管仲做了一个比较，虽然对人的批评，后人各有见解，但是这种思想和做法，也给后代人开出了一条路子。

再如《雅琴赵氏叙录》提到的赵氏，说他是一位鼓琴专家，于是让我们知道了这一本书应该是属于音乐方面的著作。

至于《邓析子书叙录》的引《左传》，说是子产死后二十年邓析死，以辨明传说中，或称子产诛邓析的不对，这又开了后来考据家的先声。

刘向对于作者的行事，如是史书上已详为叙述的，有时是就原文翦裁入录，既不空发论议，也可省两读。如是虽有列传，而事迹不详，甚或无传的，他就旁采他书，或别据所闻，加以参订补充。如是撰人事迹有讹传的，就据他书考求辨正。至于不知作者或不明时代的书籍，就明说是“不知作者”，或“不知何世”，不强作附会，试看《汉书·艺文志·诸子略》各家条下所注，就可以推见刘向撰写的叙录，是何等的审慎。

（四）说明著书的原委、书名的意义、书的内容和性质：如《易传古五子叙录》说明了取名“五子”的原因。《淮南道训叙录》，解释了中书署为淮南九师书的意义。《神输叙录》，诠释神输这两个字的命意是：“王道失则灾害生，得则四海输之祥瑞。”《周书叙录》说，这是一部周时的诰、誓、号令，是孔子所论百篇之余。《世本叙录》说，那是由明白古事的古代史官所记，记录黄帝以来诸侯和卿大夫的系谥名号，一共十五篇。《战国策叙录》认为，那是一本战国时代游士替他所辅助的国家出策谋的书，所以应该叫做《战国策》，继春秋以后，到楚汉相争，写了二百四十五年间的事情。

又如《晏子叙录》，在刘向定著为八篇后，他说，其中的六篇，都在忠谏国君，文章可观，义理可法，都合于六经的道理，有一篇文章颇异，但也不敢遗失；又有一篇，不合经术，好像不是晏子的话，怀疑是后代辩士所作的，也不敢遗失，都使它们另成一篇；八篇中，有六篇是可以常常放在御座旁边供观览的。又在《管子叙录》中，称《管子》书务富国安民，道约言要，可以晓合经义。在清朝人严可均所辑的《全汉文》中，我们也可以看到刘向对《礼记》各篇，是如何的使它们分属于制度、通论、明堂、阴阳、丧服、世子法、祭祀、子法、乐记、吉礼、吉事等类中。

像这种扼要的叙述，一两句话就使人能洞明一书的梗概，不但便于皇帝的参阅，也使后人能从而判定需不需读这本书，这种贡献实在太大了。

（五）评论思想的是非：刘向叙录，不但介绍作者和书的内容而已，对于思想的是非，也常加以讨论。

如前面提到的《孙卿叙录》中，刘向认为：孙卿能尊仲尼，兰陵人也能法孙卿；孟子、孙卿、董仲舒都以为仲尼的门徒，五尺的童子，都羞称五伯，所以如果国君能用孙卿，行王道是不困难的；像这样的人，结果却使他终老闾巷，不得显扬他的功业，实在是可悲呀！

又如《贾谊叙录》，说贾谊谈到的三代和秦的治乱，道理实在很对，贾谊的能通达国体，像伊尹和管仲都未必能远胜过他，当时的国君如能重用他，功化必定很大。

这种评论，虽然不免主观，像贾谊的空有才华，而不能自用，也不能全说是皇帝的不对，他的不能有伊尹和管仲的功业，也许是自取的。但是，在校雠完一书以后，能对其中的思想做一番判断，供人取舍，也足见撰写的用心。

（六）论列史事的得失：如《战国策叙录》说：周室自文王、

武王以后，崇尚道德，隆重礼义，陈设教化，端正人伦，所以天下太平。康、昭以后，虽有衰德，纲纪尚明。春秋时代，余业遗烈，流而未灭。五伯兴起，尊事周室。五伯以后，挟君辅政，还以义相支持。等到众贤既没，道德大展，捐弃礼让，贵用谲诈，各国遂相吞灭，并大兼小，父子不相亲，兄弟不相安，上无天子，下无方伯，力功争强，竞进无厌，所以像孟子、孙卿这样的人，都不被重用，苏秦、张仪那班人，反为世俗所贵，使天下终为秦所吞没。而秦的烧诗书，坑儒士，小尧舜，邈三王，上下相欺，骨肉相疏，化道浅薄，纲纪坏败，最后也走上了崩溃的末路。因此如果能使天下的人都知道什么是耻，天下是会太平的，如果以诈伪苟活，秦的失败，不也是应当的吗？

刘向的这一段论述，不但简明扼要，而且又有深远的含义，一个贤明的国君，看了以后，能不由此而得到一点历史的教训吗？

又如《管子叙录》说：以区区的齐国，位在海边，通货积财，而富国强兵。又论管仲的为政是：善因祸为福，转败为功。所以管仲富拟公室，有三归反坫，而齐人不以为侈。像这种对史实的叙述，都是很有参考价值的。

（七）叙录学术源流：先秦学者，各极其辩，诸子所论，都成一家言，所以《孟子》的《公孙丑》、《离娄》、《万章》、《告子》、《尽心》、《滕文公》各章，和《庄子》的《天下》篇，《荀子》的《非十二子》篇，《解蔽》篇，《尸子》的《广泽》，《韩非子》的《显学》篇，《吕氏春秋》的《不二》篇，司马谈的《论六家要旨》，《淮南子》的《要略》篇，《史记》的《孔子世家》、《仲尼弟子列传》、《管晏列传》、《老庄申韩列传》及《孟荀列传》等，都曾经广为论列。

论学术的渊源及文辞的流别，以探讨书的真义和价值，是一件很重要的事情，也是一件不容易做好的工作。刘向的校雠群书，凭他的识见，自然也会去注意辨章旧闻，并详究它的得失。所以清朝史学家章学诚就曾经赞美过他，说他的部次条别，是在辨章学术，考镜源流，不是深明道术精微，群言得失的人，是不能够如此的。这真是知音之论。

如今传的《列子叙录》说：列子是一个有道的人，所学本于黄帝、老子，号为道家。道家主张秉要执本，清虚无为，治身接物，务崇不竞，合于六经。孝景皇帝时，贵黄老术，所以这一本书颇为流行，以后遗落，散在民间。《列子》书多寓言，和《庄子》一样。

从以上这一段叙述，类推其余，我们不难知道，刘向校写叙录时，一定会尽心去求明一本书的始末，如说《书经》在秦火以后又如何的传授等是。

想明白一家思想的是非，就须比较各家思想的源流异同，刘向所见，当然是不会错过这一层的。

（八）辨别书的真伪：古代的学术，很多都是靠口耳相授受，而不写在竹帛上，到了周末，学者才渐渐的根据所闻，把它笔记下来，于是书才慢慢的多起来，这些书，当然免不了会有误记、附会或依托的地方；又古代的言论，本为天下的公器，人人得而引述，更由于文具的不便，古人对于古书的传钞，也常随意增删，书的真伪，因此就淆乱起来了。在刘向校书的时候，当然知道这种情形，所以也就着意的加以分辨。

如他在《晏子叙录》中说：《晏子》书六篇，全在忠谏国君，文章可观，义理可法，都合六经之义；又有复重，文辞颇异，不敢遗失，复列以为一篇；又有颇不合经术，似非晏子言，疑后世辩士所为，所以也不敢失，复以为一篇，一共八篇。

伪本冒替，如不加甄别，则不但会紊乱时代思想，混淆学术是非，更会枉费学者的精神，是虽有书，不如无书。所以刘向的工作，在《晏子》书中，虽只有一部分的内容，和其他部分的旨意不同，也要使它另外成篇，不使杂乱。看他这种审慎的辨伪思想和求真的态度，该是何等的科学啊！

又如《神农》二十篇，《别录》则疑为李悝及商君所说，而托之神农；《黄帝泰素》二十篇，则说是或言韩诸公孙所作，不信是黄帝的书。其他如在《汉书·艺文志》上所注的辨伪的话，像《诸子略》中道家的《文子》九篇、《力牧》二十二篇，小说家的《伊尹说》二十七篇、《师旷》六篇、《太乙》三篇、《黄帝说》四十篇；《兵书略》中（阴阳）的《封胡》五篇、《风后》十三篇、《力牧》十五篇、《鬼容区》三篇等各书，都认为是依托；至如小说家的《鬻子》十九篇，则以为是后世所加，《务成子》十一篇，说是“非古语”，杂家的《孔甲盘盂》二十六篇，怀疑不是像世人所说的为黄帝之史或夏帝孔甲所作，《大禹》三十七篇，则疑是后世语。这些《汉书》注，应该原都是刘向叙录中的意见。这种剖判各书真伪的见解，使读者不为伪书所欺，实在给了后人不少方便和启示。

（九）判定书的价值：一书有一书的价值，刘向既加校雠，自有较为真切的认识，因此在写叙录时，也必然会加以叙述。

如认为《战国策》是高才秀士，度时君所能行，出奇策异智，转危为安，运亡为存，亦可喜，皆可观；《晏子》八篇中的六篇，认为可常置旁御观；《孙卿》书则比于记传，可以为法；《管子》书务在富国安民，道约言要，可以晓合经义等是。

这种看法，当然旨在贡献给皇帝，虽不免偏于政治方面，但是有此一叙述，对于读者的阅读选择，也是很有帮助的。

刘向叙录所注重的，主要的大概是这几个方面，他的校雠思想，大体上也都荟萃在这里。

书既经雠校编定，又每书有录，于是先秦典经，得一总结。流动不居，杂乱无序的古书，得能固定形质，既可使皇帝一览而得明指归，学者也可以从中取学，而无茫然不知所从的烦恼。后来的人，更因此而能周知先秦学术的大凡。所以我们对刘向的推崇，可以说是名至实归，他积二十年所成的心血结晶，对后人的启示和贡献实在是太大了。在今天我们大谈校雠学、目录学的时候，能不油然想起这位两千年前曾尽心尽力，替后人立下宏规的古人吗？

六、刘向对儒家思想的发扬

刘向既为汉朝宗室，历宣帝、元帝、成帝三朝，居列大夫官前后三十余年，又为名儒俊才，专积思于经术方面，曾经在皇宫收藏图籍的石渠阁上讲论五经，也颇校过宫中的五经秘书，在成帝时，又奉诏校书，所以一向忠心于刘汉的他，自会时时留心有关六经的教化，而处处发扬孔子的遗风，冀能做些有益国家社会的事情。

刘向的作品很多，前面已经提到过，在那些著述当中，除掉《别录》、叙录和被后人嫁名的书以外，为后世所了解和重视的，还有他所编撰的三部书，一部是《列女传》，一部是《新序》，一部是《说苑》。这三部书都是他采集各种经传行事，用来谈得失，戒天子的。

在《汉书·艺文志》中，载有刘向所序六十七篇，《列女传》、《新序》和《说苑》，就在这六十七篇里面，都清清楚楚的著录在《诸子略》的儒家中。儒家的宗旨是在助人君，顺阴阳，明教化；所读的是六经的文章，留意的是仁义的事情。由此可知，刘向所编撰的这三部书，虽然是就旧简加以序次而成，但是却足以代表他的儒家思想，刘向是在借着古事以发抒他个人的怀抱。所以他所整理的这些篇卷，《汉志》并不放在《六艺略》的春秋家中。也就是说，他采的虽然是旧史，但并不是在编撰历史，而是在借以寄托他个人的讽谏，图能感悟国君。因此，刘向的儒学，我们就可以从他所序次的这些书里，钩勒出一个大体。

现在，我们谨就《列女传》、《新序》和《说苑》这三部书，来谈谈刘向对儒家思想的发扬，和他的目的。

1. 借《列女传》以励贞节而戒淫暴

《列女传》是在汉成帝时，由刘向和黄门侍郎刘歆共校而成的。画在屏风四堵，取便鉴览（见附录三）。

那时，外戚王凤等兄弟七人，既专权于朝廷，成帝宠姬赵飞燕姊娣，又淫暴于后宫，奢乱踰礼，都毫无法度，忠精的刘向，对这些事情，当然极不以为然，并且很替国家担忧。

于是，他就为王氏兄弟写了《洪范五行传论》，呈给成帝，以刺外戚贵盛及王凤兄弟用事的不是，他这种论符瑞灾异的思想，后文当再论述；另外，刘向又觉得王教是由内及外，自近处开始的，女德的好坏，对国家的治乱，影响很大，所以就又采摘诗书上面所载贤妃、贞妇兴国显家可作模范的事迹，以及孽嬖乱亡应引为借鉴的，种类相从，序次为《列女传》，以著明祸福荣辱、是非得失的道理。

《列女传》上，有善有恶，有贤明贞顺的人，也有弃节背义的，从有虞二妃，到赵悼倡后，今共分作《母仪》、《贤明》、《仁智》、《贞顺》、《节义》、《辩通》、《孽嬖》七卷。每卷十余传，每传都独立成篇，而且都有颂赞图画，所叙述足为楷模及可为世人劝勉的事迹，也率能略具首尾，传末或有“君子谓”和“君子曰”的评语，然后再引《诗经》上的句子，借它的寓意，作为美刺。

在《列女传》中，所以写有嘉言善行的妇女，用意当是在讽刺赵氏的不及古人贤慧，写有娇媚不逊的女人，则在警戒赵氏的乖戾，告诉她为恶害人，终将招灾致祸，并且也要天子能当心国是，防患未然。

这些好坏的对比相称，重点则仍在《母仪》、《贤明》、《贞顺》、《节义》诸传，而《孽嬖》一项，应是在影射赵氏，所以骂女人为鸱枭，为牝鸡司晨，为祸乱的根源，为长舌，为厉阶，为不可教诲，为与宦官同类，甚至咒其早死。看他用力的历述夏桀末喜、殷纣妲己、周幽褒姒、卫宣公姜、鲁桓文姜、鲁庄哀姜、晋献骊姬、鲁宣缪姜、陈女夏姬、齐灵声姬、齐东郭姜、卫二乱女、赵灵吴女、楚考李后、赵悼倡后诸妇女的孽嬖，可见他对时势的悲痛。

这种一心一意，忠君爱国，鞠躬尽瘁，死而后已的精神，不正是我国儒家思想的发扬和实践吗？

自刘向编校了《列女传》后，拿《列女传》作书名的，先有《续列女传》，载周郊妇人二十传共一卷。继有明代解缙奉敕撰的《古今列女传》三卷。再为明新安汪氏辑绘图本《列女传》十六卷，仇英作图。历代正史自范晔《后汉书》以后，也都有《列女》一传。至于写有关妇德的文章，除了《女诫》、《女则》外，又有所谓的《闺范》。这类书，自受宋明理学的影响后，所记的有的大半是属于死节的妇女，可见“列女”传的意思，几乎已由“诸女”传，演成“烈女”传了。

刘向是一位有热情、有思想、肯干、实干的儒者，他的努力，对后世自会有深远的影响。

2. 借《新序》以泛论治国的方法

《新序》也是刘向采摘百家传记编成的书（见附录四），皆事出有据，其中尤以出于《吕氏春秋》、《韩诗外传》、《史记》、《战国策》为最多，他如《春秋》三传、《荀子》、《韩非子》、《晏子》等书，也都在征引之列。

《新序》的主旨，在于推明古训，而归本于仁义道德。这也就是儒家的中心思想所在。书中所论，举凡任贤、论政、劝恩义、讲礼敬等等，都是在为治国着想。

全书原为三十卷，但是宋朝曾巩所见到的，已经只剩下十篇了。现在十卷的内容是《杂事》第一、第二、第二、第四、第五，《刺奢》第六、《节士》第七、《义勇》第八、《善谋》第九、第十，合共一百八十三则，另外还有一些佚文，为清人辑佚所得。所记的，都是春秋、战国、秦、汉间的事情。

在《杂事》第一中，他举了孔子的德化七十二子；又说在孔子将为鲁司寇的时候，一些奸民、淫妇都相率归正；既为司寇，齐人就归还了向鲁国侵夺的土地。这就在表示，君正则天下化之。

又以为卫国的逐献公，是因为他使百姓绝望。一个明君，将赏善而除民患，能爱民如子，民也能爱之如父母，仰之如日月，敬之如神庙，畏之若雷霆。这就是说，一个人君，如果纵淫弃性，必为民所逐。

在《杂事》第四中，举了郑子产的能广听舆论，以行善去恶。于《新序》佚文中，仍存有“子产相郑七年，而教宣风行，国无刑人”的句子。这就是在提倡仁政。

在佚文中，又有子贡批评臧孙的行猛政，而举子产相郑的能抡材唯贤，抑恶扬善。所以认为治民的方法，要能养之以仁，教之以礼，因其所欲而与之，从其所好而劝之，赏之疑者，要从重，罚之疑者，要从轻。这不都是儒家遵仁行礼，举才爱民的思想吗？

书中谈到治国的方法，要以人才为本，明君一定要能礼敬贤人，如此则敌国不敢来犯。如《杂事》第五所写的魏文侯的能尊敬段干木，遂使得秦君按兵而不攻魏。这是多么感人的一段记事啊！

如果不幸的是群臣行赂，以求名誉；百姓蒙冤，无所告诉；忠臣不用，用臣不忠；下才处高，不肖临贤；奸臣欺诈，空虚府库；国贫民疲，上下不和；好财用兵，嗜欲无厌；至道不明，法令不行；吏民不正，百姓不安；那么，刘向以为国家一定是会灭亡的。所以在《杂事》第一中，他深切的提出了这一段足以发人深省的话！

《新序》一书所取载的忠臣贤士，常是以儒家的智者不惑，仁者不忧，勇者不惧为标准。认为忠臣必极谏；贤士不畏死；不仁不义，虽得天下不为。所以在《节士》卷里，刘向举了王子比干的进谏纣王；《义勇》卷中，记载了子渊栖的知、仁、勇及易甲的持义明志。这种种，无非在告诉我们，要怎样做，才能算是一个忠臣义士。

刘向理国安民的儒家思想，从这些是可以充分的看得出来了。

刘向的编撰《新序》，虽然或有同事实相抵牾的地方，但是，他既是采自群书，目的在借以发抒己意，冀能匡正时君人臣，所以只要文足达意，也就不去计较其他了，因为这究竟不是记事考证的文章啊！看他对于有关兴教化、宏治道的事情，是如此的再三致意，岂只在为汉室设想，也足为万世开太平呀！

3. 借《说苑》言得失以陈法戒

刘向又采自《左氏传》、《公羊传》、《大戴礼记》、《小戴礼记》、《管子》、《晏子春秋》、《庄子》、《荀子》、《韩非子》、《吕氏春秋》、

《淮南子》、《贾子》、《国语》、《国策》、《尚书大传》、《韩诗外传》、《史记》等书的秦汉旧闻，加上他所新造的十万言的东西，编辑成了一本《说苑》(见附录五)。

《说苑》全书二十篇，七百八十四章，自《君道》、《臣术》以下，即继以《建本》，极于《修文》，而终于《反质》。全部的篇目如下：《君道》、《臣术》、《建本》、《立节》、《贵德》、《复恩》、《政理》、《尊贤》、《正谏》、《敬慎》、《善说》、《奉使》、《权谋》、《至公》、《指武》、《丛谈》、《杂言》、《辨物》、《修文》、《反质》。

这是一部援古证今，以谏当世的西汉重要著作。《君道》篇开宗明义就提出了人君之道，务在博爱、任贤，广开耳目，以察万方，不溺于流俗，不拘于左右。在《臣术》篇又说：人臣当顺从而复命，无所敢专。《建本》篇则以为：君子贵建本而重立始，因为本不正，末必倚，始不盛，终必衰，本立则道生。可知《说苑》一书，应该是《新序》的姊妹篇，全文理备旨明，足以端正纪纲，启迪教化，无论在治道上或学术上都有着极大的价值。

刘向既尽力在学术的整理工作，又不忘时时发扬儒道留意政教，以分辨邪正，劝戒天子，可谓苦心孤诣，高瞻远瞩。如果他的思想能被当时的成帝所感悟，而得重用，以彻底发挥他的抱负，后来的平帝也许不至于被王莽所杀，当然也就没有孺子婴的被废为安定公了。

七、刘向的谈灾异

汉朝是一个盛谈阴阳五行的时代，无论宗教、政治、学术都离不开它，举凡有关天地、昼夜、男女等自然现象，尊卑、动静、刚柔等抽象观念，及时令、服色、食物，以至于帝王的统系和国家的制度等，都受到阴阳五行说的影响。

刘向是一个潜心经术的人，但是也常夜观星宿，不寐达旦。刘向如此，天文家可知。当他们看见天上有一些变动时，就认为人间将要有某事发生，并且更加以推究，以为将应验在某人的身上。

所以，在文帝二年（前一七八年）冬十一月晦，有了日蚀，他就下诏说："我听说：上天生了百姓，就为他们立君，来养治他们。如果这个国君的德行不修，政治不平，那么，上天就要显示灾象来警戒他。"又说："天下的治和乱，都在我一个人身上，你们几位执政的人，都是我的股肱大臣，现在，我不能尽我教养人民的责任，以致掩蔽了日月星辰的光明，我的过失真是大极了！你们应当把我的错处都说给我听，并举出贤良方正和能直言极谏的人来匡正我才是！"

当元帝永光元年（前四三年），春霜夏寒，日青无光，丞相于定国就缴上侯印，自劾而去。

成帝永始二年（前一五年），见到了如雨的陨星和日蚀，皇帝就给丞相薛宣一个册书，把灾异数见，岁收不好的原因，归给了他，并免去了他的爵位。继任丞相的是翟方进，为相九年，还算平安无事，不料，在绥和二年（前七年）春，有荧惑星守住了心星，成帝就又下册书，重重的骂了翟方进不算，还赐给他酒十石，牛一匹，作他最后的餐食，他只得自杀了。

刘向处在这样的环境里，当然也会谈谈有关天灾地变的事情。

在《尚书·洪范》中，曾说到关于人事的貌、言、视、听、思，和关于天气的雨、旸、燠、寒、风。以为国君的行为正了，就会风调雨顺，如果不正，就会有淫雨等灾害发生，把天气的变化和国君的举动都牵连在一起。到了汉代，更引申以为如果君行失序，更会有鸡祸、龟孽，或下体生在上身等种种的怪异发生。当成帝时，因为帝元舅阳平侯王凤为大将军秉政，倚靠太后的势力而专国权，兄弟七人都封为列侯，正好又时有灾异发生，所以刘向就依《尚书·洪范》箕子为武王陈五行阴阳休咎的道理，集合上古以来，到春秋六国秦汉间所记的符瑞灾异，推迹行事祸福，比类相从，成了十一篇的《洪范·五行传论》奏上，用以警惕外戚贵盛，王凤兄弟用事的不对。虽然不能因此而夺王氏权，但是刘向的忠精，已感动了皇帝。

刘向这部作品，被著录在《汉书·艺文志·六艺略》的书类中，作"刘向《五行传记》十一卷"；其内容又被班固采入他的《汉书·五行志》里（见附录六）。虽然所写的，依现在科学的眼光来看，都是一些牵强附会的东西，但是前面已经说过，刘向的所以如此作，是有目的的，《荀子》的《天论》篇说："在久旱不雨时，作了求雨的祈祷以后，果然就下了雨了，这是为什么呢？这没有什么！就像不作求雨的祷告，也会下雨一样。有了日蚀、月蚀了，我们就敲锣打鼓的去救它；天旱了，就去求雨；经过卜筮，然后决定大事。这些，并不是真能得到所要求的，而是用来文饰政事的啊！所以，君子是拿它来文饰政事的，但是百姓却以为是神。用它来顺应人情以文饰政事是对的，如果以为是神，那是会有灾祸的。”刘向的目的，正是想假借灾异来提醒皇帝，所以他曾经向一位富有智谋的朋友陈汤说：“灾异如此，而外家日盛，慢慢的一定会危害到刘氏。我幸为同姓末属，累代受到汉朝的厚恩，身为宗室遗老，历事三主，皇上因为我是先帝的旧臣，每次进见，常加优礼，所以这种隐忧，如果我都不去说它，谁去说它呢？”刘向为了忠君爱国，可以说是想尽了方法，甚至还常常痛切的显讼宗室，讥刺王氏，都是发自至诚的。

在他所上《极谏用外戚封事》中，就曾以为人君莫不欲安，然而常危，莫不却存，然而常亡，这是因为阴盛阳衰，失去了御臣之术的原因啊！因此刘向就举了晋的六卿，齐的田崔，卫的孙宁，鲁的季孟，和秦的亡灭等专国弑君的例子，来警戒皇帝。又说到诸吕的欲危刘氏，以提醒今王氏一姓，乘朱轮华毂者二十三人，秉事用权，骄奢僭盛，依东宫之尊，假甥舅之亲，朋党比周，作威作福的不当。刘向对于王氏的排摈宗室，孤弱公族，有智能者尤非毁而不进，恐怕争与分权的情形，非常气愤。以为历上古到秦汉，外戚的僭贵，没有像王氏这个样子的。因此以为物极必变：昭帝时，冠石立于泰山，仆柳起于上林，而宣帝即位；今王氏先祖坟墓，梓柱生枝叶，扶疏上出屋。下有泰山之安，则上有累卵之危，王氏与刘氏，且势不并立，刘向对于这种情形，自是忧心如焚，所以就大声的疾呼：“陛下为人子孙，守持宗庙，而令国祚移于外亲，降为皁隶，纵不为身，奈宗庙何！妇人内夫家，外父母家，此亦非皇太后之福。”如非一片丹心赤诚，何能如此慷慨陈辞。因此，刘向更为汉室设想，以为宜发明诏，援近宗室，黜远外戚，则王氏可永保爵禄，刘氏也能不失社稷。他的审事度宜，实在细密啊！

刘向还曾使外亲上变事，以斥弘恭、石显等的专横。他先提到萧望之的忠正无私，以忤于贵戚，而被谗毁，因举高帝时的季布，武帝时的儿宽、董仲舒，及宣帝时的夏侯胜等，都曾一时系狱而得获赦复用，因此大有益于天下的事情为例子，希望萧望之也能复得进用；又提到春秋的地震，为在位执政的太盛，因此引到当时的地震及天阴雨雪，都是因为弘恭等的蔽善；所以认为应该斥退恭、显，如此则太平之门开，灾异之源塞。

又曾因见到周堪、张猛的在位，惧其倾危，乃条灾异封事。以为和气致祥，乖气致异，祥多国安，异众国危，今贤不肖混夹，白黑不分，邪正杂处，更相谗愬，转相是非，荧惑耳目，感移心意，将同心以陷正臣，因此觉得心寒。接着刘向又认为乘权借势的人，子弟鳞集于朝，羽翼阴附者众，毁誉乖离，所以日月无光，雪霜夏陨，海水沸出，陵谷易处，列星失行，这些都是怨气所致。初元(元帝年号。初元元年，前四八年）以来六年了，在春秋六年之中，灾异没有像现在这么多的，这是因为谗邪并进，上多疑心的原因。谗邪进则众贤退，群枉盛则正士消，君子道消，则政日乱，小人道消，则政日治。从前有鲧、共工、驩兜，和舜、禹杂处尧朝，周公和管、蔡同居周位，当时迭进相毁，流言相谤，帝尧、成王能贤舜、禹、周公，而消共工、管、蔡，所以大治；孔子和季孟同仕于鲁，李斯和叔孙皆宦于秦，定公始皇贤季孟李斯，而消孔子叔孙，所以大乱。佞人在位，历年不去，令出则常改，用贤则未能三旬而退，如此而希望能阴阳和调，这不是很难的事吗？所以刘向以为如能放远佞邪之党，坏散险诐之聚，杜闭群枉之门，广开众正之路，使是非炳然，百异自会消灭，而使众祥并至，这是太平之基，万世之利啊！

在成帝元延中，又有天地之变，刘向复上奏灾异。以为春秋二百四十二年，日蚀三十六，襄公尤数，自建始（前三二年）以来，二十年间而八蚀，古今罕有，所以观孔子之言，考暴秦之异，览惠帝昭帝之无后，察昌邑王之不终，视宣帝之继起，天命去就，实在彰明可畏。能思其故，则有百年之福。今日蚀尤屡，星象有异，因此刘向希望成帝能给他机会，让他能指图陈状，冀销大异。

由上可知，刘向以宗室之亲，因常深恐佞人的得势，及贤人的不能出头，因此每借题发挥，如在中书宦官弘恭、石显，及外戚王凤兄弟等弄权专政时，则无不就变异的发生，而劝说皇帝，在他的思想中，一定是时时刻刻都在为刘汉担心。所以他的谈灾异，当不过是希望皇帝能由此而深留圣思，审固几密，鉴往事之戒，以折中取信，居万安之实，用保社稷而已。可惜当时的皇帝都不足以振衰起敝，否则就不会有王莽篡汉的事情发生了。

八、刘向的文学

汉代学术，重在经学，汉代的文学，以辞赋为主潮，汉人论文，除站在一般的文学观点外，大抵上也受到儒家思想的影响。这种情形，在汉武帝的时候，尤其如此。

刘向虽是经学家，但是也和王褒一样，同以文章显名。他以博古敏达，辨章旧文，因追念屈原的忠信而被放逐，遂有《九叹》之作，今与王褒的《九怀》同列在王逸的《楚辞章句》中（见附录七）。

另外，刘向尚有《请雨华山赋》、《雅琴赋》、《围棋赋》等，可惜都已经亡佚了。现在我们就从他的《九叹》来窥探他的文学吧！

《九叹》计分：《逢纷》、《离世》、《怨思》、《远逝》、《惜贤》、

《忧苦》、《愍命》、《思古》、《远游》九篇。是在感伤屈原的虽被放逐在山泽中，但是还日夜不停的愍念他的国君。这是一种赞贤以辅志，骋词以耀德的手法。现在，我们试从王逸的《章句》中，逐篇的随手摘出几句来看看：

在《逢纷》中，他说："谗夫蔼蔼而漫着兮，曷其不舒予情？"蔼蔼是盛多的样子。全句话的意思是说："谗人相聚蔼蔼而盛，欲漫污人以自着，明君何不舒我忠情以诘责之？"

看！有那么多的谗佞之人相聚在一起，还要借着对别人的攻击污辱，以显扬自己，可是贤明的国君，为什么就不让我发舒一下我的忠精之情，来揭发奸人的阴谋呢？这种感叹，跟刘向当时的处境，是不是有几分相像呢？

在《逢纷》中，接着又说："始结言于庙堂兮，信中涂而叛之。"庙堂是先祖所居的地方，国君为政举事，必告于宗庙，议于明堂。这一句话的意思是说："君始尝与己结议连谋于明堂之上，今信用谗言，中道而更背我。"

当周堪、张猛在位的时候，刘向曾条灾异封事，以为治乱荣辱之端，在所信任，信任既贤，在于坚固而不移。如果用贤未能三旬而退，是转石也。（按：《诗》云："我心匪石，不可转也。"）这种叹息用贤不笃，反受谗言疏离的话，在刘向的口中说出，该是何等的深切啊！

《逢纷》又说："怀兰蕙与衡芷兮，行中壄而散之。"衡，一作蘅；壄，一作野。全句话的意思是说："己怀忠信之德，执芬香之志，远行中野，散而弃之，伤不见用。"刘向既悲屈原的怀才不遇，当也在借以自怨。因此他们必都是声哀哀而心愁愁。

由此可知，《逢纷》一篇，固在写屈原，但是刘向只在为写屈原而写屈原吗？

在《离世》一篇中，刘向一开头就接连着说："灵怀其不吾知兮，灵怀其不吾闻。”“就灵怀之皇祖兮，愬灵怀之鬼神。”“灵怀曾不吾与兮，即听夫人之谀辞。”这几句话的意思是说：“怀王暗惑，不知我之忠诚，不闻我之清白，反用谗言而放逐己。”“己所言忠正而不见信，愿就怀王先祖告语其冤，使照己心。”“怀王之心曾不与我合，又听用谗谀之言以过怒己。”

这是多么悲切的话啊！真是呼天天不应，叫地地不灵。自己的忠诚既不被闻问，更遭到谗言的陷害，这是多么不平的事啊！刘向的一生，虽然不像屈原那么困顿，但是他满意吗？他的隐忧，始终没被皇帝认真的重视过，这怎不令他心焦？王莽的篡汉，要是刘向死后有知，又怎能不令他含恨九泉呢？

刘向的忠节，皇帝是知道的，但是除了嗟叹悲伤外，又能如何？在《离世》中，刘向说：“余幼既有此鸿节兮，长愈固而弥纯。”“不从俗而诐行兮，直躬指而信志。”“不枉绳以追曲兮，屈情素以从事。”这几句话的意思是说：“己幼少有大节度以应天地，长大修行而弥纯固。”“己执履忠信，不能随从俗人倾易其行，直身而言，以信己之志终不回移。”“己心正直，不能枉性以追曲俗，屈我素志，以从众人而承事之。”

像这样有节度、履忠信的人，当然不只屈原能如此。当王氏兄弟贵盛的时候，呼朋引类，上下比周，刘向如能见风转舵，不也一样能飞黄腾达吗？但是他不然。

在《思怨》里，刘向说：“念社稷之几危兮，反为雠而见怨。”这句话的意思是说：“己念君信用谗佞，社稷几危，以故正言极谏，反为众臣所雠而见怨恶。”

因正言极谏，反为佞人所谗的，当然也不只屈原一人而已。所以当汉成帝时，虽曾有意用刘向为九卿，但是却被王氏居位大臣及丞相御史所反对而终不得迁。

《远逝》一篇，刘向一开头就写下了他极为幽深的愁思。在《惜贤》中，他更因为看到了屈原所作的《离骚》之博达温雅，忠信恳恻，而怀王不悟，心又为之悲伤怫郁。对国家的忠精，既不得应有的报偿，一个心意不坚的人，是会见异思迁的，所以在《忧苦》中，刘向曾有这样的话："欲迁志而改操兮，心纷结其未离。"奸人既常得意，因有徙意改操，随俗佞伪的念头，但心里却乱结得很，竟未能暂离于忠信。

瞧！一个精贞成性的人，虽在危难的时候，他还是如此的始终如一啊！

志既不可迁，操守不可改，在中心纷乱之余，只好"叹《离骚》以扬意兮"，但是却"犹未殚于九章"。这一句，还是《忧苦》中的话，意思是说"已忧愁不解，乃叹吟《离骚》之经以扬己志"。但是却"尚未尽《九章》之篇，而已愁思悲结"。

在《愍命》中，刘向说："刜谗贼于中廇兮，选吕管于榛薄。"刜，是去的意思；廇，是室中央；吕，是吕尚；管，是管仲。全句话的意思是说："已欲为君斫去谗贼之臣于堂廇之中，选进吕尚、管仲之徒以为辅佐，则邦国安宁。"

这种举贤去邪的思想，可以说是刘向一生中的愿望。但是希望归希望，理想是理想，忠贞之志虽申，君心却乖差而不与我同，因此，在《愍命》中，刘向又不得不说"虽謇謇以申志兮，君乖差而屏之"了。

既小人常侍在帝侧，刘向在《思古》中，乃一连串的说是："背三五之典刑兮，绝洪范之辟纪。播规矩以背度兮，错权衡而任意。操绳墨而放弃兮，倾容幸而侍侧。甘棠枯于丰草兮，藜棘树于中庭。西施斥于北宫兮，仳倠倚于弥楹。"这是几句很容易了解也很深切的话，第一句中的"典"，是"常"的意思，刑，即法。典刑，就是常法。全句的意思是说："君之施行，背三皇五帝之常典，绝去洪范之法纪，任意妄为，故失常道。"第二句中的"播"，是“弃”的意思，全句是说：“君弃先王之法度而不奉循，犹置衡称不以量物，更任其意而商轻重，必失道径，违人情。”第三句是说：“贤者执持法度而见放弃，倾头容身谗谀之人反得亲近，侍于旁侧。”第四句是说：“甘棠香美之木，枯于草中而不见御，反种蒺藜棘刺之木，满于中庭。”也就是说：“远仁贤而近谗贼。”最后一句中的“仳倠”是“丑女”，全句是说：“西施美好，弃于后宫不见进御，仳倠丑女，反倚立遍两楹之间侍左右。”

哎！在现实社会里，既是如此，所以在《远游》中，只得“悲余性之不可改兮，屡惩艾而不迻”了。这种体受忠直之性，虽数为谗人所惩艾，而心终不移易的性格，实在是又可叹又可爱。

综观刘向的《九叹》，既高屈原的节行，作赋骋辞，实在也是在发抒自己胸中的愁闷。其文清怨古秀，写的虽然是屈原，但是从以上的摘取当中，也可以看出他是如何的把自己的感情放到那里面去了。在汉文帝时的贾谊，因为境遇和屈原有些相同，便自然的同情于屈原，他为长沙王太傅时，渡湘水，曾为赋以吊屈原，有遭世罔极，逢时不祥，鸱枭翱翔，谗谀得志的话，看他的哭屈原，实在也是在自哭。那么，刘向的《九叹》，表面上，当然是在叹屈原的遭遇，但是，骨子里，不也可以看出他也在自叹吗？

从汉武帝以后，到建安之前，是所谓的辞赋时代，这时候的文字，倾向于大规模的著作，和弘丽的体制，在光彩辉煌的外表下，有些作品的内容，虽然是相当空虚的，可是像刘向这样的著作，不但有诗的隽美，而且还蕴藏着相当深挚的性灵，幽忧穷蹙，怨慕凄凉，可以说是得到了温柔敦厚的美了。难怪曾国藩在《圣哲画像记》一文里，对于他文章的渊懿，曾誉为得于阴与柔之美，是天地间一种温厚的仁气。

由此可知，刘向的文学观，应是既主用，又尚文，是文质并重的，不但承继了前人的结晶，而合于当时的需要，并且也为后代的文学，起了一定的影响。

九、结论

一个人，要想能流芳万古，必须有他特殊的表现。有的，以匹夫而能为百代师，有的，因一句话而能为天下法，这些，一定都有他能参天地之化，关盛衰之运的地方。

看刘向的一生，在他个人的勤俭自勉之余，就校雠学上说，他是一位最有成绩，而且是影响于后世最为深远的第一人；在盛谈五行灾异的汉代，他能援以戒惧当时的君臣上下，勒书立说，每以国家为重，识见的高远，可以说是超越了群伦，而不为时代所拘迷；在文学方面的造诣，他不但能以文章扬名于当世，而且也做了承先启后的工作，在我国文化史上，他确实是一位值得大提特提的人物。

古今中外，能以思想感染到如此久远广大，并且会有如此显著的卓越贡献的人，几千年来，得有几人？在我们很想能加以探讨并且能选择接受前人思想的时候，刘向一生的言行，不是很值得作我们的借镜吗？对于刘向的一切，以上所提到的，当然不能尽其全部，希望我们能在这个基础上，进一步的再去研究他。

附录

附录一之一　刘向《孙卿书录》之一

議兵篇第十六
強國篇第十七
天論篇第十八
正論篇第十九
樂論篇第二十
解蔽篇第二十一
正名篇第二十二
禮論篇第二十三
宥坐篇第二十四
子道篇第二十五
性惡篇第二十六
法行篇第二十七
哀公篇第二十八
大略篇第二十九
堯問篇第三十
君子篇第三十一
賦篇第三十二

護左都水使者光祿大夫臣向言所校讎中孫卿書凡三百二十二篇以相校除復重二百九十篇定箸三十二篇皆以定殺青簡書可繕寫孫卿趙人名況方齊宣王威王之時聚天下賢士於稷下尊寵之若鄒衍田駢淳于髡之屬甚衆號曰列大夫皆世所稱咸作書刺世是時孫卿有秀才年五十始來游學諸子之事皆以爲非先王之法也孫卿善爲詩禮易春秋至齊襄王時孫卿最爲老師齊尚脩列大夫之缺而孫卿三爲祭酒焉齊人或讒孫卿乃適楚楚相春申君以爲蘭陵令人或謂春申曰湯以七十里文王以百里孫卿賢者也今與之百里地楚其危乎春申君謝之孫卿去之趙後客或謂春申君曰伊尹去夏

据上海商务印书馆缩印古逸丛书本

（《四部丛刊初编》子部）

附录一之二　刘向《孙卿书录》之二

入殷殷王而夏亡管仲去魯入齊魯弱而
齊強故賢者所在君尊國安今孫卿天下
賢人所去之國其不安乎春申君使人聘孫
卿孫卿遺春申君書刺楚國因爲歌賦以
遺春申君春申君恨復固謝孫卿孫卿乃
行復爲蘭陵令春申君死而孫卿廢因家
蘭陵李斯嘗爲弟子而相秦及韓非號韓
子又浮丘伯皆受業爲名儒孫卿之應聘
於諸侯見秦昭王昭王方喜戰伐而孫卿
以三王之法說之及秦相應侯皆不能用
也至趙與孫臏議兵趙孝成王前孫臏爲
變詐之兵孫卿以王兵難之不能對也卒
不能用孫卿道守禮義行應繩墨安貧賤
孟子者亦大儒以人之性善孫卿後孟子百
餘年孫卿以爲人性惡故作性惡一篇以非
孟子蘇秦張儀以邪道說諸侯以大貴顯

孫卿退而笑之曰夫不以其道進者必不
以其道亡至漢興江都相董仲舒亦大儒
作書美孫卿孫卿卒不用於世老於蘭陵
疾濁世之政亡國亂君相屬不遂大道而
營乎巫祝信禨祥鄙儒小拘如莊周等又
滑稽於是推儒墨道德之行事興壞序列著
數萬言而卒葬蘭陵而趙亦有公孫龍爲堅
白同異之辨處子之言魏有李悝盡地力
之教楚有尸子長盧子芊子皆著書然非
先王之法也皆不循孔氏之術唯孟軻孫
卿爲能尊仲尼蘭陵多善爲學蓋以孫卿
也長老至今稱之曰蘭陵人喜字爲卿蓋
以法孫卿也孟子孫卿董先生皆小五伯
以爲仲尼之門五尺童子皆羞稱五伯如
人君能用孫卿庶幾於王然世終莫能用
而六國之君殘滅秦國大亂卒以亡觀孫

据上海商务印书馆缩印古逸丛书本

(《四部丛刊初编》子部)

附录二　刘向《晏子叙录》

晏子春秋目録

内篇諫上第一凡二十五章

内篇諫下第二凡二十五章

内篇問上第三凡三十章

内篇問下第四凡三十章

内篇雜上第五凡三十章

内篇雜下第六凡三十章

外篇重而異者第七凡二十七章

外篇不合經術者第八凡十八章

右晏子凡内外八篇總二百十五章

護左都水使者光祿大夫臣向言所校中書晏子十一篇臣向謹與長社尉臣參校讎太史書五篇臣向書一篇參書十三篇凡中外書三十篇爲八百三十八章除復重二十二篇六百三十八章定著八篇二百一十五章外書無有三十六章中書無有七十一章中外皆有以相定中書以夭爲芳又爲備先爲牛章爲長如此類者多謹頗略椾皆已定以殺青書可繕寫晏子名嬰謚平仲萊人萊者今東萊地也晏子博聞彊記通于古今事齊靈公莊公景公以節儉力行盡忠極諫道齊國君得以正行百姓得以附親不用則退耕于野用則必不詘義不可脅以邪白刃雖交胸終不受崔杼之劫諫齊君懸而至順而刻及使諸侯莫能詘其辭其博通如此蓋次管仲内能親親外能厚賢居相國之位受萬鍾之祿故親戚待其祿而衣食五百餘家處士待而舉火者亦甚衆晏子衣苴布之衣麋鹿之裘駕敝車疲馬盡以祿給親戚朋友齊人以此重之晏子蓋短[illegible]其書六篇皆忠諫其君文章可觀義理可法皆合六經之義又有復重文辭頗異不敢遺失復列以爲一篇又有頗不合經術似非晏子言疑後世辯士所爲者故亦不敢失復以爲一篇凡八篇其六篇可常置旁御觀謹第錄臣向昧死上

据上海商务印书馆缩印江南图书馆藏明活字印本

（《四部丛刊初编》史部）

附录三　刘向《古列女传》书影

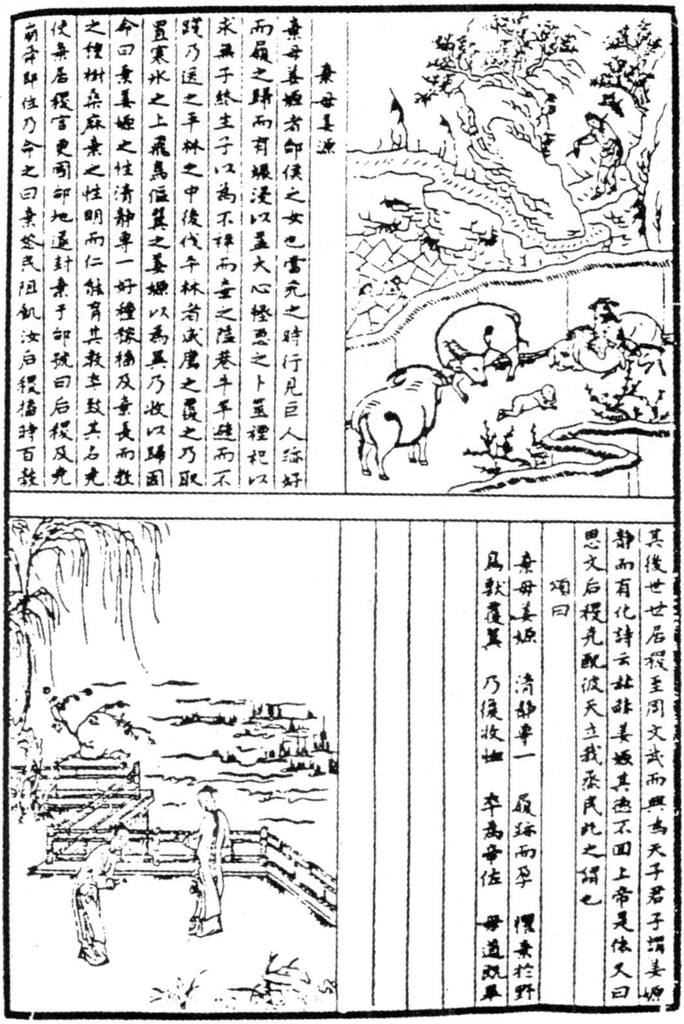

棄母姜嫄

棄母姜嫄者邰侯之女也當堯之時行見巨人跡好而履之歸而有娠浸以益大心怪惡之卜筮禋祀以求無子終生子以為不祥而棄之隘巷牛羊避而不踐乃送之平林之中後伐平林者咸薦之覆之乃取置寒氷之上飛鳥傴翼之姜嫄以為異乃收以歸因命曰棄姜嫄之性清靜專一好種稼穡及棄長而教之種樹桑麻棄之性明而仁能育其教卒致其名堯使棄居稷官更國邰地遂封棄于邰號曰后稷及堯崩舜即位乃命之曰棄黎民阻飢汝后稷播時百穀其後世世居稷至周文武而興為天子君子謂姜嫄靜而有化詩云赫赫姜嫄其德不回上帝是依又曰思文后稷克配彼天立我烝民此之謂也

頌曰

棄母姜嫄　清靜專一　履跡而孕　懼棄於野

鳥獸覆翼　乃復收卹　卒為帝佐　母道既畢

据上海商务印书馆缩印长沙叶氏观古堂藏明刊本

(《四部丛刊初编》史部)

附录四　刘向《新序》书影

者之不如今此之謂也
荆人卞和得玉璞而獻之荆厲王使玉尹相之
曰石也王以和爲謾而斷其左足厲王薨武王
即位和復奉玉璞而獻之武王武王使玉尹相
之曰石也又以爲謾而斷其右足武王薨共王
即位和乃奉玉璞而哭於荆山中三日三夜泣
盡而繼之以血共王聞之使人問之曰天下刑
之者衆矣子獨何哭之悲也對曰寶玉而名之
曰石貞士而戮之以謾此臣之所以悲也共王
曰惜矣吾先王之聽難剖石而易斬人之足夫
死者不可生斷者不可屬何聽之殊也乃使人
理其璞而得寶焉故名之曰和氏之璧故曰珠
玉者人主之所貴也和雖獻寶而美未爲玉尹
用也進寶且若彼之難也況進賢人乎賢人與
姦臣猶仇讎也於庸君意不合夫欲使姦臣進
其讎於不合意之君其難萬倍於和氏之璧又
無斷兩足之臣以推其難猶拔山也千歲一合
若繼踵然後賢聖之君與焉其賢而不用不可
勝載故有道者之不戮也宜白玉之璞未獻耳

劉向新序卷第五

劉向新序卷第六

刺奢第六

桀作瑤臺罷民力殫民財爲酒池糟隄縱靡靡
之樂一鼓而牛飲者三千人群臣相持歌曰江
水沛沛兮舟楫敗兮我王廢兮趣歸薄兮薄亦
大兮又曰樂兮樂兮四牡蹻兮六轡沃兮去不
善而從善何不樂兮伊尹知天命之至舉觴而
告桀曰君王不聽臣之言亡無日矣桀拍然而
作啞然而笑曰子何妖言吾有天下如天之有
日也日有亡乎日亡吾亦亡矣於是接履而趣
遂適湯湯立爲相故伊尹去官入殷殷王而夏
亡

紂爲鹿臺七年而成其大三里高千尺臨望雲
雨作炮烙之刑戮無辜奪民力冤暴施於百姓
慘毒加於大臣天下叛之願臣文王及周師至
令不行於左右悲夫當是時求爲匹夫不可得
也紂自取之也

魏王將起中天臺令曰敢諫者死許綰負操鍤
入曰聞大王將起中天臺臣願加一力王曰子
何力有加綰曰雖無力能商臺王曰若何曰臣
聞天與地相去萬五千里今王因而半之當起
之仟五百里之臺高既如是其趾須方八千里

据上海商务印书馆缩印江南图书馆藏明翻宋刊本

（《四部丛刊初编》子部）

附录五　刘向《说苑》书影

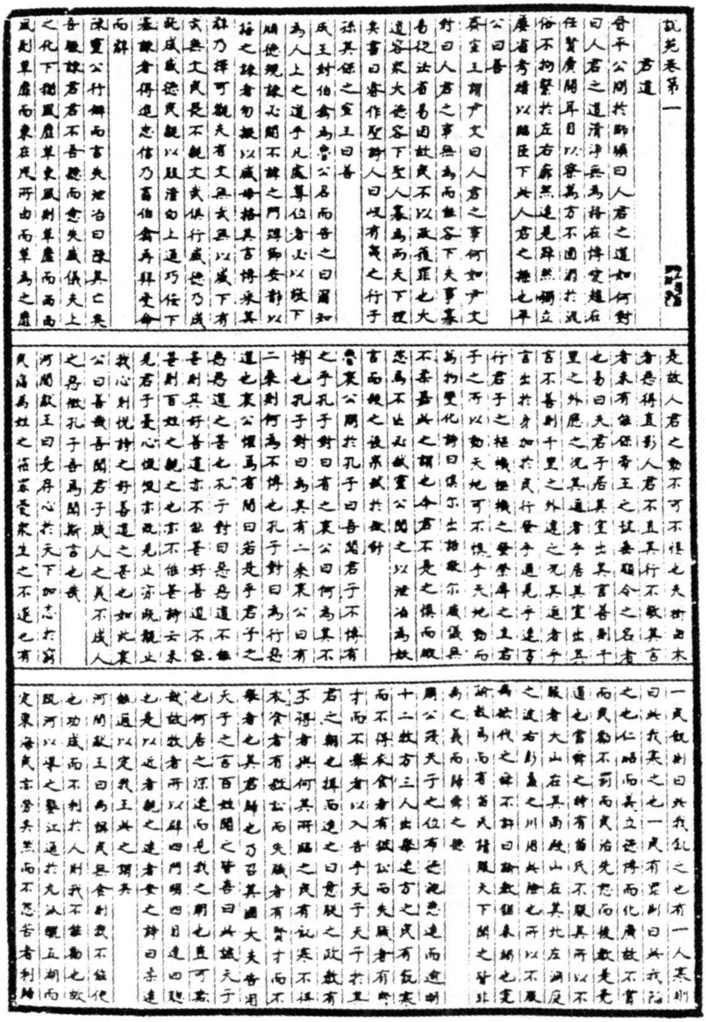
說苑卷第一

君道

晉平公問於師曠曰人君之道如何對曰人君之道清淨無為務在博愛趨在任賢廣開耳目以察萬方不固溺於流俗不拘繫於左右廓然遠見踔然獨立屢省考績以臨臣下此人君之操也平公曰善

齊宣王謂尹文曰人君之事何如尹文對曰人君之事無為而能容下夫事寡易從法省易因故民不以政獲罪也大道容衆大德容下聖人寡為而天下理矣書曰睿作聖詩人曰岐有夷之行子孫其保之宣王曰善

成王封伯禽為魯公召而告之曰爾知為人上之道乎凡處尊位者必以敬下順德規諫必開不諱之門撙節安靜以藉之諫者勿振以威毋格其言博采其辭乃擇可觀夫有文無武無以威下有武無文民畏不親文武俱行威德乃成既成威德民親以服清白上通巧佞下塞諫者得進忠信乃畜伯禽再拜受命而辭

陳靈公行僻而言失泄冶曰陳其亡矣吾驟諫君君不吾聽而愈失威儀夫上之化下猶風靡草東風則草靡而西西風則草靡而東在風所由而草為之靡是故人君之動不可不慎也夫樹曲木者惡得直影人君不直其行不敬其言者未有能保帝王之號垂顯令之名者也易曰夫君子居其室出其言善則千里之外應之況其邇者乎居其室出其言不善則千里之外違之況其邇者乎言出於身加於民行發乎邇見乎遠言行君子之樞機樞機之發榮辱之主君子之所以動天地可不慎乎天地動而萬物變化詩曰慎爾出話敬爾威儀無不柔嘉此之謂也今君不是之慎而縱恣焉不亡必弑靈公聞之以泄冶為妖言而殺之後果弑於徵舒

魯哀公問於孔子曰吾聞君子不博有之乎孔子對曰有之哀公曰何為其不博也孔子對曰為其有二乘哀公曰有二乘則何為不博也孔子對曰為行惡道也哀公懼焉有間曰若是乎君子之惡惡道之甚也孔子對曰惡惡道不能甚則其好善道亦不能甚好善道不能甚則百姓之親之也亦不能甚詩云未見君子憂心惙惙亦既見止亦既覯止我心則說詩之好善道之甚也如此哀公曰善哉吾聞君子成人之美不成人之惡微孔子吾焉聞斯言也哉

河間獻王曰堯存心於天下加志於窮民痛萬姓之罹罪憂衆生之不遂也有一民饑則曰此我饑之也有一人寒則曰此我寒之也一民有罪則曰此我陷之也仁昭而義立德博而化廣故不賞而民勸不罰而民治先恕而後教是堯道也當舜之時有苗氏不服其所以不服者大山在其南殿山在其北左洞庭之波右彭蠡之川因此險也所以不服禹欲伐之而舜不許曰諭教猶未竭也究諭教焉而有苗氏請服天下聞之皆非禹之義而歸舜之德

周公踐天子之位布德施惠遠而逾明十二牧方三人出舉遠方之民有饑寒而不得衣食者有獄訟而失職者有賢才而不舉者以入告乎天子天子於其君之朝也揖而進之曰意朕之政教有不得者與何其所臨之民有饑寒不得衣食者有獄訟而失職者有賢才而不舉者也其君歸也乃召其國大夫告用天子之言百姓聞之皆喜曰此誠天子也何居之深遠而見我之明也豈可欺哉故牧者所以辟四門明四目達四聰也是以近者親之遠者安之詩曰柔遠能邇以定我王此之謂矣

河間獻王曰禹稱民無食則我不能使也功成而不利於人則我不能勸也故疏河以導之鑿江通於九派灑五湖而定東海民亦勞矣然而不怨苦者利歸

据上海商务印书馆缩印平湖葛氏传朴堂藏明抄本

（《四部丛刊初编》子部）

附录六　班固《汉书·五行志》书影

曰夫人姜氏通于齊侯故云不正 成公元年二月無冰董仲舒以為方
有宣公之喪君臣無悲哀之心而炕陽作丘甲 師古
曰宣公薨未踰年故云有喪也丘甲解在刑法志 劉向以為時公幼弱政舒緩也
襄公二十八年春無冰劉向以為先是公作三軍
有侵陵用武之意 師古曰作三軍者季氏欲專其權非公本意此說非也侵陵用武者謂入鄆取邿也邿
音詩 於是鄰國不和伐其三鄙 師古曰謂十三年三月十四年夏莒人伐我東鄙十五年
夏齊侯伐我北鄙秋邾人伐我南鄙十六年三月齊侯伐我北鄙 被兵十有餘年因之以饑
饉百姓怨望臣下心離公懼而弛緩不敢行誅罰
師古曰弛放也音式爾反 楚有夷狄行公有從楚心不明善惡之
應 師古曰有從楚心謂二十八年公朝于楚 董仲舒指略同一日水旱之

前漢五行志七中之下　三

災寒暑之變天下皆同故曰無冰天下異也桓公
殺兄弒君外成宋亂與鄭易邑背畔周室 師古曰隱公位又
桓之兄故云殺兄弒君也成宋亂者謂宋華父督弒其君殤公及其大夫孔父以郜大鼎賂公公會齊侯鄭伯于稷而平其亂也與鄭易邑謂以大山之田易許田也許田者魯朝宿之邑也而以與鄭明魯之不朝於王故云背畔周室 成公時楚橫行
中國 師古曰謂成二年楚師侵衛遂侵我師于蜀六年七月楚公子嬰齊帥師伐鄭九年楚公子嬰齊帥師伐莒十五年楚子伐鄭十六年楚子與晉侯鄭伯戰于鄢陵十八年楚子伐宋 王札子殺召伯毛伯 師古曰王札子即王子捷也召伯毛
伯皆周大夫也今春秋經王札子殺召伯毛伯事在宣十五年而此言成公時未達其意召讀曰邵 晉敗天子之
師于貿戎 師古曰貿戎戎別種也公羊傳成元年王師敗績于貿戎孰敗之蓋晉敗之貿音莫侯反 天子皆
不能討襄公時天下諸侯之大夫皆執國權 師古曰謂襄十
六年會于溴梁諸侯之大夫盟此 君不能制漸將日甚善惡不明誅

罰不行周失之舒秦失之急故周衰亡寒歲秦滅
亡奧年武帝元狩六年冬亡冰先是比年遣大將
軍衛青霍去病攻祁連絕大幕 師古曰比頻也祁連山名也幕沙幕也直度曰
絕祁音上夷反 窮追單于斬首十餘萬級還大行慶賞乃閔
海內勤勞是歲遣博士褚大等六人持節巡行天
下 師古曰行音下更反 存賜鰥寡假與乏困舉遺逸獨行君子
詣行在所郡國有以為便宜者上丞相御史以聞
天下咸喜昭帝始元二年冬亡冰是時上年九歲
大將軍霍光秉政始行寬緩欲以說下 師古曰說讀曰悅
公三十三年十二月隕霜不殺草劉歆以為草妖

前漢五行志七中之下　四

也劉向以為今十月周十二月於易五為天位君
位九月陰氣至五通於天位其卦為剝 師古曰坤下艮上 剝
落萬物始大殺矣明陰從陽命臣受君令而後殺
也今十月隕霜而不能殺草此君誅不行舒緩之
應也是時公子遂顓權三桓始世官 師古曰公子遂莊公之子即東門襄
仲也時為卿專執國政也 天戒若曰自此之後將皆為亂矣文公
不寤其後遂殺子赤三家逐昭公 師古曰並已解於上 董仲舒
指略同京房易傳曰臣有緩茲謂不順厥異霜不
殺也書序曰伊陟相大戊亳有祥桑穀共生 師古曰
伊陟之序也其書已亡伊陟伊尹子也大戊大甲孫也亳殷都也桑穀二木合而共生 傳曰俱生乎朝

北宋景佑刊本

（商务印书馆百衲本二十四史）

附录七　刘向《九叹》书影

楚辭卷第十六

校書郎臣王　逸上

九歎章句第十六　楚辭

逢紛

離世（一作靈懷 與諸本異 又以怨思爲離世 遠逝爲怨思 移遠逝在第五 皆非是）

怨思（思一作世）

遠逝（逝一作遊）

惜賢

憂苦

愍命（愍一作閔 命一作念）

思古

遠遊（遊一作逝）

九歎者護左都水使者光祿大夫劉向之所作也向以博古敏達典校經書辯章舊文（辯一作辨）追念屈原忠信之節故作九歎歎者傷也息也言屈原放在山澤猶傷念君歎息無已所謂讚賢以輔志騁詞以曜德者也（讚一作贊 輔一作鋪 曜一作燿）

伊伯庸之末冑兮（冑後也 左氏傳曰 戎子駒支 四嶽之裔冑也）諒皇直之屈原（諒信也 論語曰 君子貞而不諒 言屈原承伯庸之後 信有忠直美德苗裔之人也 直一作貞）云余肇祖于高陽兮惟楚懷之嬋連（嬋連族親也 言屈原與懷王俱顓頊之孫 有嬋連之族親 恩深而義篤也 嬋一作蟬 補曰 嬋連猶牽連也）原生受命于貞節兮鴻永路有嘉名（鴻大也 永長也 路道也 言屈原受陰陽之正氣 體合大道 故長有美善之名也 有一作以）齊名字於天地兮（謂名平 字原也）並光明於列星（[illegible] 要久文采光耀 若天有列星也 補曰 九章云 與日月兮齊光）吸精粹而吐氛濁兮（氛惡氣也 左氏傳曰 楚氛甚惡 言己吸天地清明之氣而吐其塵濁 内潔淨也）橫邪世而不取容（言己體清潔之行 在橫邪貪枉之世而不能自容入於衆也 一無取字）行叩誠而不阿兮（叩擊也 阿曲也 叩一作扣）遂見排而逄讒（言己心不容非 以好叩擊人之過 故遂爲讒佞所推逐也）后聽虛而黜實兮（黜敗也 實誠也）不吾理而順情（言君聽讒佞虛答 以敗忠誠之實 不理我言而順邪偽之情 故見放逐也）腸憤悁而含怒兮（補曰 悁烏玄切 怨也）志遷蹇而左傾（言己執忠誠而見敗黜 隱中憤懣 情悒而怨 則志意遷移 左傾而去也 一云志徙向而左傾）心懭悢其不我與兮（懭悢無思慮貌 悢一作怳 其一作而 補曰 懭悢失意 上坦朗 下呼晃切）躬速速其不吾親（速速不親附貌也 言君心懭悢而無思慮 不肯與我謀議 用志速速不與己相親附也 其一作而）辭

据上海商务印书馆缩印江南图书馆藏明覆宋刊本

(《四部丛刊初编》集部)

参考书目

《汉书补注》，王先谦补注，艺文印书馆，《二十五史》。

《全上古三代秦汉三国六朝文》，清严可均校辑，世界书局，《全汉文》，卷三五至三九《刘向》。

《洪范五行传》，三卷汉刘向撰，清陈寿祺辑，《左海全集》本，别有王谟、黄奭辑本。

《列女传》，七卷汉刘向撰，台湾商务印书馆，《四部丛刊初编》史部〇六〇。

《新序》，十卷汉刘向撰，台湾商务印书馆，《四部丛刊初编》子部〇七四。

《说苑集证》，左松超撰，台湾师范大学国文研究所博士论文自印本。

《楚辞补注》，洪兴祖补注，台湾商务印书馆，《四部丛刊初编》集部一三一，《九叹》章句第十六，页一五〇至一六七。

《刘向校雠学纂微》，孙德谦著，文粹阁编印。

《中国目录学史》，姚名达著，台湾商务印书馆。

扬雄

李鎏　著

目 录

一、传略

扬雄，字子云，四川成都人，生于汉宣帝甘露元年（公元前五三年），死于新莽天凤五年（公元一八年），享年七十一岁。

扬雄的姓氏，有的说是从手，有的说是从木，各本《汉书》的写法固然不一致，而前人的说辞也颇有争议，唯有汪荣宝《法言义疏》，以为古人同声通假，本是常例，扬、杨通用，不必拘泥。这种说法，堪称平允。

扬雄生性恬淡，不慕名利，崇尚清静无为，少有嗜欲。由于口吃，不能畅谈，所以喜爱深思；而且自幼好学，博览群籍，无所不见。当时章句之学非常盛行，往往一经说至数十万言，但是大都浮辞繁长，言过其实；而扬雄则只是训诂大义而已，不愿意随世趋俗，从事这种章句之学。家境贫困，没有儋石的储粮，遁居山野，与乞儿为邻，却能安之若素，既不汲汲于富贵，也不戚戚于贫贱，实在穷得莫奈何，也只不过作一篇《逐贫赋》，聊以解嘲而已。所以扬雄也可算是一位安贫乐道的人。

在扬雄以前，汉朝首屈一指的大赋家，要数文、景、武帝时代的司马相如。司马相如和扬雄同乡，早扬雄约百年左右，所作的赋，都是材富辞丽，扬雄对他非常仰慕，以为他的赋不是从人间来，而是神化所至，所以每作一篇赋，都要模仿司马相如的赋而作，像《甘泉》、《羽猎》、《长杨》、《河东》，这四篇最有名的赋，便都是模仿司马相如的《子虚》、《上林》二赋而来的。至于屈原，更是他所景仰备至的，他深怪屈原的文章胜过司马相如，竟然不能见容于世，终至投江而死。所以深感哀伤，每读《离骚》，没有不涕泣流泪的；不过他不以为屈原必须投江自沈，他认为一个人遇与不遇完全是“命”，不必为此轻生。因而，他摭拾《离骚》的文字而作了一篇《反骚》，从岷山投到江里去，以祭吊屈原，并且另外又作一篇《广骚》和一篇《畔牢愁》。

成帝鸿嘉年间，扬雄三十几岁，从四川来到京师，大司马车骑将军王音，对他的文章感到非常惊奇，便召他做门下史。不久，有一位尚书郎杨庄，是扬雄的同乡，他看过扬雄的文章，就把其中一篇叫做《成都城四隅铭》的，诵读给成帝听，成帝以为这文章很像司马相如，于是召扬雄在承明庭待诏。

元延二年（前一二年）正月，扬雄随从成帝到甘泉宫去郊祀泰畤（祭天），汾阴后土（祭地）；当时赵昭仪正宠幸，每次成帝行幸甘泉宫，随行的属车有八十一辆之多，而赵昭仪常被置在最后一辆悬有豹尾的属车中。扬雄看了，深不以为然，回来后，便奏上《甘泉赋》，说明车骑过盛，参驾过多，非所以感动天地；并且讽劝成帝必须屏却玉女，远退宓妃，斋戒肃穆，成帝感到非常的惊异。

同年三月，成帝又率领群臣，到河东（山西境内黄河以东）去祭祀后土，事后，游介山（即汾山，在山西万泉县东），览龙门（龙门山，在山西河津县和陕西韩城县间），登历观（台观名，在山西永济县东南历山上），陟西岳（华山，在陕西华阴县南），纵观天下，追迹殷、周的旧墟，远慕唐、虞的世风。扬雄以为“与其临川羡鱼，不如归而结网”。所以回来后又上一篇《河东赋》，讽劝成帝要自己兴发图谋理想的政治，以追儗古代的圣王。

十二月，扬雄又随着成帝出去射猎，看到射猎的阵容，车马器械过于壮盛；而苑囿里所经营的宫观台榭，也过于奢丽侈靡，极尽游观的能事，以为既伤民又伤财，与古圣王尧、舜、禹、汤、文王等仅为“奉郊庙、御宾客、充庖厨”而射猎的“三驱”之意旨不合，于是又奏上一篇《羽猎赋》，加以讽劝。成帝封他为郎，给事黄门。这时扬雄四十三岁。

元延三年秋天，成帝来到长杨宫，秋天，正是多禽兽的季节，成帝派遣大批老百姓进入南山，西边从褒斜（陕西省终南山谷名）起，东边到弘农（郡名，今河南省西部的三门峡市、南阳市西部，以及陕西省东南部的商洛市），南边到汉中（今陕西省西南部）止，大张罗网，捕捉各种鸷禽猛兽，以及狐兔麋鹿等，送到长杨宫的射熊馆，再令胡人徒手去和禽兽搏斗，各人可以获得所搏来的禽兽，成帝亲临观赏，而百姓却不能去收成谷物，扬雄看到了，回来后，又写上一篇《长杨赋》，借翰林为主人，子墨作客卿，来讽劝成帝。

扬雄与王莽、刘歆曾经先后同官，哀帝初年，又和董贤同官。建平四年（前三年），匈奴单于上书请朝；五年，由于哀帝生病，有人就说：以前黄龙（汉宣帝年号）竟宁（汉元帝年号）的时候，匈奴两度来中国朝拜，而两次国中都发生了大丧。哀帝听了，心中非常作难，便征问各公卿，大家都认为这是虚费国家财帑，暂时不必应许。扬雄知道了，赶紧上书劝谏，说明不许匈奴来朝，将启无穷的边患。哀帝于是召匈奴使者，修书使其回报单于，许他来朝。

哀帝、平帝间，丁、傅两家外戚专权用事，而王莽、董贤等也都位居三公，他们所荐举的人，没有不被拔擢重用的，凡是阿附他们的人，都官至二千石，而扬雄却淡泊自守，不去逢迎攀附，所以历成、哀、平三代，仍然还是官居黄门郎，没有升迁。

这时扬雄正在草撰《太玄》，扬雄的用意是想要以晞圣的事自任，以文章成名于后世，一般人不了解他的用心，讥嘲他“以玄尚白”，既不能化俗归道，又白费心思，空无禄位。扬雄听到了，就写一篇《解嘲》，表明自己虽无禄位，也宁愿守此《太玄》的心志。

同时，由于《太玄》的文字过于艰深难懂，有人恐怕读的人不了解，学的人也难成功。扬雄又作一篇《解难》，来说明不得不艰深的道理。

平帝元始年间，征召天下精通小学的人有一百多位，聚集在未央宫中，讨论文字，以爰礼为小学元士，主持这件事，扬雄也参与其间，他便将讨论所得的结果，采取有用的，作成《训纂篇》，使能上续李斯所作的《仓颉篇》。《训纂篇》已经亡佚，现在只能在马国翰《玉函山房辑佚书》中看到他所辑录的十四条而已。

孺子婴初始元年十一月，王莽篡汉，就天子位，国号新，以十二月朔癸酉为始建国元年正朔（公元九年），这时扬雄六十二岁。当王莽篡位时，谈说之士用符命来称扬功德而获得封爵的很多，计有四将十一公，获得封拜卿大夫侍中以上的有几百人，但是扬雄不愿意这么做，因而没有封侯。还是王莽看他年纪老大了，才将他由黄门郎转为中散大夫。所以《汉书》本传赞说他“恬于势利乃如是”。不过扬雄却也作了一篇《剧秦美新》，颂扬王莽，虽然这不是本情之作，但总是白玉之瑕，留给后人无穷的诟病。

王莽既是借符命篡位自立的，所以就位后，便要永绝符命，一方面是恐怕大臣的怨谤，一方面是想表示他应符命而立的神圣。但是没想到王莽最亲信的大阿右拂大司空甄丰，他的儿子甄寻，当时官拜侍中京兆大尹茂德侯，和国师公刘歆的儿子侍中东通灵将五司大夫隆威侯刘棻，却又一再作符命献上，大大地触犯了王莽的忌讳，疑心大臣在怨谤，要想借此震他的权威，使臣下畏惧，于是兴起大狱，除将甄寻流放到三危（山名，在今甘肃敦煌县南。一说三危为西藏之地），刘棻放逐到幽州（今河北北部及辽宁省锦州西北一带之地）外，被牵连而死的公卿党亲列侯以下有几百人。刘棻曾经跟扬雄学过奇字，当然免不了被牵连。虽然扬雄被王莽由黄门郎转为中散大夫，可是扬雄并不参与朝政，也不阿附王莽，每天只是埋首在天禄阁校书，当“治狱使者”来抓他的时候，他恐怕无法自免，便从天禄阁上跳下去，差一点摔死。还是王莽听到了，说：“扬雄素来不参与这些事，为什么也抓了来？”追问结果，知道是为了刘棻曾经跟扬雄学过奇字的缘故，事实上扬雄并不知情，才下诏不要问扬雄的罪，可是京师的人却用他《解嘲》中：“爰清爰静，游神之庭；惟寂惟寞，守德之宅。”这两句话来讥笑他，说他：“原要寂寞自守，却落得自己投阁；原要清静无为，却也作了符命。”扬雄并没有作符命，这里所说的符命，据王先谦《汉书补注》引沈钦韩说，是指扬雄所作的《剧秦美新》这篇文章而言。

起初，扬雄作赋，本意是要借赋来达到讽谏的目的，可是赋的作法，必定要推类而言，极尽铺叙闳衍、堆砌夸大之能事，而且辞采要非常靡丽，所以等到篇末回归讽谏的正题上时，读的人早已被那闳侈巨衍的辞采迷住，不再注意到所讽谏的事情了。就像以前汉武帝喜好神仙，司马相如奏上一篇《大人赋》，想加以讽劝，可是汉武帝读了，不但没有去掉喜好神仙的念头，反而感到自己就像神仙一样，飘飘然有凌云而飞的意念。扬雄看到赋已失去了讽谏的功能，无补于事，便停止不再作赋，于是乃有《太玄》的撰作。到了晚年，扬雄眼看诸子百家的书，大抵都在诋毁周公、孔子所传的儒家道理，发表怪诞迂阔、巧辩诡异的言辞，以搅乱时政；认为这些虽然只是小辩，但终究是会破坏大道的，恐怕大家会沉溺于巧辩诡异的言辞而自己还不知道错误；又看到太史公所作的《史记》，记载六国、楚、汉的事迹，对于“是非”的衡量，和孔子所作的《春秋经》，所持的态度颇不一致。当时有人常常问他，他便将所应对答问的言论，汇撰成书，并且效法《论语》，叫做《法言》，共十三卷。这本书，由于能够继迹孟、荀，崇尚正道，排斥异端，而且旨正言赡，文高而绝，所以东汉时就已大大地流行了。

此外，扬雄在天禄阁校书时，还创有一种叫做“连珠”的新文体；又因读了《春秋》传《虞人箴》，觉得没有一篇比这再好的箴了，便模仿而作《州箴》。同时在早年，扬雄听说古代天子有所谓“輶车之使”（天子使者所乘的轻车叫做輶车），专门考察天下各方的风雅，沟通九州岛的异同，记录海内的音韵，探求异代的方言，回来以后，奏给天子，藏在秘室中。可是，这些资料，到了汉朝，都亡佚不见了，只有严君平、林闾、翁孺等人略知梗概，扬雄心里非常喜好，便跟着他们学。后来做了黄门郎，有机会向天下各地来的孝廉，内郡来的卫卒，探究他们的不同语言，积二十七年的功夫，方才完成《方言》一书，共十五卷。这本书对于研究古代音韵，以及训诂，颇有帮助。

扬雄晚年，曾经因病免官，后来又召为大夫；由于家境贫困，很少人到他的家里来，只有一些好事的，载着酒肴，来跟他学习，其中有一位弟子叫侯芭的，巨鹿（今河北邢台市）人，常常和扬雄住在一起。扬雄死后，侯芭还给他起坟，名叫“玄冢”。据《长安志》引扬雄家牒说是有诏陪葬在安陵坂上。

终扬雄的一生，恬于势利，好古乐道，虽然在新朝为官，却不汲汲于功名禄位，只知道著书立论，在天禄阁校书，不参与朝政，范望说他是“朝隐”，确是知心之论啊！

二、扬雄的人格

扬雄的人格，从宋以来，有很多争议。尊崇他的人，说他几乎可以进入圣道；贬抑他的人，却说他怕死失节。可是从汉代人的著书立论看来，不但对扬雄没有什么非议，而且还非常推崇。就以班固的《汉书》来说，在扬雄的本传中，将《法言》的篇目全部列出，而对其他汉人的著述，并没有这样详细，可见他对扬雄的推重。再看桓谭的《新论》，王充的《论衡》，对于扬雄的评价，几乎都认为可入圣道。而唐代的韩愈，也把扬雄看做孟、荀之亚；宋朝的宋咸，却将扬雄和孟、荀相提并论。司马温公更认为扬雄的成就，比起孟、荀，所得为多。司马温公是宋朝的大儒，他作《资治通鉴》，所见的历史人物很多，而独独垂青于扬雄，以为他“所潜最深”，可见扬雄必定有他独特的人格和造诣，才能使司马温公景仰这么深。可是自从程子批评他“曼衍而无断，优柔而不决”，接着苏轼也说他“以艰深之词，为浅易之说”。到了朱子作《通鉴纲目》，写到扬雄死，却冠上“莽大夫”三字，从此以后，扬雄的人格、著作，都被后人所轻视了。

朱子作《通鉴纲目》，所以必定要写上“莽大夫扬雄死”的原因，他在《答尤延之》的两封信中，曾经加以说明：第一，按司马温公作《资治通鉴》的旧例，举凡王莽的臣子死，必定用“死”字，而不用“卒”；唯独扬雄，既匿其所受王莽的官称，又用“卒”字，而不用“死”，似乎有涉“曲笔”之嫌，所以必须按其本例，写作“莽大夫扬雄死”，以为怕死失节的警戒。第二、是要效仿《春秋》的笔法，尽管扬雄没有“臣贼之心”，但是却有事莽的事实，所以要取《春秋》赵盾、许止的例子，只要做过王莽的臣子，一律冠以“莽臣”，使后世臣子有所戒惕。

按司马温公作《资治通鉴》，明知扬雄曾经做过莽大夫，而不按本书的正例，直写“莽大夫扬雄死”，故意涉及“曲笔”，既匿其官称，又用“卒”字。这正可以了解温公的心意，是在表明扬雄做莽大夫，并非出自本情，不像太师王舜那批人，是由阿谀附媚而求得的。而朱子取《春秋》赵盾、许止的例子，也正可以说明他明知道扬雄的确没有真心事莽，只不过要正《春秋》谨严的义法，以为后世臣子的戒惕罢了。所以他在《答尤延之》的第二封信中，明白说出扬雄“与王舜之徒所以事莽者异”，“无臣贼之心”。

但是后世的人，对于扬雄，总认为王莽篡汉，扬雄既然不能为汉尽其死节，却又做了王莽的大夫，而且还献上一篇《剧秦美新》来赞颂新莽，可说是变节败德。这几点，司马温公早就有很深切的辩解。

（1）司马温公以为，国家的大臣，身负社稷的重任，社稷亡了，为社稷而死，这是“义”。如果扬雄是担任将相之职，王莽篡国而不死，这当然应该责备。可是扬雄的职位，不过是个郎官，朝廷的事情，无权过问，那为什么责求他非死不可呢？

（2）对于扬雄的仕莽而不去，司马温公的看法是，当时知道王莽要篡国而离去的，就像龚胜这个人，而王莽却想尽办法聘他来做太子的师友，结果龚胜绝食而死。扬雄的名声在当时已经被世人所重，即使要想离开隐居起来，免被王莽征召，可能吗？

（3）扬雄作《法言》，品评藻饰汉兴以来的将相名臣，独独没有提到王莽，以王莽的胸襟，能不感到可耻而忿怒吗？再说扬雄自称“不汲汲于富贵，不戚戚于贫贱”，看他曾经和王莽、刘歆同时做黄门郎，哀帝时，又和董贤同官，在成、哀中，王莽、董贤都贵为三公，凡是他们推荐的，没有不被拔擢重用，然而扬雄经过三朝都不升官，这不正是言行相副的证明吗？要是他肯辅佐王莽的话，相信他的地位，绝不会在刘歆、甄丰之下。这难道会是誉莽求媚、贪图富贵的人吗？（以上见《法言·孝至，周公以束》司马温公注。）

再据班固《汉书·扬雄传赞》所说，在王莽篡位时，许多谈说之士，都以符命称功德而封爵；以扬雄的学术地位，如果肯去阿附，也撰符命称功德，应当也可以获得封侯，然而扬雄并没有这样做，可见他不肯附媚王莽以求禄位。所以班固说他“恬于势利”。至于他的大夫职位，乃是王莽看他年纪老大，久次在黄门郎，才把他转迁为中散大夫的，也并不是扬雄谀媚所求得的。想班固作《汉书》的时候，距离扬雄的死还不到五十年，他的观点，应该是比较客观，比较可靠些。现在的人，品论古人，似乎应该以当代人的论点为依归，才能称得上平允；若是只逞一己的好恶，自然难免有所偏颇。且看扬雄所著的《太玄》、《法言》中许多讥刺王莽的言辞，也就可以看出他对王莽的行径多么的不满。例如：《太玄·晦·次四》，是讥刺王莽的假借符命以篡汉。《驯·次三》章，讥刺王莽不顾恩义，受人的孤寄，却夺取人的国家。《法言·重黎·或问秦楚既为天典命矣》，借论秦、楚亡国之速，以托谕王莽的恶逆，灭绝正道，连他的子弟都要丧亡他，必定没有享国长久的道理。《重黎·忠不终而躬逆》，讥刺王莽起初诛杀淳于长，撤除定陶太后的座位，颇获忠直的名声，而后来自己却成为大逆不道的人。《孝至·由其德舜禹受天下不为秦》，隐约讥刺王莽的无德。《或问德有始而无终》章，讥刺王莽为德的不终。其他刺莽的言辞，在《法言》中多的是，这里不再赘举。此外在《法言》中，也有些思汉的言论。如：《孝至》的《汉德其可谓允怀矣》章、《龙堆以西大漠以北》章、《汉兴二百一十载而中天其庶矣》章，都是在王莽篡汉以后所作的思汉言辞；由此可见，扬雄虽然名为“莽大夫”，实际上他的忠臣孝子的心是始终不变的。

至于扬雄作《剧秦美新》一文，李周翰《文选注》认为是为了“将悦莽意，求免于祸，非本情之作”。洪迈《容斋随笔》认为扬雄作《剧秦美新》是不得已的。况且叙述赞诵新莽之德，只能美过暴君，扬雄的深意也就可想而知了。而序中所说“配五帝，冠三王，开辟以来未之闻”，这是真正地在戏谑王莽。若是扬雄善于谀佞，应该可以和国师公同列，不至于如此的固穷。

洪氏的意见，以为《剧秦美新》一文，寓有深意，确是不错。要知道在扬雄的心目中，是把莽德比作暴秦，所以在《法言》中，常常假托暴秦来刺莽，而且文中所赞美于新莽的，大都出于汉哀、平时代的措施。因此名曰“剧秦”，实在所“剧”的应是新莽；名曰“美新”，实在所“美”的应是汉室。这是一般诟病扬雄作《剧秦美新》的人，可能没有想到的。

综合上面所说的看来，扬雄的心志，是日月可鉴，唯天可表，不过他做了王莽的大夫，终究是白玉之玷。朱子以《春秋》义法，取赵盾、许止之例，对扬雄来说，已是严逾斧钺；君子恕物，似乎也可以不必再过分的苛责了。

三、学术思想

1. 论性与命

对于人性的讨论，孔子只说："性相近，习相远。"（《论语·阳货》）此外再没有更多的阐发。然而孟子，由于生长在战国时代，看到当时社会紊乱，民生疾苦，正途壅蔽，圣道湮微，人心的陷溺，已至理欲不辨，义利不分，所以主张"性善"之说，想借此以拯救陷溺的世道人心。至于扬雄，他的思想虽然是渊源于儒家，对于孟子非常尊崇，但是他对人性的看法，却和孟子并不一样。他在《法言·修身》中说："人性是善恶混的，修习善的，就成为善人；修习恶的，就成为恶人。而'气'，便是引导你走向善恶的一匹马。"

吴秘对于这一段话，有很浅明的注解，他说："天所赋予的叫做性；性命的起始，是善恶兼备的，所以生下来不久的婴儿，七情还没有显著，然而却先有了哭、笑、喜、怒；喜和怒，便是善和恶的端倪，这正说明人性是善恶混的。"

不过，宋咸的注解，却认为扬雄的意思，是指中品的人而言。他说："孔子说：'资质中等以上的人，可以告诉他较高的道理；中等以下的人，不可以告诉他较高的道理。'还说：'只有上智和下愚的人是无法改变的。'从圣人的话看来，人可以分成上、中、下三品，上品的人善，下品的人恶，中品的人可善可恶，这便是善恶混的意思。……扬雄的意思，认为孟子所说的人性善，是论上品；荀子所说的人性恶，是论下品；都没有谈到中品，所以在这儿说人的性善恶混。他还说：'修习善的，就成为善人；修习恶的，就成为恶人。'看他的文字，是止说中品的性，非常清楚，并不是指所有的人都是如此。这不就是孔子所说的中等以上的人，可以告诉他较高的道理；中等以下的人，不可以告诉他较高的道理吗？不也是贾谊所说的，可以引导他向上，也可以引导他向下吗？所以孟子、荀子、扬雄，三个人所谈论的性，是各就上、中、下三品而说的，可说是很完备的了。"

至于司马温公对于扬雄性说的看法，以为孟子说性善，荀子说性恶，都是各得一偏，而遗漏了它的本实。只有扬雄的人性善恶混，也就是善恶杂处在心里的说法，最为晓然明白。他说："孟子认为人性本善，所以不善的缘故，是由于外物的诱惑。荀子认为人性本恶，所以善的缘故，是由于圣人的教化。这都是各得一偏，而遗漏了本实的说法。性，是人所受于天而生的，必定是善恶兼有的，就好比阴阳一样。所以即使是圣人，也不能没有恶；即使是愚人，也不能没有善，只是所受的善恶有多寡的不同罢了，善极多而恶极少的，便是圣人；恶极多而善极少的，便是愚人；善恶各占一半的，便是中等人。圣人的恶，不能胜过他的善，愚人的善，也不能胜过他的恶；不能胜过，就像随着消失掉。所以说：'只有上智和下愚的人不能改变。'虽然如此，但是不学，他的善就会日渐消失，而恶也就日渐滋长；学，他的恶就会日渐消失，而善也就日渐滋长。所以说：'圣人不以善为念，就会成为狂人，狂人能以善为念，就会成为圣人。'（《尚书·多方》）一定要说圣人没有恶，那又何必要学呢？一定要说愚人没有善，那又何必要教呢？好比有一块田地，上面长有稻粱，也长有藜莠，善于耕田的人，会除掉那些藜莠杂草，而培养稻粱。不善于耕田的人恰恰相反。同样的，善于治性的人，会培养他的善性，而去掉他的恶性；不善于治性的人，也恰恰相反。孟子以为仁、义、礼、智都是出之于本性，殊不知暴、慢、贪、惑也是出之于本性。按照孟子的说法，是只相信稻粱生长在田里，而不相信藜莠这些杂草也会生长在田里。荀子以为争取残贼的心，是人生下来就有的，若是不用师法礼义来匡正他，就会产生悖乱而无法治理；殊不知慈爱羞恶的心，也是生下来就有的。按照荀子的说法，是只相信藜莠杂草生长在田里，而不相信稻粱也是生长在田里的啊！所以扬雄认为人性是善恶混。混，就是善恶杂处在心里的意思，只看人如何去选择修习罢了。修习善的，就成为善人，修习恶的，就成为恶人，这道理岂不是晓然明白？像孟子所说的，是要增进人的善性；荀子所说的，是要去掉人的恶性；扬雄却是兼有他们二人的说法。韩文公解释扬雄的话，以为起始是混的，后来才有善恶之分，也是不很了解扬雄的意思的。”

以上三人对于扬雄性说的解释，大体是宋咸根据王充的论断，吴秘与司马温公则是本于世子。王充《论衡·本性》说：“我认为孟轲说人性善，那是指中人以上而说的；孙卿说人性恶，那是指中人以下而说的；扬雄说人性善恶混，那是指中人而说的。”又说：“周人世硕以为人的性有善有恶，极力存养人的善性，善就会增长，极力存养恶性，恶就会增长，这么说来，性各有阴阳善恶，就看所存养的情形如何而定，所以世子作有《养书》一篇。宓子贱、漆雕开、公孙尼子这批人，论人的情性，也和世子差不多，都说性有善有恶。”

王充认为孟子所说的人性善，是指中人以上；孙卿所说的人性恶，是指中人以下；这种论调并不正确。且看《孟子》书中论性善，说：“人皆有不忍之心……所以谓人皆有不忍人之心者，今人之乍见孺子将入于井，皆有怵惕恻隐之心。”(《公孙丑上》)“人无有不善，水无有不下。”“恻隐之心，人皆有之；羞恶之心，人皆有之；恭敬之心，人皆有之；是非之心，人皆有之。”“故凡同类者，举相似也，何独至于人而疑之？圣人与我同类者，故龙子曰：‘不知足而为屦，我知其不为蒉也。’屦之相似，天下之足同也。”（以上并《告子上》）很明显的都是指所有的人而言，并没有局限于中人以上。再看《荀子》书中论性恶，说：“人之性恶，其善者伪也。”“凡人之欲为善者，为性恶也。”“凡人之性者，尧舜之与桀跖，其性一也；君子之与小人，其性一也。”（并见《性恶》）也都是指所有的人，没有限于中人以下。至于王充将扬雄所主张的，认为是中人的性，那是因为他把扬雄所说的善恶混，看作与告子所说的性无分善恶的意见相同。他在《论衡·本性》中说：“告子和孟子同时代，他主张性没有善恶之分。……不分善恶，而又可以改变的，那是说的中人啊！不善不恶，是要靠教化才能成功的。所以孔子说：‘中人以上，可以告诉他较高的道理；中人以下，不可以告诉他较高的道理。’告子以决水作比喻，那也是指的中人，并不是指极善极恶的人。孔子曾经说过：‘性相近，习相远。’中人的性，在于他的学习。学习善的，就成为善；学习恶的，就成为恶。至于极善极恶，那就不在于学习了。所以孔子说：‘只有上智和下愚的人，是无法改变的。’性有善，有不善，即使圣贤的教化都不能改变他。孔子是道德之祖，又是诸子中最卓越的，而说：‘上智和下愚的人，都是无法改变的。’可见告子的话并不正确。……扬雄说人性是善恶混的，也是指的中人啊！”王充以中人的性，不分善恶，所以可以学习，学习善的，就成为善，学习恶的，就成为恶。而扬雄主张人性善恶混，正好也说：“修习善的，就成为善人，修习恶的，就成为恶人。”所以认为扬雄所说的，也像告子所说的性不分善恶一样，这当然是非常错误的看法。

推敲王充性分三品的说法，是根据《论语·阳货》孔子说：“性相近，习相远。”以及“只有上智和下愚的人，是无法改变的。”这两句话而勉强加以区分的，其实不对的，刘宝楠《论语正义》说：“有的性善，有的性不善，性可以为善，也可以为不善，这种论调，孟子已经加以驳斥，而断定为性善，那性有三品的说法可以知道是不对的了。孔子说：‘天生就知道的，是最上等。’这就是上智；‘有所不通而后去学，这是又其次。’有所不通就是愚，而列为又其次，可见得没有不可以改变的。到了‘有所不通而还不去学’，才说：‘这种人是最下等的。’下等就是所谓‘下愚’。戴震《孟子字义疏证》说：‘天生是下愚的，这种人很难同他讲礼义，由于他自己拒绝去学，所以无法改变他。要是他还有怕威势、怀德惠的心理，一旦遇到所怕所怀的人，开启他的心智而突然间有所觉悟，这也是常有的事，若是后悔而后去从善，那就不是下愚了。再加上学，便会逐渐进到智者的境界了。认为不改变便是下愚，那是因为他往往明知是善而不去做，明知是恶而又去做。所以孔子只说‘不改变’，而不说‘不可以改变’。虽然古今不乏下愚的人，他们的精神，几乎和物相等，但究竟不同于物，所以没有不可改变的。’程瑶田《论学小记》说：‘人的气有清浊之分，所以也有智愚之别，但是人的智不同于犬牛的智，人的愚也不同于犬牛的愚。犬牛的愚，没有仁、义、礼、智的端绪，人的愚，未尝没有仁、义、礼、智的端绪，所以智者的人，知道端正他的衣冠，而愚者的人，也未尝不想端正他的衣冠啊！’”这么说来，下愚的人，并不是不可以改变的，而孔子说不可以改变的意思，可以看《论语集注》引程子所说的话，他说：“人的性本来是善的，但是却说有不可改变的，是什么原因呢？说他的性，那都是善的，说他的才质，却有下愚的不可改变。所谓下愚有两种人，一种是自暴，一种是自弃。只要是人，如果能够以善自治，那是没有不可改变的，虽是昏愚到了极点，也可以逐渐磨练他而有所进展。只有自暴的人，拒绝而不信，自弃的人，拒绝而不做，即使圣人和他在一起，也不能感化他。孔子所说的下愚，他的本质未必都是昏愚的，往往是强毅而又才力过人的，就像商辛这种人。圣人因为他自绝于善，所以称他为下愚，究其所归，他的确是愚笨极了。”《孟子·离娄》说：“自暴的人，同他没有话说；自弃的人，同他无所作为，说话违背礼义的，叫做自暴；说自己不能居仁由义的，叫做自弃。”既是自暴自弃的，叫做下愚，而天生知道的，叫做上智，同时有所不通而又不去学的，也叫下愚，可见上智和下愚是指才质而言，和善恶的性没有关系的。而王充论孟子、荀子、扬雄三家的性说，以为是指上、中、下三品，当然不是确切的说法。说扬雄的性说不分善恶，也是一种误解。韩文公因袭王充的论断，而说扬雄论人性善恶混，和孟子的起始性善，后来变恶；荀子的起始性恶，后来变善，都是“举其中而遗其上下”，这自然也是不正确的见解。所以司马温公说并不了解扬雄。

然则扬雄论性的正解，应如司马温公所说，善恶杂处在心里，能引导善的一面而加以修习，使胜过恶，就可以成为善人。反之，就成为恶人了。这和世子的论调一样，所以汪荣宝作《法言义疏》，说扬雄的性说是出于世子，确是不错。究其实扬雄的立论，只是取孟、荀两家对于人性的见解而加以折中罢了。

扬雄在论性善恶混以外，又提出一“气”字，这“气”乃是一个人向善向恶的动力，有此动力，才能修其善为善人，修其恶为恶人，所以说：“气也者，所以适善恶之马也与！”不过气的本身是无法辨别善恶的，必须听命于志，因此孟子曾经说过：“夫志，气之帅也；气，体之充也。夫志至焉，气次焉。”所谓志，就内心所发动的意识精神；而这意识精神充满在全身的叫做气。志率领着气，志到那儿，气也就到那儿。一个人的感官能看能听，形体的能屈能伸，意识的能分辨黑白美丑，是非同异，都是由于气充于身的缘故。但是如何去听去看，如何去分辨是非美丑，如何去屈伸形体，却是出于志的指使。扬雄将气比做适善恶的马，正是说明气只是使人向善向恶的动力，至于究竟是要向善、或是向恶，那还是要看他意念的抉择。就好比一匹马，它可以向东，也可以向西，可是究竟要向东，还是要向西，还得由驾驭它的人来决定。所以如何透过心志意念来驭气修性，使其向善而不向恶，确是一个重要的课题。因此扬雄又提出“学”，只有学才可以使人明辨理欲善恶，只有学才可以改变人的气质。他在《法言·学行》中说：“学是为了修性；固然眼看、耳听、口说、貌动、心思，是我们性中所固有，但是要学才能够得正，不学便不能得正。”他在《太玄》中也有相似的说法：“天生万民，使他貌动、口说、目视、耳听、心思，有法则成，无法则不成。”（《玄棿》）所谓有法无法，便是学不学的意思。

饮食男女，是人的大欲，也是人性的所同然。孔门论性，没有不理欲兼说。孔子说：“克己复礼为仁。”（《论语·颜渊》）孟子说：“养心莫善于寡欲。”（《尽心下》）都是要扩张天理，克制人欲。从扬雄的人性善恶混的论断来看，我们不难知道扬雄也必主张人性中有理有欲。理胜过欲就成为善，欲胜过理就成为恶；理和欲的消长，就看人的修为如何而定。存养理性，遏制人欲，便是修善；扩张人欲，抑灭理性，便是修恶。所以扬雄要修性，修性就是要克制人欲，使能长善去恶。扬雄说视、听、言、貌、思是性，实际上也是欲。孟子说：“口之于味也，目之于色也，耳之于声也，鼻之于臭也，四肢之于安佚也，性也，有命焉，君子不谓性也。”（《尽心下》）口对于美味，眼睛对于美色，耳朵对于音乐，鼻子对于香味，四肢对于安逸，都是人性中的嗜欲，这些嗜欲不是强求便能得到的，所以孟子说：“有命焉。”命有定分，不能强求。不能强求而又非去求得不可，那便要抑灭理性，不择手段，恶性便因之而滋长起来了。因此孟子不认为这些是性。这一点，扬雄的看法和孟子是相同的，所以他要人去学，去学“克己复礼”，孔子说：“非礼勿视，非礼勿听，非礼勿言，非礼勿动。”（《论语·颜渊》）这当然便是扬雄所要人学的事了。朱彬《礼记训纂》引戴峪隐的话说："学不止限于五官，但是看、听、说、貌、思，不去学便不能得其正。"可说最善于了解扬雄的话了。

总之，扬雄论性，以为善恶混，以气为适善恶的动力，直承于性，又以学为驭气修性成德的法门。比起孟子的修学在于扬善，荀子的修学在于化伪，以及宋儒程、朱以气为性，所谓"才说性时，便是兼气质而言矣"，更是晓然明白。是以扬雄的性说，有他的独特见解和价值。

扬雄除了论性以外，又谈论到"命"。他认为命是受之于天的，不是人力所能为的。举凡人力所能为的都不是命。命是不可夺、不可避的，所以只要是人事上可以存亡，可以死生的，都是由于自取，都不是命。他在《法言·问明》，对于这一点，说得非常清楚。颜渊、冉伯牛这两个人，在孔子弟子中，以德名世，但一个短命而死，一个得恶疾而死，都不能得到长寿，扬雄以为这便是命，没有办法躲避的。要是立在岩墙之下，因而招致死亡，那完全是自取的，不能称之为"命"。扬雄论命的意见，大抵和孟子一样，孟子说："一切莫非是命，所以要顺受其正。因而知命的人，不站在将要倒塌的墙下，能够尽其修身之道而以寿终的，便是得其正命。至于犯罪而死的，便不是正命。"两人都是就人的年寿而论；天给人的年寿有长有短，这不是人的能力所能避免的。所以人只要修身以顺受正命，终其天年，不必去祈祷修炼，希求延年益寿，这便是所谓"知命"了。

2. 扬雄的儒学

汉代初年，从高祖入关，到惠帝时，人心渐趋安定；文帝、景帝继立，重视人民的休养生息，崇好黄老刑名之术。据《汉书·儒林传》记载：孝文帝本好刑名之说，而孝景帝更不用儒生，至窦太后又喜爱黄老之术，因而当时所设置的经学博士，都只是具官备员而已，并没有加以重用。到了曹参接替萧何为相，听从盖公的话，讲求清静无为，当了九年的丞相，天下大治。汉初的诸大臣，大都是以此来争取功名的。这种情势，演变到后来，便逐渐走向刑名的惨酷苛刻了；而喜好清静无为的，又偏向于修道养生，追求神仙之术的途径上去。

自从武安君田蚡当了丞相，黜退黄老刑名诸子百家之言，延揽文学儒生近百人以上，公孙弘甚至由于精治《春秋》而当上丞相，乃至于封侯。因而天下学士，靡然向风。武帝时候，董仲舒又上对策，罢黜百家，独尊儒家，儒学遂成为一统的局面。但是董仲舒的儒学，偏重于灾异之变，天人之道，以阴阳五行的学说，来发扬儒家的道理，影响所及，使得西汉儒生从董仲舒以后，直到刘向，没有不采用阴阳家的说法来说经，而道家黄老的言论，和刑名学说，也仍然还潜在于学术界中。战国时代，处士横议，诸子的学说弥漫，壅蔽正途，孟子有见及此，忧虑圣道的湮灭衰微，所以起而驳斥辟除。扬雄是崇奉儒家的正统思想的，当他看到诸子学说的充斥壅蔽，因而也想效法孟子的作为，起而廓清，使能归本于儒家的正道。《汉书》本传说他看到当时诸子各逞其智，都是诋毁圣人，或且说些怪迂诡异的言论，虽然只是小辩，恐怕终会破坏大道，所以要仿效《论语》而作《法言》。主要的目的，就是要复兴儒学。

·崇圣道

儒家所尊崇的，是尧、舜、禹、汤、文、武、周公、孔子，圣圣相传的道统，这些圣圣相传的道统，都是上体天心，继天而立的，其光明灿烂，好比中天之日，足以照耀四海，为人民的准式。扬雄对此极为尊崇，他说："圣人之道，譬犹日之中央；不及则未，过则炅。”（《法言·先知》）又说：“赫赫乎日之光，群目之用也；浑浑乎圣人之道，群心之用也。”（《法言·五百》）中天之日，为群目之用；圣人之道，为群心之用，所以一切学术思想，道德行为，唯圣人之道为准则，过与不及，皆非所宜。所以舍此，其他学术思想便不足观了。《学行》篇说：“视日月而知众星之蔑也，师圣人而知众说之小也。”众说，指的是诸子之学；诸子之学，执乎异端，比起圣道来，那自然渺小多了。

孔子是儒家之祖，他祖述尧、舜，宪章文、武，上承圣圣相传的道学，下开儒家的统绪，圣道之所在，所以扬雄以为要阐扬儒学，必先奉孔子以为宗主。《法言·学行》：“天之道不在仲尼乎？仲尼驾说者也，不在兹儒乎？如将复驾其所说，则莫若使诸儒金口而木舌。”所谓“驾说”，即税驾；税驾者，脱驾也，有休息之意。古时讳言“死”也说“税驾”。《史记·李斯传》：“吾未知所税驾也。”即不知死所之意。“仲尼驾说”，谓仲尼殁后。《论语·子罕》孔子曰：“文王既没，文不在兹乎？天之将丧斯文也，后死者不得与于斯文也；天之未丧斯文也，匡人其如予何？”这一段话是孔子自承文王死后，他自己承当传播圣道的责任。所以扬雄确认他是天道之所在。然而孔子殁后，斯文的传播，就要靠今之儒者来担负，因此他认为莫若“使诸儒金口而木舌”来宣扬圣人制作之义，如此圣人之道便能永远常在了。

扬雄既崇奉孔子为宗主，因而主张学必孔氏，他说：“山径之蹊，不可胜由矣；向墙之户，不可胜入矣。曰：‘恶由入？’曰：‘孔氏。孔氏者，户也。’曰：‘子户乎？’曰：‘户哉！户哉！吾独有不户者矣！’”（《法言·吾子》）山径之蹊，向墙之户，好比异端众说；山径之蹊，险阻难行；向墙之户，窒碍难通，唯有孔子之道，光明正大，为众所必由，所以扬雄自谓他的学问，全是由孔门入。

· 宗五经

扬雄之世，正是诸子之说纷然淆乱，各是其是，各非其非的时候。扬雄以为要想推其本原，正其嫌疑，只有归之于圣人。他在《法言·吾子》中说："'万物纷错则悬诸天，众言淆乱则折诸圣。'或曰：'恶睹乎圣而折诸？'曰：'在则人，亡则书，其统一也。'"圣人在世，归之于圣人；圣人殁后，唯有归之于圣人的典籍了。圣人的典籍，就是六经。《汉书·艺文志·诸子略》说："诸子十家，虽然其言各异，却是殊途而同归，一致而百虑。彼此都在互推其所长，殚思竭智，发扬其旨趣。尽管其中有些蔽短，但综其旨归，大抵都是六经的分枝与末流。"诸子之说，既然不出六经的范围，所以要正其淆乱，便只有归之于圣人的典籍了。

《文心雕龙·宗经》说："经也者，恒久之至道，不刊之鸿教也。"而经之目，首见于《庄子·天运》："孔子谓老聃曰：'丘治《诗》、《书》、《礼》、《乐》、《易》、《春秋》六经，自以为久矣。'"据《史记·儒林传》所云，六经由于秦火而缺《乐经》，所以汉武帝仅置五经博士，无《乐经》。五经都是孔子所修订，因而扬雄以为除五经外，其他均属小道，即使累至千言万语，也是微不足道的。他说："书不经，非书也；言不经，非言也。言书不经，多多赘矣。"（《法言·问神》）这便是扬雄宗经的论调。

扬雄对于五经有极精深的研究，他用极简短的几句话，非常扼要地道出五经的要旨，他说："唯五经为辩，说天者莫辩乎《易》，说事者莫辩乎《书》，说体者莫辩乎《礼》，说志者莫辩乎《诗》，说理者莫辩乎《春秋》，舍斯辩亦小矣。"（《法言·寡见》）辩者明也，《易》是本于天地阴阳，所以说天莫明乎《易》；《书》是记先王之事，所以说事莫明乎《书》；《礼》是主上下之体，所以说体莫明乎《礼》；《诗》是言志的，所以说志莫明乎《诗》；《春秋》属解比事，以正是非，所以说理莫明乎《春秋》。这和《庄子·天下》所说的："《诗》以道志，《书》以道事，《礼》以道行，《乐》以道和，《易》以道阴阳，《春秋》以道名分。"以及董仲舒《春秋繁露·玉杯》所云："《诗》道志，故长于质；《礼》制节，故长于文；《乐》咏德，故长于风；《书》著功，故长于事；《易》本天地阴阳，故长于数；《春秋》正是非，故长于治人。"其义大致相同。

扬雄对于经的损益，有较开明和正确的看法，《法言·问神》："或曰：'经可损益与？'曰：'《易》始八卦，而文王六十四，其益可知也。《诗》、《书》、《春秋》，或因或作而成于仲尼，其益可知也。故夫道非自然，因时而造者，损益可知也。'"经并非不可损益的，像《诗》、《书》、《礼》，孔子就是因旧文而删定的；《春秋》，孔子以鲁国的"春秋"而制定的；《易》六十四卦，是文王重迭八卦而成的，这些都说明除天然之道，如仁义道德之类，不可以损益外，其他因时而造的，像礼乐刑政、典章制度等，都可以随时代的变迁而损益。这观念完全是上承《论语·为政》子张问："十世可知也？"孔子曰"殷因于夏礼，所损益可知也；周因于殷礼，所损益可知也；其或继周者，虽百世可知也"的意念而来，只不过孔子只说礼，而扬雄更推而广之，应用到所有的经书罢了。

·尊孟荀

据《史记·孟荀列传》，孟子名轲，受业于子思的门人。当时，天下正致力于合纵连横，以攻伐为贤，而孟子却在传述唐虞三代之德；所以所到之处，都不合君主的心意，遂退而与万章之徒，序《诗》《书》，述仲尼之意，作《孟子》七篇。而韩愈《原道》篇也说："斯道也，尧以是传之舜，舜以是传之禹，禹以是传之汤，汤以是传之文武周公，文武周公以是传之孔子，孔子以是传之孟轲。"由是观之，自尧、舜、禹、汤，以至孔子，这圣圣相传之道，得以传于后世的，就只有孟子了，因而扬雄非常推崇他，甚至想自比于孟子。

在扬雄心目中，孟子能够知言之要，知德之奥，而且切实地去履行。同时他的思想又和孔子息息相通，这便是孟子异于诸子而值得尊崇之处。《法言·君子》："或问：'孟子知言之要，知德之奥？'曰：'非苟知之，亦允蹈之。'或曰：'子小诸子，孟子非诸子乎？'曰：'诸子者，以其知异于孔子也，孟子异乎？不异。'"孟子的学问是由博返于约，他说："博学而详说之，将以反说约也。"（《离娄下》）博学是知言之要所必须先行做到的，唯有博学，才能融会贯通；能融会贯通，才能知言之要。而知德之奥，在于深造于道，唯有知德之奥，才能潜心积虑，优游其间，然后默识心通而有所得。孟子说："君子深造之以道，欲其自得之。"（《离娄下》）就是这意思。孟子是位大贤，非仅知而能行，且最能发扬孔子之思想。例如：孔子自卫返鲁，然后乐正，雅颂各得其所，乃删定《诗》《书》，系《周易》，作《春秋》。而孟子自齐梁退而与万章之徒，序《诗》《书》，述尧舜之道而著作焉。这是孟子的拟圣而作。又孔子弟子会集夫子所言，以为《论语》；而《孟子》之书便则而象之。卫灵公问陈于孔子，孔子答以俎豆；梁惠王问何以利国，孟子对以仁义；宋桓魁欲害孔子，孔子曰："天生德于予，桓魁其如予何？"鲁臧仓毁隔孟子，孟子曰："吾之不遇鲁侯，天也；臧氏之子，焉能使予不遇哉？"彼此旨意合同，类似这种情形很多。可见孟子和孔子的思想相通，所以扬雄特别尊崇他。

在战国之世，由于处士横议，异端并起，所谓佞伪驰骋，红紫乱朱。孟子生于斯世，有见于此，悯圣道的湮灭，正涂的壅蔽，因起而辟之。《孟子·滕文公下》："圣王不作，诸侯放恣，处士横议，杨朱墨翟之言盈天下，天下之言，不归杨则归墨；杨氏为我，是无君也；墨氏兼爱，是无父也；无父无君，禽兽也。"孟子这种排斥异端，维护儒家的精神，甚得扬雄的钦佩，况且扬雄也是以绍述圣统为己任，阐扬儒学为目标，见到自己所处之世，正是诸子淆乱的时代，所以也想效法孟子，起而辟之。《法言·吾子》："古者杨墨塞路，孟子辞而辟之，廓如也；后之塞路者有矣，窃自比于孟子。"尽管诸子之说，并未因孟子辟之而廓清，但儒家之道得以传扬于后世而不息，其功实不可没。韩愈曾就此论孟子之功，他说："扬子云曰：'古者杨墨塞路，孟子辞而辟之，廓如也。'夫杨墨行，正道废，孟子虽贤圣，不得位，空言无施，虽切何补？然赖其言，而今之学者，尚知宗孔氏，崇仁义，贵王贱霸而已，其大经大法，皆亡灭而不救，坏烂而不收，所谓存十一于千百，安在其能廓如也；然向无孟氏，则皆服左衽而言侏离矣。"（《孟子序说》引）所说最为中肯。

至于荀卿，《法言·君子》："或问：'孙卿非数家之书，侻也；至于子思、孟轲，诡哉！'曰：'吾于孙卿，与见同门而异户也，唯圣人为不异。'"《广雅·释诂》："侻，可也。"诡，谲诈怪异之义。言孙卿弹驳诸家之说，颇合于教，但弹驳子思、孟子则未免怪矣。荀卿是战国末期北方之大儒，其学非常渊博，对于当时诸家学说，无不研究。在《荀子》的《天论》、《解蔽》、《非十二子》、《富国》、《乐论》、《正乐》以及《性恶》诸篇中，批判它嚣、魏牟、陈仲、史鳅、墨翟、宋钘、慎到、田骈、惠施、邓析等诸家之说，均极中肯；惟有批评子思、孟轲，扬雄以为荀卿和他们是"同门而异户"；难免相非，实际上他们的根源，都是出之于孔门，只是两人的观点略有不同罢了。扬雄论孟子时，说他不异于孔子，而论荀子，却说："同门而异户，唯圣人为不异。"表面上"同门异户"，似乎有孟荀并称之意在，而言下之意，则有孟高于荀的味道，但其尊崇之意却是一样的。

· 辟诸子

扬雄既欲自比于孟子，以力辟当时壅蔽正路的诸子为己任，所以在《法言》中斥辟诸子之处很多，如辟老子的捶提仁义，绝灭礼学；辟庄子之无君臣上下之义，邹衍的无知于天地之间等，但最有概括性的，无过于《法言·五百》所云："庄杨荡而不法，墨晏俭而废礼，申韩险而无化，邹衍迂而不信。"庄子的言论，洸洋自恣，诋訾孔子，剽剥儒墨；杨朱为我，以为人生百年，仁圣是死，凶恶也是死；生为尧舜桀纣，死便同化朽骨，又何必规劝死后的余荣，而不自肆于一时？此与牢狱的重囚何异？这便是所谓"荡而不法"。墨子与晏子思想实是一家，《汉书·艺文志》论墨家之失曰："及蔽者为之，见俭之利，因以非礼。"《盐铁论·论诽》："晏子有言：'久丧以害生，厚葬以伤业，礼烦以难行，道迂而难遵。'"可见墨、晏两家都是固俭而废礼。申韩之术，主刑名，尚法术，不重教化，专任刑法，所以谓之"险而无化"。邹衍之言，太史公以为"作怪迂之变，其语闳大不经"。所以说他"迂而不信"。这些均为扬雄引以为忧的言论，唯恐其破坏大道而迷惑众人，因而必极力予以辟斥。

· 重人事

扬雄对于天道，是继承古代"天命棐忱"，(《尚书·大诰》)吉凶在人不在天的观点。《法言·重黎》："或问：'楚败垓下，方死曰：天也。谅乎？'曰：'汉屈群策，群策屈群力；楚憞群策，而自屈其力。屈人者克，自屈者负，天曷故焉？'"这一段扬雄评论楚汉之争，以为刘邦之所以胜，在于他能运用群策群力，而项羽之所以败，在于他只逞其匹夫之勇，而不知运用群策群力。所以项羽之败，实乃咎由自取，与天无干，天唯有德者而助之。又《法言·五百》："或问'星有甘石何如？'曰：'在德不在星，德隆则晷星，星隆则德晷也。'" 甘石，即齐之甘公，魏之石申，皆古代善观天象的人。晷，影也；犹影之随形。扬雄的观点，以为星象之吉凶，是视人君之德而显示，人君要是以德为尚，那星象也必随着而显出吉祥之兆；否则所显示的必为凶象。所以为人君者，不必去问星象的妖祥，只管修自己的德行即可。倘若以星为尚，势必要屈折人事来传合天象，或是假借天象来粉饰人事，这都是最愚昧不过的事。所以有人问他："圣人占天乎？" 他回答说："占天。" 不过圣人占天，和掌天文的史官所见不同；史官只注重观察天象的变异，度数的失恒，而后知妖孽所在，吉凶所生，这是"以天占人"；阴阳家之流，主五行终始，灾异之说，这情形就如同史官之观天象以见人事一样。但是圣人的占天，是因人而知天意，也就是修人事以知天道的不能违，是所谓"以人占天"。以天占人者，重天象的示警；以人占天者，重人事的修为。一为本，一为末，这是圣人和史官二者观点的不同，扬雄对此认识极为清楚，所以他既说圣人占天，随即又特别辩白说："史以天占人，圣人以人占天。"（《法言·五百》）在汉代阴阳灾异之说极为盛行的时代，扬雄这种重人事，以为吉凶在人不在天的观念，确是极具革命性与建设性的。

从"圣人以人占天"这一观点看来，扬雄对于有意识的"天"，颇为重视，他认为天人之间有其不可分的关系，人生于天地间，必须要顺天行事，而后才能有成，违天不祥，必将招致失败。所以一个人的成败，固然事关人事的得失，实际上却也是天命之所使然。太史公在《秦楚之际月表》中，论秦、楚、汉五年三嬗之事云："王迹之兴，起于闾巷……安在无土不王，此乃传之所谓大圣乎？岂非天哉！岂非天哉！" 以为高祖之兴，专由天授。扬雄的看法则不以为然，他认为秦、楚、汉三嬗，应该是天命人事兼而有之。《法言·重黎》中有一段话，有人问他："嬴政二十六载天下擅秦，秦十五载而楚，楚五载而汉，五十载之际而天下三擅，天邪？

人邪？”他回答说“具”。所谓“具”，就是兼而有之之意。他又说：“天不人不因，人不天不成。”天之祸福，必定因人事之得失；而人之成败，也必待天命之予夺。天人和同，才可成天下之大顺，致天下之大利。

由于重人事的观念，所以对于当时极为流行的“黄帝终始”，神仙符命之说，扬雄也一律不相信。所谓“黄帝终始”，是指推论自黄帝以来，历代帝王更王，以金、木、水、火、土五德，传次相承，终而复始；于是而有黄帝以来年数历谱，传述的人，认为这便是黄帝之道。由五德终始再进而变为五行吉凶之占；由五行吉凶再变而为谶纬之说，就像《史记·三代世表》后所附诸先生语，引《黄帝终始传》曰：“汉兴百有余年，有人不短不长，出白燕之乡，持天下之政，时有婴儿主，却行车。”这一段话是指霍光辅佐昭帝的事，纯粹是哀、平年间谶纬学者所造，也是后来王莽利用符命的所从出。这已经不是五德终始的本义，所以扬雄以为这些都是伪托的，不足置信。至于神怪之说，扬雄更是本着“子不语怪、力、乱、神”的原则，大事破除。所以有人问他：“赵世何以多神？”（赵世即秦世，因为赵与秦同祖，汉魏以来，秦赵互称是常习。）他回答说：“神怪茫茫，若存若亡，圣人曼云。”（《法言·重黎》）而一般人所企求的仙人，扬雄也认为那不是事实，那是方士们的虚语，像安期、羡门这些仙人，也只听过他们的名，而没有真实见到他们的人。何况仙人并不是我们凡人所能企求得到的。一个人不能没有死，因为有生必有死，这是自然之道。求仙人就是求长生不死，求长生不死，便是违反自然之道。退一步说，即使可以求得长生不死，在扬雄看来，那也只不过是“名生而实死”。所谓成仙者，就是羽化蝉蜕而升天，名义上是长生，实际上却是寿数尽而死。所以有人问扬雄究竟世上有没有神仙？扬雄的回答是，这问题不值得问；要问，就要问忠孝的事情，忠臣孝子对于事君事父的事情，已经都感到来不及，又何暇去探求神仙的事呢？

扬雄这些理论，固然都是针对王莽以符命而自立，揭穿其骗局，以及王莽本人之崇信神仙之说，所发的讥刺论调；其实也是扬雄以其儒家的思想，对当时迷信神仙符命风气的抨击，影响所及，后起王充、应劭都步其后尘，而揭橥破除迷信的大纛了。王充《论衡·道虚》就有这么一段话，他说："有血脉之类，无不有生；生无不死，以其生，故知其死也。天地不生，故不死；阴阳不生，故不死。死者生之效，生者死之验也。夫有始必有终，有终者必有始，唯无终始者，乃长生不死。人之生，其犹水也。水凝而为冰，气积而为人，冰极一冬而释，人竟百年而死，人可令不死，冰可令不释乎？诸学仙术为不死之方，其必不成，犹不能使冰终不释也。"可以说完全是扬雄所说："有生者必有死，有始者必有终，自然之道也。"以及神仙之说不可信的阐发。

3. 扬雄的政治思想

扬雄的政治思想，是秉承儒家的政治道统。儒家的心目中，以尧舜时代，法天行化，恭己南面，无为而治，为最高的政治理想。所以扬雄主张，无论是治天下，或是治国，都必须效法先圣的措施，才能达到"泰和"的最高境界。先王的行化，最着重于天常和五教。所谓天常，就是礼乐；所谓五教，就是父义、母慈、兄友、弟恭、子孝。礼乐兴、五教行，天下没有不治的。然而要使得礼乐兴、五教行，为人君的，便必须正己以修身，进而推己以正人，以收教化之功。老百姓若不经过教化，便朴质而无礼，一定要让老百姓知礼义、知廉耻，然后才不会去做奸慝邪辟的事。

再者，民为邦本，得民就能得国，民强国家就强，所以人君治理百姓，一方面着重于教化，一方面还得使他富有。使老百姓富有的方法，首先要减轻税敛，实行十分取一的税制；其次不要与民争利。这样百姓便会产生思慕之心，老百姓有思慕之心，自然就会忠于主上，卫护主上，而为主上赴难了。

扬雄以为为政既然需要保民、安民，就不应当舍弃教化而行严刑峻法来苛虐百姓，所以他极力反对申、韩之术。申、韩的严刑峻法，也许可能偷功于一时，但是终究不如礼乐之能安固万民，可以大用。不过，话又说回来，一个国家，不能没有法度律令，没有法度律令，就将“庶人田侯田，处侯宅，食侯食，服侯服”，(《法言·先知》) 奢侈兴而僭乱生了。至于制度的厘定，政教的兴革，可以因时制宜，随时代的变动而变动，前人的施为，合则因之，否则革之，不必墨守成规。这与效法先王的“法天行化”，重天常、兴五教的基本精神，并无冲突。

制度既经订立，那还需要贤者在位，然后法度律令才能施行。因为徒法不足以自行，所以扬雄又主张“尚贤”。在扬雄的心目中，堪称贤圣的，莫过于孔子，而孔子不能再生，唯有退而求其次，能够求得“真儒”也就可以了。至若人才的检核，他以为要以众人的推举为准，不以个人的主观好恶为断。

王莽时代，对于匈奴，时常妄动干戈，轻开边衅，又屯兵戍边，百姓不堪其苦。因而扬雄主张，对四夷的外交，应以德服之，使他们能够怀德来归，而不出以武力征伐。因为武力征伐，仅能收一时之功，难收永久之效，况且兵连祸结，有伤民力。一旦屈国丧师，那就更将祸无日矣。

以上是扬雄政治思想的大略情形，现在再择其要者，分述于下：

·法先王

政治的最高理想，莫过于唐虞成周时代的泰和社会，百姓安居乐业，敦亲睦邻，夜不闭户，鸡犬不惊。要达到这一理想境界，扬雄以为唯有效法先王之所为，他说："适尧舜文王者为正道，非尧舜文王者为他道。君子正而不他。"(《法言·问道》) 所谓"道"，就是治道，合乎尧舜文王的治道，便是正道；不合乎尧舜文王的治道，便是他道，举凡正道没有行不通的，所以扬雄主张治国的人，务必要遵循尧舜文王的正道才好。

尧舜文王的治道，所以被目为正道，那是由于这些古代圣王，都是法天行化，恭己南面，无为而治的。《法言·问道》说："或问天，曰：'吾于天与，见无为之为矣。'"天道无为，顺乎自然，万物因而生成。《礼·哀公问》说："无为而物成，是天道也。"《荀子·天论》也说："不为而成，不求而得，夫是之为天职。"这就是扬雄所谓"无为之为"了。所以人君治民，也必须无为而治，才能合乎天道。

什么是"无为"？天道无为是顺乎自然，只要按着春、夏、秋、冬四时的运行，万物自然就会生长，不必作无谓的辛劳。治道的无为，人主只要彰明法度，显扬礼乐，不必苛扰百姓，天下也就太平了。所以扬雄说："在昔虞夏袭尧之爵，行尧之道，法度彰，礼乐着，垂拱而视天下民之阜也。"(《法言·问道》)

因为古圣先王一切措施，都是应天顺人，所以任何作为，也都是尽善尽美，可以为后世法的。《法言·孝至》说："尧舜之道皇兮，夏殷周之道将兮，而以延其光兮。或曰：'何谓也？'曰：'尧舜以其让，夏以其功，殷周以其伐。'"尧舜的禅让，夏禹的治水，殷周的吊民伐罪，虽然彼此所行之道不同，但都是顺应天意，为民谋福，可以光延于后世的。

·明法度

古代圣王之所以能无为而治，那是因为法度彰、礼乐着，因而扬雄以为一个国家如果没有法度，那这个国家的政治一定不能上轨道，社会一定不能安定。他说："为国不迪其法，而望其有效，譬诸算乎！"（《法言·先知》）治国而没有法度，就好比算术没有筹码一样，算术而没有筹码，便无法计数；治国而没有法度，政治也就不能见效了。何况没有法度的限制，百姓便没有纲纪可循；没有纲纪可循，对于礼义也就怠忽了，于是僭乱邪僻因之而作。社会势将形成贫富的悬殊，造成社会的不安。《法言·先知》："法无限，则庶人田侯田，处侯宅，食侯食，服侯服，人亦多不足矣。"少数的人不受法度的限制，可以生活得同侯门一样奢侈，显然会助长僭乱之心，而且多数的人，因少数人的僭越奢侈，便会感到匮乏不足。同时宫室车马，衣服器皿，丧祭饮食，声色玩好，这都是人情所不能免的，如果没有礼制法度予以节制，这些情欲必然泛滥而不可收拾了。

不过扬雄所谓的法度，是指礼义而言，并非指刑罚而言，《法言·寡见》："秦之有司，负秦之法度；秦之法度，负圣人之法度。秦弘违天地之道，而天地违秦亦弘矣。"秦代法度，以刑罚为主，已经有违圣人的法度；而秦之有司更变本加厉，更加惨酷，这是扬雄所极力指责的。圣人的法度，是本天地而生的，合乎礼义的法则。有违圣人的法度，就等于违背天地之道；违背天地之道，天地自然也就背弃它，所以秦朝不到二世便亡了，这正说明法度不正，足以亡国。

·施德治

扬雄的政治思想既是秉承儒家政治道统，对于孔子"为政以德"之说，当然极端尊奉。但是要施德治，人主本身的道德修养，必须足以为民表率，上行下效，然后民归于正，这样天下自然太平。所以有人问扬雄说："何以治国？"回答说："立政。"又问："何以立政？”回答说：“政之本，身也；身立则政立矣。”（《法言·先知》）这就是孔子所说的：“其身正，不令而行。”“苟正其身矣，于从政乎何有？”本身站得正，坐得正，那个人敢不正？人人都站得正，坐得正，这个国家焉有不治的道理？这胜过严刑峻法不知要多少倍。

为政既然必须先要正身，那人主就必须先要修德而后才能治天下。可是在王莽时代，并不重视个人道德的修养，却特别重视灾异之象，时常要屈折人事来傅合天象，这在扬雄看来，认为是本末颠倒，极端反对的。他说：“圣人德之为事，异亚之，故常修德者，本也；见异而修德者，末也。本末不修而存者，未之有也。”（《法言·孝至》）常修德是本，见灾异而后再修德是末，但无论是常修德也好，见灾异而后再修德也好，只要能修德那就可以治天下。因为能修德，便能以德治天下；能以德治天下，那所有的凶咎都会自然而然地消除掉。所以人君主政，不必过分重视灾异之象，而要以个人的修德为尚。若是平时既不修德，有异象示警时，也不知反身自省及时修德，那这国家恐怕就会走上灭亡的道路了。

人君主政，能够修德以治，就能使民心悦诚服，孟子说：“以力服人者，非心服也，力不赡也；以德服人者，中心悦而诚服也，如七十子之服孔子也。”（《孟子·公孙丑上》）中心悦而诚服，是谓心服，全国上下，人人心服，这国家没有不治的。以力服人的，无不利用权谋诈术，不能使人心服，百姓只不过屈于一时的淫威，一旦时机成熟，必将揭竿起义，推翻暴政。所以扬雄认为舍修德以治天下外，其他都不足观。即使像齐桓公、晋文公、秦王政，可以烜赫于一时，却也无法享位长久。他说：“齐桓晋文以下至于秦兼，其无观已。所谓观，观德也，如观兵，开辟以来，未有秦也。”（《法言·寡见》）齐桓、晋文以下至于秦之统一天下，所以不足观的原因，即在于他尚力不尚德，孟子说：“仲尼之徒，无道桓文之事者。”仲尼之徒所以不说齐桓公、晋文公的事情，即是因为尚德的缘故，而不愿去说以力假仁而霸的故事，这正是扬雄尚德不尚力的意思。

扬雄又认为山河之险，固然是巩固国防，保护国家安全的重要屏障，但是最主要还在于德。所以他赞美吴起与魏武侯在西河巡视时，对于宝山河之固所发表的意见，说是在德不在固。可是却惋惜吴起治兵不知道运用同样的道理。《法言·寡见》："魏武侯与吴起浮于西河，宝河山之固，起曰：'美哉言乎！使起之固兵每如斯，则太公何以加诸？'"治兵若使也能以德施教，那这军队成了王者之师，王者之师，所向无敌，这又岂是最善于用兵的姜太公所能超越的呢？

这些都是扬雄主张施德治观念的要略。

·行仁政

民为邦本，"得民斯得国，失民斯失国"；民强则国强，民富则国富；所以人君治国，首重行仁政而保民。至于保民之道，则在于使百姓殷富。《法言·孝至》："君人者，务在殷民阜财，明道信义；帝者之用，成天地之化，使粒食之民粲也，晏也；享于鬼神，不亦飨乎？"扬雄以为人君主政，务必做百姓富有，然后才能明道伸义，赞天地而化育。但是富有之道，除了制民恒产之外，还要薄其税敛，而且得有一定的制度，才不至于使百姓感到困扰。古代的井田制度，借百姓之力，十分取一，在扬雄看来，是最理想的税制。《法言·先知》说："什一天下之中正也，多则桀，寡则貉。井田之田，田也；肉刑之刑，刑也。田也者，与众田之；刑也者，与众弃之。"井田制度，殷和周不同，孟子说三代田制，莫善于"助"；"助"是殷代田制，其体制是一方里划成一个井，每一个井是九百亩，中间是公田，其他八家各有私田一百亩，而且共同看管培植公田里的农作物。公田的收获，就可以取代赋税的征收。这是相当公平而合理的税制。周代的田制叫做"彻"，彻是没有公田的，一个井田，由九夫来耕种，每一夫一百亩；一百亩中，取十亩的收获作为赋税，所以殷周的税制虽然不同，但是实际上却都是十分取一，这是最理想不过的税制。孟子说："欲轻之于尧舜之道者，大貉小貉也；欲重于尧舜者，大桀小桀也。"（《孟子·告子下》）貉出北方夷狄之国，没有城郭宫室，宗庙祭祀之礼，没有诸侯间的来往聘问，也没有百官有司的设置，所以少于十分之一，其税收足够政府开支，但是华夏之邦，既有城郭宫室，宗庙祭祀，诸侯聘问，百官有司等，其税收当然不能少于十分之一。若是超过这标准，那便是横征暴敛，犹如夏桀的虐民。扬雄的思想，可以说完全是继承孟子思想而来的。

扬雄不仅主张要使民殷富，必须行十分取一的薄税制度，而且反对政府与民争利的专利措施，他以为只要百姓富足，又何患君之不足？汉武帝时，大司农桑弘羊掌管全国的盐铁，在京师置平准，天下所有的货物，全部加以垄断，贵的时候卖出去，贱的时候买进来，许多富商大贾，都无牟取大利，国家的财用固然充足了，但是海内萧然，户口减半，阴夺民利的祸害，由此可见。扬雄有见及此，深深以为不可，所以在《法言·寡见》中，有人问他："弘羊专利而国家财用足，为什么不专利呢？"扬雄的回答是："这好比父子，做父亲的对儿子专利，这样做法，即使有利，又怎么对得起儿子呢？"可见他对政府的与民争利，深恨痛绝。

扬雄更以为为政最主要的是要使百姓思慕，不要使百姓厌苦。所以他说："从政者，审其思斁而已矣。"什么是百姓所思慕的，什么是百姓所厌恶的，这些为政的人都必须加以仔细审察，他特别指出"老人老，孤人孤，病者养，死着葬，男子亩，妇人桑之谓思。若污人老，屈人孤，病者独，死者逋，田亩荒，杼轴空之谓斁。"（《法言·先知》）养生送死，仰事俯畜，矜寡孤独各得其所，男耕女织各安其业，能够做到这种地步，自然会引起百姓的思慕。要是生不能养，死不能葬，孤老不得其所，田园荒废，杼轴空置，自然会引起百姓的厌恶，如何能使百姓感到思慕而不厌恶，应该是为政的人所深切了解的。

·重教化

《法言·先知》：“吾见玄驹之步，雉之晨雊也；化其可以已矣哉？”玄驹者，蚂蚁也；晨雊者，晨鸣也。蚂蚁在惊蛰过后而出行，雉鸡在黎明时节而鸣叫，这些动物尚且感阳应节，受自然之化。而我们身为万物之灵的人，又怎么能不教化呢？所以圣人顺天道，本自然，而以道德熏陶百姓，使成其教化。因而扬雄主张，人主为政，除要使民富之外，还必须施以教化。因为百姓若不加教化，则朴质而无礼，《法言·先知》：“雌之不才，其卵毈矣；君之不才，其民野矣。”人君不才，不能普施教化，使百姓皆知礼义，那百姓永远是朴质无礼，形同野人；这好比雌鸟不才，不知孵抱小鸟，那所孵之卵必定坏死而不化。由此可知教化的重要。

人君治民，教化既不可缺，而教化的施行，则以礼乐为先。《法言·五百》：“川有防，器有范，见礼教之至也。”礼是德的本体，没有礼，也就没有德，圣人顺乎人情而制订礼的节文，目的就在预防罪恶的产生和道德的败坏，使人人都能在礼文的节制下，日趋于向善而不自知，由此可见礼教的重要，因此扬雄对于太古时代，采取愚民政策，搥提仁义，灭绝礼乐，以涂塞人的耳目，使他不闻不见，以期纯一的做法，极不赞同。他认为天生万民，既然赋予眼睛，赋予耳朵，让他看，让他听，为人君的，又怎么能涂塞他的耳目，使他不看，使他不听呢？既然要听、要看，那就必须拿礼乐来教化他，使他非礼勿视，非礼勿听，而归之于正。人君之所以能够使令百姓，就是因为百姓知道礼乐，有礼乐，百姓自然就会听命，没有礼乐，眼睛看的不是礼，耳朵听的不是乐，百姓就将散乱而无法控制，在这种情形下，即使想要涂塞百姓的耳目，也是不可能的。

·反峻法

扬雄的政治思想，虽然重政令法度，但是由于主张行仁政、施德治，所以极力反对严刑峻法，对于申不害、韩非的不先教化，专任刑戮，以及秦法的暴酷，都极力加以诋毁，以为不仁之至。《法言》问道："申韩之术，不仁之至矣，若何牛羊之用人也？若牛羊用人，则狐狸蝼螾不膢腊也与？"申、韩的基本观念，都认为治乱世用重典，唯有严刑峻法，才能立竿见影收治世之效。可是这在扬雄看来，不教而诛，简直是将百姓当作牛羊，任意宰杀，这种方法要是施行起来，必定死人枕藉，那狐狸蝼螾可就有福了。因而扬雄极端痛恨申、韩之术，斥为不仁。

至于秦法，更是惨酷，扬雄认为无论如何，不能拿来治民，所以有人问他："如果利用秦法，再稍加修正以后，予以施行，是否也可以达到治平的目的呢？"扬雄断然回答说："不可以，好比那些琴瑟，所奏的是郑、卫淫靡之声，你就是让舜时的乐官夔再生，他也不能顺着郑、卫之声而奏出尽善尽美的韶乐来。"（《法言·寡见》）这种论调，正可以看出扬雄对秦法的苛虐，深为不满，以为一无可取，即使圣人继位，也必须改弦易辙，才能拨乱反正，而至于太平。

·尚贤能

在《法言·先知》，扬雄曾经说到百姓对于政治，有三种忧虑：一是政善而吏恶；二是吏善而政恶；三是政吏并恶。这三种政治状况，都足以使百姓受到虐害，是所谓"恶政"。要去此"恶政"，非贤者在位不可。唯有贤者在位，才能行仁政，施德治，国家才能太平，社会才能安定。否则，纵有良好的法度，善美的理想，也是无法施行的。所以孟子说："徒法不足以自行。"因而扬雄主张，人君治国，必须重用贤才，他说："经营然后知干桢之克立也。"（《法言·五百》）经营房屋知道需要干桢之才作为栋梁，治理国家当然也应该知道起用贤才作为国家的栋梁。在扬雄心目中，只有圣人，真儒，才是真贤才，除此之外，充其量也只不过是一个专才而已，不能算是贤才。他说："圣人之材天地也；次山陵川泉；次鸟兽草木也。"（《法言·五百》）就是这意思。圣人之材，可以参天地而化育，给他主邦国之政，当然能够平治。至于其他人才，都各有所偏，各有所长，只能担任小职责，不能担当大重任。治国既需贤才，但是应该如何检核贤才，使他克堪重任呢？扬雄也有他一套方法，他说："天下有三检，众人用家检，贤人用国检，圣人用天下检。"（《法言·修身》）众人只知道以家的丰瘠为忧乐，所以只要从他对于家的作为，就知道他的才干，这就是所谓家检；推而广之，贤人是以国家的贫富为忧乐，其才干、抱负自然大得多了，这就叫做国检；至于圣人，那是以天下人的贫富丰瘠为忧乐，这又比贤人高一层，所以叫做以天下检。能够依此三检来判断人才，那贤才便不至于被埋没而不被发现，愚才也不至于鱼目混珠而滥竽充数了。问题是贤才被发现后，人主不能用，像孔子的时候，诸侯并不是不知道孔子是个圣人，但是却不能加以重用，因为要重用他，就必须听从他；要听从他，就必须抛弃自己的主张和欲念，这非有至德的人主是办不到的。再有，有的人主是想重用贤才，不过所用的是否就是真贤才？也是一个问题。《法言·寡见》有人问他："鲁国用儒生，为什么国家反而被削弱？"扬雄的回答是："鲁国没有用真儒，要是用真儒，鲁国就不至于被削，而且可以无敌于天下。像古时候周朝重用周公，四方诸侯便争先恐后地来京师朝贡。鲁国重用孔子，齐国便紧张得将所侵略的土地归还。"这些都足以了解扬雄的主张，唯有贤圣在位，才能使政治清平，四海来归。

4. 扬雄的教育思想

扬雄的教育思想是以人性善恶混为出发点，认为修善就可以为善，修恶就可以成为恶人，而学的主要目的，就在于修性，所谓“学则正，否则邪”。（《法言·学行》）所以对于教育非常重视。

教可以变化气质，可以起善去恶；教可以启迪愚昧，可使趋正却邪，所以人不能没有教，人要是没有教，即使有颜渊的才质，也不能秀出。但也不能没有学，人要是不学，即使有教，也很难收变化之功。《法言·学行》说：“螟蠕之子殪而逢蜾蠃，祝之曰：‘类我！类我！’久则肖之矣，速哉七十子之肖仲尼也。”这一段话，完全本之于《诗·小宛》所说：“螟蛉有子，蠃蜾负之，教诲尔子，式谷似之。”螟蠕是桑虫，蠃蜾是细腰土蜂，古人相传蠃蜾有雄无雌，不能生子，常常掳螟蠕之子为儿子，整天对着螟蠕说：“像我！像我！”果然螟蠕长大后就像蠃蜾。扬雄引这段故实，主要是在说明教育功效之大，和孔子教化他的学生功效如此的神速。不过有教也得有学，光教而不学，也是没有用的。《法言·问明》：“吾不见震风之能动聋聩也。”震风就是雷风，扬雄将雷风比做圣教，将聋聩比做顽嚣、下愚的人。顽嚣下愚的人，是所谓“困而不学”、“自绝于学”、“自暴自弃”的人，这种人即使圣人来教化他，也不会收到效果的，所以孔子说“下愚不移”，孟子说：“自暴者，不可与有言也；自弃者，不可与有为也。”（《孟子·离娄上》）

在教与学之间，扬雄尤重于自我修为的学。学必须要有目标，扬雄认为学有三个目标：

·学为君

《法言·学行》：“学之为王者事，其已久矣。尧舜禹汤文武汲汲，仲尼皇皇，其已久矣。”儒家教育的终极目标，是要使人达到内圣外王的境地，《大为》一篇所论修、齐、治、平之道，就是教人学王者事，《礼·学记》说：“师也者，所以学为君也。”可见自古以来，只要是学，没有不以“学为王者事”为首要目标的，甚至连尧舜禹汤文武以迄孔子，也都以学为王者事为准则。据《荀子·大略》记载：尧曾经学于君畴，舜学于务成昭，禹学于西王国。刘向《新序》也说：汤学于成子伯，文王学于时子思，武王学于郭叔。《左传》昭十七年也说：孔子见于郯子而学之。可见古代圣王也莫不有学，所以扬雄说：“学为王者事，其已久矣。”

·学为圣贤

学为王者事是外王，学为圣贤便是内圣。扬雄以为人皆可以为尧舜，所以为学必定要以睎圣睎贤为目标。《法言·学行》：“睎骥之马，亦骥之乘也。睎颜之人，亦颜之徒也。或曰：‘颜徒易乎？’曰：‘睎之则是。昔颜尝睎夫子矣，正考甫尝睎尹吉甫矣，公子奚斯尝睎尹吉甫矣。不欲睎则已矣，如欲睎，孰御焉。’”一个人在学习过程中，只要抱定一个目标，不断地努力。那你便能达到这目标。像颜渊曾经以孔子为目标，正考甫以尹吉甫为目标，公子奚斯也以尹吉甫为目标。他们都是以圣贤为学习对象，所以个个都成为圣贤。这些就是最好的例子，说明只要立志睎圣睎贤，别人是没法阻挡得住的。

·学为君子

《法言·君子》：“君子言成文，动成德。”言成文，动成德，几乎是圣人的境界，孔子是成德的人，是大家公认的圣人，他尚且说：“君子道者三，我无能焉：仁者不忧，知者不惑，勇者不惧。”虽然这可能是孔子的谦虚，但是我们也可以由此知道，君子的境界也是相当高的，要想达到圣人的境地，就必须先要学做君子，所以扬雄勉励人立志求为君子。《法言·学行》说："学者所以求为君子也，求而不得者有矣夫，未有不求而得之者也。"《寡见》篇也说："好尽其心于圣人之道者，君子也。"立志求为君子，也就是勉人要晞圣晞贤。

至于学的方法，扬雄认为：

·行为上

《法言·学行》："学，行之上也。"人不能没有学，学可以成德，学可以寡过，学可以尽性，学可以克欲。《学记》中说："君子如欲化民成俗，其必由学乎！玉不琢不成器，人不学不知道。是故古之王者，建国君民，教学为先。"这说明无论是化民成俗，无论是成器知道，无论是建国君民，都不能没有学。学固然重要，但是学而能行应该是更重要。因为学而不行，对于事理是无法通彻明了的，唯有学而能行，才能通明事理。《中庸》说："力行近乎仁。"《荀子·儒效》也说："学至于行之而止矣。行之明也，明之为圣人。"都是说明学要以行为上。从这里我们可以了解扬雄为什么主张学以行为上。

·多闻见

《法言·吾子》："多闻则守之以约，多见则守之以卓；寡闻则无约也，寡见则无卓也。"多闻多见，可以增长见闻，增进学识，所以多闻多见，实际上就是博学，只有从博学中才能了解前言往行，什么是最精要，什么是最卓越的，然后加以选择，作为自己修身养行的准则，否则孤陋寡闻，对于事理便无从明了，当然更不知道什么是最精要，什么是最卓越的了。不过扬雄对于多闻见特别提出一点要人注意，那就是所闻所见，都必须是至善至美的正道，而不是邪僻的旁门左道，否则即使闻见再多，所得的学识，也只不过是一些不合正道的迷识罢了。

·循序渐进

扬雄认为水流昼夜不息地往前流去，不到终点绝不中止，而且流经之处，遇有低凹的坑地，必定充满之后，再行前进，绝不绕道而行。做学问也应该如此，必须循序渐进，有恒不断，这样才能有所成就，绝不躐等而施，半途而废。再看那鸿雁南飞，为的是避寒而就温；我们人要向学，为的是去非而从是，不过鸿雁的高飞，并非是一飞冲天，而是由低处逐渐地往上飞，因而我们学习，也应该一步一步地由低往高，不能好高骛远，虚而不实。一棵树，所以能够枝叶繁茂，是因为它的根本深厚；一个人的学问要想有高远的成就，也就必须有深厚的根基。这种观念，很显然地是从《孟子·尽心上》“流水之为物也，不盈科不行；君子之志于道也，不成章不达”而来的。

·学必有师

《法言·学行》：“务学不如务求师。”师的职责是传道、授业、解惑。所以《礼·文王世子》说：“师也者，教之以事，而喻诸德者也。”因而要学就不能没有师。何况汉代承秦焚书坑儒之后，书简大都残阙，得书非常不易，而且书录多用竹简缣帛，传钞非常困难，容易发生错误，同时去古既远，天下又没有圣人，要不是有专家之师，授以章句，那就根本无从学习。所以当时学者，特别注重师法。到了扬雄时代，刘歆领校秘书，又有古文注本，各家说法又都不同，若是没有老师，那就更无法知道其中的道理，这就是扬雄特别强调学必有师的原因。《法言·学行》：“一哄之市，不胜异意焉；一卷之书，不胜异说焉。一哄之市，必立之平；一卷之书，必立之师。”一巷之市虽小，但各人的意见不少，必须要制定平价才行；一卷之书虽小，但各家的说法不同，必须要请教于老师才行，否则徒费心力，不仅毫无成就，抑且必将谬误典谟之旨。

学者在学习过程中，固然需要老师，但是做老师的，也必须时常检剔自己，使一言一行都能成为学生的模范，否则徒具老师之名，而无老师之实，非仅不能收教化之功，反而产生反效果，所以扬雄对于那些不足以为人师的，发出无限的慨叹。他说：“师者，人之模范也，模不模，范不范，为不少矣。”（《法言·学行》）可见扬雄对于当时社会许多好为人师的不满。

《礼·学记》：“记问之学，不足以为人师。”所谓记问之学，指的是预先记诵一些杂难杂说，到讲书的时候，说给学生听。这种预先记诵杂难杂说，只能算是小知，小知太为琐碎，记不胜记，所以不足以为人师。《法言·问明》有人问扬雄：“小每知之，可谓师乎？”扬雄回答说：“是何师与？是何师与？天下小事为不少矣，知之是谓师乎？师之贵也，知大知也。小知之师亦贱矣。”由此可见，扬雄对于只会记诵一些杂难之说的小知之师，是看不起的，他认为要能成为知大知之师，才是可贵的。所谓大知，就是透彻了解事理的根本，使它能够一以贯之，就像孔子的学问一样，孔子的学问绝不是“多学而识”的，而是“一以贯之”的。能够知大知，学问自然就渊博，其他的小事不待学也就知道了。

此外，扬雄对于品德教育特别重视，《大学》说：“物格而后知至，知至而后意诚，意诚而后心正，心正而后身修，身修而后家齐，家齐而后国治，国治而后天下平。自天子以至于庶人，壹是皆以修身为本。”由此可知，儒家的政治哲学，是以修身开始，自正心以上，所说的全是修身。扬雄的思想，既是以儒家为宗，所以对于修身极为重视，因而《法言》中，特别以修身名篇，以表示修身为个人行谊的首要。而修身的根本，则在于孝悌，《论语·学而》：“君子务本，本立而道生，孝弟也者，其为仁之本与？”因而《法言》特立一篇叫《孝至》篇，以表示他对孝悌的重视。

在品德教育中，扬雄以为道德仁义礼是出之于人的天性，是一切行为的准则。《法言·问道》：“道德仁义礼，譬诸身乎？夫道以导之，德以得之，仁以人之，义以宜之，礼以体之，天也。合则浑，离则散，一人而兼统四体者，其身全乎！”道德仁义礼是人的天性，当然不能有所缺失，好比一个人之有四肢，四肢完整，躯体便健全；四肢不全，躯体当然便成残废。道德仁义礼五者若是能够浑合，那所有品德便都已具备；要是支离道德仁义礼，那便如同支离一个人的四肢一样，使他的躯体残缺不全。因而人的一切行为准则，应以道德仁义礼为准，否则人的品德便有所缺憾。

道德仁义礼的修为，实际上是人性自我的发扬，所以无论世人知不知道我，我都得尽力去做，这样光彩才大。若是必定要等人家知道我，然后才去做，那所作所为不是为了德，而是为名，这样就没有什么光彩了。因为扬雄勉励人“我知为之，不我知亦为之”。（《法言·问神》）又说：“不为名之名，其至矣；为名之名，其次也。”（《法言·孝至》）不为名而行善，其名自扬，这是实至名归，自然之美，是至高无上的德。但是为名而行善，而使声名显扬，虽然不是至高无上的德，却也能收到修德的实效，所以扬雄认为“为名之名”，较之“不为名之名”，稍差一层，勉励人要多从事于不为名之名，这样胸襟才能广阔，德行修为才更高。

百行孝为先，《法言·孝至》：“孝至矣乎！一言而该，圣人不加焉。”孝是德之本，可以统众善，可以治天下，可以通神明，所以叫做“至德”，至德，即使是圣人，也无法再增高。《孝经》说：“圣人之德，又何以加于孝乎？”因而扬雄在品德教育中，特别强调孝道的重要。首先必须让大家知道：父母之恩，昊天罔极，为人子的，很难报答于万一。一定要像大舜一样，时常感到对于父母的奉养还不够，这样才能算是真孝。假如自认为对父母的奉养已经很重厚了，那就不能算是真孝。《法言·孝至》："父母，子之天地与！无天何生？无地何形？天地裕于万物乎？万物裕于天地乎？裕父母之裕，不裕矣。事父母自知不足者，其舜乎！"扬雄认为，父母对于儿女，就像天地之于万物一样。天地所施给万物的是那么优厚，而万物却不能以同等的优厚来回报天地。同样的，子女对于父母，也不能以父母对待儿女同等的厚爱来回报父母。要说儿女所能回报父母，已超过父母所施给的，那就等于说，万物所能回报天地，已超过天地所施给的，那是断断没有这个道理的。

儿女对于父母之恩，既是难报于万一，那么做儿女的，又怎能不竭尽全力来尽孝道呢？要尽孝道，非仅是能养而已，还得要生事爱敬，《法言·学行》："或曰：'猗顿之富以为孝乎？不亦至乎？颜其馁矣。'曰：'彼以其粗，颜以其精；彼以其回，颜以其贞。颜其劣乎！颜其劣乎！'"扬雄的意思是：养而不敬，犹如犬马之养，纵使再丰厚，也没有什么意义，唯有养而能敬，敬而能顺，这才算是孝。所以，虽然猗顿以他的富有来尽孝，在扬雄看来，反不如颜回的贫困来得更能尽孝。这其间的区分，就在于能敬不能敬。猗顿的孝，是饮食之养，只不过养体而已；颜回的孝，含有敬顺之意，是养志之养。养体是粗，养志是精，这精粗之间，何啻霄壤，因此扬雄教人行孝，必须承顺亲意，居则致其敬，养则致其乐。

此外，扬雄还认为儿女对于父母，除了生事爱敬外，还必须死事哀戚，换句话说，也就是死生都当尽礼。所以有人问他怎样才能算是"人子"，扬雄的回答是："死生尽礼，可谓能子乎！"唯有死生尽礼，才能称得上是孝子。

还有，孝子事奉父母，内心应该时常怀着父母的年寿已高，往后的时日恐怕无多，不可能再长久。因此每一分每一秒都能珍惜，不能有所松懈，以尽其孝子之心。

扬雄这些生事爱敬，死事哀戚，死生尽礼，以及孝子爱日的尽孝观念，都是上承孔子孝道的思想而来，例如：子曰："今之孝者，是谓能养，至于犬马，皆能有养，不敬，何以别乎？"（《论语·为政》）又曰："生事之以礼，死葬之以礼，祭之以礼。"（同上）又曰："父母之年，不可不知，一则以喜，一则以惧。"（《里仁》）这些都足以说明扬雄品德教育中，孝道思想的渊源。

在品德教育中，另一重要的一环是修身。扬雄以为修身首重立义，《法言·修身》："修身以为弓，矫思以为矢，立义以为的，奠而后发，发而必中矣。"修身必先正思，正思必以立义为准的。《大学》说："欲修其身者，先正其心。"因为人的思想行为，都是以心为主，故必存养省察，不被物欲所蒙蔽，使心思湛然虚明，那一切贪愚迷妄，放僻邪侈之念，便无由而生，这样，无论到那儿，无论做什么事，没有不合于义的了。这就好比射箭，以义作为的彀，不发则已，发则必中。

此外，扬雄认为要成为君子，必须内外兼修，文质彬彬才可以，《法言·修身》中，有人问他，犁牛和玄骍的皮革有没有不同。为什么祭祀时非用玄骍不可？扬雄的回答是："为了要致孝于鬼神，所以不敢用犁牛。如果是杀猪宰羊为了欢宴宾客，犒赏军队，那还管他是犁牛不犁牛！"这意思是从《论语》引申来的，《论语·雍也》："犁牛之子，骍且角，虽欲勿用，山川其舍诸？"骍，赤色。周人尚赤，所以祭祀的牺牲要用骍。犁是杂文，所以不用。扬雄借此说明君子是与众不同的，玄骍之与犁牛，虽然皮革相同，但是玄骍之所以贵于犁牛的原因，是因为玄骍的毛色纯，而犁牛的毛色杂，玄骍不仅有内在的质，还有外在华美的文。君子之与众人，其为人则一，然而君子所以比别人尊贵的原因，是因为君子有内在忠信的质，也有外在礼文的表。质胜文则野，文胜质则史，所以君子修身，务必要内外兼修，文质彬彬才好。

再有，扬雄还勉励人要刚健笃实，时时修己以进德。《法言·吾子》："圣人虎别其文柄也；君子豹别其文萃也；辩人狸则其文华也。狸变则豹，豹变则虎。"圣人之文，焕然彪炳；君子次之，其文蔚盛；辩人又次之，其文丛萃。三者都有文章，只是其质不同罢了，不过忠信可以晞圣，德行纯备可以制作，所以若能修己力行，进德不息，截长补短，变更其质，那辩人便可以成为君子，君子也可以成为圣人了。

修身之道，首先要注意的是谦恭自牧，不可以"持满"，《法言·重黎》："或问：'持满。'曰：'扼欹。'"欹，就是欹器，古时候人君用来放置坐石作为戒惕的一种器皿。这种器皿空虚的时候有些倾斜，把水倒进去一半，便站得正；倒到满，便翻覆过来，扬雄借此来告诫那些自满的人，要像欹器一样，不可以自满，尔后才能日进有功。

扬雄除了勉励人要谦恭自牧，不要自满之外，还教人要自爱、自敬，一切反求诸己。《法言·君子》："人必先作，然后人名之；先求，然后人与之；人必其自爱也，而后人爱诸；人必自敬也，而后人敬诸。自爱，仁之至也；自敬，礼之至也；未有不自爱敬而人爱敬之者也。"知道自爱的人，必定会爱人，所以扬雄说他是仁之至；知道自敬的人，必定会敬人，所以扬雄说他是礼之至。仁礼之至的人，没有人不爱敬他的。这么说来，只要我决心去求爱敬，爱敬就会来到。孔子说："我欲仁，斯仁至矣。"一切求之在我。因此扬雄又说："夫见畏与见侮，无不由己。"（《法言·五百》）畏敬人，人自然也会畏敬你；侮慢人，人当然也会侮慢你。孟子说："敬人者，人恒敬之。"扬雄的主意也就在此。他以为一个人被人畏敬，或是被人侮慢，都是自取的。

最后，扬雄认为一个人修身，只要能做到"言不惭，行不耻"，仰无愧于天，俯无怍于地，就可以成为顶天立地的男子汉。《法言·修身》："言不惭，行不耻者，孔子惮焉。"言不违理，就没有可惭之言；行不邪僻，就没有可耻之行。没有可惭之言，没有可耻之行，那是全德的完人，孔子对他也要畏敬三分。这就是扬雄品德教育中的终极目标。

5. 扬雄的文学思想

扬雄生当元、成汉赋极盛时代，又和司马相如同乡，作汉赋能够享受利禄的好处，再加上司马相如许多流风韵事，不能无动于衷。所以从小就喜欢辞赋，仰慕相如，同时又看到司马相如的赋弘丽温雅，心中尤其向往，所以每次作赋，都要摹仿司马相如的赋来作，兹就扬雄的创作分析如下：

·重模拟

根据《西京杂记》的记载，扬雄《答桓谭书》："长卿赋，不似从人间来，其神化所至耶！大抵能读千赋，则能为之。谚云：'习伏众神，巧者不过习者之门。'"《汉书》本传也说："尝好辞赋，先是时，蜀有司马相如，作赋甚弘丽温雅，每作赋，尝拟之以为式。"由此可见扬雄的文学创作，首重模拟；而模拟之道，则在于多读、多作。所以说："能读千赋，则能为之。"又说："习伏众神，巧者不过习者之门。"再聪明的人，也不能离开多读、多作的法则。不仅是作赋如此，据《汉书》本传的记载，他读过屈原的文章，认为超过司马相如，悲叹屈原的际遇，于是摘取《离骚》中的文字，作一篇《反离骚》，自岷山投到江里去，以吊屈原。又依傍《离骚》，作一篇《广骚》；又依傍《惜诵以下至怀沙》，作一篇《畔牢愁》。甚至于经传字书的创作，也没有不出于模拟的。例如他所作的《太玄》，是模拟《易经》的；《法言》是模拟《论语》的；《训纂》是模拟《仓颉篇》的；《州箴》是模拟《虞箴》的；而所作的《甘泉》、《羽猎》、《长杨》、《河东》四赋，都是以司马相如的《上林》、《子虚》为法式的。

·重神思

所谓神思，就是《文心雕龙·神思》所说的："文之思也，其神远矣。"所以当他寂然凝虑的时候，可以思接千载；当他悄然动容的时候，可以视通万里；在吟咏之间，可以吐纳珠玉之声；在眉睫之前，可以舒卷风云之色。这些都是神思所致。扬雄作文章最重神思，《汉书》本传说他"默而好深湛之思"。所以他作赋，没有不殚精熟虑。桓谭《新论·祛蔽》说：成帝时候，上甘泉宫，诏命扬雄作赋，扬雄常常为之思虑精苦，赋成以后，倦极而卧，梦见五脏流出满地，赶紧用手收纳回去。梦醒以后，整整病了一年，由此可见他尽思虑，伤精神也。

·尚美

《法言·吾子》："或问屈原智乎？曰：'如玉如莹，爰变丹青，如其智！如其智！'"如其智者，乃其智也。扬雄因为看到屈原的志行清洁，如玉如莹，化为文辞，就像图画丹青一般的绮丽，内心非常仰慕他，所以赞美说："乃其智！乃其智！"《史记·屈原传》曾经论及屈原的志行，认为可与日月争光。至于《离骚》的文采，王逸《楚辞章句序》："依诗取兴，引类譬喻，其词温而雅，其义皎而朗，凡百君子，莫不慕其清高，嘉其文采，哀其不遇而愍其志焉。"而《文心雕龙·辨骚》更说他："气往轹古，辞来切兮，惊采绝艳，难与并能矣。"由此可见屈原的文章，真是华藻朗丽，惊采绝艳，这就是扬雄所以为之仰慕不已的原因。

赋本来就是一种美文，其特质就像司马相如所说的："合纂组以成文，列锦绣而为质，一经一纬，一宫一商，比赋之迹也。”纂组成文，锦绣为质，是说赋的内在美，和外在的文采；此外还得注意一宫一商的音乐性。《文心雕龙·诠赋》也说赋的本质应该是：“丽辞雅义，符采相胜。”可见赋的特质，本来就是尚美的，所以作赋，特别重视华美的文藻，其所以仰慕司马相如，一定要以他的赋为仿真的对象，就是因为司马相如的赋“弘丽温雅”的缘故。

·尚事

《法言·修身》：“实无华则野，华无实则贾，华实副则礼。”在这华实相副的观念下，扬雄的文学主张，除尚美外，还着重于尚事，而要达到事辞兼备的境地。《法言·吾子》说：“或问君子尚辞乎？曰：‘君子事之为尚。事胜辞则伉，辞胜事则赋，事辞称则经，足言足容，德之藻也。’”扬雄的意思，以为文章与其只注重外在的辞藻美，倒不如注重内在实质的事理。事理有余而辞采不足，大不了稍嫌伉直而已。辞采有余而事理不足，则显得闳侈巨衍，夸诞过实，绝不是作文的正道。一定要事和辞相称，文质彬彬，又能说、又能用，这种言论才不是空论，才能作为“德”的藻饰。因此，扬雄对于只重文华而抛弃义理的人，非常疾恶。《法言·问明》：“孟子疾过我门而不入我室。或曰：‘亦有疾乎？’曰：‘摭我华而不食我实。’”所谓华，指的是文采；所谓实，指的是义理；取其文采而弃其义理的人，是一个小知浅薄的人，不知道探本穷微，无益于世道人心，这就是扬雄所以疾恶的原因。所以扬雄作赋，一定文质兼顾，不仅是丽辞艳采而已，亦且内容本质兼重。

·尚用

扬雄认为赋和诗一样，都具有美刺的作用。所以作赋的时候，首先应该注意到是否能发生讽谕的作用。所谓讽谕作用，就是使读的人读了以后，能够及时醒悟，改正自己的过错。如果读了以后，依然是我行我素，不曾改正，那赋的作用，只不过是劝而已，又有什么意义呢？可是赋本来就是美文，而且是颂赞君主贵族特有的产物，其作法往往是极尽其铺张夸大的能事，到了末了才涉及正题，道出作者讽谕的本意。然而读的人因为受到前面文字的眩惑，到了最后，对于作者讽谕之意，却往往疏略掉，因此很难收到预期的效果。《汉书》本传说："往时汉武帝非常喜好神仙，司马相如曾经写了一篇《大人赋》，想要讽谕一番。结果汉武帝读了以后，不仅没有发生讽谕的作用，反而感到有飘飘然凌云之志。"王充《论衡·谴告》也说："孝成帝喜爱扩充宫室，扬雄曾经上一篇《甘泉赋》，讽谕一番，说是只有鬼神的力量才能完成如此奇伟的宫室，人力恐怕是无法完成的，然而成帝读了以后，并没有觉悟，仍然兴建不止。"所以扬雄非常感慨，有人问他赋是不是可以讽谕，他的回答是："讽乎？讽则已，不已，吾恐不免于劝也。"（《法言·吾子》）

由于赋不能达到讽谕的作用，因而扬雄到后来，对以往所作的赋，深深感到后悔，认为那是"童子雕虫篆刻"。童子雕虫篆刻，所费的劳力多，而实用的价值少；是小技，而不能成大道，所以又说："壮夫不为也。"于是不再作赋。

·征圣

扬雄对于文学创作，认为一定要征圣宗经。所谓征圣，就是征验于圣人的遗文。《法言·吾子》："好书而不要诸仲尼，书肆也；好说而不要诸仲尼，说铃也。君子言也无择，听也无淫，择则乱，淫则辟，述正道而稍邪哆者有矣，未有述邪哆而稍正也。"扬雄的意思，无论著书立说，为文作赋，务必要折中于仲尼，否则如同书肆一般，零乱杂陈，七拼八凑，毫无意义；如同说铃一般，不能振聋启聩，毫无作用。所以只要能征验于仲尼，必定能做到言无择，听无淫，那又何患乎立言之不正呢？用此扬雄极力主张要征圣。对于诸子百家的学术思想，扬雄认为那好比是“山岖之蹊”，“向墙之户”，都是崎岖难行，窒碍难通的，不必去征验，也无法去征验，唯有圣人之说，才是正道，好比是房屋的门户一样，一个人进进出出，不能不经过门户，因此著书立言，作赋为文，都不能不征验于圣人的言论。

言语是表达情意的，文字是表达言语的；言语是心声，文字是心画；只有言语能发抒心中的意念，交通彼此不同的意见；只有文字才能包罗天下许多事物，使它传之久远。问题是言语要能确切地表达心意，文字要能够确切地表达言语，那是非常困难的，唯有圣人能够得到其中的体要，所说的话要简不繁而合于条理，文字不多而合于法则，因而发言成教，肆笔成典，都能成为天下人的法则，这就是扬雄极力主张为文要征圣的主要原因。

·宗经

圣人的述作谓之经。扬雄既主张为文要征圣，当然更主张要宗经。何况圣文雅丽，衔华佩实，足为世人法。《法言·寡见》：“或曰：‘良玉不雕，美言不文，何谓也？’曰：‘玉不雕，玙璠不作器；言不文，典谟不作经。’”在扬雄看来，良玉之所以成器，因为有良匠的雕琢；典谟之所以作经，因为有美好的文采。因此扬雄认为，要想写好文章，便不能不宗经。《文心雕龙·宗经》对此有更深一层的阐述：“故文能宗经，体有六义，一则情深而不诡；二则风清而不杂；三则事信而不诞；四则义直而不回；五则体约而不芜；六则文丽而不淫，扬子比雕玉以作器，谓五经之含文也。”这就是扬雄主张文要宗经的主要原因，否则书言越多，越加累赘，又有什么用呢？《法言·问神》：“书不经，非书也；言不经，非言也；言书不经，多多赘矣。”这是扬雄彻底主张文必宗经最明确的论证了。

以上是扬雄文学创作之观点，大都是发自儒家的思想；至其文学批评，也是依照其创作论的观点而立。

·诗人之赋与辞人之赋

《法言·吾子》："或问：'景差、唐勒、宋玉、枚乘之赋也益乎？'曰：'必也淫。''淫则奈何？'曰：'诗人之赋丽以则，辞人之赋丽以淫。如孔氏之门用赋也，则贾谊升堂，相如入室矣，如其不用何？'"所谓淫，就是夸诞过实的意思。赋的用意原在讽谕，荀卿、屈原都是作赋以讽谕的，到了景差、唐勒、宋玉、枚乘这些人，才逐渐地闳侈巨丽，夸诞过实，有失讽谕的本意。所谓诗人之赋，指的是古诗之作，以发乎情，止于义为美，也就是扬雄本传所说的："法度所存，贤人君子诗赋之正也。"所以丽以则。所谓辞人之赋，指的是今赋之作，以形容过度为美，也就是扬雄本传所说的："必推类而言，闳侈巨衍，使人不能加也。"所以丽以淫。

"诗人之赋丽以则，词人之赋丽以淫。"这两句话，扬雄用来评论诗人之赋与词人之赋的不同，以及其优劣得失，可说是具体而微。吴讷《文章明辨》引《祝尧古赋辨体》，对于扬雄这两句，阐述得淋漓尽致，透彻至极。他认为诗人之赋，是吟咏情性的，因此其情便自然而然地形之于词，其词也就自然而然地合之于理。情形于词，所以丽而有则；词合于理，所以则而有法。如果有失于情，只注重表面的词而忽略内在的情意，那就没有什么兴趣之妙可言，还有什么法则可循？汉代的词赋，专只取诗中赋的一义来作赋，又取骚中赡丽之词以为词，至于情和理，都无暇顾及，所以其所表现的丽和风骚的丽不同，这就是则和淫判然不同的关键所在。从这里就可以判别出赋的优劣得失来。

总之，扬雄论赋，以为唯有发乎情、止于义、利于讽的诗人之赋，才可以为法则；而夸饰闳衍的辞人之赋，则不足以为法也。

·恶淫辞之淈法度

扬雄对于辞赋徒事闳侈巨衍，不能发生讽谕作用，极为不满，以为非法度所存，毫无意义，所以追悔自己当初作赋，而发出“童子雕虫篆刻”、“壮夫不为”的鄙夷之声。他持此态度来评论其他一切书文，当然也非常疾恶那些淫放浮靡之辞，惑乱人心，淆乱法度。《法言·吾子》：“或曰：‘女有色，书亦有色乎？’曰：‘有；女恶华丹之乱窈窕也，书恶淫乱之淈法度也。’”在扬雄的心目中，总认为，所有著书之说，都应该有一定的法度，可以有益于世道人心，而不是徒然淫放浮靡，淈乱法度，使人目眩，而陷于不义。犹如女孩子不可以徒然利用铅华朱丹来打扮，妖艳迷人，惑乱人心，而不注重其内在的窈窕贞专。《法言·吾子》又说：“绿衣三百，色如之何矣？纻絮三千，寒如之何矣？”古时候的人认为，红、黄、蓝、白、黑是为正色，除此之外，均非正色。绿衣三百，终非正色，不能入正庙，所以虽多，又有什么用呢？纻麻之絮，终非纯棉，虽有三千，不能御寒，再多又有什么用呢？好比写文章，不循正道，不尊法度，即使再繁富、再美妙，又有什么用呢？扬雄以儒家的思想，用世的尺度，来衡量文学，看到辞赋的淫曼，杂说的纷起，都不足以匡正世道人心，所以才发此评论。

综上观之，扬雄生长在儒家思想极为浓厚的汉代，而且当时对于文学观念还不十分明确，所以扬雄的辞赋创作，虽然极负盛名，与司马相如、班固、张衡，并列为汉代四大赋家，但是其文学思想，因受时代之影响，及其极端崇尚儒家的思想，所以仍然不能摆脱汉儒视文学为学术的范畴。不过他的文学创作与批评的论断，实为中国有系统建立文学创作论与批评论之滥觞，这就是刘彦和作《文心雕龙》，往往取以为法的原因。

四、学术著作

扬雄的学术著作，有《训纂篇》、《方言》、《太玄》、《法言》等，今可以见到的，只有《方言》、《太玄》、《法言》三书而已。兹分述如下：

（一）《方言》这部书记载的都是古代不同方域的语汇。地域很广，东起东齐海岱，西至秦陇凉州，北起燕赵，南至沅湘九嶷，东北至北燕朝鲜，西北至秦晋北鄙，东南至吴越东瓯，西南至梁益蜀汉。其记载方式，是先举一些语词来，然后说明某地谓之某；或某地某地之间谓之某，这些方言语词都是扬雄问到以后记下来的，其中所记的语言，包括古方言、今方言，和一般流行的普通话，凡是说“某地语”或“某地某地之间语”的，都是各别的方言。说“某地某地之间的通语”，是通行区域较广的方言。说“通语”、“凡语”、“凡通语”、“通名”或“四方之通语”的，都是普通语。说“古今语”或“古雅之别语”的都是古代不同的方言。

从《方言》所记载的实际语言，可以看出一部分汉代社会文化的情形，例如卷三“臧、甬、侮、获，奴婢贱称也”一条，知道在汉代畜奴的普遍情形。卷四所记衣履一类的语汇，可以知道汉人的衣饰等。再有其所举的方言，在现代方言中依然保留着的很多。例如：“慧谓之鬼”，“忧谓之惄”，“敛物而细谓之揫”，“食饮食者谓之茹”等，都是大众口里的话，若不是方言记载下来，恐怕就无从知道这些语言，远在汉代就有了。其次，前人或谓方言多奇字，那是就文字的写法来说的，若是从语言的观点来看，这些字只是语音的代表，其中尽管和古书上应用的文字不同，实际上仍是一个语言。例如："咺"同"喧"，"唏"同"欷"，"夰"同"介"，"踏"同"蹋"等，都是很明显的例子。更有古今相同的语言，《方言》写的字和现在一般所写的不同。例如："少儿泣而不止谓之咣。"现在写"呛"；"好曰钋"，现在写"俏"；"遽曰茫"，现在写"忙"等，都是音义一样的。因此《方言》在汉语语言史上的价值，是非常值得我们重视的。

今本《方言》，是晋郭璞注，凡十三卷。《隋书·经籍志》、《新唐书·艺文志》著录相同；但刘歆与扬雄往来的信件中说是十五卷，郭璞《方言注·序》也说是"三五之篇"，卷数和今本不同，当是六朝时所改订。至于字数，应劭《风俗通义·序》说是九千字，而郭注本据戴震统计有一万一千九百多字，多出近三千字，何时增添，现已无从查考。

（二）《太玄》这是扬雄模拟《易经》而作的一部书。易有八卦，玄有九首；八卦是☰乾、☱兑、☲离、☳震、☴巽、☵坎、☶艮、☷坤，九首是⚌一方一州、𝌁一方二州、⚊𝌀一方三州、𝌃二方一州、𝌅二方二州、𝌄二方三州、𝌀⚊三方一州、𝌂三方二州、𝌀𝌀三方三州。易以八八为数，所以有六十四卦；玄以九九为数，所以有八十一首，易立天地人之道曰阴阳、刚柔、仁义。所以其画不过⚊奇⚋偶二端而已。玄立天地人之道曰始中终、思福祸、下中上，所以其画有⚊（一方一州一部一家）⚋（二方二州二部二家）𝌀（三方三州三部三家）三体。易以阴阳为爻，每卦六爻、六十四卦共三百八十四爻；每卦有卦辞、彖辞、爻辞、象辞。而玄以方、州、部、家四位为一首，每首有九赞，八十一首共七百二十九赞；每首有首辞、赞辞、测辞。易是用二、玄是用三。易从复卦至乾卦为阳，从姤卦至坤卦为阴，此二至阴始阳生之机；玄从中首至法首为阳，从应首至养首为阴，这也是二至阴始阳生之候。易的复卦初九，姤卦初六，正当二至昼夜子午之半，玄的中首次六，应首次六，也当二至昼夜子午之半，可见易与玄同是应天之运。易是一正一反，对待而为序；玄是跌阴跌阳，交错而分家。易爻多而卦少，因为其画止于偶，而玄位少而首多，因为其画至于三。至于溯流穷源，从象而推理，《易》有太极，而《太玄》有玄，表示用不同而体相同，数不同而理相同，这便是易和玄类推而相通之处。

但是明叶子奇作《太玄本旨》，认为易的仪、象、卦、数，布置错综，与天地造化无不合，由于其理出于自然，所以能成为圣人之学；玄的方、州、部、家，分缀附会，强求其合于律历节候，由于只是出于个人智慧的臆见，所以只能成为贤人之术。易的立象、命名，都有意义，如乾卦的六阳，是天下的至健，所以名叫乾；坤卦的六阴，是天下的至顺，所以名叫坤；天地交而为泰卦，天地隔而为否卦，一阳来而为复卦，一阴生而为姤卦，五阳决一阴而为夬卦，五阴剥一阳而为剥卦，以至于所有的六十四卦，没有不是这样的。可是却不知道玄的“中”首、“周”首、“礥”首、“闲”首，以至于八十一首，对于四画的位，究竟何所见以取象命名？这是求而未通的第一点。

卦和首既然不同，爻和位也有不同，为什么要将“中”首比拟作易的“中孚”，“周”首比拟作易的“复”卦、“礥”首“闲”首比拟作易的“屯”卦；不知道“中”首有什么虚可言，可以比拟作“中孚”；“周”首有什么阳可言，可以比拟“复”卦？“礥”首“闲”首有什么刚柔始交而难生可言，可以比拟为“屯”卦？这是求而未通的第二点。

易是以爻来立卦，以辞来说明爻，所以每一卦有六爻，说明的爻辞也有六；而玄只有四画，赞辞反而有九，这种上无所明，下无所属，首自首，赞自赞，本末二致，是求而未通的第三点。

易画是自下而上，故爻辞也是自下而上；然而玄画自上而下，而赞辞却自下而上，上下背驰，这是求而未通的第四点。

易的阳爻叫做九，阴爻叫做六；而玄虽然列有九赞，但是却以“次”来叫，例如初一、次二、次三、次四……上九，没有专一的名称，这是求而未通的第五点。

易的爻位吉凶，推之以才德时象之变，错以中正刚柔之位，所以可吉可凶，其法变动不拘；现在玄的例，是以阳家一三五七九为昼，措辞吉，二四六八为夜，措辞凶；阴家二四六八为昼，措辞吉，一三五七九为夜，措辞凶。从始到终，一定不移，其方法胶固不变，这是求而未通的第六点。

圣人对于易，虽然也有一些扶阳抑阴之义，但是阴阳是造化之本，不能相缺的，圣人对于这不可相缺的情形，就以健顺、仁义之类的话来说明，尽管在语气之中含有善恶之分，然而却从来没有说阳全吉而阴是全凶的；现在玄的例，是以昼吉夜凶，阴祸阳福，这恐怕不足以表明圣人的微旨，这是求而未通的第七点。

圣人仰观俯察，看出天地之间，不过阴阳两端而已，于是画一奇（**—**）以象阳，画一耦（**--**）以象阴，奇耦之上又加一阴一阳，逐渐推衍至六十四卦，三百八十四爻，对于岁数虽然没有要求其尽合，可是却自然而然地无不合；而玄首的画和易的奇耦既然不同，又别立九赞，以两赞相当于一日，总共有七百二十九赞，相当于一岁三百六十四日半，另外又立踦、赢二赞，以当气盈、朔虚，虽然和岁数完全相合，但那只不过是模仿历数而加以附会罢了，起初的时候，恐怕也未必见其必然如此，恐怕弥纶天地之间的经，可能不是这样的，这是求而未通的第八点。

由叶氏这段话，可以了解扬雄所作的《太玄》，实在是想尽力模拟《易经》，使能和圣人之意合，但是到头来仍然有未通之处；

不过我们却也可以由此知道《太玄》这本书的大略情形。

（三）《法言》这部书是扬雄模拟《论语》而作的。根据《汉书》本传的说法，扬雄看到诸子各家，彼此各逞其说，大抵都是诋毁圣人，要不然便是异辞巧辩，怪说连篇，无非想要阻挠时政。尽管这些只是小辩，但日子一久，恐怕终会破坏大道。而且许多人受其迷惑，沉迷于所听所见的邪说中，而还不知道其谬误。同时又看到太史公记六国、历楚汉，以迄于武帝的获麟为止，不和圣人同是非，有背于经。正好当时有人问他，他就应之以法，将这些回答他们的话汇辑起来，仿效《论语》，课成《法言》，共十卷。其篇目有《学行》第一、《吾子》第二、《修身》第三、《问道》第四、《问神》第五、《问明》第六、《寡见》第七、《五百》第八、《先知》第九、《重黎》第十、《渊骞》第十一、《吾子》第十二、《孝至》第十三。篇目的名称，也是取篇首第一句话的头两字，没有什么特殊意义。至其内容，则包括扬雄的学术思想、政治思想、教育思想、文学思想、行为哲学等，此外还有评论历史人物，讽刺王莽的言论，可以说是扬雄思想的总结晶，因此自汉以来，甚得学术界的推崇。

参考书目

《十三经注疏》
《易例》，惠栋。
《诗经集传》，朱熹。

《礼记集说》，陈澔。
《左氏春秋考证》，刘逢禄。
《论语正义》，刘宝楠。
《孝经疏证》，李鍌。
《孟子正义》，焦循。
《孟子字义疏正》，戴震。
《白虎通义》，班固。
《史记》，司马迁。
《史记评林补注》，凌稚隆辑校，李光缙埔补，日人有井范平补标。
《史记志疑》，梁玉绳。
《汉书补注》，颜师古注，王先谦补注。
《后汉书》，范晔。
《隋书》，魏征等。
《新唐书》，欧阳修。
《资治通鉴》，司马光。
《通鉴纲目》，朱熹。
《读史方舆纪要》，顾祖禹。
《老子》，王弼注。
《庄子集解》，王先谦。
《荀子集解》，杨倞注，王先谦集解。
《韩非子校释》，陈启天。
《韩非子集释》，陈奇猷。
《春秋繁露》，董仲舒。
《盐铁论》，桓宽。
《新序》，刘向。
《新论》，桓谭。
《论衡》，王充。

《申鉴》，荀悦。
《中论》，徐干。
《西京杂记》，刘歆。
《风俗通义》，应劭。
《昭明文选注》，李善。
《文心雕龙》，刘勰。
《容斋随笔》，洪迈。
《困学纪闻》，王应麟。
《日知录》，顾炎武。
《汉书杂志》，王念孙。
《诸子平议》，俞樾。
《蜀典》，张澍。
《书断》，张怀瓘。
《艺文类聚》，欧阳询等。
《太平御览》，李昉等。
《四库全书总目提要》，纪昀等。
《中国古代哲学史》，胡适。
《中国思想史》，冯友兰。
《中国学术思想大纲》，林尹。
《两汉三国政治思想》，王云五。
《方言》，扬雄。
《方言注》，郭璞。
《方言疏证》，戴震。
《重校方言》，卢文弨。
《方言补校》，刘台拱。
《方言笺疏》，钱绎。
《方言疏证补》，王念孙。

《方言注商》，吴予天。
《方言校笺附通检》，周祖谟。
《太玄》，扬雄。
《太玄经注》，范望解赞。
《说玄》，王涯。
《太玄集注》，司马光。
《太玄本旨》，叶子奇。
《法言》，扬雄。
《扬子法言五臣注》，李执、柳宗元注，宋咸、吴秘、司马光重添注。
《法言集注》，司马光。
《读法言札记》，陶鸿庆。
《法言义疏》，汪荣宝。
《法言疑证》，汪荣宝。
《双剑诊法言新证》，于省吾。
李鍌：《扬雄学术思想之体系》，《师大国文学报》创刊号。
李鍌：《扬雄的儒家思想》，《孔孟学报》第三十一期。
李鍌：《扬雄之文学观》，《潘重规教授七秩诞辰论文集》。

王充

陈丽桂　著

目　录

一、传略

在我国思想界里，王充是比较特殊的一个。历来的思想家，不管是周秦诸子也好，宋明诸儒也好，都是直接提供一个理想的生命境界和人生道路，让人去行走，教人去跃升。他们直接告诉人，什么是对的、好的，怎样才能学好、做对，而迈向理想。王充却不是这样，他不提供理想，只指明人间的是非，教人怎样去辨清真相，了解事实，让人对自己所生存的环境，有一个更近真的认识。因此，在手法上，他是以破坏来建树，以扫除代替美化，在思想界里，他是占着批判的席位，而不是引导的席位的。有人说，他是思想界的病理学家，实在不无道理。这在我国的思想界里，真可以说得上绝无仅有。而所以造成他这一种批判风格，他的出身、他的个性和他所生处的时代环境都是主要的因素。

1. 生平事迹

王充字仲任，东汉会稽上虞（今浙江省上虞市）人，光武帝建武三年（公元二七年）生，有关他的生平事迹，《后汉书》本传上的记载疏略而不实，我们应该从《论衡·自纪》他自己的叙述，及近代学者对他的研究资料中去了解。

王充出身卑微。他曾自称祖上无“淑懿之德”，先籍魏郡元城

（今河北大名，和王莽相同），几世祖先都尚勇逞气。先世曾因军功，被封会稽阳亭，只一年就罢官家居，从业农桑了。世祖王贲曾和人相杀而结怨，逼得祖父王泛只好迁徙钱塘，改营贩业。到了伯父王蒙、父亲王诵的时候，祖先遗留下的那种好勇使气的血统，表现得更变本加厉，仗恃着勇气，斗狠结怨，弄得钱塘待不下去，只好再徙上虞，王充就是在上虞出生的。

比起祖先来，王充内向多了，从小，他就不好动，赌博、爬树、捉雀、捕蝉的孩童游戏，他一概没兴趣，只喜欢读书，又有才气。六岁学书，八岁出馆，就比群僮出色，这一点倒打破了王家的传统。也正因他好学敏读，家传好勇斗狠的血统，到了他，经由礼教文教的熏陶，竟有了良性的转变——不再是任气斗殴，而是显现在思想、见解、立论上的那种激烈倔强、不平则鸣的个性。

王充的个性，从《自纪》篇的自剖里，我们可以大略地看出：他是一个外表冷默矜重，不太爱和人打交道的人，平时落落寡合，在广大的群众里，不是个很受欢迎的角色，因为他才气大，见解高，个性又激烈，俗言俗论根本听不进去，更不要说接受了。对于不满意的理论，他尤其喜欢加以抨击和纠正。再加上生性内向，因此，在交游方面，他只结交离俗特出的人物，而不泛结友党；在大庭广众间，也表现得不随和；没人启问，绝不开口，一开口，往往就是抨击别人，总之，他不满意世俗，世俗也不满意他，他抨击群众，群众也讥刺他，在现实的环境里，他当然得不到别人的谅解和欢心了。他这种不安于不平的爽直个性，甚至表现在叙述先世上，祖先那些任气逞勇的记录，若非他自己在《自纪》篇里的直言无讳，后人从何得知？

然而，尽管王充有特出的才华，这一生，他显然过得并不如意。因为以他的个性和才华，他自己也确信是有一番大作为的，而事实上，由少至老，他未尝真正扬眉吐气过。少年时代，流落京师，家贫，没钱买书，只好跑到洛阳书店里，为人卖书，借以自修，他的学问，最初大概就是这样苦学得来的。这在汉代家学、师学盛行的时代，实在是一个很稀罕的例子。(汉代大学问家大多家学渊源，如司马谈、司马迁父子，刘向、刘歆父子，班彪、班固父子，贾徽、贾逵父子。或名师传承，如马融、郑玄师生。) 壮年以后，在仕途上渐有进展，而事实上也“进”得极有限。他一生所作过的官，最早是县掾功曹，后擢升至都尉府掾功曹，太守列掾五官功曹，大抵都是衙门里主持选署功劳的小吏，代代笔、捉捉刀，为人作嫁，并无丝毫实权可以伸展自己的抱负。为此，他常常自我牢骚一阵，又自我宽解一阵。发牢骚的时候，他感慨命运的不可变，哀叹际遇的无可为；宽解的时候，又会拿孔子和虞舜的遭遇来安慰自己。而最主要的，不管在什么情况下，世俗所愚暗不知的道理是誓必要揭明的。可惜，他毕竟不是一个老练圆达的人，官场上，终究没办法久待，虽然是小小的功曹，也因谏诤不合，遭人诽议而离职了，那时是光武帝建武二十四年（公元四八年)，他正当二十二岁的英年。

这一罢免去职，他立刻尝到现实环境的冷酷滋味——乡亲奚落，旧故远去，为此，他感慨地作了《讥俗节义》十二篇。想想自己的遭遇，他的心中着实充满了不平，也深深体会出命运的无奈，因而固执地发表了他的命定论。

岁月一天天的过去，机会却始终渺茫，他的心慢慢地凉了。干脆断绝一切人际关系，闭门幽居起来。而事实上，以他那不随和的个性，旧故早已远去，幽居不幽居，其实差不了多少。于是，他开始了《论衡》的撰作。这时是明帝永平二年（五九年)，他三十三岁。

章帝元和三年（八六年)，他再徙扬州郡，这是王家第三度的迁居，扬州刺史董勤提拔他为从事，从转任治中，仍然不离文书笔札的工作，这是他这一生第二度，也是最后一度的出仕。以六十岁高龄做这等困精劳神，乏味无望的工作，他仅有的雄心和气焰，可以说被磨得差不多了。做了两三年，还是失望地结束了他的幕僚生涯。这一年是章帝章和二年（八八年），他六十二岁。

这一次，他是真的想开了，年近七十，发白齿落，身衰力微，一切的机会都没有了，他的个性，到这时有了明显的转化，不再发论不平，而把注意力集中到养气益精，延年保身上去，作了《养性书》十六篇，算是对自己一生际遇的最后哀叹，他的思想也渐有流入道家的趋势。和帝永元八年（九六年）病卒于家，享年七十。

到这里，我们对于王充，可以得到一个粗浅的轮廓：他是一个满怀雄心和热忱的读书人，他一无依傍，刻苦自学，凭着过人的才气和见解，曾经为自己扎出一点小名气。不过，他头脑聪明，个性激烈，对于周遭的事理，多难而少安，因此，造成他在现实环境中的种种不如意。另一方面，聪明的头脑和特出的见识也多少造成他内心的孤寂，他把自己这种种的雄心、热忱、不如意和孤寂，统统表现在他的著作中了。他的著述，计有：

（1）《讥俗节义》十二篇——这是对世俗及社会的批评。

（2）《政务》——这是对人君政治的批评。

（3）《养性》十六篇——这是晚年对一生生活的自我检讨。

（4）《备乏》、《禁酒》——据《禁书》篇自称有此作。

（5）《论衡》——这是他一生全部思想的汇集，原在百篇以上，今存八十五篇，内中《招致》一篇有目无文，实存八十四篇。

其中，除《论衡》外，前四种均已亡佚，今天，我们对王充思想的一切了解，当然全是根据《论衡》而来的。

2. 时代背景

知道了王充一生的大略经历，我们再来看一看他所生、处的社会。有汉一代，被人称做是个迷信的时代，王充本人却称它做“虚妄”的时代。那时一方面是阴阳五行、天人感应的灾异说充塞，一方面是谶纬、符命、问卜、除祟等神秘气氛弥漫，朝廷、学术界、民间，笼罩着一抹诡异的色彩。

就以朝廷来说吧，从西汉的武帝开始，到东汉的光武帝为止，不是讲神仙方术，就是说谶纬符命。我们先看看汉武帝。古人说：“饱食暖居思淫逸”，任何一个雄才大略的帝王，一旦在政治、武功上飞扬跋扈一番后，踌躇满志之余，往往会发奇想。战国时代的秦始皇和西汉的武帝都是典型的例子。秦始皇自从灭六国一统天下以后，就兴起求长生的欲念来了，先是派人入海求仙，又命方士徐福带童男女五百人到海上找长生不死药，结果一去不复返。始皇心有不甘，亲自屡游海上，找仙山，找了半天没找着，最后死在沙丘。汉武帝和他半斤八两，最相信仙道，在位五十四年（前一四〇年即位，前八七年死），就求了五十年仙药。首先是听信方士李少君的话，派人到海上去找蓬莱仙山，和神仙安期生，并亲祀灶神，从事炼丹砂致黄金之术，要想延年益寿。事不成功，但方士却因此多了起来。先是宽舒劝武帝祠后土，少翁用方术为天子夜里招来王夫人和灶神的形貌，劝武帝作柏梁台去招天神，被封文成侯。后来栾大更以方术取得五利将军的封号。公孙卿建议武帝亲自上泰山找神仙，亳人谬忌劝武帝造太一坛。这些方士，后来虽大都因见不到成效而被杀，但是，武帝却真的大行封禅，祀太一，立后土，燕齐的方士每每参与其事。武帝甚至拿神仙封禅的事情去问儒生，儒生一方面是不太清楚，一方面又拘牵于诗书古文也不敢乱讲，天子又拿封祠器给群儒看，儒生们都认为和古制不相合，弄得武帝很不愉快，竟罢黜这些儒生，不再用了。最严重的，为了一宗巫蛊的迷信案件，竟然逼死了自己的儿子（戾太子）和后妃。

到了西汉末年，另一种迷信——谶纬符命又笼罩了朝廷。所谓的“谶”，是图谶，是一种预决吉凶的隐语，所谓“纬”，是假托圣人之言，窜入经义，以曲成自己的说法，因此“谶”是神话式的预言，“纬”是冒牌的经义。而“符命”只是谶纬的另一种形式。图谶早在战国末年就有了，相传当年秦始皇就是为了一句“亡秦者胡”的谶语而大修长城去防边的。后来楚亡于秦，也相传流行过“楚虽三户，亡秦必楚”的预言。这些，起初都只是方士说说，唬唬人的把戏而已。到了西汉末，王莽却真的靠这些东西，窃取汉家的天下。相传在平帝死后，早有朝臣谢嚣来奏说武功县长孟通挖井，在井中找到了一块白石，上圆下方，石上刻有红字“安汉公王莽为皇帝”。以后广饶侯刘京也奏说齐郡新井得到类似的石头，车骑将军扈云也奏上巴郡的石牛，太保属臧鸿奏上扶风雍石，上面都刻着要王莽做皇帝的文字。王莽于是奏明太后，统统把它们迎入未央前殿。果然，霎时刮风起尘，风止以后，在石前找到了铜符帛图，上写着：“这是天告帝王的符命，献石的人都该封侯。”那些人真的因此而封了侯。

得了位以后，王莽真的依符命的指示，找到了十一个人名，一一封他们为四辅、三公、四将。四将之中，王兴、王盛两人还是因为容貌应卜相，直接由布衣升用的。

到了东汉。光武帝刘秀也靠图谶中兴。据说，在他未出头时，宛地有一个图谶家蔡少公就曾预言“刘秀当做天子”。李通早年也曾听他学谶的父亲说过“刘氏复兴，李氏为辅”的话。后来，刘秀到了长安，强华从关中奉来赤伏符，上面文字是“刘秀发兵捕不道，四夷云集龙斗野，四七之际火为主”。群臣因此再奏：“受符命的人该做天子，这正是当年武王出师，白鱼入舟的吉兆。”于是，刘秀正式即位鄗南，从此更信谶说符命，先据赤伏符的指示，拜王梁为大司空，又以谶文，拜孙咸为大司马。甚至，祀太庙，议灵台，都用谶来决定。中元元年（公元五六年），正式宣示图谶于天下，群臣有不信图识、不学图谶的，都贬斥不录。据说他曾叫尹敏校对图谶，又想以图谶定郊祀，问郑兴，郑兴告诉他："不学谶。"光武帝当下拉长脸问："你是在诋毁图谶吗！"吓得郑兴惶恐辩解："我对书本，只会有学不到的地方，不敢非议诋毁。"光武的脸色才稍稍好转。桓谭个性比较刚直，天子想以图谶议灵台，问他，桓谭答以不懂，又极力批评图谶不合经义。天子大怒，说他非圣无法，下令处斩，桓谭吓得跪地叩了老半天头，苦苦哀求，头都出血了，才保住一条老命。

朝廷的气氛是这样，学术界的反应也差不多了。当时的大儒，像贾逵、郑玄、何休、宋均、许慎，无不笃信纬书，有的以纬解经，有的为纬书作注解。郑玄注三《礼》，何休注《孝经》、《论语》、《风角七分》，都是用的纬说。何休后来在注《公羊传》的时候，几乎全部引用谶说。郑玄更穿凿附会地和宋均为谶律作注解。就是那个当代号称五经无双的许叔重，也未能免俗，在他的《说文解字》中，解到最后天干地支的字义时，竟大违六书原则，全引纬说。谶纬在当时势力之大也就可想而知了。

朝廷、学术界的情形是如此，民间受到了影响，也跟着动不动就是鬼神、祭祠，因此一切跟着妖鬼、祟怪、巫蛊等神秘迷信而来的除灾、解祸、画符、念咒、卜筮、禳解、忌讳等等的民俗民教都在这时形成了。

另一方面，中古社会比起上古来，有一个很大的不同，那就是君权的集中和扩张。先秦以前，所谓的天子，说穿了其实仍是诸侯的共主，名誉上，诸侯是天子分封的，而事实上，一旦天子把某块土地封给某个人，就等于把某部分权力整个地交给他而不再干涉了。天子自己的权力，只是各个诸侯权力总和的挂名而已，一旦诸侯不服号令，天子便无所谓权力。天子的权力，是建立在诸侯的服从之上的。到了汉代，这一切都变了，大一统的新帝国里，帝王的尊严不再是先秦诸侯，或三代（夏、商、周）天子所能比拟的。他们是承天之运而为天子，天子成了“天之骄子”，位高权大，飞扬跋扈是可想而知的。尤其是像汉武帝这样雄才大略的君主，每天就想着怎样去北伐匈奴，南征百越，并设法延年益寿，好扩大他的伟大帝国，并长久地统治他的伟大帝国。面对着这些日益扩张而无法制衡的权势发展，汉代的儒生的确头痛极了。虽然说，自从董仲舒奏请以后，表面上，汉武帝是罢黜百家，独尊儒术了，而事实上，孔孟的仁义之术，大帝国的天子是从来没摆在心上的。从内在去唤起帝王们自律的道德良知既然不可能，那么汉儒就只好从外在借用“天”的尊贵去吓阻他了。天子固然伟大，毕竟是天之子，儿子再了不起，也不能拂逆父亲，这就是董仲舒所代表的这一派汉儒的“天人感应说”。他们把“天”说成是一个有意志，能与人相感应的主宰，说“天”有超然的力量，能感应帝王政风的善恶，而给予不同的赏罚。

加上黄河流域的天时地形，水旱灾和蝗灾是常有而无法预防的，灾变每一次来到，就会造成普遍饥馑，这是朝廷最感头痛的问题。就以光武到和帝的这段时间来说吧，短短的六、七十年，总共就发生了：

三次大水（光武建武八年、明帝永平三年、四年各一次）

四次大旱（永平三、四年各一次，章帝建初元、二年各一次）

两次蝗灾（光武建武三十一年一次，明帝永平十五年又一次）

每一次总要波及几郡几县，带来大批流离和迁徙。东汉的情形是如此，西汉当然也一样。汉儒们趁机说教，就把这些灾变统统推咎到帝王的身上去，说是老天爷有意地在警告人君，政治有缺失了，为了让这种说法更逼真，更有证据，汉儒甚至举出春秋里的灾异来比附印证，硬说春秋上某年某月的什么灾，就是因为某君（或某王、某公）什么失德的行为而来的，而且说得振振有辞，本末圆通。董仲舒尤其有心，他甚至推阐起阴阳五行说，去加强他那“天人感应”

的神权观念。

他说天道是以阴阳五行在循环的，所谓五行，就是木、火、土、金、水，它们的位置是木在左，金在右，火在前，水在后，土在中央。木能生火，火能生土，土可生金，金可生水，水可生木，这是它们之间的“比相生”，是五行的运行顺序，由木开端，而以水终结。五行之间不但能比相生，还能“间相胜”，换句话说：五行会相生也会相克：金克木，水克火，火克金，土克水，木克土，这是它们之间的“间相胜”。天地之气，合起来是一，分开来可以得到阴阳两大类，排比起来运行循环，便是五行。静止时，五行各有它们的方位，木在东方，火在南方，金在西方，水在北方，土在中央。运行时木主春，火主夏，金主秋，水主冬，土主季夏，所以木气生，火气暑，金气杀，水气寒。四时之气的盛衰变化，便是这阴阳之气消长流动的缘故，阳气一盛，就助木、火为春、夏，使万物生长，阴气一盛，就助金、水成秋、冬，使万物敛藏。这就是阴阳五行支配天道的大概情形。

天既然是能受感应的，那么一旦人君政治有了缺失，天就要不高兴，天一不高兴，阴阳会错谬，五行也会失序，于是天道的循环完全失去合理的支配，四时、寒暑都会不正常，久雨不晴，或久旱不雨，甚至日蚀、月蚀，水中不见鱼群，却出大鲸，天上有殒落的星石。这都是上天在警告人君。

汉儒说得高兴了，甚至拿阴阳五行的公式去套一切人际事物。他们用阴阳的公式去统辖天地、昼夜、男女、盈虚、尊卑、刚柔等自然规律和抽象观念。更用五行公式去套时令、方位、神灵、臭、色、音律、道德以至于帝王系统和国家制度，而有所谓四时、五方、五臭、五色、五音、五常、五官等名称和配位，以及“殷属金、夏属木、周属火、虞属土”等等的说法。硬指某一种颜色是属于五行中的那一行，某一种味道，某一个官职是五行中那一行所支配的。

甚至内脏、思想、言论、行为都是五行。到最后，推求阴阳五行，竟然可以知道庶征福殛，求得吉凶，预知过去未来了。民间干脆就用阴阳五行去卜问算卦、决悬疑。谶纬符命的出现，和阴阳五行说的盛行，实在不能说没有关系。

这种阴阳灾异说，除了董仲舒外，西汉尚有刘向、夏侯始昌、京房、翼奉、谷永等人的提倡，方士阐扬，儒生也学，从此越演越盛，弄得许多儒生，竟被阴阳、符命、灾异、纬说牵着鼻子走，几乎忘了经义，失去了儒家面貌，而变成方士了。

王充生当东汉光武至和帝的时代，也就是这些谶纬符命、阴阳灾异、问卜除祟等等学说迷信，由滋长、孕育而达到鼎盛的时期，摆在他眼前的，就是这么多不实在、不正确的东西，以他那见不平则鸣的个性，当然要忙着一一去为它们指正，一一去批判它们了。因此，我们可以说：是特殊的家世，造成了王充特殊的个性；而特殊的个性和诡异的时代环境又培养了他古今无二的批判精神和思想。这都是在研读王充思想前不可不知的。

二、学术思想

我们说过：王充的学问，完全是刻苦自学得来的，既没有深远的家学渊源，也不曾亲炙过名师，他的思想，完全是凭着他过人的才气、见识，对他所接触过的古代典籍和当代社会环境所作的认知和批判。他接触过什么，感受到什么，就思考什么，批判什么。只问对与不对，只求真是真非，而不管它们是那一家的学说。所以，他一方面推崇道家的“自然无为”，抨击汉儒的“天人感应”；另一方面又说“无为”仍需“有为”辅助。一方面问孔、刺孟；一方面又高喊“孔墨高于黄老”，“孔子……诸子中最卓著者。”摧毁迷信的同时，对圣人神道立教的苦衷又频频寄予同情和谅解。批判了荀子的“性恶”说，却接受了他“天道自然”的理论和“教可化性”的学说。反对墨家的“明鬼”论，却赞同他们“薄葬”的主张。从这些地方，足可以看出，王充的思想，完全是他自己独特的面貌，而不曾真正依傍过那一家，只要经他判断是对的，那一家都可以接受；一旦经判断是不对的、是“虚妄”的，那么不管是那一家的，都该推翻、都该廓清。这和汉代专讲家学、师学统派的学术界是截然不同的。因此，如果想从道家或儒家的眼光去看他，都会感到驳杂不纯，也都是不正确的。《四库全书总目提要》把他列入杂家杂说类，就是这个缘故。知道了这些，才能看他的思想。

1. 直接的启示者——桓谭和他的批判精神

王充的思想当然是渊源于他所崇仰的古代各家学说，但是他那独树一帜，卓然不党的批判精神，却是最直接地，受了当代前辈桓谭的启示。因而，在讲王充思想之前，还不能不先提一提桓谭。

桓谭字君山，他的时代约当西汉末、东汉初，稍前于王充。为人简易不修威仪，博学多通，对天文学有极深的研究，主浑天说。平生个性刚直，最喜非毁俗儒，有不惬理的言论，绝不苟同。因此，常遭人排斥。新莽时，以不愿阿附符命而默默无大进。光武朝，又以反对谶纬，几乎送了命，终于被外放六安做郡丞，悒悒病死途中，享年七十。著有《新论》二十九篇，我们就它的篇目《遣非》、《启寤》、《祛蔽》、《正经》、《辨惑》等名称看来，大抵都是些批判性的著作，可惜现在书已亡佚了，我们只能从残存的辑佚材料中去窥见片断：

据《太平御览》卷九九〇《药部》所引有这样一段文字：

天生杀人药，……只因为那些药性不与人相宜，所以一吃就死，并不是上天为了杀害人而生下这种药，就好像巴豆会毒死鱼，礜石会害死鼠，桂会害死獭，杏核会杀死猪，都不是上天故意创造的。

他提出了“天不故意创造”的观念，这和后来王充所说的“天不故意生人”“不故意生万物”观点是一致的。

其次，《太平御览》卷十三《天部》和卷九二五《羽族部》又有一则：

天下有一种鸟叫鹳鸟，郡国中的人都捕杀来吃，只有三辅地方的人不敢，按照当地的旧俗：“捕杀这种鸟，会天打雷霹。”照他们这种说法，难道说上天特别庇佑这种鸟吗？其实，也只不过是人在捕杀这种鸟的时候，恰巧遇上了天雷，大家就误会了。

这里，他提出一个很特殊的看法：天并没有独占鹳鸟的意志，天打雷霹和杀鹳鸟两件事同时发生，不过是一种偶然的巧合。这和后来王充的“适偶”说并没两样。

对于神仙方术，桓谭一样反对，据《艺文类聚》和《太平御览》的引文，桓谭认为：人就算能使白发重新变黑，到年寿终尽也总归要死的。大家都传说龟有三千年寿命，桓谭却认为：既然没有人曾和龟同活过三千年，怎知龟有三千年的寿命？

类似这种冷静、客观、无验不信的科学态度，都是后来王充用来充实思想的主要精神。尤其他那非毁图谶、伎数、迷信的勇气和魄力，更是王充所承袭的。而王充在《论衡》里尤一而再，再而三，反复地赞美桓谭如何地真知灼见，说的话多么地有道理，我们就可以知道王充受他的启示是多么地直接和深刻了。

2. 自然的宇宙论

王充所用以摧毁汉儒天人感应、灾异迷信的基本理论是他那“不故”“适偶”的自然宇宙论。这同时也是他整个学术思想的总源头，他的无鬼神论、宿命论、历史观都是由这里出发的。

汉儒把“天”看作是一个意志性的主宰，王充却说它只是个无意志的自然而已。他这种看法，一方面是受了道家“无为自化”天道观的影响，一方面也是渊源于荀子的自然天论。

原来道家是推崇“自然”的，宇宙间万物的迁化流行，在道家看来，似乎是出于一定的条理和准则，老子就把这种隐微存在，却又难能具体把握的条理和准则，称做“道”，万物所以生、成、化、育，都是这种“道”体在作用。不过，这个道体的作用本身就是一种自然而然的行为，没有任何外力，也不为着什么，就自然地如此了。也就是说宇宙间除了这种“道”的自然秩序外，不再有任何超立场的主宰力了。万物的生成演化，虽然说是受着“道”的支配，遵循着一定的条理和规律，事实上，“道”的作用仍然只是万物自己的作用。“道”的作用本身就是一种无宰制万物意志的“自然”，这是老子的“自然无为”。

到了庄子，对于一切天象的形成，更具体地提出质疑：天地运转、日月更替、云兴雨施，冥冥中究竟是谁在推动控御？谁在支使维系？最后庄子自己找到了答案：没有任何力量在控御，一切都只是万物自己按着一定的规则，遵循着自然律在循环不已罢了。天地间所有生成化育的现象，都是万物在“自取”“自化”而已。因此什么叫做“天”，庄子告诉人：“无为自化的万象就是‘天’”。这是庄子的“无为自化”。

荀子说得更干脆、更具体了。他说：日月的更迭、星辰的转移、四时的变换、风雨的错杂，都是一种自然的运行，是有它们的常度的。这种常度不会为尧而改变，也不会因桀而改变，人们厌恶寒冷，冬天照样按时来到，人们苦恼路途辽远，地，依然无垠无涯地开展着。人们求雨，雨果然下来，人们不求雨，该下雨的时候，雨照样下来。天地是只有常道常数而不能知道人们的反应的。

不过，天道运行久了，好像机器用久了，难免不灵光、不顺畅，以致造成了星辰殒落、日月成蚀、风雨失调、怪星出现等等不常见的怪现象，这根本没关系，风雨失调和风调雨顺一样都是自然的规律，是不需要大惊小怪的。政治如果清明，国君假使贤明，出现千百次都没有妨碍。政治要不清明，就算风调雨顺也会亡国的。亡国不亡国，太平不太平，完全是人为的因素，上天是不能知道的。不然，禹和桀时候天都是一样的，禹的天下却平治，桀的却混乱，更可见“天”只是所有自然现象的总称而已，是不能受感应而给予赏罚、决定治乱的。这是荀子的自然天论。

王充就是受了他们这些思想的影响，而认为宇宙只是个自然，天是无知、不能感应的。

因为按照老子和庄子的讲法：宇宙间只有自然规律、自然秩序，万物的成长、滋生都只是一种无为的、没有目的的“自取”和“自化”，那么，我们所看到的：春天万物的茁生，秋天万物的成熟，当然也都是万物自己的变化，而不是四时“有意”的作为了。大概因为春夏的时候，阳气自然而然地发生，万物在阳气的孕育下，自然地生长。秋冬阴气自然出现，万物受到了阴气的肃杀，自然敛藏起来了。阳气并“不故意”孕育万物，阴气并“不故意”肃杀万物，不过万物一碰到阳气和阴气，就恰巧自己生长、敛藏起来了。

它们的生长、敛藏当然是受了阳气阴气的孕育和肃杀，但是阳气阴气的出现，却不是故意为了要来孕育或肃杀它们，而是一个刚好兴起，一个刚好碰到了而接受孕育、肃杀而已。这种情形就好比夫妇相交合，生下孩子一样。夫妇当初交合，只是基于一时自然兴起的激动情欲，并不见得蓄意地想要孩子。不过，一交合就刚巧有了孩子了。天地生万物也是这样，天地之气一交合，人和万物便适然地自己生成了。所以，天地生育万物有两个特点：一方面是“非故意的”，一方面是“适时偶然的”。万物也就在天地这种“非故意”的运行交合下，“适时偶然”地自然形成了。

另一方面，荀子曾经一再地强调天地是无知的，不能知人的行为，不能感应。究竟这个无知的“天”是怎样地又能和“地”交合而让万物自然地生成呢？王充替荀子说得更明白，替他补充了结论背后的原因：因为天和地都是物质的，物质当然没有生命和知觉了。这就是他那自然的天“体”论。

王充说：天和地一样，都是“体”，而且是一种没有口目、没有感官的“体”。这两个“体”广大无边，我们用里数去度量它，知道它们至少在万里以上。天体覆盖在上，地体偃伏在下，都能无为地（不是故意地）自然运动。天体一动能生气，地体一动也能生气，地气往上升，天气往下降，两股气一交合，万物就自然地生成了。从此天地间的广大空间，成了它们变化活动的大场所，万物在这里滋生、成长、变化，这是王充宇宙观的基础——天体论。天既然是个“体”，而且是个没有口目感官的体，当然就表示它是“物质”的，既然是“物质的”，当然是没有生命意志和知觉了，只能规律化地运动生出气，来和地气交合，产生万物。

万物的产生就因为是这样一种自然而且自动的行为，不是上天“故意”地去创造，所以天地间能同时而普遍地呈现出那么多神奇而且美丽的景象。假使上天真能有意志地去创造万物，假使万物的产生，不是一种自然而且自动的行为，那么上天一定要一样一样慢慢地去创造，造出了一样再造一样，那需要造多久才能造好整个宇宙？不然，上天就得同时生出千千万万只手去创造，上天又那来千千万万只手？

因此，可以得到一个结论：天是一个没有知识生命的广大“体”，它能无意识地自动出气以产生万物。这种功能，就天体讲，当然是“不故”了；然而，就万物来讲，却是“适偶”地被生下来了。

天既然是没有意志的“体”，当然不能被感应了。王充就用了这个自然的天体论，去把神性的“天”还原为自然的“天”，从而击破汉儒天人感应的灾异说和世俗的鬼神论。

·对天人感应说的批判

汉儒把天看作是一个神性的主宰，说他有意志，能喜、怒、哀、乐：春天和暖，那是上天展示他无边的慈爱和喜气。秋气清冽，那是上天显现他的威严和怒容。夏天温热，那是上天真正地高兴。冬天严冷，那是上天在哀叹悲伤。春、夏里，上天开心喜悦，所以万物顺利地生育长养。秋季里，上天不高兴，因此万物肃杀。冬天里，上天悲伤，所以万物敛藏。天是有喜、怒、哀、乐情感的。

同时，他们又把天子和天的关系说得极其微妙。他们说：天子的天下是天所给予的（因为天是宇宙最高权威的神性主宰），上天把天下给谁，谁就是天子，不给某人，某人就不能立为天子。而上天之所以要把天下给某人，本来是以为那人的德性能比配自己，替自己行道，抚爱百姓，所以保佑他，拿他当儿子，号称“天子”。一旦天子不成器，不能绍箕裘，上天就要失望的，他会降些小灾去警告他。要是天子一再怙恶不悛，叫上天真正伤透了心，他便不再有所顾念了，他一定要摆出最严厉的面孔，给予最厉害的惩罚：闹水灾、闹旱灾、山崩地裂，河水壅塞倒灌，大白天不见太阳，一片漆黑，殒星如雨般落下，彗星在东方出现，甚至夺回他的天下，灭亡他的国家。

因此，人君一看到天象反常，就应该好好自我反省：是不是我的行为有了过失，上天在警告我？董仲舒在《春秋繁露》里，刘向在《说苑》里，桓宽在《盐铁论》里，都是这样说法，董仲舒解释《公羊春秋》里的灾异，也都是用的这种方法。这在汉儒，无非是想借天威去抑制君权所出的无奈方法。

王充很反对这种说法，因为根据他对宇宙的推求，所谓的“天”，不过是个能运动施气的“体”而已。这个“体”是个没有耳目感官的“物质”，物质是不能感应的。就算它有耳目吧！它的高大少说也在万里以上，人和这万里高大的天相比，实在卑微得有如一粒米粟。假如让我们站在万丈高台上，去辨识一只地上的小蚂蚁，如何辨得清楚？而高大的天和卑微的人之间比例的悬殊，绝对远在万丈高台和蚂蚁之上。大小悬殊得这么厉害，怎么感应得起来？用一只萤虫的微火，去煮一大鼎菜，用一根短小的蒿草去敲一口大钟，是绝对煮不出菜，敲不出声来的。蚍蜉撼不动大树，这是大家都知道的道理，为什么偏要说小粟般的人可以感动巨无霸的天体呢？

充其量，也只能说是天感应人，人受天的感应而已。因为，人是天地所生的，而且被生在天地的自然环境之下，难免要受环境的影响而起变化。天气一有变化，生在天下的万物无不跟着变动，这是当然的道理，也是必然的情势。天将刮风，住在巢里的动物一定先有反应，将下雨，住在穴里的动物一定先感不安，这就是因为风雨之气感应了巢穴的动物。风吹，树枝动，也是风先吹，然后树枝才动的，是树枝感风而动，不是风因枝动而吹。春雷一响，冬眠的蛇纷纷爬出，也是蛇受雷声震醒而出，并不能说雷为了让蛇爬出而发响。风、雨、雷是感应的本，巢穴的动物和树枝、冬眠是感应之末。“本”无意识地自然变化，“末”却有意志地感受到这种变化而起反应。

故而，我们只能说人看到天象的变化，内心自起惊惧，做贼的自然心虚，不仁的当然害怕，因此，就把自己不安、惊惧的种种心理疑虑统统反射给上天，说是天在发怒了。事实上，天仍然只能千年万代无意识地循行着它的规律而已，那里能感应呢？

何况，汉儒们说感应也常常说得不圆满，比如他们说：周武王伐纣渡孟津时，中途，骤然刮风起浪，天黑日暗，人马都看不见，这时，武王拿起黄钺白旄当空一挥，天受了感应，立即风平浪静。把周武王几乎说成了画符念咒的道士，而周武王伐纣，按照汉儒一向的说法，本是一件以仁伐暴的义举，理当天与人归，渡孟津的时候，一定士卒高兴、前歌后舞，如果真的天能受人感应，那么，人一高兴，天地应该高兴，怎么反刮风掀浪，发大脾气？人喜而天怒，这那里是感应？

假使天真的有知觉，而武王伐纣是对的，那么天该保佑他风平浪静。假使他伐纣是不对的，那么天刮风正是为周武王的叛逆而生气，武王不反省思过，反怒目咆哮，这不是怙恶不悛，更增天怒吗？天怎么竟然止了风？

讲感应的人又说：当年汤的天下连续七年大旱，汤亲自在桑林里祷过，深自谴责，上天果然受感动而下雨。

这一则说得更有问题。假使按照他们原先的说法，汤是个圣君，圣君在位，必行仁政，天怎么受感应而给个七年大旱？

而且汤究竟是在什么时候祷过的？大旱一年就祷过吗？天为什么感应得那么慢，到第七年才给一场大雨？是第七年才祷过的吗？那么汤未免太不仁了，大旱了七年，牺牲了多少人，才换取他的一悟，老天又为何肯受感动而给他一场雨。

这些都足以证明：说天能感应是不足采信的。

天既然不能感应，那么所谓的“灾异谴告”的说法，当然也是不正确的了。据王充的分析，所谓的灾变，其实只是平凡的自然现象，加上人心的自我拟度而已。雷雨的来到，水旱的形成，都是岁运节气的自然循环，何时该下雨，何时有旱灾，本就有它固定的时限和周期。不雨不旱是自然现象，大雨大旱也是自然现象，它们之间的区别，只在出现时间的长短，出现次数的多少，常见与不常见而已。常见的，出现时间短的，大家就觉得没什么，也不感到害怕；不常见的，时间过久的，就觉得有蹊跷，如果这些个蹊跷的现象又刚好来得不是时候，“适巧”地和一些不寻常的人事现象“逢遇”在一起的话，那么就要引起人不寻常的感受，而附会地赋予了特殊的意义了。当年周公死后，周成王不知道该用那种礼去葬他，一方面周公是臣子，另一方面他又摄行过天子之事，功高盖世，正狐疑之间，天突然响起大雷，似乎在彰显周公的圣德，其实说穿了也不过是人自己心中先有疑虑，先有成见，天刚好又打了一阵雷，于是顺水推舟地附会上去，天真的在发怒了。

水、旱灾如果我们仔细地想一想，也不过像人有时血脉失调，造成疾病一样，水灾如人得了水病，旱灾如人得了热病，是生理系统、运行系统本身发生故障，属于规律性的失调问题，而不是意识性的感应问题。否则，世上的圣君，实在少有像唐尧、商汤这样好的了，可是尧的时候有洪水，汤的时候有大旱，暴君在位的时候，反不一定有水旱，如果说水旱和政治有关，那不等于说尧和汤是恶君了？

但是，既然大家都要这样以为，那么身为国君的，遇到这种洪水大旱的情形该怎么办？对于这点，王充倒一反他一向一是一、二是二的犀利态度，说得温婉而通情理。他认为，身为人君的，遇到这种情形，第一个反应是镇定，不要惊吓，干脆就借着这个机会，惊觉地自我反省一番，我是不是做错了什么？如果问心无愧，那么大可以把它当做是一种“无妄之灾”，既然是“无妄之灾”，那么在内政上，只需依循着原先那不亏大道的旧法去做就可以了；对外却需要修备雩祭去宽慰民心。如果问心有愧，就当它是“政治之灾”，这时对内该大刀阔斧地去改善政风，对外更要修备雩祭去告慰民心。换句话说，人君虽然知道灾异无关政治，但是百姓却不能了解，因此人君不管问心有愧无愧，都该修备雩祭去安他们的心，符合他们的愿望。这时的雩祭，事实上只是一种人事上的需要，是一种明知无效，却不得不做的举动，是一种出自情感而不忍不为的行为，因为，百姓是那样地相信和冀望它，所以顺民心地做了，但是却不冀求它的直接成效——真能求得到雨。这种基于人事不忍不做的情感心理，就好比慈父对于自己的儿子，孝子对于自己的双亲，明知他们的病已无可救治，救治了也没有用，但是却始终不肯安坐等他们断气，势必要问卜求医、找药物，尽最后的努力。等到人死气断之后，再也无计可施了，仍然爬上屋顶高处去招魂，又悲心怛恻，思念不已。雩祭者正是这种慈父孝子的心情。

就这点来看，王充的思想深处仍然有极敦厚的儒家色彩，对于圣人神道设教的苦衷，他确实给予了最大的同情和谅解了。

而把这种重视人事意义的思想推论到底，王充认为“崇圣”实在远比“尊天”重要得多。是故，对于“灾异谴告”说，王充最后的结论是这样：君子之德就是天德，贤者之言就是天言，君子的讥刺，贤者的劝谏就是天的谴告，何必归咎给“天变”？上天的心，就在圣人的胸中，圣人的话，就是上天的谴告，不听圣人的话，反去肯定灾变，欲知天意，这不是刚好本末倒置吗？

水旱灾既然不是天谴，同样地，风调雨顺，凤凰麒麟出现，也不会是什么“天降祥瑞应太平”了。

儒者最喜欢称欲太平和讲瑞应，一说起太平来，总是说天降下什么朱草、醴泉、甘露等等的好东西，同时有凤凰来翔、麒麟出现，那时的社会是男女分路而行，市井交易没有两种价格，耕田的互让田畔，行路的互相谦让，老人不必亲荷重担，关卡不必关闭，道路没有抢劫，五天刮一次风，十天下一场雨，瑞应更大的，甚至招来黄龙。

这些话，在王充看来，实在都夸张过火。说凤凰来、甘露下，风和雨顺，都是可能的。至于说五天刮一次风，十天下一场雨，就过火了。说男女有别，市价不欺是可能的，说男女分路走，市价不二，就过分夸张了。假使从汉代屡屡传出凤凰甘露的事看来，古来所传说的凤凰麒麟，或者真有，但相信绝不是这些人口中所说的那般神奇，它们应该和一般鸟兽没有什么不同，充其量，比其他鸟兽更俊出而已。或者羽毛漂亮些，或者质性灵慧些、温驯些，身为禽兽，却是一致的。就好像人，有的聪明些，有的愚笨些；西施是女人，无盐（古丑女）也是女人，圣贤是父母所生，呆痴也是父母所生。从他们出类拔萃的那点说来，的确是神奇，的确是祥瑞，但假使从“和同类一般出身”这点讲起来，实在也平凡得很。只因为长得好，不容易求，大家基于“贵稀”的心理，就有了许多莫须有的附会和臆想了。

圣人就懂得这种人心，所以常常假借某些东西超乎寻常的本性，去立教，不得不有种种神奇怪异的说法，无非是希望收到鼓励劝导的效果。所以告诉人太平的王朝，会生出一种能指出谗媚小人的屈轶草，谁是佞人，它就指向谁。又说皋陶的治下，出现一种能断决疑狱的独角神兽觟鯱，谁有罪，它就指向谁。事实上，屈轶能指人，或许就跟指南针道理相同。一根指南针，任凭你怎么丢它，静止以后，它总是指向南方，屈轶或许也是这样。何况，羊有两角，龟有四足，鹦鹉会学话，我们根本不觉得有什么稀奇，觟鯱一角，为什么就稀奇？都是少见多怪的缘故。

不过，许多好东西还真是在太平之世出现，太平之世还真的常常出现祥瑞，王充认为：那也只是一种巧合，是一种“不故意”的自然“机遇”。因为按照他自然宇宙论的说法，天下万物本就是天地之气交合而生的，不过这种交合有时顺利，有时不顺，顺的就生了“瑞”，生了“圣”，不顺的就生了“灾”，成了“变”，至于会生“瑞”，或生“变”，完全决定于一种自然的机缘，是天地交气之初所没有办法预料的。圣人瑞物生在圣世和在衰世一样，都是巧遇。所以孔子生在衰乱的周末，麒麟出现在鲁郊，瑞物是不一定应太平，太平也不一定要有瑞应的，它应该是以治平安定的实际成效为准，只要百姓安宁和乐，风俗淳和，便是祥瑞了，何必非有凤凰麒麟？

·对于阴阳五行的批判

汉儒一方面提倡天人感应，一方面又组织阴阳五行，去加强天人感应的神权观念。他们说天道是靠着五行的“比相生”和“间相胜”在维持和循环的。天地万物、万事、万理，也都是五行在支配和控御，天一不高兴，五行就失序、错谬，五行一错谬失序，天下万物、各理就混乱了。所以五行可以说是宇宙间一切条理和秩序的决定者，人的一切思维、用物、德操，物与物之间的生克胜负都在五行统辖之内。董仲舒在《春秋繁露》里，班彪在《白虎通》里，扬雄在《太玄》里。班固在《五行志》里，许慎在《说文解字》里，都表示过这种观念。

王充却认为：天道的循环应该是一种自然而然、“非故意”的行为，天物的秩序和胜负，应该是“自然律”在决定的，“自然律”才是宇宙秩序真正的维系者和支配者。什么叫做“自然律”？优胜劣败就是自然律。宇宙万物的竞争豪夺，强的胜过弱的，巧的支使拙的，勇敢的制服怯懦的，这才是天物胜负真正的决定准则。王充给它们三个概括性的名词叫“巧便”、“气势”、“筋力”。在通常的情况下，天生条件优越一点的，或者形体高大，或者力量强壮，需要胜过形体矮小、力量微弱的。这就是“筋力”，“筋力”强大胜弱小。

然而，“筋力”还并不是决定胜负的唯一要件。因为筋力强的固然胜过弱的，但，假使筋力甚强，而行动不便，或失去有利的情势，那么依然不能取胜。反之，要能得到“气势”、“巧便”的有利条件，筋力虽弱，反可以以小制大。鹊鸟能吃猬皮，伯劳鸟会吃蛇，就因为它们有了方便的翅膀。蚊虻的筋力也远不如牛马，牛马却常苦蚊虻的骚扰，因为蚊虻得情势之便。鹿有角，可以触狗，却敌不过狗。弥猴有手，可以捕捉老鼠，却怕老鼠，因为它们的角和手都不锐利。所以巨大的牛、马和象，只稍一个小小的牧童就能驱遣它们，也是不便的缘故。由此可见，若能得便，虽小可以制大，若失了便势，筋力虽强，也要服于弱者了，筋力强大的都不一定能稳操胜券，就凭那个刻板的五行公式，就想说尽天下胜负的道理，不是天大的笑话吗？

而且，汉儒五行生克的配法、说法本身也实在很有问题，就拿十二生肖和地支对五行的配法来说吧，他们是这样配的：

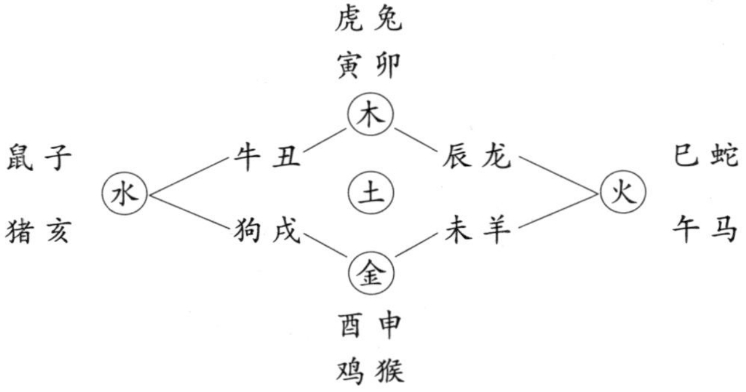

子（鼠）、亥（猪）配水

寅（虎）、卯（兔）配木

巳（蛇）、午（马）配火
申（猴）、酉（鸡）配金
丑（牛）、辰（龙）、未（羊）、狗（戌）都配土

附注

△五行位置：木在东，火在南，金在西，水在北，土居中以策应四方。

△五行“比相生”：木生火，火生土，土生金，金生水，水生木。

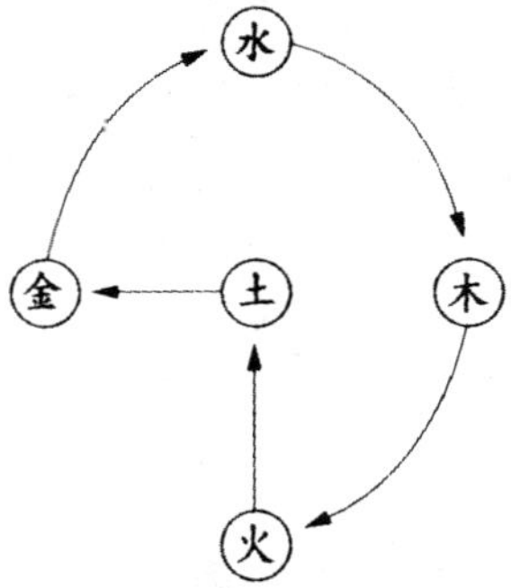

△五行“间相胜”：木克土，火克金，水克火，土克水，金克木。

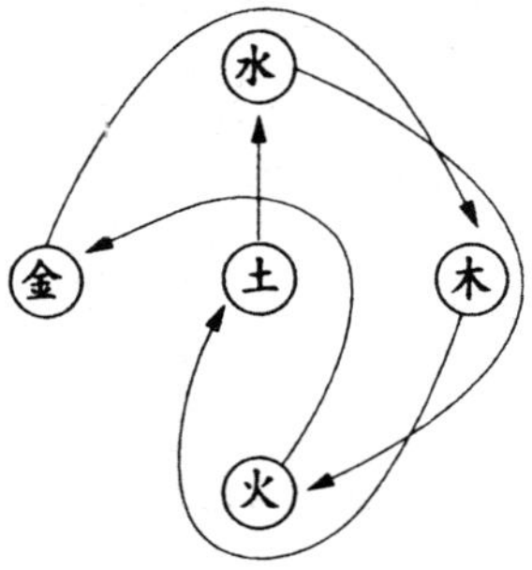

因为木胜火，所以他们说：狗和牛羊被虎制伏。

水克火，所以猪会吃蛇。

火怕水，所以马吃鼠屎要腹胀的。

假使以其矛攻其盾：

（1）水克火，为什么不说“鼠能赶马”，而非说“马吃鼠屎”会腹胀？

（2）金克木，鸡为什么不啄兔子？

（3）土克水，牛羊为什么不吃猪？

（4）火克金，蛇为什么不吃弥猴？

（5）水不克金，猴子为什么怕老鼠？

可见五行生克说和配物法本身实在漏洞百出，不足采信。

3. 无鬼论

世俗都相信鬼神，而且说：人死了会变成鬼，能为祸作祟加害人。王充却认为：死人没有知觉，不能变鬼，也不能害人。

什么叫“鬼”？“鬼”就是“归”的意思，人死，形骸还土，这种现象叫做“鬼”，什么叫做“神”？“神”就是“伸”的意思，人死了以后形骸腐朽，精神消散，复还自然，就叫“神”。所以“鬼”“神”两个字，不过用来形容人死了以后，一切复返自然的现象而已，除了代表消失无形看不见的意思以外，是没有任何神秘诡异意思的。

天地之气，因交合凝聚，成形而生物，等到物死，形骸枯朽、还归入土，身上的气，便又回返原貌，发扬飘散在大自然中。这种发扬游散在大自然中的气，假使再度交合凝聚，势必再度转生他物而循环，天地万物的演化变迁，大抵不出这种气物转化的循环规律，“鬼”“神”两个字，正是用来形容这种天地之气转化分合的状况的。因此，“生”和“死”，“人”和“鬼”，同样都是一气的转化，就它们的本质上来说，并没有什么不同，所不同的，只是它们所呈现的形态而已。生的时候，精气凝聚而有形，死了以后，形消气散而发扬。这种同质异态间的转化现象，就好比冰和水。气凝聚生人，好比水凝结为冰。冰融化以后还是水，人死了以后，气再度发散，就叫做“神”，好比冰融化以后改称“水”一样。

而“天”本来就是“体”，就是物质，天体运动所产生的气当然也是物质。这种物质的气，凝聚成人，变了形态，等到人死，气再度还原发散，水还是原来的水，气仍旧是原来物质的气，物质的气，没有精神意志，怎能为祸作祟？这是王充“无鬼神论”的理论基础，从这个基础出发，他对世俗的“鬼论”提出了许多反诘：

（1）人和物都是天地一气所生，物是一物，人也是一物，物死不能变鬼，人死为什么会变鬼？

（2）人能行为动作，是因为他们有精神、血气和筋力，一旦入梦，便神志迷茫，这时尽管血气还在，都不能省人事，有外来的伤害，更不知抵抗。何况人一死，血气消散，怎能有知去害人？

（3）人吃饱喝足，身体强壮，所以能和人较量，或伤害别人，一旦生病，便身体虚弱，这时，就是仇人盗贼在旁，也没法应付，何况虚弱到极点而死，怎能为祸？

（4）从古到今，死人不知有多少，假使人死了一定变鬼，岂不是满庭、满堂、满街、满巷，一步路就是一个鬼？看到鬼的人，不应该只看到一两个。

（5）假使鬼真是死人的精神，那么被看到的鬼，应该都是赤身露体的，因为衣服是物质的，没有精神，一旦入土，便和形体一同腐朽，那能保持完好去附在死人精神上？

可是，世间为什么又常有见鬼的事？王充认为：那完全是人自己思想太过，因而产生幻觉。一个人一旦心中有所思念，便会全神贯注，精神太专注了，往往精气虚弱、双眼疲乏，迷茫之间，仿佛看到了心中所想念的东西。从前伯乐学相马，相得过分认真了，俯仰之间，所看到的全是马。庖丁学解牛，三年之间，眼中所见的，没有一条完整的牛（都是支解过的），就是这个缘故。病重的人常常看到鬼，也是这种原因。大抵病得过分了，身体疲乏疼痛，内心害怕，加上病眼昏花，就认为鬼魂在鞭笞他，说穿了，只是心里有鬼啊！

古书上有两则有趣的鬼话：

楚成王死后，臣下为他定下恶谥叫“灵”，死人似乎不愿接受，居然双目不瞑，后来改谥为“成”，死人于是满意地阖起双眼。

晋荀偃伐齐不成而回，头上生了痈创，至着瘫，病发，眼球突出而死，死后双眼不瞑，口紧闭，放不进啥玉（古有放玉在死人口中以入殓的习俗）。范宣子为他盥洗并抚阖双眼，以为荀偃是为了嗣子吴的缘故，死不瞑目，于是当下誓死事奉嗣子吴。但是，死者双目仍然张开，怀子第二次为他抚阖，誓死完成伐齐大业，这一次，大概猜中了死者心意，荀偃竟然瞑目受啥。

像这样似是而非的传说，王充认为实在经不起推敲。因为古来的恶谥，不是“灵”，就是“厉”，谥做“灵”“厉”的，几乎每个朝代都有，却没听说有那个死不瞑目的，为什么只有楚成王这么特别？荀偃也一样，如果说是为了伐齐不成，心有遗憾，所以死不瞑目，那么天下的人，那个没有欲求，欲求不到而死，那个没有遗憾？志士遗憾德行未能建立，学士遗憾学问不及求成，商人遗憾生意未能大畅，农夫遗憾稻谷未能蓄积，如果说有遗憾就死不瞑目，那么天下的死人岂不都是开眼的？

事实上，楚成王定谥为“灵”的时候，刚死，血气并没完全散尽，所以眼依然张开。改谥“成”的时候，血气散尽，双眼自然闭了起来。荀偃也一样，宣子替他抚阖得早些，死者血气仍在，所以眼不闭、口不开，过些时候，血气散尽，正好怀子去抚他，眼就顺理成章地闭了，口也顺势开了。只因为死人的闭眼与否，正好和人事的作为遇在一道，就产生了这种可笑的误会。

鬼神的说法，既然是子虚乌有，那么为了尊奉鬼神所做的一切祭祀、解除（去祸、除祟的道法），当然也都是无效的了。不过，王充认为祭祀倒是有它人事上不可磨灭的真义。它一方面是“报功”，称颂先人的德行，去奖励后人效尤；一方面是“修先”，先人生前，我们敬他、孝养他，死后，不敢忘，礼数依然不亏。但是降神、去凶、延命都不是祭祀的真义。

此外，还有一个和鬼神有关的问题——葬礼。王充既然认为鬼神是虚有，因此主张“薄葬”，他说：

> 古来圣贤治天下，都是主张薄葬省用的。世俗因为不敢断定鬼神的有无，怕死人独葬，魂魄孤单，墓穴又封闭，谷物会缺乏，所以作偶人去陪伴他，多藏食物去歆飨他，严重点的，甚至荡尽家业，去充实死棺，或杀人去殉葬。

所以会弄到这样，还该怪儒家和墨家没说清楚。墨家是鬼神论者，《墨子》有《明鬼》篇；但是，为了他那尚俭节用的原则，墨家仍然主张薄葬。儒家是无鬼论者，子不语怪、力、乱、神，反对以偶人陪葬（孟子说孔子曾诅骂始作俑者绝后）；但是，为了崇孝礼、厚风俗，儒家仍要人厚葬久丧，事生如事死。二家各有所是，弄得大家不知所从。王充认为墨家薄葬是对的，明鬼则不对。儒家非鬼是对了，厚葬是事可不必而情有可原。至于他自己，却是为了“鬼”是虚有的，而主张薄葬了。

4. 机械的宿命论

“命”这种东西，似有似无，若实若虚，根本不容易说得清楚，古来讨论它的文字真不知有多少，却始终没有定论，所以孔子少提它，墨子有《非命》篇，而道家却是相信“命”的。因为，道家原本相信“自然”，强调“自然”，宇宙间一切事理，在道家看来都是自然无为的。就因为他们过度地相信自然，因此对于许多人事已有，而难以解说的问题，比如：贫富、贵贱、死生、穷达等，也只好推卸给“自然”，而称说它们为“命”了。在庄子的《德充符》、《大宗师》、《天地》篇里，都曾表示过这种观念。庄子甚至肯定地说，这种命在一个人没有成形的时候，就已有了分际了。这种分际，一经决定，就永远绝对，而没有间隙偏差。甚至，它根本就是决定于先天的禀赋。朝菌见日便死，永远不知道月的终始；蟪蛄活不过一个夏季。永远不知道有春秋；短绳汲不了深井水。形体一决定，命也就跟着决定了。所以，在《庄子》的《大宗师》里，子桑子想来想去，想不出自己为什么落得贫穷的地步，最后只好长叹：“这是命啊！”找不出原因，只好归之于“命”，这是道家“宿命论”最坦白的供词。命既是那么无可奈何，道家因此要人“乐天安命”。

道家由相信“自然”而推演出“宿命论”，王充最崇信道家的“自然无为”，推演出“宿命论”是必然的形势了。

首先，王充就相信“命”而且肯定“命”，他认为，人的一切遭遇，都是命在决定的，上至王公圣贤，下至平民至愚，只要有血气的，无不有命。而且，这种“命”，相当权威，它主一切吉凶。

它的形成，就像道家所说的，是自然而然，与生而俱来的，人类在禀受天地之气生成之初，就已承受了各人高矮不等的形体，也有了各人夭寿不齐的命了：禀气丰厚些的，形体坚实；禀气少薄些的，形体羸弱。形体坚实的，寿命长，形体羸弱的，早夭死，这就是寿命。

禄命也一样，禀受富贵之气的（大概禀气厚些），就富贵，禀受贫贱之气的（大概禀气薄些），就贫贱。而不管是寿命也好，禄命也好，一旦形成了，就再也没有办法改变。这好比陶匠用黏土做簋瓨（酒器），冶匠用铜做承盘，器皿的形状一旦造成，就再也没有办法改变了。

命不但和形体同时生成，也和"性"同时生成，人在禀受"性"的同时，也禀受了"命"了。然而，"命"和"性"究竟有不同。"命"是指一个人所遭遇到的祸福吉凶，"性"是指一个人品德的好坏。同时，性虽有善恶，但那"恶"的却可以经由教化的功效，渐渐变好，就好像蓬纱一样，一旦加上浸渍濡染的后天工夫，原貌就变了，命却不是这样，一个人的命，在禀气形成之初，当然会因为幸与不幸的偶然机缘而有厚薄、好坏的不同，禀气形成之后，就固定而永远没法改变了。命中注定该贫贱的，虽然你想尽办法去使他富贵，到头来，仍然不免罹涉祸患。命中注定该富贵的，你就是千方百计把他人推入泥淖中，想使他贫贱，他仍然能从泥淖里翻身。命贵的人，大家同样地学习，只有他一人能通达，同样地作官，只有他能升迁，同样地追求，只有他能得到，同样的努力，只有他能成功。命贱的人就刚好相反，难升迁、难成功、颠沛困顿、穷乏愁苦，任你怎样努力挣扎，到头来会发现：一切努力都是枉然，命中注定贫贱的人，还是要贫贱的。命，就是这样无可奈何，一点斡旋的余地也没有。

王充这种"性"可改变的说法和荀子是相同的，荀子在《劝学》篇里早就有过性可经由后天而改易的说法。不过荀子始终认为人性本恶，后天的教化，正是来改变这种恶性的。王充却不然，他并不怎么强调"性"的善恶，只告诉人：性是可改变的，善性可变恶，恶性也可能变善，只看他后天的习染和熏陶了。

性和命，照王充所说，既然是这样地不同，性既可改，命既不可变，那么，本性的贤、善、才、德，也就丝毫无补于命运的贫贱了，改了性，不一定变得了命。这可见，命运的夭寿、贫富、贵贱，是和他本性的善恶、贤不肖没有绝对因果关系的。善性不一定招来贵命，贱命也绝非恶性所致。一个品德高超、行为笃厚的人，我们无法保证他一定富贵；一个知识浅薄、道德衰败的人，你不要认为他一定贫贱。我们看那些金银满屋、权大位尊的人，往往不见得有后稷、禹、契般的才能，或陶朱猗顿般的智慧。相反的，往往是那些蠢材在拥雄兵，掌大权，笨货在积千金，发大财。这和聪不聪明，修不修身是没有一点关系的。祸福的到来，就看你幸或不幸了。

不过，“命”不但包括“人命”，还包括“国命”。所谓“人命”，一方面是指人死生夭寿的“寿命”，这是一个人内在的生命本赋；另一方面，又是指人贫、富、贵、贱的“禄命”，这是一个人外来的遭遇逢会。而所谓“国命”，却是指的一国治期的长短。更重要的，这种“国命”也和“人命”一样，是决定在先天而不可改变的。一个国家能长治久安，在王充看来，只是它所经历的“时”“数”良吉，而不一定是政治有德。社会混乱与否，灾变发生与否，都是早就有“命”的了，国君再贤德，也不一定能改变。而“时”和“数”本身就是一种亦自然亦偶然的机运。不过，当“人命”和“国命”发生冲突的时候，“国命”是要胜过“人命”的。所以，在秦坑杀赵四十万降卒的时候，内中一定不乏个人命禄极盛的，只因为敌不过国命的支配，也都同时遭了殃。

到这里，我们可以知道，王充所说的“命”，至少有两个特质：

(1) 命有绝对自然性和偶然性：命在形成之初，当然是因禀气厚薄而来，而禀气之所以有厚有薄，则完全决定在幸与不幸的偶然机运，幸的话，自然能遇，不幸的话，当然不遇。而这种“幸”、

"不幸"、"遇"、"不遇"的偶然机运本身的造成，就是自自然然，说不出道理来的。

(2) 命有绝对主动性和决定性：命统摄一切祸福吉凶，不是任何外来因素造成的，而且一旦造成，便永远决定而变不了了。

因此，世人所说的善恶报应，因果循环都是靠不住的，就举孙叔敖埋蛇，成楚令尹的事来说吧。一般人都认为孙叔敖埋蛇，积阴德，所以得了阳报，做了楚国令尹。王充却大不以为然。因为：

(1) 埋了一条蛇，就能保住性命，做令尹，一举而两得，假使杀了十条蛇，那该得多少福佑？

(2) 孙叔敖会埋蛇，就是不忍别人再见它，从这里是可见他平日的贤德，孙叔敖既然贤，上天为什么赐给他两头蛇？难道说孙叔敖没看到蛇之前有恶，天想杀他，看到他埋蛇，才免去他的过恶，让他活命吗？

经过这一番分析后，王充总算找到了答案"看见两头蛇的人一定要死"，只是一种无根的传说。"有阴德的人一定得阳报"，也只是世人冀望于天道的心理倾向。孙叔敖相信了无根的传说，他的母亲肯定了这种心理倾向，后代的人看到孙叔敖果然做令尹，也就默认那个说法了。

古书上还有另一则类似的传说：

宋国有一对父子，家里连续三代行善，父子却无故相继失明，后来，楚攻宋，围宋城围了九个月，城中粮源断绝，到了彼此交换儿子吃、劈死人骨作饭的地步，父子两人都因目盲的缘故，可免登城守卫，兵去围解，父子复明。

大家都说这是积善得神报的缘故。王充却不苟同。因为：

(1) 宋父子三世行善，天要偿报他们，为什么非让他们失明不可？不失明，天不能保佑他们吗？

（2）据史书上的记载，楚宋两国那次的相攻，其实只靠了宋大夫华元和楚大夫司马子反私下相和，楚就退了兵，根本未尝交战，无有死伤，假使父子两人不失明，也都可以免死，失明不失明都能免于一死，神却让他们失明，这算什么报善？

（3）宋国乏粮时，盲父子一家也并没有因行善而免去换儿子、劈尸骨的惨剧，反而失明，比起别人来，更多一层不幸，神庇佑善人，怎么这样庇佑法？

这种种都足以说明善恶报应的说法是不可信的。另外，根据"命"的两大特质，进一步推衍，王充就有了"命运偶会"的学说，破除古来"命运相克"的迷信。

从来史家和世人都认为伍子胥遭人进谗，被夫差赐死；屈原受毁谤而投汨罗，把伍子胥和屈原的死，都归罪给太宰伯嚭和子兰。事实上，那完全是各人互不相涉的命运适时逢会而已，不可以说是"相克"。屈原投汨罗，伍员被赐死，都是命中早就注定了的。伯嚭和子兰的进谗，夫差、楚王的疑害，不过刚好和他们的死，碰在一道，两对不相干的事，刚好碰在一起，一般人不懂这种情况，硬为它们套上因果关系，就说伍员是被伯嚭害死，屈原是被子兰所陷害了。

每个人一生下来，就有了各人不可改变的命运轨道，一个人的一生，就是在一步一步地走着这条轨道，那一天，走到某阶段，突然和另一条独立无为的命运轨道相碰了，误解也就产生了。事实上，两条轨道，原本是各自在进行自己的途程的。

因此，秋气也不能肃杀万物，而是万物到了秋天自然成熟而衰残。鳏夫也不能克死妻子，而是妻子到那时命中注定要死，丈夫到那时命中注定该"鳏"，二种命恰好碰在一起，大家只看到外表的巧合，就乱定本末，硬说丈夫克死妻子了。

“命”既是这样地权威，王充因此以驳斥世儒“三命”说，来作为他“宿命论”的最后强调。

从来讲“命”的人都分命为三类：正命、随命、遭命。

（1）正命：这种人生来好命，性善，命也善，有贤德，也有厚禄。

（2）随命：这种命不好不坏，只随着那人本性的改变而转移。自我修养就招来福运，自作孽就自取祸殃。

（3）遭命：像颜回、冉伯牛、伍子胥，生来命恶，有贤德，偏偏不得其死。

王充认为：把“命”分为三类，根本概括不尽天下的“命”。就以“随命”来说吧！自作孽是应该自取祸殃的，可是像盗跖、庄跻横行天下，成群结党，杀人劫舍，品德坏到极点，理当遭殃，却寿终正寝，这在三命中，究竟该属那一命？而“随命”的人是努力修善就招福，“遭命”的人偏又是修善行没善终，同样行善，为什么一个遭福，一个得祸？从这里更可以证明：“性”和“命”原本是不同的。“性”改变不了“命”，“性”自有善恶，“命”自有吉凶啊！

5. 进化的历史观

一般人最喜欢谈古论今，又多是古而非今，王充认为：这些都是偏差的观念。“古”和“今”，不过划分时间历程的相对代号而已，并无价值上的高低分野。“古”、“今”同样都是一个自然循环，一个自然规律。按照自然宇宙论的说法，万物都是天地之气交合而生的，古今一切事物，当然也都是天地之气的交合，“天”亘古以来未尝变，“地”亘古以来也未尝变，古时的天，同于今时的天，古时的地同于今时的地。古时的人、物禀天地之气而生，今时的人、物也禀天地之气而生。天相同、地相同，气自然也相同，那么禀受此“气”而生成的人、物，因着此“气”而运行循环的现象与条理，没有理由不同。上世的人物禀受天地之气而生的当时，常常因着“幸”与“不幸”的自然机运而有了厚薄的偏差，在形体方面，禀气厚的，长得美些，禀气薄的，长得丑些；智力德操方面，禀气厚的，成了圣慧贤哲，禀气薄的，成了呆痴奸盗；年寿方面，禀气厚的，享长寿，禀气薄的早夭殇。下世人物的生成，也会因着禀气机运的偏差，而有了美、丑、圣愚、夭寿、贤不肖的区别。因此，前代的人，有仁义的天性，五常的德操，今世也照样有能奋勉操守、树立节概的人。前代有君子，今世也有君子：前代有小人，今世也有小人，文质参半，好坏错杂，一段衰乱一定紧跟着一段治平，自古以来就是如此，有什么理由说古代好，现代不好。

但是，一般人都喜欢推崇古代，而短讥今世。画工画画，好画古代的人；辩士发论，喜欢称引古事；文人立说，专门颂扬远代。说风俗，是古代质朴，今世浮华；论道德，也是古代淳厚，现代浇薄，祥瑞是古代比较稀奇，治道是古王比较贤明，说来说去，不外乎：现代不如古代。就算当前的社会里，有奇罕的行径或事物，也绝对不肯相信。毛病出在：大家只相信耳朵，不相信眼睛，留心听来的，忽略看到的。

这是因为古代离人遥远，大家看不到。今世近在眼前，容易观察的缘故。因为看不到古人，所以大家所能知道的，只是一个大概，只是那些经时间过滤后，所剩具有代表性的菁华。眼前的事物，没有经时间的过滤，好的、坏的，堪入目的、不堪入目的，都入目了。所以感觉上，古代总要美些。

其次，古人古事，时间一久，死无对证，大家可以凭着那三分传闻，恣意加以想象和渲染，而不必负任何责任。当代则事实摆在眼前，不容作假而自我陶醉。因此，远古的传闻容易显得神奇，而近世的事物，反不容易被想象得美妙。故而，传闻中那些伟大的人物，如果让他们生在今世，王充认为，大家也同样会觉得他们没什么了不起。反之，如果让当今社会上的才俊生在古代，我们相信：经过时间的美化，在大家的印象里，他也会有一番轰轰烈烈的面貌的。

因此，他很感慨地叹息说：假使让尧舜再生，恐怕也不能保有圣名。今世要真能出现像孔子这样的老师，那么当代学者便都是颜渊、闵子骞了。假使古代不出现孔子，七十二子也不过是当代的儒生而已。这都是一般人卑今尊古的浅见啊！

所以会产生这种偏见，事实上是基于两种心理：一种是畸形的相轻心理，一种是消极的自卑感。

（1）畸形的相轻心理：同世的人，常会因嫉妒而互相轻视，甚或互相伤害，这就是王充在《逢遇》篇里所说的"乡里三累""朝廷三害"。互相伤害当然是过分了。至于互相轻视、互不服气，却是常有的。别人有特异的行径，不曾用心去观察；有好的事迹，也不肯虚心地去称扬。举一个最浅近的例子：扬雄作《太玄》、《法言》，张伯松（名乔）就不肯平心静气地去拜读，甚至鄙贱扬雄的言论，假使让扬雄远生在张乔之前，相信张乔会当它们是金匮石室的伟著了。这就是世人相轻心理的最好说明。

按照这种心理，当代假使真有一个能树义行、立节操的人，我们确实地考核他一番，果真是古今无人能超过，有那个传家肯将他们列入载籍，加以表彰？有人能有了不起的文笔和言论，比起前人毫不逊色，又有那个有志者肯舍去年代悠远的古书，去专意览读它们？

（2）消极的自卑感：古代社会有它的浮华面，也有它的质朴面，传闻往往只称述它的质朴而滤它的浮华。今世也有浮华面和质朴面，一般人却只挑剔它的浮华，而不信那个质朴。总之，大家对于当代的优点，每每缺乏充分的信心与把握，对古代的好处，偏又过度地信任与渲染，一听说古代有贤人，今世有不肖者，便说古人都贤，今人都不肖了。这好比痛心自家子弟不好，便认为别人子弟都好了。

其实，今世假使真像世俗所说，常不如古，历史岂不是永远退化？那么，尧、舜以后，不必一百年，历史也就没了，又那来“古”、“今”的分别？如果我们用平正的眼光去看，今世不但不比古代逊色，反更超过往古。因为，今世的先天条件固然和古代齐一，它的后天条件却常会因着社会的自然进化而改良，现代超过古代，应是必然的情势。所以，王充很大胆地下结论，汉代远超过周代。

因为，汉代自从武帝罢黜百家，独尊孔子以来，儒学大昌，孔子推崇三代，动辄称尧舜。汉儒既然尊孔，也跟着推崇三代，称举尧舜。一歌颂太平，一定标出五帝，一称美圣王，一定抬出三王，好像三王五帝以后再没有圣人一样。王充对于这种消极自卑的奴隶心理最是不满。他说：

我们看世儒所用以称颂古太平治世的依据，也不过是说它们如何如何地太平，有祥瑞出现。而其实所谓太平、祥瑞，本就没有一定的面貌。各时代的祥瑞不会相同，各圣王的太平也不一定一致。前代的祥瑞不一定同于后代，古圣的治绩也不一定同于今世，怎可全拿古代来衡量今世。像世儒这样，把圣人推崇得太高，把太平称颂得过分夸大，这简直叫圣人因过分崇高而难能再有，太平因条件过苛而从此绝迹了。

其实，汉代立国，到那时也有两百多年了，其间社会安定、百姓和乐，明君贤相相继而出，好征兆比比皆是，这些也就是太平祥瑞了。汉儒最爱称颂三代，三代之中，又以周代最属隆盛。如果拿周代的隆盛去和汉代相比，王充认为汉代实在远在周代之上。

（1）就圣王来说：周代出了文、武、周公三位圣人，汉代的高祖、光武比起周文、武来绝不逊色。汉代的文帝、武帝、宣帝比起周代的成王、康王却更出色。

（2）就版图来说：周代辖域五千里，汉代扩充版图，至荒服之外（汉地南北一万三千里）。

（3）就德化讲：周代有越裳献白雉。汉代则通西域、伐匈奴、四夷归顺，鄯善、哀牢等国纷纷进贡牛马。社会进步，农桑发达，多处瘠地变成良田，比起周代，汉的恩德更要广被。

（4）就祥瑞说：汉自高祖起义以来，各种瑞应不一而足，比起周代，也绝不逊色。

因此，不管从那方面说，汉代都够得上太平盛世，也都超过周代，可见今世超过往古是必然的情势，大家又何必长他人气焰、灭自家威风呢？

6．效验的知识论

有人说王充是个"实证思想家"，又有人说他"富科学精神"，因为他有一套讲效验、求实证的健全知识论，这一套健全的知识论，犀利了他的批判理论，也强壮了他"疾虚妄"说的脉息。

王充是一个博览好学、敏锐深思的思想家，他的学问完全来自用心地观察、深沉地思考和体验，在长期地观察、思考和体验下，慢慢地组成了一套完整的知识论，王充就用着这一套知识论去订正一切荒谬的传闻和学说。

一切知识的获得，王充认为最少应该包括三个步骤：学习、思考和效验。

（一）学习：任何人要了解事理，首先就要学习，不经由学习的过程，任凭他有再大的智能也无法得到知识。而学习的方法有两种，一种是学，也就是观察，另一种是问。不论是学或问，都是凭借口目等感官去认识的过程，是一种感性的认知。感性的认知，就是知识的起源。

（二）思考：所谓思考，也就是推理。一个人光凭耳目感官去认知是不够的，而且容易产生谬误，因此，还必须用心去推论。如何用心去推论？王充告诉人要“案兆察迹、推原事类”，从诸多学习来的事理迹象上，一步步专注心神地去排比事类，分析情况，推求条理，而后下判断。简单地说，是一种把观察闻见的零星知识，在心中过滤化合的过程。这种工夫运用得好，可以见微知著，验往知来。子贡会做生意，商场货物的贵贱波动，未来变化，他都能料得一清二楚，分毫不爽，正是这种工夫的运用。

从前淳于髡见梁惠王，两见都默不作声，惠王派人问他，淳于髡告诉来人：“王心意只在驰马、讴音，当然无法为他说道。”惠王听了回报，大大地吓了一跳。因为，第一次接见淳于髡的时候，的确有人献马，第二次见他的时候又有人献讴，都还来不及试骑、试听，就接见淳于髡了，所以有些心不在焉。

淳于髡能看透惠王的心思，并非有什么神力，只是他察言观色，深思精求的结果。可见思考的工夫如能运用得好，真的能达到料事如神的地步。一般人常说圣人智如渊海，无所师友，而自通自达。前知千岁，后知万世。事实上，圣人那里真的无师自通，预知未来？或许，圣人是真的没有正式从师而学，但是在他成长的过程中，早已不断地在学习、在闻问了。另一方面，圣人智力是略高于人，对于这套理性的思考工夫，他能运用得比别人更透澈、更深入，换句话说，圣人只是“广见多记、巧商善意”而已，他的圣能，依然是学习得来的。这层工夫的发现，王充打破了图谶迷信。

从来讲图谶的人总是说某事未发生前，有过什么什么谶了，后来都一一应验。王充既然认为预知未来料事如神的事是不可能的，那么谶纬的说法，也就不攻自破了。

比如谶纬家们曾经说：

孔子将死时，曾留下谶书说：“不知那来的人，自称秦始皇，登上我厅堂，蹲在我床旁，颠倒我的衣裳，到沙丘而死。”以后，秦王果然兼并天下，号称始皇，东巡狩到鲁，果然跑去看孔子故宅，然后到沙丘，半路病死。又说：“董仲舒汩乱了我的书。”以后，江都相董仲舒果然论解《公羊春秋》，造着传记。

王充认为，这或许是孔子平日远见深思的结果，由微知着，慢慢地看出了将来所可能会有的变化。临死前说出了他的看法：将来定会有观他故宅，汩乱他学说的人。后人看到秦始皇果然入其宅，董仲舒果然治《公羊春秋》，就连名带姓，绘影绘声地附会上去了。谶纬家的预言都是这样的。

（三）效验：所谓“效验”也就是“实证”。一件事理的成立，除了要主观地去做感性的学习和理性的思考外，更要客观地去找证据。用感性观察、问学得来的知识，如果没有经过理性的思考和推理，固然容易产生谬误；但是，光用心意思考推论，而不能超越思维去客观地旁求实证，也很容易流于武断和主观。只有有效验的事理才是明白可信的，也只有证据的言论，才有永恒性。

所以王充每一次在驳斥别人言论和迷信时，总是强调要“引证物事去效验言行”，同时一再批评道家空口发论，不能引实证去效验言行，因此，那么了不起的“自然说”不能普遍地受到接纳。这等于告诉人：必须通过实际的检证，然后才能评定知识的真假，王充本人也就是用的这个办法去评定知识的真假的。他所以被后人推誉为“有科学”精神的思想家，就是因为这种实证精神。所以，“求实证”成了王充学说中最精采、最突出、最新人耳目的部分。

在前面各部分学说的介绍里，我们已经知道了王充如何地在运用他的理性思考、推论能力去分析因果循环的不可能，孙叔敖、宋人盲父子事件的不可信，商汤祷雨、周武王挥钺的荒谬，和楚成王定谥、荀偃瞑目的误解，但那些都只是思维的深入运用。我们现在就举一个他讲“效验”的例子，你就可以知道他的学说是多么地言之有“物”和与众不同了。《论衡·雷虚》里有一段驳汉儒“雷”非天怒，而是“火”的说法：

我们从那里去验知雷是火，而不是天怒？你可以查询一下被雷打死的人，如果是打中头部，一定须发焦黑，打中身体，皮肤一定有灼痕。站在尸体旁，你一定会闻到火味，这是第一验。做道法的人，把雷击焚过，发红的石头丢入井中，石头一定变黑，同时阴冷的井中会激起大声响，像打雷一样，这是第二验。人受了寒，寒气一旦侵入腹中，腹中原本温热之气一定要和它发生激争，寒温激争的结果，肚子会发出细微的雷鸣，这是第三验。打雷的时候，常可以看到巨大的电光，像火般耀眼，这是第四证。打雷时，甚至会焚毁房屋和地上的草木，这是第五验。以上五验，都可以证明雷是火，却没有任何效验可以证明雷是天怒，可见说雷是天怒，是虚妄的了。

从这段文字里，你可以看出两千年前难能可贵的科学端倪。而他这些个效验和实证，正是来自平日努力地观察、学习和思考。

事实上，远在先秦的时候，墨子早就讲过“譬、效、侔、援、推……”等等的论证法，不过，墨子提归提，并不见得真正地根据他自己所提的这些个方法去立论。王充却是真正地一面提倡，一面用这些个方法在建立自己的思想，充实自己的学说，他实在是一个最用心运用自己理论的人。

尽管正确知识的获得，是来自这些个方法；但，并不表示：经由这些方法，一定可以求得真知。因为天下确实有许多不可知的事，这些不可知的事，不但叫你无从观察，甚至推验不出任何道理，这种事，就是天纵才智的圣贤也没有办法。遇到这种事，你只有付诸阙如了。可见，圣人的才智，一样有穷乏的时候，说圣人料事如神，能前知千岁，后知万世，都是虚妄的了。

末了，我们再举几则他运用自己的知识论，所求得的真知灼见，来印证后人对他“科学精神”的称誉。

(1) 关于“日出”“日没”，他纠正别人的说法是这样的：

所谓日出，不过是说它离我们近；日没，不过说它离我们远，远得看不见了，所以说“入”。人举目远眺，目光及不了十里，似乎就看到天地交合了。事实上，那是离人太远的缘故，而不是交合。站在大海边，放眼四望，似乎水连天，天连水，其实，水的彼岸仍是陆地，不过离得太远了，因此，虽有，如无，根本看不见。日没不见，也是这缘故。

(2) 关于“晨昏”和“正午”，他说：

正午时，日离人比较近；晨、昏之际，日离人比较远。何以得知？你把一根竹竿正插在屋下：竹竿上端抵住屋梁，下端抵住地，如果屋高三丈，那么竹竿末端离屋栋就有三丈，如果把竿斜靠，不让它上端顶住屋栋，那么竿末离地就超过三丈了。正午时，日正当中，就好像竹竿正插，离地三丈一样，早晚间，日偏东西，就好像竹竿斜倚，离地超过三丈一样，离人远了。我们再试着叫一个人坐在屋正中，另外找一个人，在屋上走动，当他走到坐者的正顶上时，他与坐者相距就有三丈。当他走到东西两屋尾时，和屋下坐者的距离便要超过三丈了。

（3）对于“正午温热”“早晚凉寒”，他的看法是这样：

正午时，日离人近，所以人感觉温热。早晚间，日离人远，所以感觉凉寒。正午时，光太亮了，所以觉得日小，早晚间，光暗些，所以觉得大，这好比大白天看火不觉得亮，夜晚看火，特别明一样。白天太亮看不见星星，夜晚无光，才看得见星星都是同样的道理。

在这几则里，几何学和光学的原理，他都运用上了。两千年前，一个刻苦自学的“乡曲之士”（徐复观先生的批评），能自己摸索出这样的成就，实在也够叫人为他欣喜涕零了。

三、王充思想的评价和赞叹

谈完了王充的思想，一方面我们感到赞叹，一方面也感到惋惜。赞叹的是：在传统理性的思想界里，两千年前，我们也曾有过这样一位充满物性的思想家。惋惜的是，这样一位智能卓越的伟大天才，生得不是时候，生得不对地方。他生在经学根基早已牢植，阴阳派儒学独尊的东汉，偏又出身卑微，一无依傍。他的真知灼见，徒然成了当代学海里不惹眼的微澜。他的努力呼吁，徒然变成了沙哑的干号，终究被淹没在儒学不可抑遏的漫天浪潮里，差一点销声匿迹。假使他被安排在学术未定、诸子争鸣的先秦，凭他的真知，他的才性，他那些新人耳目、打破传统的见解和著述，他的成就相信是绝不会在名家墨家之下的。或许因此而创立学派，引发物性思想的普遍发展也说不定。

不过，先秦以后，道家的自然学说，还真亏王充的这一番掀涌，才多少保留了一点精神，否则，经过有汉一代，儒家思潮的淹没，和道教鱼目混珠地糟蹋，道家精神是否能那么迅速地在魏晋重新复活，都是很难说的。因此，尽管魏晋的自然思想，不一定是受到王充的影响或启示，但是，他的推崇道家自然学说，对魏晋的自然思想，不能说没有跳板和过渡性功能的。

在研读王充思想的同时，我们也深深地兴起另一番感触。传统浓厚的理性思想，固然为我们酝酿出了博大精深的各派人生哲学，却也无形中阻绝了物性思想发展的前途。因此这种物性思想，除了在《墨子》中偶见微征.《荀子》里初显端倪，桓谭《新论》里重现生机，王充《论衡》里积极呼吁外，几乎成了绝响。只有到了晋杨泉的《物理论》里，才算勉强有一些回音。而这些个生机和回音，都像是早八百年前就注定了命运似地，桓谭的《新论》和杨泉的《物理论》也都亡佚了，只剩下一些残存的辑佚数据，让后人去做吉光片羽的掇拾，相形之下，王充的《论衡》益发可贵了。

在号称“科学时代”的今天，让我们重读我国物性思想界里最有力，也可以说是绝无仅有的代表——王充的学说，实在不能不兴起人无限的感悟。

参考书目

（一）书籍

《王充哲学》，谢无量，上海中华书局。

《王充思想评述》，陈拱，东海大学。

《王充评论》，黄云生，三信出版社。

《王充思想之形成及其论衡》，黄国安，《人人文库》特三八六号。

（二）论文

牟宗三：《王充的性命论》，《人生杂志》二十一卷十期。

叶祖灏：《王充思想述评》，《东方杂志》二卷三期。

陶希圣：《王充论衡》，《中央月刊》四卷六期。

王云五：《王充的教学思想》，《东方杂志》三卷十二期。

周世辅：《论王充的哲学思想》，《革命思想》二十九卷四期。

徐复观：《王充论》，《国魂》三二一—三二六期。

吴汝宁：《王充的本性来源论》，《学记》一期。

黄耀炯：《王充性论试评》，新亚书院《中国文学万年刊》三期。

黄国安：《王充疾虚妄论研究》，《台东师专学报》一期。

詹栋梁：《王充的教育思想》，《中兴评论》十八卷六期。

徐道邻：《王充论》，《东海学报》三卷一期。

鲁文：《东汉王充的怀疑精神》，《省立台北图书馆刊》二期。

刘甲华：《王充的迷信——命定论》，《中央日报》一九四七年六月九日。
江行:《从论衡看王充》,《中央日报》一九四六年十一月二十四日—二十五日。

王符

王关仕　著

目　录

一、传略

王符，字节信，自号潜夫，东汉安定郡临泾县人（甘肃省镇原县南）。大约生在章帝建初末年（公元八三年？），[①] 卒于灵帝建宁初年（一七〇年？）。[②]

王符的早年，正值东汉全盛时代，窦宪的北伐匈奴，班超的远定西域，让他在西陲的家乡，过了颇长一段太平日子，奠定了学术基础。他很好学，涉猎诸子百家，传记杂说。[③] 思想受到法家的影响，但在分量上，仍难与他所继承的儒家正统思想相抗衡。王符经术既通，学识又渊博，深明治理，有气节，很想大展抱负，替国家兴利除弊，排浊扬清。可惜因为他是庶子（妾所生），没有外家（外祖、舅父）作背景，在安定那种不看人品才学，只重世戚声势的习俗下，无异宣告了他没有被选举权。[④] 后来安定郡闹羌患，而且越来越严重；永初五年（一一一年），安帝下达了一道诏书，令遭边寇三郡的居民内徙。王符大约是在三十岁上下的那时，迁居而来到中原的。他和大儒马融，文学家窦章、崔瑗，及兼科学家的张衡等

① 《后汉书》本传，符与马融等友善，则年亦相若。张衡生于建初三年（公元七八年），马融生于建初四年（七九年），崔瑗生于建初二年（七七年）。

② 胡适先生《中国中古思想小史稿》云，王符卒约公元一七〇年？郭湛波《中国中古思想史》从之。

③ 《潜夫论》三十六篇中征引古今典籍浩繁杂博。

④ 非仅限于安定郡，当时以九族举士风习普遍，见《论荣》篇。

人交游。以边陲的一介平民，居然得到这几位中枢世宦，学林泰斗的友谊，和他们汇成了一股清流，真是同气相求，物以类聚啊！禀性光明磊落的王符，又不愿随俗流去夤缘权贵，就这样跟宦途绝缘了，所以难免有怀才不遇的忧愤。可是“失之东隅，收之桑榆”，它却化成了一股潜力，激励着王符，走进中国的思想界，而建立了卓然的学术地位，和他的好友们在历史上相互辉映。

顺帝永建四年（一二九年），诏令内徙的居民，迁回原籍。思乡心切的王符，始得返归他生长的地方。到了顺帝永和六年（一四一年），又奉诏内徙扶风郡（陕西省兴平县东南）。大约过了几年，再度回乡安居。

王符处在旁观者清的立场，透过长期的经历，和深刻的观察，对东汉的政情、世风，洞悉无遗。从和帝以后，东汉的国势日走下坡。君权的旁落，外戚的专横，边患的不断，选举的失实，官吏阿党枉法，政府赦赎浮滥；加上社会上轻本务末，竞奢尚巧，在在是国家的宿疾，政治的垃圾。于是王符大张笔伐，痛下针砭，而写成了《潜夫论》。这三十六篇作品，充满了切实可行的建设性，也表现出勇于批评的大无畏精神。他本无意因此而扬名，可是声誉仍不胫而走。桓帝延熹五年（一六二年），他的同乡，度辽将军皇甫规，时年六十，解甲归里。这位功在乡国，素厌贪墨的良将，一听说乡贤王符造访，连鞋都没及穿好，便迎了出来。这不是礼士敬老，而是心仪王符先生的风范及其高瞻鸿论已久，大有相见恨晚的感触吧。范晔的《后汉书》将他和王充、仲长统同传；韩愈称他们为“后汉三贤”，⑤是名副其实的安排和赞颂。

⑤ 见《四库全书总目提要》。

二、学术思想

1. 天人思想

·道气一元

王符说：“在太古朴质的时候，元气窈冥，没有形兆，各物合并，体性未分，这样的状态，保持了很长很长的时间，那时的宇宙，是混元一气的。后来发生了变化，成为清浊，再分成阴阳。阴阳是有质态的。阴阳便生成两仪（天、地），天地有细缊的作用，化淳为万物。人类便是由天地间的‘和气’所生，负有统理万物的责任。所以天的根本是阳，地的根本是阴，人的根本是天地的中和。天、地、人合称三才，各有其不同的工作，而须相待乃能达成。彼此各依循各的‘道’（盖指德性功能）而行，和气便来至，天体的运行才正常。天道曰施，地道曰化，人道曰为。”（《本训》第三十二）“天呈现朕兆，人遂成天功，所以《尚书》说：‘天功，人其代之。’人治理政事，以和天气，以致其功；所以道德之用，没有比气更浩大的。”“道是气的根本来源，气是道的作用发挥。一定先有根本，才能产生气；必须赖其作用，变化才会成功。所以‘道’这样东西，可神妙得很，功能也至为强大。天体靠它而运行，大地依它而静止，太阳因它而发光，月球因它而明亮。春夏秋冬，金水木火土，鬼神人民，千万品类，变异吉凶，无非气的作用。气如果乖戾于道，那么裂高天动大地，移重山阻流水，日月亏蚀，星辰陨坠，白昼忽暗，黑夜顿明，大风翻车拔树，积雹突变霰冰，温水沸腾为汤，麟龙鸾凤为蝥蠿蝝蝗所取代，① 这些现象都是戾气所造成的。”“人固然需要‘正气’，动物和植物也不能例外。”（同上）

·天人感应

王符的天人思想，大体上守着传统儒家天人学说的范畴，尤其受董仲舒《春秋繁露》的影响很大，但却有他所偏重的。他把神的地位降为被动，而提高了人的行为价值。王符说：“天地开辟而后，有神有民。民和神各有其所司，唯精气则相感通。”（《卜列》第二十五）“五帝（即五行之神——金、水、木、火、土）各据‘五行’气而生人民。”“神是天的使者，神的职掌在奉成阴阳，便利万物，也就是协助人类统理万物而已，正如同人世间的有州牧、太守、县令、长、吏一样。”（同上）鬼神世界也有正邪二派，“淫鬼邪妖不是有操守，尽职司的真神正只，仅是如同人世间的奸猾败类。”（《巫列》第二十六）但“妖不胜德，邪不伐正是不磨的真理，虽然偶而有些微的出入，倘人们事奉神鬼，能合乎正道，守正不阿，淫邪的鬼便不致找上门来。”“所以人们没有疑神忌鬼的必要；多所顾忌于鬼神反而有害。”（同上）

“帝王是人间至尊贵的，他的精神和天地相通，心有所想，意有所虑，在未表现在声音、形貌上，上天即已感知，而有所反应，显示出异乎平常的机祥以戒示人主了。”（《述赦》第十六）“人君赏罚明的，便国治民安；国泰民乐，天便喜悦而增赐历数给他。”（《巫列》第二十六）如果有“一人悲叹，政治即受到影响，更何况成千

① 《本训》篇原作“麟龙鸾凤，蝥贼蝝蝗。”此据上下文义臆加“取代”二字。

成万人哀号哭泣，感动天心呢！”（《救边》第二十二）“孔子说：天只帮助顺道而行的人；讲信笃践的人，自然会得到神灵的福佑。”（《巫列》第二十六）“人的德义茂美，神便歆享而降福给他。”（同上）“法令善则民安乐，民安乐则天心慰。”（《本政》第九）就如“季梁的规谏隋侯，宫之奇的说虞公，都是明察天人之道，通达神民之分的。”（《巫列》第二十六）“要继踵夏商周的盛世，达到五帝三皇时那种大治的最高境界，必先溯原返本，从兴道德、致和气下手。因为淳粹的和气才能生出敦厚宽雅的人民，光大德义的标准，兴起信厚的人情，然后可与天地合其功德。”（《本训》第三十二）充分显示王符天人思想的浓厚。

·祸福自取

人的成就，先天只是充分条件，而非必然条件。这一点王符有很明畅的论证：“人的身体相貌，骨法角肉，透露出他的性命长短的消息，和贵贱的可能性。”（《相列》第二十七）“人的相法，有在面部的，有在手足的，有的在行动方面，有的在语音方面。标准是面部要宽平润泽，手足要深细明直，行走要四平八稳，语声要温和合律。”“骨法表现一个人的禄相，气色是吉凶的征候，部位影响人的年寿；可是要靠德行，才能使上述三项发生作用。”“所以，人的有骨法，譬如万物有品类的差异，木材有用途的不同；巧匠会根据各种材料而作适当的运用。”“相只能代表其可能性，而不能代表其必然性，譬如十种的地，土壤虽肥沃，如不去耕作，便没有收获；日行千里的马，体格虽完善，如不加以策励，也不能发挥其潜能；觚具（酒器）不加以雕琢，便不被用为祭器；知识分子而不出来为国家服务，他那儿去取得禄位呢？”（同上）类似这种情形，王符认为：“天地也没法使他贵贱，鬼神也不能助他贫富的啊！”（同上）

王符对相气和人的命运作的结论是祸福自取。他说：“智者发现祥瑞的形相，便修善去迎合它，去应现它；发觉了忧色，便自己反省改过。只有愚笨的人才会背道而驰，不自省修；虽有了吉兆在身，结果是福转为祸了。”（《相列》第二十七）他又明白表示：“人类的行为，感动天地，就仿佛人们驾御马车，行驶舟船似的，诚然，车和船都承载人的、方便人的，但要往何处，那还得靠人自己去决定、去把握。”（《本训》第三十二）“上天只呈露征兆，完成事功与否，则要端视人能不能顺道去努力而定了。”（同上）

·人治天察

王符据“《尚书·皋陶谟》：‘天功，人其代之。’——天的事功，由人来代行”（《忠贵》第十一）立论。他申说：“君主效法上天而建立政府，从公卿大臣，至基层小吏都是‘天官’。所以贤明的君主任官派职，不敢以爵禄滥赐所爱的人，忠臣不敢诬贤能而求得晋升。”“否则便等于犯天，必遭凶咎。”“末世的臣，不思顺天，而惟谀奉时君，自以破敌便是忠，多杀即为贤，像秦国的白起、蒙恬，秦以为有功，上天看来只是贼子；息夫、董贤，汉帝以为忠臣，天则以他们是盗寇。这些人虽贵于一时，然而他们上不顺天心，下不合民意，到头来泣血号叫，不得善终。”“所以道德不称其任的，所受的祸害必烈，能力不称其职的，所致的灾殃必大。窃位的人，上天废其明灵，神只惑其心智。”（同上）主张治权天授，天复司总监察权。“是以圣王建立百官，目的在秉承天意、治理人群、保护养育万民。圣者是天的代言人，贤者是圣人的传译人；圣人的话便是天意，贤人的话，原自圣旨。”（《考绩》第七）“天心阴阳，君臣百姓，善恶都有连锁反应。”（《本政》第九）可见王符的心目中，政府的组织，君臣的聚合，是为天地立心，为生民立命；是由一群圣贤发挥集体智慧和团队精神的结晶。

王符认为治乱的因素在人，其现象则反映于天。“人君统理天下，最要紧的工作是和协阴阳。阴阳是以天为准绳，天心顺，阴阳便和；天心不顺，则阴阳便乖戾。天又是以民为心，人民生活安乐，天心便顺；人民生活愁苦，天心便逆。民生的苦乐，维系在国君施政的良窳。国君行政明善，那么民心和顺，而成为治世；国君施政乖恶，那么人民冤屈，而为乱世。”“君贤臣良，法令妥善，始可达到政善的境界，这样人民乃安乐，人民安乐则天心便会快慰，天心快慰阴阳才调和，阴阳调和收成便丰穰；如此，则人们的生活过得好，寿命也增长；且明礼尚义，奸行绝迹，那么世界太平，国家安靖，帝王也尊荣了。”（《本政》第九）

上天除了从民生的情形察知政治的好坏以外，对于君王和官吏的表现，是有功便报以好，有过便惩以恶。如：“周公东征，后人追思不已；召公断讼，民众感念他的简便，爱及甘棠，他们的后裔封嗣繁延。尧舜和三代的臣吏，能以道事君，以仁抚民，功施及草木，天下都受到他们的恩泽，可说真是天官，所以福祚不绝于后嗣。”（《忠贵》第十一）“（王莽）迷罔百姓、欺诬天地，自以为是个人的秘密，人所不知；谁料皇天从上面把他的阴谋鉴察得明明白白，神灵在暗中把他的恶迹看得清清楚楚，丝毫不差。”（同上）是天人感应说的高度发挥，也似佛家的因果报应说，而迷信色彩很少。

2. 政治思想

·民本

王符的天人思想，便是为民本思想而奠基。他畅论政治的起因说：“当太古时代，人类有生之初，尚未分别上下的伦序，设立政治的体制，那时的人类，相互侵乱，为害极其惨烈，于是上天授命给圣人，要他代替上天来整顿和保护人们，使群众不至于迷失本性，而有利于天下。因此，这圣人的功德，为人民所颂敬，便一致拥戴他为天子。可见上天的‘作之君’，并非对他有所偏爱，使他借以奴役人民，而是要他为天下人诛暴除害，谋求全人类整体的幸福。”（《班禄》第十五）“天下本来就是因为人们不能相治，所以才为建立君主，以统治他们。”（《述赦》第十六）“天子是奉承上天的威命，以恭行赏罚的。”（同上）他以肯定的语气，强调政府组织的原因和目的在为民！

王符说：“国家以人民为基本。”（《救边》第二十二）“帝王以天意为制度，天又以民心为天心；民想要的，天必定听许他们。”（《遏利》第三）“帝王最尊敬的是天。② 天最喜爱的是民。”（《忠贵》第十一）“圣君建置百官，是为了承天治地，牧养万民。”（《考绩》第七）“国家的组成原因，目的便是为了人民；人民所以能生存，便是靠有粮产，粮产的多寡，要视国民的工作效率，而工作效率是建筑在人力和工作时数的条件上。政治好的国家，黎庶休息时间多，那么人力也就充沛；在政治污乱的政府下，人民喘息的时间少，生活困乏，精力当然不足。圣人深知劳力是民生的命脉，也是国家的基石，所以减省徭役赋税，爱惜民日。”（《爱日》第十八）“治理国家，以富民为本。”（《务本》第二）“圣明的国君是普覆兼爱的，……吉凶祸福与人民并享同当；视人民如同婴儿般的照顾。”（《救边》第二十二）“所以，圣人养民，爱他们像自己的子女，为他们打算，和替自家筹策毫无差别。因此国君应该深思国基（民众）的伤病，并为他们作长远的计划，使转危为安，亡而复存，救其灾患，以预防祸乱的萌生。”（同上）而做臣吏的也要“下自附于人民，上承顺于天心。”（《忠贵》第十一）这是阐发儒家的民本思想，而成为王符思想的中心。

---

② 《忠贵》篇原作“帝王之所尊敬”,《后汉书》本传作“《贵忠》篇曰：‘夫帝王之所尊敬者天也。’”据增。

· 德化

王符说："人君治理天下，没有比用道德的力量更盛大的。"（《德化》第三十三）"道是维系和安定人心的力量，德是用来涵养人的。所以圣明的君主治国，先其本而后其末，顺民心而正民行，使人奸慝不生，邪念不起。变化民心，仿佛政教之影响国民体魄。德政被加于民，民便多涤畅美好，坚强长寿；恶政施及于民身，民便多疲病夭愚。""身体骨干是坚强的，然而尚且会随政治而变动，何况心性精神，能不培养吗？"所以为政要"和德气于未生之前，正表仪于咳笑之后。"因为"民蒙受善化，便有正人君子的胸襟；民遭恶政，则人有奸邪恶乱的念头。"是以"上圣的君主，不专力治民事，而致力于治民心。民亲爱便无相残害之意，行为思义，便无奸邪的想法。"（同上）"太古的人民，淳朴敦厚，上圣抚理他们，恬澹无为，体道行德，简省刑威，不用杀戮，而民自化。"（《劝将》第二十一）"所以明君临众，一定用正道，务必合礼而厚待庶民，施德而崇尚化育，使人养生都丰裕。"（《班禄》第十五）如："尧舜能和德气以化民，正仪表以率群下，而达到天下平；文武修道德，厚慈爱，美教训，崇礼让而民不争乱。"（《德化》第三十三）"国君的政教积德，必有安泰的福；反之，便有亡国之祸。"（《慎微》第十二）"积善多的，虽有一恶，只算是过失，不足造成亡国的局面；反之，虽有一善，也只算是误中，不足以安邦。"（同上）"五帝三王所以能画法像而百姓不违，修己德而世人从化。是以法令刑赏，只是用来治理民事，而收整齐条理的功效罢了，不足以兴大化而臻太平。"（《本训》第三十二）"圣帝明君都敦德化而省威刑。德重在修养本身，威重在整齐人民。"因为"世上中等资质的人最多，民犹如在炉的金，从模子而成形。所以世的善恶，俗的厚薄，都在国君的优劣。"臣吏是国君任命的，选用"良吏，则民皆怀忠信，而行为仁厚；遇到恶吏，则民皆怀奸邪，而行为轻浮。”（《德化》第三十三）“官长正而百姓从风，邪心黜而奸宄敛迹，然后才能协和气而致太平。”这是从孔子“政者正也”，“为政以德”，“君子德风”，“导之以德，齐之以礼”所演畅而来，以明治本的钤键在国君。

·任贤

任贤和守法，是王符认为确立法治政治的二大基础。任贤是推行政令的首要。他说：“治世如不得真贤，譬犹治病不得真药。被臣下所欺，反说经典不可靠，贤人无益于救乱，因此而废罢真贤，信任俗吏，国家怎能不亡呢？”（《思贤》第八）“折冲安民，要在任贤。”（《救边》第二十二）当然，“为君的都希望政治好，推究政令不能实现的原因，就在所任用的人不是贤者。世界上未曾缺乏人才，然而贤人所以不见任用，是由于被那班妒臣所垄断。”“徒有进贤的名，而无进贤的实”，“皆缘于国君有求贤的动机，却拿不出引进贤能的办法。”（《潜叹》第十）“甚至主上亲自遇到贤人而不敢用，反要等臣下来推举呢！”（《贤难》第五）这种现象的造成，责任要国君来负的吧。

其次，任贤不必求十项全能。“汉高祖的辅弼，刘秀的将相，不使伪举得逞，不求臣下兼治，即使是秦的逐臣，王莽的属官，仍然重用他们，以诛暴乱，而达到安治的地步。”（《实贡》第十四）“物本来就有以贱治贵的，以丑治美的，智者不计较他的出身，唯善用他的长处，而收到治效；明君任用士人也该如此。”（同上）“人的善恶，不必与出身有关；性的贤愚，与他的籍贯无涉。”（《论荣》第四）“凡是修身慎行，厚道正直，清廉纯洁，恬淡无为的人，是教化的中坚分子；好善嫉恶，赏罚严明的人，就是治道的贞干。明智的国君，要尊礼他们，兼用他们。”“选贤贡士，要考察他的性质，据实而说，不可掩饰他的小疵以壮虚势；有专长的士人，各贡献自己的

才能。”为国君的则“各以所宜，量材授职，如此众官便不旷，可望政治兴盛，太平可达成了。”（《实责》第十四）

“明君待群众，要谦冲词语，做到礼遇；接纳卑贱，招致贤能。”（《明暗》第六）“表扬小善的人，更可激励人为大善；赏赐达于愚鄙的人，而可招徕贤良以至朝廷，那么下情便可上达，君便无遗失的计策，官则无枉法的臣吏了。”（《实责》第十四）“所以取舍的原则，是不必徇众，也不必专断，只要明察双方面所作所为，再用义来衡量，甚至可以舍弃己见，尊重他人，那么野无遗贤，政不荒废了。”（《潜叹》第十）“如不能参考民意，运用聪明来裁决，反而仅信乱臣之说，听污吏的话，则等于替仇敌选使者，令囚犯择狱吏了。”（同上）

“为君的要务，没有比知贤更急切的。知贤的快捷方式，首推考功。因为考核官吏的工作绩效，治乱就分明，善恶可立判；贤能不致被障蔽，佞巧无法掩饰其奸诈。”（《考绩》第七）“如果不加考绩，则祸患不限于诬暗疑惑而已。譬方一家人有五个儿子、十个孙子，父母不知子孙们谁好谁歹，那么原本勤劳的便会懈弛，而惰慢的更加怙恶不改了，这样的家业，岂有不破败的吗？”“所以说家长不考功，则子孙惰而家破穷；官长不考功，则吏役怠傲而奸宄兴作；帝王不考功，则贤人君子被埋没，而枉伪之徒更形嚣张，所以《尚书·尧典》说：‘三载考绩，黜幽陟明。’便是以考绩来作分别贤愚而奖励才能的依据吧。”“所以有号位的，必求称于所司，有名义的必求其实效，则官无废职，位无非人。地方首长，要看他们治民的绩效；方面大员要扩大视听，执守法令；九卿各有专司，辅佐三公；三公总理全国政务，掌管协和阴阳。”“侍中、大夫、博士、议郎，以言语为职，要尽到谏诤的责任；其他如荐举茂才、孝廉、贤良方正、有道等，当尽情竭虑，以不负君主的诏令。”“凡附下罔上的，处以极刑；附上罔下的，绳之以法。参政而对民众无贡献的，

要罢免他；居上位而不能进贤的，便应放逐。”“如此便可区别贤愚，而获致很多的人才；教化成功，而民生乐利。”（同上）

·法治

法治方面，王符认为：“制法的意义，如同建置篱笆沟池等，是防御的工具。”（《断讼》第十九）“立法的大要，在使好人劝德乐政，坏人痛祸悔行。”（同上）“苟有法令，奸邪便可禁止。”（《劝将》第二十一）“民不敢祸乱的原因，在于有官吏治理他们；人们之所以不敢为奸诈，是因为政府有法律的制裁。”（《衰制》第二十）“法令是君治国驭民的工具。”（同上）王符更指出，法律之前，人人平等，自天子以至于庶人，守法精神是一致的：“贤明的国君，授职任官不敢存私心；忠诚的臣吏，不敢诬人以利己。”（《忠贵》第十一）“人臣犯禁，必加诛罚；人君违天，亦遭天谴。”（同上）“所以天子不能违天而让无功的人富有，诸侯不可违君而使所爱幸者优裕。”（《遏利》第三）他重申：“王法是至公至正，无偏无颇的。亲疏平等，大义灭亲，这便是尊重法治的表现。”（《释难》第二十九）“国君守法，则法令能顺行；国君玩法，则法令便失去其效力。”（《本政》第九）“法术不明而赏罚不信的政府，虽每天都发号施令，但情势必定自乱，乱势一成，君当然治不了，何况臣下呢。”（《明忠》第三十一）

王符极力反对国君轻行赦赎。他说：“害良民最大的，便是经常大赦；赦赎多，恶人的气焰更盛，对善良非徒无益，适得其反。”（《述赦》第十六）因为“好人修身谨行，不轻易犯法，一生没有丝毫罪过，屡次赦赎也沾不到一点好处”；“奸宄的人更诬陷好人，就是他们深知不久又有赦赎，于是更加猖狂横行了。”“凶恶的官僚，掠杀无辜，侵冤小民”，“反而蒙赦，那么他们更肆无忌惮。”他重申：“法令行则国治，法令弛则国乱；君谨守法令，法令便能贯彻，君轻忽法令，法禁便松弛不张了。”（同上）就是赦赎多，破坏法令的效力，影响至为深远。

·边政

国防是整体性的，边防尤其重要。王符强调："地不能无边，无边则国亡。"（《救边》第二十二）"古代的天子，守在四夷，……更何用说自己的边民呢！""圣王为政是博爱无私，不分远近的，吉凶祸福和人民相共，与人同哀乐，爱民像婴孩，救祸如伤手，所以四海欢腾，都乐于为国服务。若边疆被寇削侵，过错并不在边地，所谓'唇亡齿寒，体伤心痛。'"（同上）因此，要边地无患，先要移民开垦："土地是民的根本，不可以久荒，以引起敌人的觊觎。"（《实边》第二十四）"先圣制定政策，也务求充实边防，以安中原。譬如家人遇到寇贼时，一定把老的小的、羸弱妇女处在中央，男人健壮的在外围保护；居中的便供给在外防御的人以饮食，在外守御的人便抵抗寇敌的攻击，守望相助，内外俱安。"（同上）他提出移民实边的意见说："设轻重而通其有无，减下积余去补不足。""边郡人少，空荒良田，中原人多，而生产面积不及边地的一半，几乎无容足之地，这是人口分布不均的现象。""所以要使土地和人民成正比。"（同上）其次要留住边民，使他们能安居乐业，他提出的办法是慎选边吏，最好是推行地方自治，因为"外籍的官吏，总抱有他不是本地人，痛不及身，祸不到我家的消极心理，常有意唆使边民内徙；甚至纵容部属，虐民劫财，发屋破业。""如再加上灾害，人民便流离分散了。"同时"应权衡时宜，令边郡选举孝、廉吏各一人，增置明经各一人。内地人携带眷属移民边塞落籍在五年以上的，便跟当地人一样有被选举权。边郡纳粮到朝廷，远的一千斛，近的二千斛者，便拜爵五大夫；不想封爵的，便折价高于内郡所产的一倍。这样君子小民各有利益，于是大家都乐意到边疆去，虽想教他们不去，也办不到。这是平均苦乐，公平徭役，充实边防，保

安中土的要术。”（同上）

·经济

王符的经济思想是重农轻商。策略是厚本务实，开源节流。他说："国君制订经济政策，是为了全民的利益而统筹。"（《浮侈》第十二）"贤明的国君养民，是为民忧劳的；教诲人民，以防微杜渐，禁绝邪滥。"（同上）"治国的大要，没有比抑末务本更为妥善；最糟的是离本饰末。治国以富民为本。"（《务本》第二）"富民便得以农桑业为本，以其他流动行业为末。各项工艺是以切合实际应用为本，以精巧雕饰为末。商业是以流通货物为本，以玩好珍宝为末。这三大行业能守本弃末，那么民众就会富有；否则民众便会贫穷。"所以要充分"利用天道和地利，使六畜能顺时生育蕃殖，作物能大量生产，这才是富国的基本政策。游业末事，以收民利，便是国穷的因素。""力田是富国的主流，若农民舍弃耕桑，争营商贾，积货牟利，私家虽富盈，而国计则贫匮；百工若专做些中看不中用的器具，等于骗人的钱嘛！"所以说"要以实用为原则，以坚牢为基准。""为政的人，要明饬工商界，禁止淫伪，冻结游业；颁行奖励农桑的办法，优待并协助农民。"如此"上有所好，下必从之。国君重农，风气一开，民皆归事本业。反之，虽厚实的人，也转入商贾去了。走避冻饿，趋向温饱，是人之常情，不得不如此的呀！""所以明君治理国家，一定先崇本抑末，防范危乱于未萌。"（同上）反之，"一夫不耕作，一女不织纴，天下必然闹饥荒，受冻僵。"（《浮侈》第十二）即使"耕作的人少，浮食的人多，染织的人少，穿衣的人多，以一奉百，那能供应得及。""饥寒同时发生，天下岂不大乱？"（同上）在增加生产方面，他提出劳力和工作时数是决定性的条件："谷之所以丰殖，乃靠人工；人工能有成效，要靠工作时间。国家在政治清明的局面，则人民工作时间充裕；国家动荡不安，人们工作时间便不足了。”(《爱日》第十八)“人民宽暇，才能富足，民众贫穷，是由于抽不出时间去生产。所以圣人深知劳力是民本国基，而务必减捐徭役，爱惜民日。”否则“民力不暇，谷何处来呢？”(同上)

节流要从戒奢尚俭着手，他说：“《易经》赞美以制度来节用费，既不伤财，也不害民。”(《浮侈》第十二)“古代一定要受到爵命的人，然后始得穿绫罗绸缎，坐马车；而现在虽不能复古，一般人居然超越了古代的制度。”甚至庶黎也“多畜奴婢，如此既不能对生产有帮助，又坐吃消费，岂不为害？”一般的喜庆丧葬，过分浪费，应了“孔子说：多货财便有损于道德，多币帛便破坏了礼制”的话(同上)。奢侈僭越，对私于公皆有损无益，历史便是一面镜子。“浮伪的事太多，本农必致不振，用制度来节限他们，是我不得不说的啊！”(《叙录》第三十六)

3. 教育思想

“天地间人为最贵，人类中的圣人是德义兼备的，德义又是靠修明智识而来，这是由后天的学问所致。至圣全材的人，都不是天生而知而能，所以历代的圣贤都有老师。由此推论，我们不可以不从老师求学，更何况凡人的智能德行远比不上古代的圣贤呢！《论语》说：‘要把工程做好，先要具备坚利的工具。’士人要发展他的抱负，必定要先把书念好。《易经》也说：‘君子要多记前人的嘉言美行，以增长自己的德业。’”因此可见“人需要受教育，如同物品要加工一般”(《赞学》第一)，“才能成为廊庙之器”，“加上良友的辅助，明师的教导”，“成就便更大”。(同上)

君子求学的目的，“在推极他的道，实践他的德”。(《赞学》第一)在求学的过程中，要专心致意，心无旁骛，例如“董仲舒终身不问家事，京房经年不出户庭。”“倪宽、匡衡家贫而工读，苦学如此。”“他们四人的天资并不见得是天下无匹，而终能名成功立，德音令闻垂留人间者，以能潜心于圣贤的经典，致力于儒家的学术而已。”“这些经典是先圣往哲智慧的结晶，是贤人自勉以入于道的桥梁”，我们“如能从师就学，按经典而行，则可明德达义，透过圣人的精心杰作，而与之合莫，再响应圣贤的志业，那么也可以达到接近圣德贤哲的境界了。”（同上）至于教材，他主张：“文之以《礼》《乐》，导之以，《诗》《书》，赞之以《周易》，明之以《春秋》。”（同上）“治世有孔子之经”（《思贤》第八）是儒家的主要经典。

王符的教育思想，是继承了儒家正统学说，尤其受孟、荀的影响很大。他把圣贤可学而致，以及人的可塑性的道理，发挥得淋漓尽致，强调教育的功能，言颇精辟透彻。他说：“治国的人，以富民为本，以正学为基。民富乃可教，学正方知义；民如贫穷，便会背弃善道；学非正道，人就诈伪。入学则不乱，知义则忠孝。”（《务本》第二）“民贫则因穷阨而忘善，民富则生活安乐而可教。”“教育工作者，要以道义为本，以巧辩为末；言语词章作者，以信顺为本，以诡丽为末；列士要以孝悌为本，交游为末；在家的子弟，要以孝养为本，以华丽观瞻为末；做公务员，要以忠正为本，以媚爱事上为末。以上五种人都守本捐末，那么仁义的风气则蔚然兴起；否则离本务末，道德便沦亡了。”（同上）大体上类似孔门四科。他呼吁“为政的人要……宠遂学士”（同上），甚至和“宽假本农”相提并论，则教育与经济的重要性是相等的。

4. 对现实的批评

东汉的批评风气颇盛，王充、张衡都有极精湛的辩论。王符对东汉现实的批评，以人事方面表现得最为突出。他平心静气的分析国事，一点都不主观，将当时流于形式与消极的学术，世族专权，进党蔽贤，轻边数赦的政治，轻农重商，奢浮僭越的社会风气，作毫不保留、毫无忌惮地严正批评。

· 学术

“当今治学的人，喜谈老庄虚无的学说，文人又竞骛些雕琢章句的辞赋，他们的目的，不外在表示超脱不俗，以博取世人的重视。一般无深识卓见的人，便跟着随声称赞，可以说是伤害道德，欺蒙世人，影响最大。”（《务本》第二）“词章作者，只求作品详辩艰涩，内容空洞虚渺，标奇立异，以求出名；愚蠢之徒，附和叫好，这是最易诱使儿童思想走入歧路，助长不诚实的写作风气。”（同上）“现在的学士，数以万计，但能通达道业，始终如一的，不到几十个，原因在其中富有的则以贿货多而妨碍他专心一致；穷苦的则又役于衣食而影响及他的志业。”（《赞学》第一）这是对学术界的指摘。

· 政治

“以汉朝版土的广博，天子的尊贵贤明，而朝列竟然没有一个良臣。”（《实贡》第十四）“原因何在？在于帝王徒慕贤人的名气，而不敢擢用，反而寄望于公卿守相所选举。”（《贤难》第五）可是“现今的俗士持的见解是要以族举德，以位命贤，真是瞎子摸象的谬论。”（《论荣》第四）“如果以族举德，那么丹朱该受禅让，舜该被诛吗？”“若以位命贤”，“则幽、厉贵为天子”，“颜回、原宪是庶民”，“那么幽王和厉王该是世士，而颜、原二处士便成了愚鄙的人了”。“现在的人又以九族，或他的出身作为贡士的标准，则远于获得真贤了。”（同上）还有“全天下多结党与，竞用私人，忌弃实学，只崇尚虚名。”（《实贡》第十四）这是仕途被阀阅集团垄断的现象，结果是：“有些顽钝鲁蠢之流，居然当选上茂才，桀逆不驯的人也应选为至孝，贪戾出了名的，竟被选为廉吏，狡猾的人膺选了方正，谄媚之徒应举为直言，轻薄一类当选敦厚，空虚无行的也被举为有道，暗昧愚笨的居然膺任明经，残酷成性的竟做了宽博；以怯懦去应举武猛，以愚顽去应选治剧；名实不能相副，求贡不能相称。富人用银弹作禄位的工具，显贵依权势予取予求；以钱多者为贤，以势大的为高，造成凡在位的，多非其人的现象，这就是政治荒乱的原因啊！”（《考绩》第七）“秉持朝政的人，既不能明晰甄别贤愚，而且又希承贵人的旨意，谨奉权势的属托；拜谒的常满门，送礼的车成队，谁对他目前利害关系最大，就先行录用。这样一来正人君子便被摒弃了，而邪慝结党的人便出头。周公做宰相，礼让谦恭于知识分子，所以能罗致真正的贤士；祁奚做大夫，外举不避仇，内举不避亲，所以能得到正人君子。可是今世得位之流，靠女儿或妹妹的宠幸，而目中无人；依仗天子是他的亲戚，便欺凌贤德的人，要教有志节的士人，卑躬屈节来尊奉侍候他，巧言令色以求获得他的亲信，然后才赐给一官半职，那么贞坚之士，只好去采薇隐遁，甘受冻挨饿，老死山野岩穴之中而已。”（《本政》第九）“甚至犯过罪，被褫夺被选举权的豪富，地方官反而不顾禁令争相选举他们。”（《断讼》第十九）“国君不能明察结党的内幕，而只听信贵臣的话，这便是高洁之士被排斥隐逸，而奸雄专横的原因。”（《交际》第三十）

赦赎多是东汉破坏法治、扰乱社会的一大败政；加上各级政府对讼案敷衍推拖，贪墨颟顸，人民蒙受的冤害，有甚于边寇羌患。王符指出：“今日贼良民最厉害的莫过于常赦。赦赎多则坏人猖獗，而好人则反受其害。”（《述赦》第十六）“因为好人极少犯法，数赦对他们无益”，“奸猾之党知道不久有赦令下，因此横侵枉冤，诬奏陷害好人”。“蒙冤的人家，刚要请求治究凶罪，而被害者已不可复生。至于隐逸贤士、淑人君子被佞人诬陷，一般人民蒙冤等，能到京师上诉的，万人中不过几个，而其中能获得审问的又百中一二；尚书问了便遣回的，又占十之六七。虽说受到覆按，然州郡都彼此照应，稽延留难，春夏等秋冬，秋冬再待春夏，如此恶人遇赦的，不计其数。”“那般轻薄恶少，无道凶民，心术奸邪，群起盗抢，以败色杀人父母子女，灭人全家，取人财富，心黑手辣；加上凶官恶吏，掠杀无辜，荼毒小民。本望圣帝能替他们诛锄奸恶，申雪冤情，以解心头宿怨；不料朝廷反而下赦令释放，使恶人大会喧庆，老盗公然挟臧物招摇而过苦主的门前。孝子见到仇人竟不得报复，失主见了己物而不能取回，这是何等令人悲愤的呀！”“洛阳还有杀人集团，包揽讼事的组织，名叫‘会任之家’（私和顶凶）。他们受人十万金，谢客只几千，又重贿赂部吏，官员和他们勾结，打通关节，广结党羽，请托贵戚宠臣，向皇上疏说，请求得以如愿。是以虽然有严正的令尹，结果仍不能秉公裁决破案。”“洛阳所以有数十起之多的杀人案，主使者皆不死，所以凶杀案层出不穷，都是导由于数赦所致的。”（《述赦》第十六）

“现在的刺史守相，大多数玩忽职守，违背法律，废疏诏令，一心谋利，不恤公事。小民有冤没处申诉，基层边远地区，能到京城上诉的，万分之几；受理省治的，又不到百分之一；郡县官吏恃着这种情况，便大胆延期。”（《三式》第十七）这种“万官扰民，令长自衒的现象，弄的百姓停耕桑而跑衙门。”（《爱日》第十八）“讼不讼便要好几个月，害得全家都无时间去工作；只好请邻居送饭。等讼案了结，却一年不能生产。”“如郡县又加冤枉，州司亦不能明断，于是倾家荡产，到京城去申诉，最高的公府竟不能判明真伪曲直，乃拖延时日，公文往返，实在违乖了便民的古政啊！”（同上）“那些封君王侯、贵戚富豪犯法更甚，骄奢淫侈，债台高筑，不肯偿还。小民在门口讨偿，哭哭啼啼，而他们竟无一点惭愧怵惕的同情心，只管和那批狐群狗党杯盆吆喝，不分昼夜，游荡荒唐；有的

还殴打债主，弄出人命，这与群盗劫人取财有什么不同呢？”（《断讼》第十九）

“那些决策公卿，总以为害不及己，便尸位素餐，不务大修守备措施，一味高乐。”（《边议》第二十三）“一点忧国哀民的忠恻心意都没有，听任羌虏侵害，拖延时日。”“不议屯兵十多万，吃的是公粮，用的是公帑，又有安家费，光这笔费用，便供不胜供，反倒怕支出一时应急的军费。”（《救边》第二十二）“遭羌害的边郡，百姓日夜盼望朝廷去救他们。可是公卿大员却认为军费浩大，不令发兵。”“像持这种‘边不可救而安’的下策者，应该令他们或者他们的子孙去任受害边郡的太守、令、长、丞、尉，然后是非才会明白。”（同上）把当时廷议弃边的人的短视自私，实录无遗。边塞“掌兵符的将帅，也怯劣软弱，不敢讨伐；只不过坐着发些公文，以欺骗朝廷。实际上羌虏杀了我们的百姓一百，匿报一个；如杀敌人一个，便虚报一百，颠倒事实，巧辞文饰，总而言之是想升官发财而已。他们并不忧国家的安危，哀人民的死活。而且又放高利贷，假公钱谷，大饱私囊；甚至强借民货，夺取民财，百万家财的也洗劫精光，万民匮竭，因而死亡，都是官吏逼死饿杀的呀！残酷的情形，甚于寇敌；纵兵劫驱小民，而造成家破人亡，流离失所。”（《实边》第二十四）这是王符眼中的官场通象，内外的政治现状。

·社会

东汉经过明帝、章帝、和帝几十年的安闲日子，人民生活安定，工商繁荣，富豪并起，社会风气日益奢靡浮伪，大家弃本务末，在王符看来，这都是腐蚀国本，败坏道德，欺惑民众的因素。“今农民都纷纷弃耕改行，从事利厚而不苦的游业，有的多方面去营利，聚于一家，虽然对个人说是赚了钱，但对整个国家来说便有损失。”（《务本》第二）“工人喜好制作雕饰精巧、外观华美的器具，以欺民取财，对工人来说是有利益，对国家来说则有害。”“商人争相卖些不实用的货物，奢侈用品，以惑民骗钱，虽然对商贾是有利，从国家来计度则不划算了。”（同上）

“知识分子喜交游，结党相助，欺世盗名，企求禄利，而浮浅的人，追随他们，尊事他们，如此便逼迫那些正人君子无出头之日，而引起世人积非成是的错觉。”（《务本》第二）“奉养父母竟俭薄，丧葬却大事铺张排场，盛宴宾客，以博取孝名，忌善的人复大加赞誉，这是败坏孝道，带坏后生最可恨的。”“居官作宦的人大多是谀媚起家，枉法便佞而发迹；苟得之徒便奉他们为贤智，这是打击贞良有志节操守的人，而开了乱危局面的源头啊！”（同上）“现在人心不古了，多数慕远忘近，迎新弃旧；有的随年光的既往而渐渐疎远，有的在半途便相抛弃，背逆了先圣的明诫，食言而肥，原因就在于富贵者，人争相奉承，这是人之常情；贫贱的，人们便恨不得快点离开他，这是理所当然。为什么呢？因为跟富贵的人交结，上有被提携的好处，下有赐货财的利益；跟贫贱的人来往，大有捐贷的麻烦，小有周转的损失。官吏虽有大恶，假若他顺道一访，士人居然引以为荣，而赞佩他，何况另有好处的呢？无官衔的，虽属大贤，假令衣服粗破些，即使专程拜候，人们还以为辱，生怕他再来，更何况来者或有所央求的呢？这就是奸雄们借结党而进身，而处士们被排斥隐逸的原因吧。”（《交际》第三十）“世人的言谈中，无不贵廉洁礼让而轻贱财利；可是行为上之舍廉趋利过于常人。”（《遏利》第三）“一般俗士品第人物，多以家世背景，或者地位权势作标准，以举德命贤。这只能说得到评量人的一部分，没有得到评量人的最善的标准。”（《论荣》第四）甚至选举贤良，把“九族计算在资格之内，这样岂不是和选举真贤实能风马牛不相及了吗！”（同上）

王符反对舍人事而务鬼神。“现世妇女多不修家事，停止蚕桑织布，纷纷去学巫祝，醉心事神，以欺百姓小民，诱惑民众。”（《浮侈》第十二）“有病不去看医生，不吃药，而只要去求神乞鬼，因此而濒临死亡，自己还不醒悟是被神棍欺骗耽误了，反而恨事巫请祷太晚，这真是荧惑小民最厉害的事。事神的人好饰采奇装，取好的缯作成祝告用的文书，叫画工着色绘图；雇人书写，虚饰巧言，想求多福；甚至裁彩缯成小条，缝绘佩带。有的纺彩丝为系，断截以作为绕臂之用。这些都无益于吉凶，徒耗费作践缯丝，蛊惑小民而已。有的刻割绮縠为小幅，拼成八色，作榆叶形，用来镶衣袖的边。拿缲彩水波似的花纹料子作笥囊；裙襦衣被，质美工细，凡此等等，既无助于农工，又无益于社会，只坐吃好的，空过日子。”“都要严加禁止！”“富贵家婚礼耗费更大，讲排场，车队成双，一行十辆，奴僮前呼后拥，竞阔斗富；穷人以寒酸为耻，因此一餐所破费，即一辈子努力的代价。”“尤其京师里的贵族们，衣服饮食、车马居第，雕镂文饰，都超过了皇帝的制度。连随从奴仆，都穿细纱的葛布，进贡的好料，细素精致，花色鲜洁的锦绣，佩戴象牙珍珠、美玉琥珀、金银镂饰；家中装潢着玳瑁石山，足穿麞麂皮鞋，鞋带饰件都是彩丝绦，生活的骄淫，过于至尊，大家夸耀斗奢，仆妾都如此，主子们便不用说了。”“民众竞为华衣美食，吃喝玩乐，互相欺诈，或营危害治安的勾当，下棋聚赌，蹓狗打鸟，游荡不经。”（同上）

更让人长太息的是丧葬：“京都的贵戚，死必求江南的樗梓、豫章的梗柟为棺椁；风气所及，边郡乡野也争相仿效。”（《浮侈》第十二）“计算一棺所费，将近千万。”“这种费工伤农的习俗，叫人真痛心。”“甚至还用上等建材，刻金镂玉；又将好田上土用以造茔起坟，圹内的殉葬珍宝，偶人车马众多，高起大冢，广植松柏，庐舍祠堂规模拟于天子。宠臣贵戚，州官郡守，显要世家，每有丧事葬礼，都官僚属便各遣吏送礼祭奠，铺张接待，仅为排场，对孝行无益，对吏民则有害。”“现在天下浮滥奢淫，违离根本，僭越挥霍，竟过皇上，已到了极点啊！”（同上）这是东汉社会情形的批评。

三、影响

王符思想对当时有无确切的影响，虽然找不到正面的证据，但从和他同时代的学者对他的友善，一般人对他的礼遇，应该是肯定的。从他同时而年轻很多的人的著作中，有雷同的见解，不难看出他的言论是有反应的。崔实的政论，为仲长统所推许，而王符年岁长于崔实，也是崔实的父挚，两人有很多“所见不差”的指陈。范晔在《后汉书·崔实传》里载他政论中的一段话说：“从尧舜到汤武，因有明哲的臣的辅佐，所以天下大治；天下衰乱的原因，往往由于君主过久了太平生活，社会风俗日渐衰敝而还不知道呢。政治腐败而不思振改，嗜欲蔽谏，宠信贵戚，疎远出身低贱的贤臣，造成法治的松漏，智士被冷落而郁抑以老于乡野了。”这不是王符的回声吗？或者也是替王符“抱不平儿”呢！和王符合传的仲长统，着有《昌言》三十四篇。他在《理乱》篇说：“一般继体的君主，信任亲近，喜用佞谄，宠贵豪门，多为裙带之家，使中国扰攘，四夷侵叛。……要急农桑，去末作，敦教学，表德行，核才艺，修战守，禁僭差，信赏罚，纠游戏，察苛刻。”（《后汉书·仲长统传》）完全像转播王符的话。荀悦《申鉴》也说：“先哲的王政是承天、正身、任贤、恤民、民制、立业。人主承天命以养民。民是国家之基，要治理天下，从兴农桑、正风俗、宣文教、立武备、明赏罚着手。”（《申鉴·政体》第一）充分显映着王符的影子。洛阳太学生的激论，多少受到王符的启示。王符人治天察的思想，把“作之君”的始末说得很明白，黄宗羲的《原君》，便是千载的应声。

王符反对赦赎多而破坏法治，便利恶人，欧阳修有《纵囚论》，可说是气息相通的。他在《赞学》篇中力主为学要读经，要从师，予刘彦和、韩昌黎当有导夫先路的作用。他说当时为人子孝亲只是养薄祭丰，多少给欧阳修的父亲有些影响。他主张节俭戒奢，《资治通鉴》的作者应曾过目。他的边防政策，苏轼与之若有默契；甚至守吏自治，和今天的地方选举自治，服务桑梓观念，若合符节；他对国防无内外的高见，在今天的科学时代来说，仍是历久弥新的言论啊！

东汉学人颇崇尚名节，王符是其中翘楚。我们除了崇敬他的高风亮节外，更要效法他谋国望治的诚恳，民胞物与的襟怀，敢于批评的勇气，而把智慧和力量贡献给国家和政府，以期建设中国为独立、民主、自由的国家，使五族同臻于民有、民治、民享的境界。那么先贤被埋没了将近二千年的智慧的种子，便在我们这一代茁长、开花、结实。

参考书目

《潜夫论》，王符，台湾商务印书馆《四部丛刊》影宋写本。

《潜夫论笺》，汪继培，世界书局《诸子集成》本。

《潜夫论佚文》，王仁俊辑，经籍佚文。

《读潜夫论》，俞樾，《春在堂全书》，中国文献出版社。
《潜夫论平议补录》，俞樾，中华书局《诸子平议补录》。
《后汉书》，范晔，台湾，“国史”研究室。
《四库全书总目提要》，台湾商务印书馆。
《汉晋学术编年》，刘汝霖，上海商务印书馆。
《历代名人年谱》，吴荣光，台湾商务印书馆。
《两汉三国学案》，唐晏，台湾，世界书局。
《中国政治史纲要》，蒋君章，台湾，拔提书局。
《中国中古思想小史稿》，胡适，胡适纪念馆。
《中国哲学史》，黄公伟，台湾，帕米尔书店。
《中国政治思想史》，萧公权，中华文化出版事业委员会。
《阴阳学衡》，沉默士，东南亚研究所。
《中国中古思想史》，郭湛波，香港，龙门书店。
《中国思想史》，林夏（自发行）。
《中国哲学史》，钟泰，台湾商务印书馆。
《中国政治思想史》，陈安仁，台湾商务印书馆。
《中国政治思想史》，杨幼炯，台湾商务印书馆。
《中国政治理想》，刘麟生，台湾商务印书馆。
《中国政治思想史》，萨孟武，台湾，三民书局。
姚璋：《潜夫论中的哲理》，上海，《光华大学半月刊》三卷六期。

郑玄

陈品卿　著

目　录

一、传略

1. 郑玄的生卒年月

郑玄，字康成，东汉北海高密县人氏。生于顺帝永建二年，死于献帝建安五年（公元一二七年—二〇〇年）。享年七十四岁。郑玄的故乡北海是东汉时的一个侯国；高密是汉代所设置的一个县城，故城位在今天山东省潍坊市，此处有胶济铁路经过，这里也是郑氏祠墓的所在地。

2. 郑玄的世德

一位贤者的成就，往往深受家庭环境、门风遗传的影响。追溯郑氏的家世，他是高密县境内颇有名望的显赫大族，也是一个世代相传的书香门第家庭。郑玄的八世祖宗郑崇，少年时代曾任西汉的“郡文学史”、“丞相大车属”等官职。郑崇的胞弟郑立，不但和当时的高武侯傅喜有同窗情谊，而且也是一对相当知心的朋友。所以后来傅喜当了“大司马”，就向哀帝极力推荐郑崇的贤能，提拔他作了“尚书仆射”的高官。

因为郑崇的父亲郑宾，也是朝廷里一位深明法令、公正廉直的

“御史”官，所以郑崇受父亲的遗传，个性十分耿介忠直。遇到哀帝处理朝政有不妥当的地方，就立刻求见谏诤而一丝不苟。起初哀帝很欣赏他，也能时常采纳他的意见。每次哀帝在宫中听到有皮鞋拖曳在地上那种沉重特殊的脚步声，心里就明白一定是郑崇又要来谏诤什么不是了。于是就笑着对左右的侍从说：“我识郑尚书履声。”可见他谏诤次数的频繁，以致哀帝连他的脚步声都很熟悉了。

有一次哀帝想要封祖母傅太后的从弟傅商为汝昌侯，当时傅商一家已经有两人受封为侯了。郑崇认为傅商若无功而被封侯，由于封赏太滥，将会坏乱政府的制度。违逆了天意与民心，会给国家带来不良的祸患，所以就不顾一切地冒死谏诤，反对封侯的事。结果触怒了傅太后，因此怪罪皇帝接纳郑崇的谏言，从此他渐渐失去了哀帝的宠信，但忠直的郑崇并不因此停止谏诤的职责。后来他又因谏诤哀帝过分宠信侍臣董贤，再度引起哀帝不满。那时有一位尚书令赵昌，是个心怀奸诈、阴险邪恶的人，素来就与郑崇有嫌隙，他看出郑崇已经不被皇帝欣赏了，于是便乘机向哀帝大进谗言，诬陷郑崇和他的宗族私谋不轨。哀帝大怒，就指责郑崇说：“君门如市人，何以欲禁切主上？”意思是说：在你家走动的人也很多，为什么反而要禁止我亲信别人呢？郑崇知道得罪了皇帝是要受重责的，却不因而畏缩求退，反而坚定立场，以正直的态度回答说：“臣门如市，臣心如水。”意思是说：微臣的家里虽然有很多人往来求见，但是我的心却像水一样清清白白，绝不会偏袒徇私的。他的直言触怒了皇帝，又加上小人的陷害，终于被捕下狱，受尽折磨，也不肯屈服，一位刚正廉直的大臣，就这样冤死在狱中。

郑玄的祖先们守正不阿的精神，早已为郑氏家族树立了良好的风范，在这样优良门风的熏习下，终于使郑玄成为一位不卑不亢、文德兼修的儒者，以一身集了两汉学术的大成。因此我们可以明白，郑玄日后所以会有如此不平凡的成就，实在是因为他有着一个极为不平凡的家庭背景。

3. 郑玄的少年

郑玄生来就天资聪颖，又在这样一个优良的环境中熏陶培养，自幼就得天独厚，敏悟俊逸，远超出同辈的儿童。《郑玄别传》曾经记载：他十一、二岁的时候，有一天跟随母亲到外婆家探望，那时正遇上腊日所举办的盛大宴会。当时在宴会中，还有十几个年纪与郑玄差不多的少年，他们一个个都穿着锦绣裁制成的鲜丽衣服，佩戴华美精巧的饰物，谈吐也很娴雅通达，一副聪明伶俐的模样儿，很能博得大人的宠爱。只有郑玄默默坐在一旁不说话，显得有点儿笨拙，好像比不上人家似的。母亲看他冷漠不能合群，便暗自责备他，催促他要和别人搭搭腔。想不到郑玄竟回答说："此非我志，不在所愿也。"意思是说：穿漂亮衣服，讨人家喜欢，这不是我的志向，也不是我所期望的事。由此可见小小的郑玄就已经胸怀大志而与众不同了。他这样高远的志向，宏大的抱负，绝不是一般儿童所能比得上的。

《别传》又记载郑玄十三岁时就能背诵五经，朗朗上口，而且特别喜欢研究有关天文、占候、风角等隐微的学术。（天文：天空中关于日月星辰的一切自然现象。占候：占视候望，以定吉凶。风角：古占候法。候望四方四隅的风势，以定吉凶。）十六岁那年，民间有人贡献瑞年丰收的嘉美稻禾与瓜果，县官想要禀报给上级的政府知情，但上呈的表文措辞却很粗俗鄙劣。郑玄重新为之润饰改写一番，另外又写了两篇文辞典雅的颂文。因此，郑玄的文名远播，赢得了"神童"的美誉。侯相因为赞叹他的奇才早熟，于是就提前为他举行了成人的冠礼。冠礼是古代男子二十岁时，戴冠表示成年的礼仪。郑玄虽然不到成年，却是已经超群绝伦，表现优异，使得官居高位的侯相，亲自为他举行冠礼。这不但在当时是一件难得的事，更是郑玄以及他族里的光荣。

由于郑玄对天文、占候、风角等方面的学术很有心得。所以他十七岁那年，有一次在家里突然看见一阵怪异的大风刮起，心中就灵机大动，马上跑去谒见县官说："某时当有火灾，宜祭爟禳，广设灾备。"（爟是用以消除火灾的祭祀。禳是用以消除灾疫的祭祀。）这句话是说：在某一个时辰会起大火，应该举行消除火灾的祭祀，并且要通知百姓，普遍地防备灾害的发生。果然到时真的发生了一场大火。还好因为郑玄预料正确，事先有所防范，所以没有遭受到什么严重的损害。这件事发生以后，当地一些有见识的人，对于郑玄小小年纪，就能预卜未来的吉凶祸福，都十分惊奇，并且暗自敬佩他。

4. 郑玄初遇贤者

郑玄曾做"啬夫"的官，这是一乡的小官，专门负责收点赋税及审理老百姓诉讼的案子。由于他生性淡泊，不喜欢在宦海里浮沉，受人羁束，所以每碰到衙门里休假回家的日子，就跑去拜访学官，学官就是当时学校的教官。他表明自己喜欢读书，不能习惯官场那种谀媚奉承的生活。每次被他父亲发现后，总是很生气地责骂他一顿，但却始终禁止不了他不愿随俗求功名的心愿。可是世界上有很多事情，往往不能尽如人意。后来郑玄不但没有去官成功，反而又升官了。这次是新任"乡佐"的官。但也在他乡佐的任期内，郑玄这位杰出的英才，终于遇到了一位赏识他的贤者，从此扭转了他一生的运途。这位独具慧眼的贤者，就是后来在党锢之祸里遇害的"太仆"官杜密。

那年刚好杜密迁官到北海为相。当他巡行到高密县时，看见郑玄长得丰姿秀逸，仪表不俗，更惊异他的学识和才华，就知道这年轻人以后必定是个奇才伟器，心里有意要栽培他，于是就命令人送郑玄到太学里去求学深造。又担心郑玄家里贫穷，负担不起他求学期间的盘缠杂费，所以仍然照常发给他“乡佐”官职的薪水，以辅助他求学时所需要的一切费用。这件事在《后汉书·党锢杜密传》、《郑学录》里面，都记载得很详细。我们由此可知，郑玄日后所以能成为一代渊博的通儒，杜密的慧眼识人和提拔济助的功劳，实在是不可磨灭的。

5. 郑玄的师承

郑玄二十一岁进入太学深造，在这以前他已经博览群书，精通历数算术了。以此良好的学识作为基础，进入太学，起先是拜京兆第五元为老师，从此开始解悟《京氏易》、《公羊春秋》、《三统历》、《九章算术》。后来又跟随东郡张恭祖研读《周官》、《仪礼》、《小戴记》、《左氏春秋》、《韩诗》、《古文尚书》等专门的学问。郑玄这两位老师都是博古知今的通达学者，并不只是专门研习一部经书的。我们由此可知郑玄之所以能遍通群经，不受今文家、古文家的森严门户所限制，而对于各家的学说都能融会贯通，有他独到精辟的见解，实在是受到他老师很大的影响。

郑玄的求知欲望很强，向学精神也很好。尽研二家之学以后，便想遍访天下名师，等到山东省地方上有学问的人都请教过了，便向西行入关，经由河北涿郡（汉涿郡治涿县，即今河北涿州）人卢植的介绍，拜陕西省境内扶风郡（东汉扶风郡治槐里，在今陕西兴平东南）的马融为师。马融是当时的大家，以英儒著称于世，跟随他的弟子虽有四百多人，但真正能够升堂入室的，却只有五十几位。因为马融的名气很大，难免显得骄傲尊贵。郑玄在他的门下足足有三年时间，都没有机会见到他的庐山真面目，只是命令他的高业弟子间接地传授郑玄知识。郑玄虽不受重视，但仍然日夜勤读苦学，从来不敢懈怠，因此学业日有长进。

有一天马融召集众弟子，想要测验他们，关于河图纬书这方面符箓瑞应的学问，究竟了解有多少？听门人传说郑玄很会推算，就特别在楼上召见他，考问他许多深奥艰难的问题，郑玄都能在短时间内一一推算出来，流利地应答，马融心里大为喜悦。于是郑玄也利用这个难得的机会，把三年以来久积在心里的经典疑义，一一提出来请教马融，等到这些疑难解答以后，觉得没什么好问的了，便向老师辞行回家乡去。临别时，马融依依不舍，拉着他的手向门人感叹地说："郑生今去，吾道东矣。"言下之意，流露了心中无尽的赞许和欣慰，足见马融对他器重的程度了。因为得天下英才而教育之，是老师最喜悦、最安慰的事，何况能培育出像郑玄这样一位名震古今的通儒，更是为师者最高的荣耀！这件事在《后汉书》本传里有详细的记载。

另外也有一些书提到郑玄与马融的事，但内容跟《后汉书》本传的叙述大有出入。例如：裴启的《语林》、刘敬叔的《异苑》都写着当郑玄学成后向马融辞行，马融恐怕郑玄回去以后，学术成就会胜过自己，心里很嫉妒不安，便派人去追杀他；还好郑玄机警，在危急的时候，躲到一座桥底下，又故意将自己的鞋子浮在水面上，使追杀的人误以为他已经死了，才幸免大祸。对于这样的说法，刘孝标的《世说新语》注认为是"委巷之言"。（委巷是屈折的小巷。委巷地居僻陋，见闻不广，所以言出鄙猥者，称为委巷之言。）他的批评，真是一针见血，十分有道理。因为就我们所知道的，马融是一位行仁好义，而且涵养深厚的一代学者，怎么可能去猜忌自己门下的得意高足，而存心不良想谋害他呢？可见这纯粹是一种毫无根据，街头巷尾肆意毁谤人的谣言。

《异苑》又提到郑玄拜在马融门下，三年都平平凡凡，没有什么优良的表现，马融认为他是块不能雕刻的朽木，便轻视他，赶他回家乡。郑玄只好伤心地收拾行李，拜别老师回家。途中经过一棵枝叶繁茂的大树，郑玄因为很疲累困顿，就躺在树荫下休息，不知不觉中睡着了。梦见有一位白发长髯的老公公，用一把亮晃晃的小刀，剖开他的心窍，然后告诉他说："子可学矣！"意思是说：我替你开了心窍，你可以开始研究学问了。郑玄汗涔涔的惊醒过来，想起梦中老公公的嘱咐，就再回到他的老师马融那里。果然从此作学问比以前大有进步，也能洞晓经籍，博通百家之言了。这种说法，更是无稽之谈，郑玄的资禀特异，才识原就高人一等，当他在马融门下受业前，就已经博读群书，精研历数算术，绝没有开心而学成的事。这些都是后人附会传说、荒诞不实的言论，自然无损于郑玄和马融的美名。

由《后汉书》本传所记载的郑玄《戒子益恩书》中，我们可以知道郑玄游学的地方，不仅是太学所在地洛阳，或是马融设立私塾的关中而已，他的脚迹也曾经遍游幽州（汉幽州治蓟，今北京大兴西南。辖今河北、辽宁等地）、并州（汉并州刺史治晋阳，今山西太原市。辖今山西大部）、兖州（汉兖州刺史治昌邑，今山东省西南部。辖今山东、安徽一部）、豫州（汉豫州刺史治谯，今安徽亳州市。辖今河南大部、安徽一部）等地。至于他所请教过的老师，那更是多得不可胜数，又不仅仅是史书中有记载的第五元、张恭祖、马融三位而已！我们由当时学者陈球的墓碑上，郑玄以门生的身份列名这件事，可得到充分的证明。他游学的地方很广，而且不耻请益名师，旁通博取，无所不学，再加上自己的努力，才会有日后超人的成就。郑玄这种敬业好学，无所不师的谦虚态度，实在是值得后世读书人所效法的。

6. 郑玄的志节

一个志向高远、不同凡俗的贤者，往往自小就表现出胸有大志的气魄来。郑玄小时候回外婆家，不喜欢同其他小孩一样，穿着漂亮衣服，博取大人欢心，从此就可看出他有大鹏般的壮志，绝不是平常人的燕雀小志所可比拟。郑玄在《戒子益恩书》中曾说：“当局选举我作贤良方正，作有道，大将军三司府两次用公交车征召进京。同时同公文被召的人们，有的早就做了宰相。不过他们原本就是道德高超的人们，有资格作大官，理应得到那样的地位。我自己再三考虑后，觉得不能担任那种职务；只想尽我的才能，叙述先圣深奥的意旨，整理各家杂乱的学说罢了，所以奉到征召命令不去应征。”又说：“我虽然没有穿礼服、掌大印的事业，却有辞让爵位的清高，自己满足于阐扬儒学的功绩，也许不致使子孙们感到惭愧。”由此可知他立地做大事，不愿作大官，所以少年时当乡啬夫、乡佐的职位，很不能适应，作了不久，就辞官就学了。郑玄志在著书立说，有“立德、立功、立言”三不朽的抱负，不以学问作为求取功名利禄的进身阶，这是非常可贵的！

桓帝、灵帝时，曾发生历史上有名的党锢之祸，这是宦官和儒者之间的冲突。汉灵帝建宁二年（一六九年），宦官得势，掌握行政大权。一时朝廷里忠良刚正的贤臣，如李膺、杜密等人，都被陷害入狱，因此而冤死丧命的人，竟高达一百多位。可见当时政治社会的黑暗，与恶势力的蛮横不讲理了。因为郑玄曾经作过杜密属下的小官，所以也被牵连在内，与同郡孙嵩等四十多人，一齐遭受禁锢。所谓禁锢就是行动受限制，不能任官，也不能游历各方。郑玄不幸遇到这场祸难，于是他干脆就利用这段不自由的时间，闭门谢客地隐居起来，专心一意修习经书，准备将终身心力贡献在学术上。

今日，我们看郑玄的著述远冠于群儒，就可知道他是多么专心在实现他的理想和抱负了。

先前，他已注解了《尚书中候》这一本书，禁锢期间又开始为《礼》作注解。那时任城的学者何休，非常喜好《春秋》三传中《公羊传》的学问，就非议其他二传。著有《公羊墨守》、《左氏膏肓》、《谷梁废疾》等三本书。意思是说《春秋》三传里，只有公羊学的义理最深远，好像墨翟在守城一般的坚固，永不会被攻破驳倒的，而其他像《左氏》、《谷梁》这些次要的学问，都是毛病丛生，既残且废，已经到了药石不治的地步了，所以根本不值得一读。郑玄旁通各家，觉得何休持一家之说的论点太偏诐了，就针对他的缺失，写了《发墨守》、《针膏肓》、《起废疾》三本书。由于论述精辟独到，再加上笔锋凌厉，且义正辞严，何休见了，感叹地说："康成入吾室，操吾矛，以伐我乎！"意思是说郑玄能深入他的论点，就他的弊端作正确的纠正，好比是拿他自己的戈矛去攻击他自己一般，言下之意充分显露无可奈何而又不得不佩服的神情来；这三本书都是在注《礼》时抽出空余时间写成的，足见郑玄胸中怀藏多深的学问，竟能够让一代的名儒心悦诚服。

灵帝中平元年（一八四年），党锢的禁令解除，郑玄和许多被禁锢的儒者都得到赦免。于是他又为《古文尚书》、《毛诗》、《论语》等书作注解的工作。那时位居大将军的何进，仰慕郑玄的贤名，就命令州郡召郑玄来谒见他。州郡不敢违抗何进的权威，就用胁迫的方式硬逼郑玄入京，郑玄不得已只好去拜见何进。何进是当朝何太后的兄长，虽然身居外戚的尊贵地位，但还是非常尊敬郑玄，特地为郑玄摆设了几杖等礼仪，以贵宾的厚礼来接待他。然而郑玄志在学术，对于这些宠赐，丝毫不放在心里，坚持不愿意穿朝廷的礼服，只穿戴了普通书生的布衣幅巾就去谒见何进。虽然备受隆厚的待遇，毕竟不是出于自己的心愿，勉强住了一晚，就偷偷溜走了。那时他已经六十岁。

中平五年（一八八年），朝廷派礼车到民间，召郑玄与申屠蟠、荀爽、韩融、陈纪等十四位儒者为博士，但郑玄坚决不应命。后来将军袁隗也曾经表举郑玄作“侍中”的官，他又以守父丧为借口推辞了。中平六年（一八九年），董卓迁都长安，掌握实际政权，公卿们纷纷荐举郑玄为赵相，董卓也预备了厚礼，请郑玄出来任官，而郑玄却以黄巾贼*作乱，道路被阻断为理由，终于没有成行。其实我们也知道这些理由都是托辞的借口，最主要者还是因为他潜心于学术的研究，念念不忘述作，而不愿作官受羁束的缘故。《戒子益恩书》对于朝廷这两次征召皆未从命交代得很清楚。他的德业学养和高风亮节，实在值得我们崇敬。

官场上的风云，倏忽间千变万化，是令人难以预料的。不久那位显赫一时的董卓，竟被司徒王允设计谋杀了。大学者蔡邕因曾经受董卓赏识提拔的恩惠，就跑去伏在董卓尸体上痛哭哀吊他。因此被诬告为董卓的党羽而被抓去，害死在狱中。郑玄听到这个不幸的消息后，十分感慨地说：“汉世之事，谁与正也！”言下对于朝廷不懂得爱惜读书人的愚昧无知，深深表示惋叹可惜。由此更可见郑玄对官场是完全失望了。其实郑玄这种立志做大事而不愿做大官的思想，是深受儒家影响的。因为孔子曾经说过：“邦有道，贫且贱焉，耻也；邦无道，富且贵焉，耻也。”而那时东汉末年的政治混乱与社会黑暗，又是有目共睹的事实，难怪郑玄会不愿意出来作官了。

郑玄以著作为志，对于功名的事绝不考虑，可是他的名气太大了，一些有权势的人都想拉拢他，意图借着他的名声增加自己的威望。但他坚守节操，明哲保身，绝不允诺出仕。建安元年（一九六

---

* 简体版编者注：文中“黄巾贼”在历史上是农民起义军。

年)，大将军袁绍统领冀州的兵权，因为久仰郑玄的风范，就派人去邀请郑玄相见，并且还摆设了山珍海味的丰盛筵席，趁这个机会大宴宾客。宴会那天，客人纷纷入席，只有郑玄最后才迟迟到达，但袁绍并没有责怪他，反而恭敬地请他坐在上座。大家一看传说中的郑玄，原来是一位堂堂八尺的昂藏大丈夫，虽然已经七十岁了，但仍然长得眉清目秀，明朗有神，容貌仪态都十分温文俊伟，举止间自然流露儒者的风采。而且酒量惊人，饮酒一大斛后，还丝毫没有醉意，心中先有些折服了。那天宴会席上，袁绍这些宾客，也都颇有来路，多半是各地方豪俊杰出的人物，善于言谈论辩，每一个人都是学有所长，名称于世。他们见到郑玄，那肯因此就轻易佩服，心中还以为郑玄充其量也只是一个文雅的读书人罢了，并非是什么了不起的通达大学者。所以就纷纷举出一些奇异的问题，以及百家不同的怪论来，故意考问郑玄，想要难倒他。没想到郑玄竟能从从容容地一一答辩，条分缕析地分解得很详尽，甚至比原来所提出的问题还要更为深入。而且他所讲的，都是大家从没有听过的深奥知识，经过问难以后，全场的人没有一个不心服口服而啧啧称赞的。

当时在宴会中有一位汝南人应劭，他本来是任太山的太守，后来因为抗拒黄巾贼建下奇功，所以改拜官职在袁绍军中作一名军谋校尉。这次亲眼看到郑玄的学问渊博，果然名不虚传，便半自期许半自开玩笑地问郑玄说："故太山太守应中远，北面称弟子，何如？"应劭满心以为郑玄只是一个布衣书生的身份，听了这番话一定会感到受宠若惊而很不敢当的，想不到郑玄竟微笑地答道："仲尼之门，考以四科；回赐之徒，不称官阀。"意思是以儒者自居，告诉应劭说：孔门所注重的是德行、言语、政事、文学四方面的修养，所以孔老夫子收弟子的时候，必须考定这四科，像颜回、子贡这些杰出的弟子，也都只在这些方面有优秀的表现而已，都不是因为高官厚爵才被孔子称许的。言下之意，已指出了应劭自夸的不当，并表示自己不想去交结攀附什么达官贵人的。这简单的几句话，竟把一个骄傲的应劭弄得哑口无言而满面羞愧，再也不敢问难郑玄了。袁绍因为欣赏郑玄卓越的奇才，想推荐他作“茂才”，并表举为“左中郎将”的官，但都被他婉拒了。

后来汉献帝征召郑玄作“大司农”的官，给他一部车子作为代步之用。他车子所经过的府县，地方长官都亲自迎接送行。但是到了许都（在今河南省许昌县西南），郑玄就上书朝廷，以自己有病在身，乞求皇上准许他回乡。

另外，《太平广记》中引用殷芸的小说，提到袁绍仰慕郑玄已久，首次见了面，就对左右的人赞叹道：“吾本谓郑君东州大儒，今乃天下长者。夫以布衣雄世，斯岂徒然哉！”意思是说：我本来以为郑君只是山东一带的名儒而已，今天一见，才知道他不愧是天下人所敬仰的长者，古人说布衣平民也可以称雄于天下，为众人所归向，这句话实在不虚假呀！可知袁绍对郑玄真是一见倾心，根本不必等到郑玄高论宏裁地答辩宾客的问难，就已经被郑玄内蕴的学养所外烁的风范深深折服了！后来郑玄拜辞袁绍回家乡，袁绍还特地在城东为他摆设筵席饯别，心里知道郑玄酒量惊人，所以故意想灌醉他，就命令席上三百多位宾客，一一走过去向郑玄敬酒，从早晨到黄昏，郑玄总共被敬了三百多杯酒，而脸上竟然还很温文平静，丝毫没有疲惫的醉态。

殷芸小说这种夸张的描写，似乎不合常情，一个人如果喝了三百多杯酒还不醉，那他的生理构造一定跟普通人不同了。但且不管这些，由这里我们总可明白，郑玄的确有资格称得上是个海量的酒仙，也使我们不禁联想起慢他好几代的陶渊明和李太白。陶渊明是中国晋代最著名的田园诗人，他那首出名的《饮酒》诗，还歌咏流传到今天，由此我们可想知，渊明所过的是那种“一觞虽独进，杯尽壶自倾”（《饮酒》）的隐逸生活。至于我们这位唐代的诗仙李白嘛！那更是个不折不扣的“瓮中老手”了。李白的人生观就是所谓的“三杯通大道，一斗合自然。一樽齐死生，万事固难审”（《月下独酌》）。杜甫说他是“痛饮狂歌空度日，飞扬跋扈为谁雄？”（《赠李白》）真是一点儿也没有冤枉他呢！而现在我们这位东汉的大经学家郑玄，竟然也能“一饮三百杯”，（李白《将进酒》）由此我们却可想见这一代通儒豪放的神采。

7. 郑玄的风度

《世说新语·文学门》曾记载郑玄本来已经动手注解《春秋传》了，在还没有完工时，有一次出外旅行，途中在客舍巧遇当代学者服虔，两人原先是素昧平生，服虔坐在外边的车里和人谈论自己注解《春秋传》的心得，郑玄默默在一旁倾听了很久，发觉服虔对《春秋传》真义的领悟和自己颇为相近，就毫不犹疑地走近车旁和服虔打招呼，表示很赞同他对《春秋传》的看法，愿意把自己所注解完工的那部分送给他作为参考数据。后世所传服虔《春秋左氏传注》，其间还隐藏着这样一段令人感动的故事，由这件小事上，可以看出郑玄器度的恢宏和胸襟的宽广了。自古以来，文人相轻，每个人对于自己的著作都非常重视，唯恐被别人袭用，而郑玄竟能将自己所学的，尽力去帮助他人完成著述，那种淡泊儒雅的风度，那种读书人特有的气质，真是值得后人钦佩与学习的。

郑玄七十岁那年，曾写了一封书信给他的儿子益恩，大略地叙述自己的生平、遭遇、志趣和抱负，并把家事托付给他，殷殷告诫勉励他。这封信就是流传至今的《戒子益恩书》。后来郑玄听说孔融被袁谭围攻，情势十分危急，便不顾一切地立刻派遣益恩从家乡带领一小队人马去救孔融。没想到益恩命薄，竟陷入敌阵而被杀害，从此一去不回头了。益恩殉难时，他的妻子已经怀有身孕，不久就生下一个遗腹子。因为郑玄自己是丁卯年出生的，而他这位可爱的小孙子恰好也诞生在丁卯日；而且手纹又和自己很相似，所以郑玄就替他取名叫小同。这可说是一个典型的悲剧，益恩是郑玄的独生爱子，是郑家单传的香火继承人，而郑玄却毫不怜惜地让他去冒险送死。只因为益恩曾被孔融提拔作“孝廉”，所以郑玄认为在道义上益恩不可不去救孔融的急难。由此可见，郑玄不但学富五车，也是一位很讲义气，而且大义忘私的伟人。

8. 郑玄晚年的德望

古人说“德可风人”，就是说一个人的德行高远，可以像风吹小草一样教化大众。郑玄不但在学术方面为后世人开辟了一条研究的途径，而且在道德修养方面，更是为众人所敬佩。

汉献帝初平元年（一九〇年），孔融作了北海相，心里十分敬佩郑玄的贤德，所以一到任后，就急着要去拜访郑玄，结果连鞋子也没工夫穿妥就拖着走了。事后还下达命令给高密县政府，为郑玄特地设立一乡。孔融的意思是说：以前管仲辅佐齐桓公时，曾在国内设置了十五个“士乡”；又越国与吴国交战时，越国勾践也曾把他所亲信的六千名有志向的君子，编成一个队伍叫“君子军”，这都是特别推崇贤者的用意。汉朝对有德的人都称为“公”；而今天郑玄有敬业好学的精神，光明磊落的德操，所以应该把郑玄的家乡，改名为“郑公乡”。因为“公”这个名词，就是表示对有仁德者的尊称，不一定指曾在朝廷做到“大夫”高官的人。例如：西汉武帝时的“太史公”、文帝时的廷尉“吴公”、景帝时的谒者仆射“邓公”等，都是很有名的臣子。又如高宗时被称为“南山四皓”的那四位白头发白胡须的老公公，其中的“园公”、“夏黄公”等，都是因为他们在秦朝末年天下大乱的时候，隐居在商雒南山里（今陕西省西安市南)，等待天下的安定，所以当时人为了表扬他们高超的节行，都一律尊称为某某“公”，就是这个缘故了。又如以前昭帝时东海的“于公”，因为曾任县吏，判决诉讼狱案十分公正廉明，所以生前郡里还为他立祠纪念，号称“于公祠”。后来于公家的大门坏了，地方上的父老计划要合力出钱来整修，于公就吩咐他们说：“少高大其门，令容驷马车，我决狱多阴德，子孙必有兴者。”像于公那样仅仅只有决狱的小功德而已，尚且要人替他修建气派豪华的大宅门；何况郑玄这样贤德的大学者，却是门前道路窄小，门庭狭隘寒酸，连一辆大马车都容纳不下，所以更应该为他广修阔建宅门，并在门前开辟一条大道，使其有足够的空间容纳豪华的大马车，而且把这个新改建的大门，取名字叫“通德门”。这样才是两全其美的办法呢！以上这些叙述，在《后汉书》本传都有详细的记载。另外，司马彪的《九州岛春秋》里也曾提到：“融在北海，高密郑玄称之郑公，执子孙礼。”由此更可证明孔融是如何地敬重郑玄，极力想表彰儒术了。

黄巾贼作乱，郑玄最初与弟子们到不其山避难，后来因为不容易买到粮食，便辞退所有跟随他的弟子，要大家暂时疏散，等祸乱平定后再重聚门下。自己便隐居在不其山里，专心一意地注解《诗经》和《书经》。当时山上生长一种形状类似薤草的植物，约有一尺多长，草质十分坚韧。地方父老因为崇拜郑玄的德望，所以就管这种草叫“康成书带”，而很稀奇珍贵它，这种幸运的植物，因此托了郑玄的福气，大大风雅了一时。不久，不其山附近也被贼兵打扰，郑玄只好又辗转避难到徐州（东汉徐州刺史治郯，故城在今山东省郯城县西南。三国时徙治彭城，即今江苏省铜山区），徐州太守陶谦以师友的礼节来款待他。恰好那时刘备在徐州，十分钦佩郑玄，常常来请教郑玄关于天下治乱的大道理。刘备任用孙乾作“从事”的官，就是郑玄向他推荐的。在徐州那段时间，郑玄都住在南城山，埋头注解《孝经》及《乾象历法》这两本书。

建安元年（一九六年），因为孔融在北海诚恳地邀请郑玄回家乡，所以郑玄又从徐州动身起程。在回高密县的路途中，突然天昏地暗地杀出一大队黄巾贼，黑压压的一大片，大约有好几万人。郑玄正惊魂甫定，忽然看见所有的黄巾贼都拜倒在地上向他行礼，并且互相约束自己的伙伴们，以后千万不可进入高密县境内骚扰。这的确是个大奇迹，但也足以证明郑玄在东汉时的声望是何等大了。不但朝廷里德高望重的达官贵人很看重他，甚至地方上无知的老百姓，以及荒野草莽间干打劫勾当的匪徒，也都很尊敬他呢！殷芸的小说也曾提到：郑玄在徐州时，孔融正作北海相，认为贼乱已经稍微平静了，心里十分思念郑玄，就派人去恳请他回乡。并且重新整修粉刷郑玄的旧宅，保护他庭院里的树木花草，小心培植它们，恭恭敬敬地等候郑玄回来。郑玄回来以后，孔融又嘱咐部下道：“昔周人尊师，谓之尚父，今可咸曰郑君，不得称名也。”由此得知，郑玄自徐州回到高密，是应孔融的敦请。至于碰到黄巾贼对他下拜这件事，则在《后汉书》本传里有记载。

9. 郑玄的逝世

建安五年（二〇〇年）的春天，有一夜，郑玄梦见孔子告诉他说：“起！起！今年岁在辰，来年岁在巳。”心里大惊，醒来后暗自合对一下谶录图纬的书籍，认为“辰为龙，巳为蛇，岁至龙蛇贤君者嗟”，便知道自己的寿命该终了。不久，果真病倒。那时恰好袁绍和曹操两军人马在官渡（津名，在今河南省中牟县东北）相拒。袁绍命令他的儿子袁谭，派遣使者硬逼请郑玄随军队行进。郑玄不得已，只好抱病勉强跟到元城县，后来因为病情愈来愈沉重，不能再赶路了，便暂时逗留在元城县养病，心里明白不久人世了，于是强打起精神来，在病榻上注解《周易》。注解完毕，就将自己一生的事业学行记述下来，这就是有名的《康戉自叙》。由此可见郑玄的精力过人，临死而不衰呢！这种情况，一直到拖到六月，郑玄终于咽下了他最后一口气，撒手离开人世，死时为七十四岁。遗嘱里吩咐他的家人葬礼尽量从俭节约，千万不可铺张浪费。郑玄生前德风广被，死后更可看出人们对他的敬爱。郑玄出殡那天，上至郡守，下自地方父老及曾经在他门下受业的弟子，就有一千多人穿着麻衣孝服前来奔丧，备极哀荣，一时路途为之壅塞，场面极为感人。最初郑玄被葬在剧东，后来因为坟墓毁坏，遗骨再运回他的故乡高密县的砺阜安葬。在他的墓前建造一座祠庙纪念；庙的南边有唐朝开元时代所立的石碑。墓旁约有四十万顷绿油油的稻田，田间筑起障水的土堤，引水入田亩中灌溉，滋润农作物，而且也可用曲竹捕鱼笱以捕鱼，每年有亿万以上丰厚的收入，号称“万疋梁”。唐贞观十一年（六三七年），皇帝曾下诏，在距离郑氏祠墓四十步的范围内，严禁樵夫砍伐树木，以庇荫一代通儒长埋的地方。这也是政府在极力倡导尊德敬贤的风气吧！

10. 郑玄的弟子

郑玄死后，他的门人把郑玄平常回答弟子们有关五经的疑难，依照《论语》的形式，撰写成八篇《郑志》。又诸弟子再分别开业授徒，各自引述郑玄的言论，再加以互相问答讨论，然后把那些数据收集起来，编纂成一本《郑记》。总计郑玄在世时所注解的各类经书、纬书，以及学术著作，共有一百余万言。

郑玄的从游弟子相当多，但至今可考者：见于《后汉书》本传的有赵商、郄虑、王基、崔琰、国渊、任嘏等人；见于《郑志》与《郑记》的有张逸、刘炎、炅模、田琼、孙皓、冷刚、任厥、泛阁、陈铿、崇精、鲍遗、三权、崇翱、焦乔、王瓒、刘德、桓翱等人；见于《三齐记》的有王经；见于《吴书》的有程秉；见于《魏书·崔琰传》的有公孙方；而宋均《诗纬·序》称"先师北海郑司农"，可见宋均也是郑玄的传业弟子。又郑玄曾写过《答临孝存周礼难》及《答甄子然书》。临孝存与甄子然都是北海人氏，在地方上颇为出名，但都很早就去世了，《郑学录》也把他们列入弟子名单内。但是这点却是值得存疑的，因为用书信往来，互相解答疑难问答的，朋友之间也有其可能，不一定要有师生关系，所以就无法确知他们两人是否真是郑玄的弟子了。《旧唐志》有《尚书释问》四卷，王粲问，田琼、韩益正，郑玄注；《新唐志》有郑玄《尚书注释问》四卷，王粲问，田琼、韩益正；田琼既为郑玄弟子，则韩益也很可能是郑玄的弟子。《郑学录》又把孙炎列入弟子目内，但据《魏书·王肃传》所记载"孙叔然授学郑玄之门人称东州大儒"，因古书上没有标点符号，如果我们从"门"这个字断句，孙炎是郑玄的弟子就没有错了；但如果我们从"人"这个字断句，那么孙炎岂不是成了郑玄的再传弟子，而不是亲身受业的弟子，这点至今仍是存疑的。又张澍《养素堂集》记载郑玄弟子，认为陈铿、陈铄为不同的两个人；而《郑学录》却把他们合并，认为是同一人，这就不知到底谁是谁非了！《养素堂集》又记载应劭、马昭、张融等人也是郑玄的弟子。但是我们考证本传，应劭对郑玄声称要"北面称弟子"，这只是一时的戏言，并不可当以为真的；马昭、张融虽然以研究郑学出名，但年岁与郑玄相差太远，都未必可能亲自授业在郑玄门下，所以《郑学录》弟子目里头没有列入他们的姓名，是很正确的。其他对郑学颇有研究心得的学者，在魏晋之间，就多得不可胜数，现也不一一详述了。

11. 郑玄的著述

郑玄生平的著述很多，根据《后汉书》本传的记载，凡郑玄所注释的书有《周易》、《尚书》、《毛诗》、《仪礼》、《礼记》、《论语》、《孝经》、《尚书大传》、《中候》、《乾象历法》等。又著作的书有《天文七政论》、《鲁礼禘祫义》、《六艺论》、《毛诗谱》、《驳许慎五经异议》、《答临孝存周礼难》等。但是，郑玄的著述还不止这些，如以《隋书·经籍志》所著录的而言，就有《易纬注》八卷、《书纬注》三卷、《周官礼注》十二卷、《丧服经传注》一卷、《丧服谱》一卷、《三礼目录》一卷、《三礼图》九卷、《礼纬注》三卷、《礼记默房注》二卷、《论语孔子弟子目录》一卷、《孟子注》七卷、《日月交会图注》一卷、《九宫经注》三卷、《九宫行棋经注》三卷等，均已超出本传记载的范围。另外，根据高师仲华《礼学新探》的考定，还有《易赞》、《书赞》、《丧服变除》、《丧服纪注》、《礼议》、《春秋左氏传注》、《春秋左氏分野》、《春秋十二公名》、《发公羊墨守》、《针左氏膏肓》、《起谷梁废疾》、《驳何氏春秋汉议》、《驳何氏春秋汉议序》、《古文论语注》、《论语释义》、《诗纬注》、《河图括地象注》、《洛书灵准听注》、《九旗飞变》、《汉律章句》、《汉宫香方注》、《郑玄集》、《尔雅注》等著述。

郑玄大部分的著作，可惜都已经亡失不见了。现在还能以完整面貌留存下来的，就只剩《毛诗笺》、《周官礼注》、《仪礼注》、《小戴礼记注》四部书了。《汉志》所记载的《毛诗诂训传》三十卷，是专指《毛传》而无经文的版本。自从郑玄替《毛传》作笺，才开始把经文和传合并成一本书。我们查考郑玄对群经的解释都叫"注"，唯独对《毛诗》的解释却称作"笺"，这是郑玄认为《毛传》能深得《诗经》的本旨，并且用词简约而涵义精微，想要遵奉它的奥旨，畅述它的涵义，就特别称为“笺”；其余的经书因为没有什么是他所要遵奉的，所以就叫做“注”。《毛诗》以及另外的三部书：《周官礼注》、《仪礼注》、《小戴礼记注》，都收到《十三经注疏》里头了，所以现在仍能保全。

自从宋代王应麟开始收辑郑玄的《周易》、《尚书逸注》以来，后世辑录郑玄佚书的人很多，这种风气到清朝，更是大大盛行。其中著名的如：王谟所辑的《汉魏遗书钞》中有郑氏书九种；马国翰的《玉函山房辑佚书》中有十三种；王仁俊的《玉函山房辑佚书续编》中有十种，王仁俊所辑的《经籍佚文》中又有一种；黄奭的《汉学堂丛书》中有《易纬》、《书纬注》共九种，又收有《高密遗书》，其中包含十种；《黄奭逸书考》中有《易纬注》八种；又收《通德堂经解》，其中包含十七种；王复所辑的《郑氏遗书》中有五种；袁钧所辑的《郑氏佚书》中有二十二种；孔广林所辑的《通德遗书》所见录中有十八种；定州王氏所刊的《郑学汇函》中有九种。郑玄的著述作品，几乎全备了。

二、学术思想

郑玄《戒子益恩书》里提到“但念述先圣之玄意，思整百家之不齐，亦庶几以竭吾才”；《学记注》中也说“所学者，圣人之道，在方策”，这两处正说明了郑玄学术思想的大旨。郑玄一生从事著述工作，遍注群经，阐扬畅述古圣先贤的伟大思想，这便是“述先圣之玄意”，能有这样的抱负和信念，而从事于著述，可知他的学术必然广大可观；他又能旁通百家的学说，吸取各家的菁华，加以精研衡断，这便是“整百家之不齐”，能有这样的思想和作为，而作正确的论断，可知他的学术必然渊博精深；所谓在方策，就是载于典籍，有凭有据而不虚言，不妄加评断，能有这样的治学方法和态度，可知他的学术必然笃实光辉。因此我们知道郑玄的学术思想是建立在“大”、“博”、“实”三方面。像郑玄这样一位通儒，能有如此崇高的理想，渊博的学识，严谨的态度，竭尽其才力研究“圣人之道”，以完成继述先圣先贤的大业，他在学术上的成就，必然能超群绝伦，大放异彩。至于他的学术思想，自当含融于他的著述之中，而郑玄的著述多已亡佚，所以下面就依五经、《论语》、纬书的顺序，略加探究。

1.《周易》郑注中的学术思想

·晚年注《易》，独创新说

《周易》是郑玄晚年病危时所注解的，他以一生的经验和学养灌注于本书，更显得格外珍贵难得。可惜唐代《周易》采用王辅嗣注，于是郑易因不逢时就日渐衰微，而导致亡失的命运。一直到清朝辑古的风气大盛，郑易才再度被辑佚家们搜罗出来，今日我们能够从一些断简残编里头，揣摩郑玄当时注解《周易》的苦心，也算是不幸中的大幸了。追溯郑玄的易学渊源，从他的老师马融往上推数，还有费氏、京氏、孟氏，可远达号称义理鼻祖的十翼。再看郑玄的易例，由义理、卦爻、时位、礼制四方面条分缕析，来考求《易经》的例类，虽然枝叶纷披繁复些，但却像网有纲目一般，纪律分界十分清晰明朗。郑易除了这个以外，还有两个特色，其一是能利用小学训诂等考据方法，按照文字的形音义构造来寻求《周易》的经义。由此可见郑玄注《易》的态度是多么严谨，一丝也不敢苟且，下笔一字一句都是有根有据了。孟子曾说：“善说诗者，不以文害辞，不以辞害志。”一字一辞虽不必拘执太甚，但往往一字一辞的误解，会使训解经义时茫昧有误，所以郑玄以小学为其做学问的根柢，深究文字、声韵、训诂的理论，而不致误解作者原义。这种笃实的为学作风，深为当时儒者所崇敬，也足为后世学者所取法。其二是探求义理于十翼。十翼是解释卦辞、爻辞，或论卦的文字，也就是本经最早的注疏。十翼专谈义理，为义理的鼻祖，如果舍弃十翼而谈义理，则所言必然空疏而没有根据。郑玄深知其理，所以用十篇之义说经，注中往往可见。像这样深求义理于故训，所以他的理论有征而可信，这和后世人以凿空臆说，但为个人之私言者大不相同，这也是他特出之处。

郑易在取象于互卦、消息这方面的思想，固然和当代其他研究《易经》的各学派看法相同，但关于爻体、爻辰的理论，却是郑玄慧心巧思所独创的。所谓爻体，是指用一爻而体一三画之卦的意思。例如，阳爻在初与四为震爻；在二与五为坎爻；在三与上为艮爻。阴爻在初与四为巽爻；在二与五为离爻；在三与上为兑爻。由此类推可知道，这种把一爻当一卦的理论，在易义中算是很特异的。另外，所谓爻辰，是指用乾坤十二爻配十二辰的意思。就是说乾六爻自初至上，以配子寅辰午申戌；坤六爻自初至上，以配未巳卯丑亥酉。我们暂且不论爻辰的是非得失如何，但这确实是郑玄在易学方面的新发明新成就，应该是没什么疑问的。

·郑易有师承而不墨守家法

郑玄学富五车，胸罗八斗，精研各家各派的学说，删减补正所有繁芜漏误的地方，使《周易》的义理归于至当，以便后世的学者有所折衷参考的机会。郑玄在《周易》方面有师承但却不墨守家法。他最初是跟随第五元学习京氏易，后来又拜马融为老师，研究费氏易，所以郑玄在易学方面的成就与这两家学术有密切的关系。大体上郑易以乾坤十二爻论消息，以礼制、人事议卦爻，是根据马融一派的学说推衍出来的，只不过郑玄又把它发扬光大，再并合爻辰、爻体等理论来补足马氏在易象方面的阙略罢了。费氏传古文易，用十翼来解经，郑玄除了易本，不全用古文外，大都承袭了费氏的说法。另外，郑易中提到卦气、灾异这方面的思想，大部分是以京氏易为根本的。京氏易多处论到世应、飞伏、游魂、归魂、纳甲，而郑玄只采取它里头十二支配乾坤十二爻的说法，作为自己发明爻辰的依据，其余的部分都没有用到。以上这些都是郑玄研究《易经》而不墨守师法的事实。郑易可以说是博采广揽，兼容并蓄，好像汪洋大海能够容纳无数的小江河一般，郑易可说是汇集着各类易学的菁华了。

·郑易归本于人事

《易经》本来就是忧患之世流行的学说，是有道君子看到时世衰微，把满腹的忧患倾泄出来而作成的书。所以经文里每每出现吉凶悔吝的辞句，这都是纯粹为人事所写的。如乾九三：“君子终日乾乾。”传立即说明道：“君子进德修业。”这是经传明文记载人事的证据，所以学者研究《易经》是不能摒弃人事的。《易经》虽然论天道但还是不离开人事关系，这是因为道与人相去不远的缘故。六十四卦的大象，都有“君子以”三字，譬如乾大象：“天行健，君子以自强不息。”震大象：“洊雷震，君子以恐惧修省。”一个谈进取，一个谈检身，都是教导君子修养人事要遵循天道，因为天人是相辅相成的，天道隐微奥秘的地方，必须靠人去把它彰显出来，而人事的纲纪规条，又必须参照天道来建立，因为天与人有这样深切微妙的关系，所以论天道往往也会论到人事。《易经》的彖传常常提到天人关系，而以咸恒二彖为最显著。传论天道，最后都归结于人事，这是它立言的宗旨，郑易就是根据彖传的义理来推演彰明人事，凡郑易里用“豫”字引起下文的，都是显著的例子。如恒卦辞：“恒亨无咎利贞”下，注解道：“恒久也。巽为风，震为雷。雷风相须而养物，犹长女承长男，夫妇同心而成家，久长之道。”郑玄利用风、雷等自然现象相辅相成以化育万物的情况，来引摄夫妇同心合意建立家庭。又如困卦辞：“困亨”下，注解道：“坎为月，互体离，离为日。兑为暗昧，日所入也。今上掩日月之明。犹君子处乱世，为小人所不容，故谓之困也。”郑玄用兑上掩日月的光辉，来比喻乱世的君子被小人所排挤的困厄局面。据现有资料估计郑易约有十分之三四保留到今日，而在这么有限的资料里，用“犹”字以引起有关人事方面的下文者，就多达十七条。大象里提到人事都用“君子以”，“以”有取法的意思在内。郑玄注解《易经》不提“以”字，而特别使用“犹”字。“犹”是一种譬况的词语。人固犹天，天亦犹人。表示天道与人事的道理相同，彼此互相呼应，天人本来应该合而为一的。可见郑易重视人事的程度，又超过大象里的“以”了。这是郑易中出类拔萃的成就，我们不可以不知道。

2.《尚书》郑注中的学术思想

郑玄注解《尚书》，能贯通今古文，融会各家学术的菁华，而且也采取了河图纬书等学问的奥秘，再加上他本身那种深厚广博的学养，和精妙宏伟的见解，来阐述解析《书经》的微妙旨义。就它所蕴含的特色和价值来看，可以简略叙述成下列九点：

（一）兼融今古文的说法，而用自己的见解作依归。例如：《尧典》：“禋于六宗。”《尚书大传》的《唐传》道：“书曰，烟于六宗。”

郑玄注解《大传》时就说："烟，祭也，字当为禋。"《尧典》是古文，《尚书大传》是今文，这是郑玄引用古文以注今文的例子。

（二）普遍综合各类经籍的精髓，来阐述《书经》的微言大意。因为各种经籍所记载的，都是古圣先王们修身、齐家、治国、平天下的法则；都是教导人格物、致知、诚意、正心的劝世箴言，虽然表面上的叙述不尽相同，但探究它们的旨义，往往互相沟通而且是一致的。所以郑玄注解《尚书》就把握住这个方法来阐述。例如，《康王之诰》："王释冕，反丧服。"郑玄注解道："王释冕，反丧服，朝臣诸侯亦反丧服。《礼·丧服》：'臣为君，诸侯为天子，皆斩衰。'"

（三）采取经书以外的各种书籍的菁华，来辅助加强《尚书》注的旨意。例如，《禹贡》："夹右碣石入于河。"郑玄注解道："《战国策》碣石在九门县，今属常山郡。盖别有碣石与此名同，今验九门无此山也。"

（四）取《尔雅》、《方言》、《说文》等训诂方面的书籍，来解释《尚书》经传上的艰奥字句。例如，《禹贡》："大陆既作。"郑玄注解道："大陆，泽名，在巨鹿北。"《尔雅·释地》："十薮晋有大陆。"

（五）引用史书的记载，来参证《尚书》经传的史实。因为《书经》是史官所记录下来的，所以也可说是古代史实的渊源。郑玄注解《尚书》时就注意到了这个地方，而能够广博地引用史事来作参证。例如，《书序》："殷始咎周。"郑玄注解道："咎，恶也。纣闻文王断虞芮之讼后，又三伐皆胜，始畏而恶之，拘于羑里。"

（六）解释《尚书》经传时，创下训诂学的许多条例。如：读如、读若、读为、读曰、当为、当作等等。例如，《尚书·逸文·说命》："高宗梁暗。"郑玄注解道："暗，读如鹌。"又《尚书大传·禹贡》："河魭。"郑玄也注解道："魭，当作鼋。鼋状如鳖而大。"

（七）归本于人事的仪则，以阐发《书经》的意义。例如，《咎繇谟》："天聪明，自我民聪明。"郑玄注解道："天之所谓聪明有德者，由民也。"又《咎繇谟》："天明威，自我民明威。"郑玄也注解道："言天所善恶与民同。"

（八）把图书谶纬中抽象奥秘的道理，作为书意的左证。因为图书谶纬这类的学术，虽然偶尔会牵涉到怪妄的谬论，但中间也有精深的义理，足能用来辅助解释经义的，也为数不少。主要是看读者自己是否能谨慎选择罢了。所以郑玄利用纬书来注解《尚书》，都能够切中旨要。例如，《鸿范》："二、五事：一曰貌，二曰言，三曰视，四曰听，五曰思。"郑玄注解道："此数本诸阴阳昭明，人相见之次也。五行传曰：貌属木，言属金，视属火，听属水，思属土。"

（九）注经的态度客观。郑玄心目中自有一套是非标准和独立自主的见解，思想不拘泥于某一书或某一家的说法。他注解《尚书》时，凡遇到自己不清楚的地方，多用"阙如"的方式来表示疑问，而不随便穿凿附会地解释。例如，《尧典》："共工方鸠僝功。"郑玄以共工的名氏未尝听闻，就明白的注解道："共工，水官也。其人名氏未闻，先祖居此官，故以官为氏。"又《禹贡》："东至于砥柱。"郑玄也注解道："地说：河水东流，贯砥柱，触阏流。今世所谓砥柱者，盖乃阏流也。砥柱当在西河，未详也。"知之为知之，不知为不知，这种真实而客观的为学态度，正是郑玄成为一代通儒的原因之一呀！

3.《毛诗》郑笺中的学术思想

·郑笺宗《毛》而兼采三家之长

《诗经》这部旷世的伟大著作，距离今天已经相当久远了。由于年代的更换，无论文字或音义，都产生很大的变化，如果不是精通小学的人，读起来很费力而不易理解。《毛传》郑笺去古不远，在名物训诂方面，都能符合《诗经》的原意，所以有心研习《诗经》的人不可以废弃它。郑玄为《毛传》作笺，虽然大体依循《毛传》原意，但在训释上，如果认为《毛传》有不妥当的地方，就兼采齐、鲁、韩三家诗的说法，再凭自己的聪明睿智去分析判断，来求取《诗经》的奥旨。可见郑玄笺诗，虽然尊《毛传》为主，但却不盲从附和，绝没有入主出奴的见解。由这里可知郑玄做学问的宽宏襟怀，好像胸中有一座洪炉，对于三家学术都能冶炼提取，而不受任何一家说法所限制啊！

·触事伤怀，郑笺深得兴观群怨之义

郑玄笺诗不乏许多感伤时事的字句。如《小宛》："螟蛉有子，蜾蠃负之。"郑玄笺道："喻有万民不能治，则能治者将得之。"这是悲恸汉室将灭亡，而曹氏将得势的意思。又："战战兢兢，如履薄冰。"笺道："衰乱之世，贤人君子，虽无罪犹恐惧。"这是惋叹党锢大祸的害人不浅了。而《雨无正》："维曰于仕，孔棘且殆。"笺道："居今衰乱之世，云往仕乎，甚急迮且危。"这正道出了自己多次被朝廷征召作官而不赴的主要原因。郑玄不幸处在衰乱的世代，所以在他的笺注里自然流露出浓厚的感伤意味。昔日孔子曾以兴、观、群、怨教导他的学生，子贡以"告诸往而知来者"，子夏以能

"起予"，深受孔夫子的称许，像郑玄的触事伤怀，可说是深得兴、观、群、怨的旨意了。

4. 三《礼》郑注中的学术思想

·尊贤让善，治礼态度恭谨

郑玄研究学问，精力过人，能够客观地选择分析真理善道，而没有刚猛偏戾的毛病。他注解三《礼》时，常常喜欢引述前贤的说法，虽然也遇到过一些自己所不敢苟同的见解，但郑玄绝不埋没它的意义，不但不压抑别人的长处，更不会掩饰自己的短处，务必尊重前人的见解，尽量使它们能完整地保留下来，以供后世学者们自己去参考判断。这种公义无私的治学精神，实在很令人敬佩，也正说明了郑玄的做学问态度是十分"尊贤让善"的。如《杂记下》："上大夫之虞也，少牢；卒哭成事，附，皆大牢。下大夫之虞也，犆牲；卒哭成事，附，皆少牢。"郑玄注解说："卒哭成事附言'皆'，则卒哭成事附与虞异矣。"这是郑玄以为士虞礼说"三虞卒哭，他用刚日"，此"三虞卒哭"前代儒者的见解认为同是一事。而这段经文说"上大夫虞用少牢，卒哭用大牢"，其牢既别，所以郑玄辩正说："卒哭成事与虞异矣"，以明卒哭与虞不同，而推翻前儒的见解。但是他在辩驳时，不直接引用前儒的说法，让人下不了台，而用间接委婉的方法证实真义，这可说是郑玄尊重前儒的表现了。

我们仔细探究郑玄的三《礼》注，可以发现当他引述前儒的说法时，往往尊称人家的官名，像郑大夫、郑司农、贾侍中等等。不然就是尊称人家的姓氏或字，如卢氏、杜子春、吕叔玉、董仲舒、许叔重等等。从来没有连名带姓地直接把人家名字叫出来的，这也是郑玄尊敬先儒的方法。除此以外，还有一些虽然没什么称呼，但也蕴含有敬意在内的，就是不特别称引老师的言论了。根据《后汉书》本传及《太平御览》的记载，郑玄曾经受业在第五元、张恭祖、马融以及陈球的门下，而三《礼》注中却没有一处提到这些老师的话，并不是郑玄不采用老师的言论，只是不特别指明何处是哪位老师的话罢了。一方面因为郑玄所拜的老师太多，如果要认真引述也引不胜引，另一方面因为研究经书时，必然有所传受，只要所遵循的途径很纯正，虽然有时难免会承袭了老师的思想，也用不着避嫌的。再说，深入研究经书时，对于前人某些见解，如果发生怀疑，一定会去辨正是非的，所以不称引老师的言论也有一个好处，就是当不得已必须推翻老师的看法时，可以免掉那份直接去冒犯老师的尴尬，也保全了对自己老师的敬意。这可说是郑玄用心良苦的地方。如《丧服小记》写道："庶子不为长子斩，不继祖与祢故也。"孔颖达提到马融的注解说："此为五世之适文，乃为之斩也。"郑玄则注说："言不继祖祢，则长子不必五世。"这分明是与马融的看法不同，但因为郑玄是马融的弟子，所以不敢直接说他错误，只委婉地讲"不必"，可见郑玄对老师的尊敬了。

·赞辨论驳，不墨守一家之学

郑玄注三《礼》时，并不墨守经文，引以为光荣。相反地，常常会有矫正的理论出现，因为郑玄的博学宏通，所以能够不受经文字句的限制，不像一般迂腐的读书人，顽固地守住一本经书，苦苦钻研到须发都灰白，自己的见解也绝不敢与经书稍微有点出入，这种食古不化的守旧态度，比起郑玄的知晓变通、求真求善，实在相差太远了。凡人都不能像圣贤那样完美没有瑕疵，做学问时不免偶尔会出差错，前儒不慎所犯的差错，有赖后代读书人去发现矫正它，但是辨正归辨正，绝不可以因此而掩没了前儒其他众多的长处。后代读书人都不了解这点，每每读古人的书籍，只会辨正人家的差错，而对于人家的优点都搁着一字也不提。这样虽然博学，但遇到前人的优点不能谦虚地服从接受，或是一味在标榜自己的才华，完全失去了研究学问的客观态度，这是现在读书人最容易犯的毛病，也违背郑玄在治学方面“赞”“辨”并行的法则。郑玄注《周礼》时，赞辨二郑和杜子春的地方很多，可知郑玄不但是学有宗主，而且在褒扬善道方面也是不遗余力的，正如他自己所说的“不显传于世，今赞而辨之，庶成此家世所训”，不仅如此而已，更是盼望后世有见识的学者，能够继续发现并阐明它的微言大意。

郑玄注解三《礼》，多方面采取前贤学说的菁华，驳正它们的错误，信任所应该信任的，不信任那些牵强附会所不应该信任的理论，居心公义正直，遵循真理善道，不盲从、不偏党、不墨守一家之学。《郑志》曾说道：“不信亦非，悉信亦非。”信与不信之间，没有什么一定的标准，只靠是非得失来判断了。例如，郑玄注解《周礼》时，遇到与二郑见解不同的，就写“玄谓”；这正如同注解《尚书大传》时，认为《大传》有不正确的地方，就写道“玄或疑焉”；驳五经异义时，每一条都写着：“玄之闻也”。因为研究经书不可不辨明是非，但是郑玄辩驳前人的措辞尽量谦恭，不为争取胜利而太嚣张。说到这里，或许有人怀疑为什么郑玄反驳何休的《针膏肓》、《发墨守》、《起废疾》的词句都那么苛刻猛烈，笔下丝毫不留情呢？这是因为何休的学说太荒谬离谱，主观意识太强，有害于经学纯正的风气，所以站在卫道的立场，不得不立刻挺身出来反驳，何况何休的年岁和辈分都不会比郑玄高，也就不妨直言攻击，一棒喝醒梦中人了。

·存异当约，自学商法持慎

郑玄注解礼学的态度，最值得后人称道的有三点：第一是存异。例如：注《周礼》的时候，把“故书”、“今书”都一并记载下来；注《仪礼》的时候，也把“古文”、“今文”都一并记载下来，如果依从今文，就把今文写在经里，而在注解内迭出古文；如果依从古文，不依从今文，就把古文写在经里，再在注解内迭出今文。这是郑玄治学态度公正的地方，虽然自己不赞同的见解，也不把它涂抹掉，而全部完整地保留下来，使后代学者有参考比较的机会。《周礼》中所以并存“故书”、“今书”，就是这个道理了。第二是尚约。《后汉书》本传批评郑玄“质于辞训，通人颇讥其繁”，实在是错误的，实际上郑玄的注解都很简约，我们很容易从经书上得到证明，如《少牢馈食礼》，经二千九百七十九字，注二千七百八十七字；《有司彻》，经四千七百九十字，注三千四百五十六字；《学记》、《乐记》二篇，经六千四百九十五字，注却只有五千五百三十二字。《祭法》、《祭义》、《祭统》三篇，经七千四百六十字，注五千五百二十三字。注解的字数比经文的字数少，可见郑玄的笔法是简约而不繁芜的。第三是持慎。郑玄治学的态度极为慎重，不轻信古史的记载，注经时不管是自己所怀疑或所信任的，一定要保留原文，根据原文来注解。万一碰到正文缺漏时，就写“未闻”，不敢随便猜度臆断，不像其他汉儒有贿改兰台漆书的情况出现；以及三国魏的王肃为了圆满自己的学说，不惜伪造经书，那种投机取巧、贻害后学的作风，比起郑玄光明庄严的做学问精神，真是有如霄壤的大差别了！

礼的价值不在它外表的制度仪文，而在于它里头所蕴含的那种亘古不变的义理。这种义理不被时代、地域、人物、环境等条件所束缚，是与古今中外人类社会的生活相终始的。五帝三皇不同礼，实在只是就制度和仪文说的，但若是论到那些制度仪文所依凭的义理，就没有什么区别了。郑玄注解礼学，不只是诠释礼学表面的仪文制度，更是详细地畅述礼学精密深奥的含义。我们研读郑注，可以发现郑玄实在是能够自立而立人，正己而帅人的。如《士丧礼》：“筮于庙门。”仅这四字，郑玄就精细深入地分析道：“冠必筮日于庙门者，重以成人之礼，成子孙也。不于堂者，嫌蓍之灵由庙神。”由这里就可看出郑玄对礼的精义是了如指掌了。

5.《春秋》三传郑氏学的学术思想

郑玄最初跟随第五元研读《公羊春秋》，后来又跟随张恭祖研读《左氏春秋》，实在融会贯通了《春秋》今古文的学问。《世说新语·文学门》曾记载郑玄注解《左传》还没有完成，就把全部数据送给了服子慎，而不曾提到他有注解《公羊传》和《谷梁传》的事，由此可知郑玄研究《春秋》，是以《左传》为主的。何休爱好公羊学，著有《公羊墨守》、《左氏膏肓》、《谷梁废疾》等书，郑玄曾写了《发墨守》、《针膏肓》、《起废疾》来反驳它，可见郑玄虽研习《公羊》，却不以《公羊》为主，所以能够操戈入室地抨击何休了。史书中没提到郑玄有关《谷梁春秋》方面的学问是拜谁为老师，但他既然能作书起《谷梁废疾》，对《谷梁》一定也有些研究心得的。郑玄注解《左传》，也兼采了《公羊》、《谷梁》的理论，好像笺诗虽以《毛传》为主，但仍旧兼采三家的说法一样。因为《春秋》三传各有得失，所以应该截长补短，不可偏执一家的说法。

6.《论语》郑氏学的学术思想

郑玄的论语学，至今我们仍可从陆德明《经典释文》的记载考查出来。郑玄根据《鲁论》张禹、包咸、周氏的篇章，再参考《齐论》及《古论》来注解《论语》。何晏的《论语集解·序》曾记载，安昌侯张禹本受《鲁论》，兼讲齐说，许多学者都遵从附和他，号称《张侯论》，曾风靡了学术界一时。包氏、周氏所著的章句都是由《张侯论》里推衍出来的，张本虽参考齐说，但还是以《鲁论》为主，可说《张侯论》本即为《鲁论》本。包承张后，周承包后，郑又承周后，所以郑玄所根据的《鲁论》本，自然就是指周氏的书了。张禹既于《齐论》择善而从，那么一定也曾依据《齐论》来修改《鲁论》，所以张氏的本子，并不能代表全套完整的《鲁论》本，这是《鲁论》的第一次变动。但张氏虽然有所修改，还只是参照《齐论》来修改而已，并没有掺入《古论》的思想。直到郑玄就周本作《论语注》后，才取用《齐论》、古论的优点来纠正《鲁论》，共纠正了五十个地方。这是《鲁论》第二次创新的变动。

由《经典释文》的记载来看，郑玄依据《古论》来修正《鲁论》的地方，譬如：《鲁论》原文是“专不习乎”，修正为“传不习乎”；《鲁论》原文是“未尝无悔”，修正为“未尝无诲”；《鲁论》原文是“夫何言”，修正为“天何言”等等共有二十四条。另外，还有郑玄根据《齐论》来纠正《鲁论》的地方，也有二十六条，《释文》里没有记载。关于这点，《郑学录》曾说：既然是张侯先改正《论语》，那么如果想知道详细的内容，可以去查考《张侯论》，因为郑玄是依据张本作注的，自然不会再累赘地重新条举一次。所以在《张论》没有亡失以前，研究《论语》的学者都不会感到困扰或疑惑。但由于朝代的更换，天灾人祸的损害，到了唐代初年，《张侯论》就不幸亡失了。陆德明撰写《经典释文》时已经无从查考他的数据，所以只记载了郑玄引用《古论》修正《鲁论》的这一部分，而没有办法一一列举郑玄引用《齐论》修正《鲁论》的诸条。只是靠相传的说法得知郑玄曾用《齐论》、《古论》来纠正《鲁论》共有五十个地方罢了。有人却因此突发异想，认为《释文》所载郑本经文与何本不同的地方，就是指《齐论》，例如何本“众星共之”，郑作“众星拱之”；何本“错诸枉”，郑作“措诸枉”等等凡二十六条。这也只是臆测的说法而已，因为做学问重在实事求是，态度必须严谨，千万轻妄随便不得的啊！但为什么《释文》所载郑本经文与何本不同的地方，恰好不多不少为二十六条，这难道又是一种奇妙的巧合吗？除了这个说法外，又有一派学者认为何本经文与郑本不同的地方，因为郑本是《鲁论》，何晏既然兼采孔注，如果碰到郑、孔经文有差异时，势必不能不选择孔氏的古文，所以何本与郑本的经文如有不同，是因为何本是依照《古论》，而郑本多为《鲁论》的缘故，绝不可说那就是《齐论》。这种说法也只能算是臆测，反正公说公有理，婆说婆有理，我们也不能妄加论断他们究竟谁是谁非的。最遗憾的是，郑玄当初注解《论语》时，并没有明文写上一笔张侯改鲁从齐这件事，以致使今天《论语》这本书，究竟哪部分属于《齐论》，都让人丈二金刚摸不着头脑，无从分辨出了。

7. 纬书郑氏学的学术思想

郑玄一生的学术最受人讥评议论的，要算是他相信谶纬了。梁许懋曾说："郑玄有参、柴之风，不能推尊正经，专信纬候之书。"王应麟的《困学纪闻》也记载道："郑康成释经，以纬书乱之。"其实，这些批评家都患了一个共通的毛病，就是忽略了郑玄的时代背景。东汉时代，若不精通图纬，何能成为通儒？郑玄又志在"整百家之不齐"，如果不能囊括百家，又何能有此作为？我们探究郑玄学术的全貌，可知他虽然相信纬书，但治学仍以经书为本，何况，谶纬之书文不是全然不可取的。例如：礼纬含文嘉的礼文，多能补足二戴所不载。又如《生民》诗，《毛传》说："后稷之母，配高辛氏帝焉。"郑玄笺道："姜嫄当尧之时，为高辛氏之世纪。"孔颖达疏道："春秋命历序云：帝喾传十世。则尧非喾子，稷年又小于尧，姜嫄不得为帝喾之妃，为其后世子孙之妃也。张融云：若使稷是尧兄弟，尧有贤弟不用，须舜举之，此不然明矣。”由孔疏可知纬说也有它值得信的地方，而郑玄所采取的正是这一部分的菁华了。《戒子益恩书》提到：“博稽六艺，粗览传记，时睹秘书纬术之奥。”可见郑玄是利用“博稽”的方式研读六艺，用“粗览”的方式研读传记，而却用“时睹”的方式来研读秘纬这类的书籍，三者的轻重之间，就判然分明了。

三、对后世的影响

1. 平息两汉经学今古文之争——对当代的影响

我国学术思想的发展，先秦时代，百家丛出，珠玉纷陈。秦朝统一后，素来保守的儒生们，不免仍然承袭着周末诸子争鸣的余习，非难始皇的政策。因此始皇采纳了丞相李斯的建议，厉行焚书坑儒。民间除了医药、卜筮、种树的书籍外，全部焚毁。又以诽谤皇帝的罪名，坑杀了咸阳城里四百六十多位读书人。后来秦代灭亡时，项羽攻入咸阳，肆行焚毁宫室建筑，连博士官的藏书也因此遭殃。这两次的祝融灾祸，造成了中国经学史上的大浩劫。

由于学者不敢藏书，所以为了保存经典，以免沦亡，只有师生之间，口耳相传，私相授受。直到汉惠帝解除挟书的禁令以后，诸儒才把自己受业于老师的经书，用汉世通行的隶书字体抄写，所以叫做“今文经”，如汉文帝时命晁错从济南伏生传受《尚书》，便是著名的一例。汉景帝时，鲁恭王拆毁了孔子的旧宅欲以为宫，意外地在墙壁中发现了《古文尚书》、《逸礼》、《论语》、《孝经》等古书。这些书都是用籀文书写的，籀文在汉代已不通行，所以叫做“古文经”。因为今古文除了经典书写的文字不同以外，并且有篇章字句的不同，甚而有书籍的不同，书籍中的意义也大不相同，因此造成了学派的不同，宗派的不同。各家对于孔子的观念、古代的制度、人物的批评、六经排列的次第等等，都有其相异之处，于是彼此论驳，纷然并起。学者各习专经，严守师法。

汉初以传授今文经而著名于世的学者，《周易》有施雠、孟喜、梁丘贺、京房四家；《尚书》有欧阳生、夏侯胜、夏侯建三家；《诗经》有鲁申培、齐辕固、燕韩婴三家；《礼》有戴德、戴圣、庆普三家；《春秋》有公羊高、谷梁赤二家，公羊高后又分为严彭祖、颜安乐二家。这中间除庆普外，都列入了学官，并且除了谷梁这一派外，而立有十四博士的名目。古文经除了孔壁所得由孔安国的后人献给朝廷以外，西汉时又获得《周官》、《费氏易》、《毛公诗》、《左氏春秋》等古籍，但却都没被列入学官。直到刘歆校书秘阁时，发现了这一批稀世的宝典，心里十分珍爱，特地上书奏请朝廷将这些书列入学官，而遭到当时太常博士的厉辞反对，他们斥责刘歆这样做是“颠倒五经”、“变乱师法”，刘歆也不甘示弱地反击这些博士们“专己守残”、“口说无凭”。今古文两派的争执，由此而起，从西汉末年绵延到东汉末年，其中最激烈的四次争执分别发生在西汉哀帝、东汉光武帝、章帝、桓灵二帝的时候。就这么纷纷嚷嚷地争辩了大约两百多年的岁月，直到一代通儒郑玄出世，才打破家法，择善而从，注经兼采今古文的说法，自创一种新颖的风格。例如：郑玄笺诗，以毛本为主而又不时违背毛义，兼采三家的优点，于是郑笺盛行，齐、鲁、韩三家诗，因受此影响而衰微亡佚；注解《尚书》用古文，而又和马融不同，仍然兼采《今文尚书》的长处，于是郑注盛行，今文欧阳氏和大小夏侯的《尚书》因此而逐渐亡佚；又郑玄注解三《礼》，也是杂糅今古文家法，于是郑注大大风行起来，而其他各家的注解，便因此而亡佚了。当时学者一方面深感今古文家法的繁琐，一方面又震慑于郑玄学识的渊博，所以郑注以革新的姿态问世后，大家都纷纷遵从，今古文的家法淆然混乱，今古文家的争辩，至此也就平息了下来。

2. 礼是郑学——对后世的影响

由郑玄一生的著述来看，虽然他是一位通儒，能如范晔所说："括囊大典，网罗众家，删裁繁芜，刊改漏失。"但是他的专长，还是能精于礼学。孔颖达曾赞赏道："礼是郑学。"这句话是一点也不过分的，因为郑玄不但校礼、注礼，而且他也曾为国家议礼，为朝廷制礼。最可贵而值得后人敬佩的是，他的礼学不是只作礼数的陈述，而是能敬守礼学的真义，身体力行，无论自身处于何种艰苦颠沛的环境中，都能做到"克己复礼"的工夫，永远保持着"非礼不动"的节操，不受高官厚禄的诱惑，立志在乱世谨守学人的清白风范。他一生的著述，据李云光博士的考证，约有八十余种，这中间有关礼学方面的书，除了三《礼》注外，还有十余种。这种光荣的贡献，在汉代可说是首屈一指，这些功劳，不但见于当代，也有益于后世，所以郑玄称得上是一代大家，百世儒宗。

《汉书·儒林传》记载，汉代以《易》、《书》、《诗》、《春秋》闻名于世的学者很多，但以礼学知名的学者却很少。除郑玄研究礼学外，曾注解《周礼》及《仪礼》丧服的，只有马融一人；曾注解《礼记》的，也只有卢植一人，到了郑玄才会通三《礼》，全作了注。他的注中，能有统一连贯的思想脉络，阐发出许多礼学的精义。王肃虽然处处与郑玄立异，甚至伪造《孔子家语》，作圣证论，以支持他的论点，但他并不能把郑玄打倒，魏晋南北朝讲礼学的仍然是以郑玄为宗主。唐朝贾公彦等所修的《周礼注疏》与《仪礼注疏》以及孔颖达等所修的《礼记正义》，都是根据郑玄注解而作疏证的工作。此后历代研究礼学的人，都必以郑氏为宗。直到今天我们所能读到的三《礼》，是郑玄的校定本；而我们所赖以解释三《礼》的数据，也都是郑玄的注释。如果有意要研读礼学，而不遵循郑玄的门径，就像一个人想要进入内室而不愿跨越门坎一样的矛盾。

各大学中国文学系及中国文学研究所都很重视郑玄的著述，并积极进行研究工作。例如台湾师范大学国文研究所，经过整理而先后研究完成的有：《毛诗郑氏笺释例》、《三礼郑氏学发凡》、《周易郑氏学》、《尚书郑氏学》等著作。今后对郑玄其他著述的研究工作，仍然可能继续进行，由此可见，这位汉代大经学家郑玄对后世的影响是如何地深远了。

参考书目

《后汉书》，范晔，乐天出版社。
《十三经注疏》，艺文印书馆。
《艺文类聚》，欧阳询等，新兴书局。
《太平御览》，李昉等，新兴书局。
《太平广记》，李昉等，新兴书局。
《世说新语校笺》，杨勇，明伦书局。

《百部丛书集成》，艺文书局。

《东塾读书记》，陈澧，广文印书馆。

《皇清经解正编》，阮元辑，艺文印书馆。

《皇清经解续编》，王先谦辑，艺文印书馆。

《玉函山房辑佚书》，马国翰辑，文海出版社。

《汉魏遗书钞》，王谟辑，中研院傅斯年图书馆藏书。

《黄氏遗书考》，黄奭辑，中研院傅斯年图书馆藏书。

《郑氏佚书》，袁钧辑，中研院傅斯年图书馆藏书。

《通德遗书所见录》，孔广林辑，中研院傅斯年图书馆藏书。

《礼学新探》，高明，香港中文大学联合书院中文系。

《毛诗郑氏笺释例》，赖炎元，台湾省立师范大学。

《三礼郑氏学发凡》，李云光，嘉新水泥公司文化基金会。

《周易郑氏学》，胡自逢，嘉新水泥公司文化基金会。

《尚书郑氏学》，陈品卿，文史哲出版社。

荷悦

张美煜　著

目　录

一、传略

荀悦字仲豫，东汉颍川颍阴（今河南许昌市）人。荀况的第十三世孙。生于汉桓帝建和二年（公元一四八年），卒于献帝建安十四年（二〇九年），享年六十二岁。

祖父荀淑，字季和。汉章帝建初八年（八三年）生，桓帝建和三年（一四九年）卒。年少就有高行，博学多闻。征为郎中，迁当涂长。不久，辞官回乡。当时名贤李固、李膺等人很推重他。后来光禄勋杜乔、少府房植推荐他“贤良方正”，由于对策讥刺权贵幸臣，招致大将军梁冀的忌恨，外放为“朗陵令”；不久弃官归里。他有八个儿子，很俊秀，当时的人称为“荀氏八龙”。长子俭，字伯慈，就是荀悦的父亲。次子绲，字仲慈，曾任济南相；是荀彧的父亲。三子靖，字叔慈。四子焘，字慈光，举孝廉。五子汪，字孟慈，曾任昆阳令。六子爽，字慈明，献帝即位，征为平原相，上道赴任，道上追命为光禄勋。就任三日，升为司空，时董卓自为相国。初平元年（一九〇年）病死，年六十三。著有《礼传》、《易传》、《尚书正经》、《春秋条例》、《汉语》、《公羊问》、《辨谶》、《新书》，共百余篇。七子肃，字敬慈，曾任舞阳令。八子旉，字幼慈，曾任司徒掾。他们住的地方原名西豪里；县令苑康改为高阳里，表示尊敬的意思。

荀悦之从祖——荀淑之兄——有二子，昱字伯条，曾任沛相；昙字符智，为广陵相。昱与大将军窦武等人谋诛杀宦官，事败，与李膺等人被杀；昙也因此禁锢终身。昙孙攸，字公达，与悦之从兄弟愆字休若、谌字友若、彧字父若，在汉魏之际的政坛上，有重要地位。彧与攸最有名。彧为汉侍中，守尚书令，封万岁亭侯；攸为曹操的司马，中军师，魏尚书令。

荀悦早孤。家里贫穷，没有书，就去向人家借，只要阅览一遍，大部分能记诵。十二岁，能说《春秋》。生性沈静，外表俊美，可以说是翩翩公子。汉灵帝时（一六八——一八九年），宦官专权，贤士多退身隐居。荀悦也借病隐居起来，当时没有人认识他的才识，只有从弟荀彧特别看重他。建安元年（一九六年）曹操为镇东将军。由于荀彧的推介，荀悦应征召，在镇东将军府做事，随即迁为黄门侍郎、秘书监。汉献帝喜好文学，悦与彧及少府孔融，侍讲禁中，旦夕谈论学术。建安三年，献帝以班固《汉书》文繁难懂，便令荀悦依《左传》体裁钞撮《汉书》，作为《汉纪》；由尚书供给笔札。不久，迁为侍中。建安五年，《汉纪》三十卷完成。他又把侍讲禁中、修纂《汉纪》的心得，撰成《申鉴》一书，于建安十年奏上。又著有《崇德正论》及其他论述，凡数十篇。除了《汉纪》、《申鉴》，都已亡佚了。

《汉纪》三十卷，模仿《左传》编年纪事。从汉高祖起身写起，到王莽被杀，十二世十一帝，凡二百三十二年。① 依时间年月，把

---

① 《汉书》叙传云："起元高祖，终于孝平、王莽之诛，十有二世，二百三十年。"《汉纪》目录并序云："凡汉纪十二世，十一帝，通莽二百四十二年。"按十一帝加吕后为十二世。《汉纪》所载年数为：沛公三年，高祖十二年，惠帝七年，吕后八年，文帝二十三年，景帝十六年，武帝五十四年，昭帝十三年，宣帝二十五年，元帝十六年，成帝二十六年，哀帝六年，平帝五年，计二百十四年；益以王莽居摄三年，篡位十五年死；凡二百三十二年。云二百三十年，盖举其成数；云二百四十二年，盖误计。又《汉纪》卷三十，王莽建国元年（公元九年）策命孺子婴曰："昔皇天佑乃太祖，历代十二，享国二百一十载。"盖亦举整数而言；不然就是从汉高祖灭项羽（汉王五年，前二〇二年）算起，到王莽篡位（居摄三年，即王莽初始元年，公元八年）为止。

帝王事业、国家大事、典法、天地灾异，以及功臣名贤的奇策善言、殊德异行，逐一记载下来。写作的方式，是把《汉书》的表、志、列传，抄撮于帝纪之中，并删削繁复冗芜的文字，加入重要的史料。凡是直接录自《汉书》的，就标出“本纪、表、志、传”的字样，他自己的议论，就用“荀悦曰”标示出来。每纪之后并有“赞曰”，评述帝业事功。这“荀悦曰”、“赞曰”就是他思想寄托之处。

《申鉴》五卷。卷一政体，论为政之根本原则与为政的方法；卷二时事，评论当时的大事；卷三俗嫌，批评世人习俗与迷信；卷四、卷五杂言，杂论各类事义，或修养、或学。其所以命名“申鉴”，是有一番道理的；他认为君子注重三种镜鉴：“前惟顺，人惟贤，镜惟明。夏商之衰，不鉴于禹汤也；周秦之弊，不鉴于民下也。侧弁垢颜，不鉴于明镜也。”(《申鉴》卷四）尤其注重前鉴与人鉴。所谓前鉴，就是历史的经验；人鉴，就是民情的反应与民心的向背。而从政，要特别注意为政之本，在于仁义，这是道本。因此，他说：“前鉴既明，后复申之。故古之圣王，其于仁义也，申重而已。笃序无疆，谓之申鉴。”(《申鉴》卷一）也就是说：要以仁义之道，衡量先代及当代的政治得失与民情风俗；并以政治得失、民情风俗申明仁义之道。从书的篇目以及命名，不难看出他的用心。

在荀悦的时代，政治是混乱的。原因是外戚与宦官的倾轧，大将的跋扈。东汉自章帝（七六—八八年）后，皇帝大抵短于春秋；又往往冲龄即位，由太后听政，任用外戚；幼主日长，渐渐忍受不了外戚的专横，于是宦官从中煽动，互相勾结，以除去外戚；政权又落入宦官手里，如此循环不已。桓帝、灵帝两朝，宦官势力特别大，不仅外戚不满，要诛除宦官，社会清流对宦官擅权也极为痛恨；名贤如李膺、刘淑、范滂、杜密、郭太、陈蕃诸人，更非议中央的信任阉宦。于是有延熹九年（一六六年）的党锢之祸，国家元气大伤，生灵涂炭。灵帝建宁元年（一六八年），陈蕃、窦武谋杀宦官，失败被杀。中平六年（一八九年）四月，灵帝崩殂，少帝即位，大将军何进谋杀宦官，事机不密，被杀。其后司隶校尉袁绍引兵入宫，杀尽宦官。九月，董卓废少帝，立献帝。次年，关东州郡起兵讨董卓，卓迁都长安。初平三年（一九二年）吕布杀董卓。其后，曹操、刘备、李傕、袁术诸人，一时并起，形成汉末的大混乱。建安元年（一九六年）曹操迎献帝驾幸许都；政权就落入曹操手里。这时，天子只有十六岁，想要有所作为也不可能，只好“恭己南面”了。

至于汉代民情风俗，自汉武帝好神仙之后，神仙之说与黄白冶炼之术，大为流行。终始五德之说兴起以后，谶纬也跟着兴起。不仅说经书的人，依附阴阳五行以及纬书秘书；王莽、光武帝更引用符箓图谶，说明自己是承天景命的真命天子，应该缵承帝位，用人行政，更是谶纬之说是从。而民间也相信灾异感应，不务实际。这实在大大违背了圣人以礼教人、以德导人之意了。

荀悦生长在这种信神仙、灾异，不务实际的时代里，政治又是那么混乱；虽有少数耿介的节操之士，也挽回不了颓败的命运。他是个有心人，在与皇帝讲道论说的当儿，每每举古述今，说论立国之大本以及治国之法术，更针对当时政事，劝诫献帝。无奈献帝少不更事，羽翼未成，只能“恭己南面”，“听命冢宰”，不能有所作为。荀悦的善言美论，只好留给后人做鉴戒，让后人掩卷太息了。

二、政治思想

荀悦的政治主张，以儒家为本，为了适应东汉末年混乱的环境，又参酌法家的说法。以为政治的根本，是“法”与“教”。(《申鉴·政体》)“法”就是《论语·为政》“道之以政，齐之以刑”的“政”和“刑”；“教”就是要“道之以德，齐之以礼”。这是因为天生众民，禀性善良不为恶的人毕竟是少数，生性愚钝不堪教诲的人，也是少数；多的是性行中品可以塑造的人。人的本性，要行善较难，要为恶却容易。若不加以教导——用德来教，用礼来教；那么，是不易行善的；如果做了恶事，不加以惩罚、阻止，也是不会停止为恶的。因此“法”“教”二者并行相济，是政治上很重要的事。

至于施行法教、施行政治的根本原则，就是道。立天之道是阴与阳，立地之道是柔与刚，立人之道是仁与义。这仁、义二字即是人道之根本。一切政治，必定要先立“道”。立道的方法有六：中、和、正、公、诚、通。中是天道的无偏无颇；和是地道的柔刚调和；正是仁义之德；公是公正无私；诚是真诚不妄；通则是行政上的权变。(《申鉴·政体》)毕竟天下事是多方面的，情况不可能依据法制就可以完全应付，因此，遇上非常的事情，就要能变通。如汉武帝征和二年（前九一年）巫蛊之乱，有人诬陷太子。太子害怕了，就发武库兵造反；又召监北军使者任安发兵协助。任安接了太子发下的符节，却又关闭军门，不肯响应太子。后来太子失败了；任安却因接受太子的符节，有协同太子造反的意图，有不忠于武帝的嫌疑，竟被腰斩了。平心而论，太子发兵反，是不得已的；任安受符节，是因为太子是储君，敢不听从么？然而闭门不应，是削弱太子兵力，使乱事不致扩大；而且叛君不道。任安这么做，正是权宜之计啊！因此荀悦批评道：任安的被腰斩，是使后人拘泥成法，遇人行恶而不敢用变通之计来阻止。（详见《汉纪》卷十五）为政之道，固然务在维护纲纪，遵循道义，然而在“不得已”的重大变故中，仍要变通，要能权宜。（见《汉纪》卷七《文帝二年纪》）

至于为政的方法，政治的基本原则，荀悦在《申鉴·政体》，有详尽的说明。现在分为两部分，把他的意见贯串于下：

1. 政治的基本原则

政治的基本原则，荀悦称为“政体”，是指政治之本体。原则有六：“承天惟允，正身惟常，任贤惟固，恤民惟勤，明制惟典，立业惟敦。”这承天、正身、任贤、恤民、明制、立业，是就君主而说的。

·承天

所谓承天，就是承天命以统万民。在远古民智未开的时代，往往神道设教，巫、觋、龟人、卜人，成为政治上的重要人物；那时，对“神”的观念，是宗教的。到了有史时代，宗教的神，已成为至高无上的自然神，称为天、称为上帝。随着时代的进化，这“天”、“上帝”又成为有意识的人格神，直接监督一切政治。（参用梁启超《先秦政治思想史》之说）这种现象，在周代作品的《尚书》、《诗经》里极为常见。可知周代的观念，以为朝代的转移，是由上天主宰的；一个君主的君临天下，是上帝所命，不是个人力量能左右的。（参见《孟子·万章上》）这种观念，一直流传下来。尤其在谶纬之说兴起以后，“天命”之说更为盛行。王莽篡汉，东汉光武中兴，假托“天命”。东汉的政治、学术也无不染上了谶纬之说的色彩；荀悦自然摆脱不了“天命”的观念。

如何才能“承天”？才能得到上天的眷顾、福佑？简单地说：是要有“道”，也就是要行“仁义”，以仁政养民。历来的开国天子，都自称“顺天应人”，实则天意在于民心。孟子引《尚书·泰誓》说：“天视自我民视，天听自我民听。”人民对君主政治的意见，即是天意；因此，获得人民拥护的，便能保有国家。所谓“人主承天命以养民者也。民存则社稷存，民亡则社稷亡。故重民者所以重社稷而承天命也。”（《申鉴·杂言上》）然而要使国家长治久安，要想得到上天长久的佑助，单单爱民如子是不够的。还需要人君正身、任贤、维护国家礼法制度，不懈的行“道”，行仁政，以建立国家深厚的基业。

·正身

国家的政治，向来都以发号施令的中央为枢纽。而人君则是中央的首脑人物。因而一切事物的根本，在于人君；天下的根本，在于王室；天下治、乱的根源，在于人君左右。因此，只要人君立得正，行得正，天下四方也就平安无事了。（《申鉴·政体》）这也就是孔子对季康子所说的：“子帅以正，孰敢不正。”（《论语·颜渊》）人君以正道统理天下，谁敢不正呢？

然而古来的君主，有的能创业，有的只能守成，有的却要亡国亡家；大略说来，可分为六类：王主、治主、存主、衰主、危主、亡主。王主禀性中正，居心仁德，聪明睿智；一切举措都为国人着想，不为自我打算；这是能创业，能使天下太平的君主。治主能克制自己的行为，能以恕道待人；好问力行，一切举动行事都合乎义理，不敢放纵情欲：这是能够推行善政，使国家安定平治的君主。存主勤劳国家，谨守祖宗帝业，不敢怠惰荒忽，一切举动行事先为公家，不先为私人打算：这是能保有国家的君主。哀主的行事，有时合乎义理，有时违背义理，一方面为公家打算，同时也替私人打算，不完全依道义法度：这种君主，国家无难的时候也许可以保全，国家一发生灾难变故就危险了。危主的行事，是个人的情欲超过了义理，私利多于公益；国家制度不一致，政令没有常轨，朝令夕改：这种君主，在国无事的时候可以侥幸的免于覆亡；一旦国家发生灾难变故，就要灭亡了。至于亡主，亲信谗邪的坏人，放逐忠良贤臣，放纵情欲，不顾礼法制度，行为放荡，不拘仪节；赏赐行私，超过了公家用度；刑罚按照自己的喜怒，往往逾越法制；有过失就找理由掩饰，不知悔改；杜绝忠信之臣，不加任用；臣下劝谏，就加以杀戮：这种君主，无论如何，是一定要灭亡的。（见《汉纪》卷十六《昭帝元平元年纪》）归纳六主的特征，可见人君的修养，除了一般的"仁、义、礼、智、信"个人修养而外，更要能"以义伸，以义屈"，如高祖能申威于暴秦及项羽，而屈于商山四公；光武帝申威于王莽，而屈于强项令；明帝能申令于天下，而屈于钟离尚书，一切以道义为准则。（《申鉴·杂言上》）

其次，人君要能接纳臣下之劝谏。臣下之所以不敢劝谏，主要原因是怕说出来之后，招来罪过：明举君主罪过，可能有忤逆君主的罪名；劝导君主，却有讥刺君主的嫌疑；说对了，国君以为臣下胜过自己；说得不妥当，又以为臣下愚昧鄙陋；支持君主的意见，有谄媚阿谀之嫌；反对君主的主张，赞成大臣的意见，就有党同的嫌疑；听从臣下的意见，没有成效，就归罪臣下；有成效，却认为道理本来该如此……这样，谁敢再进谏呢？（《汉纪》卷二十九《哀帝四年论郑崇》）如果君上能纳谏，臣下就敢直言进策献计，人人尽其智谋，国家那有不治之理？（《申鉴·杂言下》）

其次，要能抑情绝欲。汉高祖原想建都洛阳，却听从娄敬的意见，建都长安；有人贡献文帝千里马，文帝以为跑得太快，臣下追赶不上，因此不肯接受；而慎夫人衣裳不拖曳在地上；光武帝为了提倡节俭，不赏玩珠玉。不能抑绝私欲，而能成功的人，实在太少了。(《申鉴·杂言上》)

其次，要去私从公，一切以公家为念。君主只能由公家向人民征收赋税，不可以私人立场向臣民求取财物；对于钱财，只有公用而无私费；对于差役，只有公家规定的差役，不因私人的需要而役使臣民；有赏赐，也只是对公家有功才赏赐，不是因为君主私人的喜欢；有惩罚，也只是由于对不起公家，而不是因为触怒了君上。如果国君私求臣民之物，臣民就不胜其烦；为私人需要而耗费公家钱财，便违背国家法制；为私人需要而役使人民，干扰人民，就有损仁义；因私人的喜爱而赏赐，就有失公正；因私人的忿怒而惩罚臣下，则有损君德。(《申鉴·政体》)一切以公家为念，戒除私欲，然后才能维护国家的法度。

舍此而外，国君更应该考察以往的政治现象，作为行政的参考。归纳往古的政风，可分为九大类：治、衰、弱、乖、乱、荒、叛、危、亡。治国之风是君臣亲近而有礼，百官和睦而不同流合污，礼让而不争功，勤劳而不怨，人人尽忠职守。衰国之风是礼俗不一，大臣位职不重，小臣谗邪疾恨贤良，老百姓批评国政。弱国之风是君臣好逸乐，士人好游玩，人民好迁徙无定所。乖国之风是君臣不和，大臣争功，士大夫争名，庶人争利。乱国之风是国君多欲，臣下多事，法制不定，政出多门。荒国之风是以侈为博，以伉为高，以滥为通，以遵循礼制为劬，以守法为固。叛国之风是以法律苛刻为严密，以私利为公义，以剥削臣下为有才能，以附和君上为忠君。危国之风是上下疏远不相亲，内外相蒙蔽，小臣争宠，大臣争权。亡国之风是君上不访求民间疾苦，臣下不肯进谏，听用妇人之言，一切都为了私人情欲的需要，不用心于国家政事。(《申鉴·政体》)在这九风之中，选择治国为典范，而避免荒亡衰乱等等不良的政治现象，以求国家的长治久安。

大抵国君听政修身，上有师傅的教导，下有大臣的谋略，大则讲业，小则咨询。于公务、于私德，都没有过失。(《申鉴·政体》)然而更要正后宫，明大伦。像惠帝四年，立皇后张氏。张氏是惠帝姊姊鲁元公主之女。以甥女为皇后，实在乱了礼法而违背人情，不能作为天下人的表率了。(《汉纪》卷五《惠帝四年论》)至于后宫，古时没有专门的官，来教导后宫妇德、妇言、妇容、妇功，以时服侍君王。这是值得推行的。因为这样，国君就不会酖于酒色，男女正位于内外，家正而天下定，大业可成了。(案：荀悦这一段正后宫的议论，虽不甚合今日，但在专制时代，实有重要意义。)

·任贤

国君治理天下，一定要臣下的协助。所谓"没有天地的化育，不能生成万物万民；没有君臣的统理，天下也不能平治。"(《申鉴·杂言上》)而任用臣下，要能知贤。不然，有贤臣而不用，实在等于没有贤臣。就以汉文帝时来说吧：文帝时代是汉朝的太平治世，可是贾谊被放逐到长沙，张释之十年不被任用，冯庚头白了还屈居郎署，绛侯忠于国家，功在社稷，还免不了被怀疑；这不是很可哀吗？要了解人之贤能与否固然很难，然而要专任贤臣，自古以来却是不容易的。(《汉纪》卷八《文帝十四年》)何况世间有一种人，智能特出，品行高洁，往往不容于时。像汉成帝建始三年（前三〇年）关中大水，京师大恐，大将军王凤主张把臣民迁到安全的地方；而丞相王商独持异议，皇帝用了王商的意见，果然安定无事。可是王凤却容不下王商，派人诬告；天子竟然也不信用王商，听了王凤的话，收回丞相印绶。可见"用贤之难，为臣不易"啊！(《汉纪》卷二五《成帝河平四年论》）因此用贤臣要先排除十难，十难是：一、不知，二、不进，三、不任，四、不终，五、以小怨弃大德，六、以小过黜大功，七、以小失掩大美，八、以奸讦伤中正，九、以邪说乱正度，十、以谗嫉废贤能。（《申鉴·政体》）十难之中，最先要排除的是“不知”，已知臣下之贤，就要进用、信任，使他能完全发挥才干。如何信任臣下呢？就是不要因为小德而抛弃了大德，不要因为小过失而抹杀了大功劳，不要因为小事没做好，就否定了臣下的大材；更不要因为奸臣的攻讦而损伤了中正大臣，不要因为邪说而乱了法度，不要因为小人的谗言毁谤而废置不用贤能之人。能做到这个地步，那么臣下必能为国效命，为君上尽忠了。

然而如何衡量臣子之贤良与否呢？这可以归纳古来人臣的性行，作为择臣任贤的参考。古来人臣，可以归为六大类：王臣、良臣、直臣、具臣、嬖臣、佞臣。王臣以道义事奉国君，不计个人利害，博通万事，节操高尚，能为国立大功，能教化百姓。良臣以忠顺事君，早晚尽心国事，不敢懈怠，依循义理行事，与人和睦相处。直臣能直言极谏，不掩饰君上的过失，即使干犯国君，触怒君上，获得死罪也不逃避。具臣奉公守法，守己守分，没有大建树。嬖臣阿谀谄媚，揣摩君上的心理，讨得君上的喜欢。至于佞臣，居心险仄，谗害忠良，欺诬下属，蛊惑君上，专权跋扈，贪求私利。（《汉纪》卷十六《成帝元平元年论》）君上要任用王臣、良臣、直臣，不得已才用具臣；至于嬖臣、佞臣，则要废弃不用。如此，“贤者在位，能者在职”，国事才能上轨道。

贤明的国君，排除十难，任用贤臣。要使臣下的俸禄薪水，足以养家活口，奉养父母，畜养妻儿子女，足够祭祀祖先。这样，臣下才能专心公事，不必为生活操心，不必与人民争利；才能养成廉洁公义的操守，堵塞贪利的私心。臣下犯法，就以法律治罪。如果俸禄不丰厚，不敷生活所需，臣下天天担忧柴米油盐；如此，不但不能安心做事，而且要想办法取得财利，于是人人贪求私利；如果因此加以治罪，臣下必定怨恨君上，种下了混乱的种子了。因此，爵位要与俸禄相配合，官位高的俸禄优厚，低的就较薄。如果官位与俸禄不相称，也会造成混乱的。(《汉纪》卷五《惠帝六年论》)。

· 恤民

人民是构成国家的要素，人民的忧乐与国家的盛衰，是相互依存的；打个比方来说：天下国家好像人体，君主是头颅，臣子是股肱，人民就是手足。(《申鉴 · 政体》) 头脑下达命令予股肱，股肱则运动手足来行动；而手足又把多种刺激，穿过股肱的神经传到大脑。手足若有疾痛，就影响到整个人体。因此，君上要能爱民如子，随时注意人民的需要，以天下之忧为忧，以人民之乐为乐。(《申鉴 · 政体》) 如此，人民就能齐心协力，报效国家。

· 明制

古代圣王，为了要防止忿争，建立秩序，于是制定了法制。(《汉纪》卷二七《成帝绥和元年论》) 所谓法制，就是三正、五行、服色、历数、官制，以及人伦的常轨。在上有法制，政治就不会有偏差；在下有法制，人民就不会有二心；官吏不逾越法度，政事就能顺利推行；人民不逾越法制，农事就不会荒废了。这是先王治理天下、立功立业的方法。(《汉纪》卷七《文帝二年论》)

法制的制定，固然要配合天命德运，也要参考古制；适宜今日需要的古制，不妨恢复。譬如：古代有左史、右史；又有史官，记载君主的一举一动，一言一行，政治得失，没有不记载的；甚至于士庶人的的嘉言美德，也一并记载下来，立功立事记下来；军事、劳役记下来，四夷小国来朝贡也记下来，拜立皇后、贵人、太子记下来，拜免公主、大臣也要记下来；福淫祸乱、祥瑞灾异更要记下来。至于君王日常的动静，内史也要记录下来。这些好的制度，值得恢复。如果当今的制度不合理，就应该罢除。如尚公主之制；列国诸侯娶公主为妻，并不是娶到自己的封国，而是要入京承奉公主；这种制度是不合古制的；古时尧把两个女儿嫁到妫汭，以妇人之礼事奉舜；《春秋》也记载王姬下嫁于齐，现在列侯入承公主，就是阴驾越了阳，妇人凌驾了丈夫，违背天道，违背人伦，是不祥不义的事。（《申鉴》卷二）

法制既经制定，就不可轻易变更；只有在不得已的时候，大变故的时候，才推究义理采取适当的权宜之计。如果不是大变故，就不要采用权宜之计。（《汉纪》卷七《文帝二年论》）至于官制，不可任意更动；如哀帝建平二年大司空朱博上奏说：高祖置御史大夫，位仅在丞相下；上下相监，选授有序。现在司空与丞相同位，中二千石不曾为大夫，就做了丞相，因此权位太轻，这并不是重视国政啊！于是废除司空之官，以朱博为御史大夫。这种常更改官制、官位的做法，是不对的。同年，废止州牧之官，改为刺史，这也是不合典制的。（《汉纪》卷二十八《哀帝建平二年》）官制有常法，权责即能分清楚，官吏便能专心负责，办好国家大事。

·立业

国君能确实得到上天的支持，能长久不懈的正心修身，能确实的任用贤臣，能勤勉的治国，谨守法制；充裕人民的生活，满足人民的需要；必能化民成俗，使民心和顺，“尚和贵敦”，使民俗清、妖伪息、神明应、道义定、事业修，（《申鉴·时事》）国家基业自然深厚，自然能长治久安。

2. 为政的方法

为政的方法，就是“致治之术”，就是达到治平的方法。是以人民，以及与人民有关的事物为对象。与基本原则的以君主、及国家体制为主有所不同。荀悦以为行政的方法，要先屏除“四恶”，推崇“五政”，才能使国家治平。（《申鉴·政体》）

所谓“四恶”，“一曰伪，二曰私，三曰放，四曰奢”。伪是虚伪不实，私是偏党私心，放是行为放纵，奢是奢侈浮华。虚伪不实会乱了民俗，偏党私心会败坏了法制，行为放纵会逾越常轨，奢侈浮华就会犯法干纪。这“四恶”不除，一切政治也就不能推行了。（《申鉴·政体》）

所谓“五政”，就是“兴农桑以养其生，审好恶以正其俗，宣文教以彰其化，立武备以秉其威，明赏罚以统其法。”简单地说，就是养民、正俗、教民、立武备、明赏罚。要推行“五政”，就要先除去“四恶”，除“四恶”就是为行“五政”铺路。“四恶”已除去，“五政”就能推行了。能确实的推行五政，持之以恒，人民自会安定，国君便可垂拱而治了。（同上）

·养生

人民若不怕死，罪罚也就吓不了他们；人民若不想活下去，也没法劝他们行善；即使请舜的司徒契来宣布五伦之教，咎繇来主持司法狱政，政治仍然无法推行。因此，为政先要使人民有足够的财产，丰富的生活物质，民心才能安定下来，才能谈到礼义荣辱。所以帝王要在春天的时候耕籍田，后妃也要到蚕宫养蚕；使都城中没有游手好闲的人，郊野的农事都能顺利推展。不浪费财力，不浪费人力，以协助农桑的发展，这就是“养生”。（《申鉴·政体》）

要振兴农桑，先要对土地妥善的分配。土地是根本。春秋之义：诸侯不可以“专封”，大夫不可“专地”。而汉初年，富豪之人，有的占地几百几千顷，比王侯还富有；这简直是“专封”嘛！土地可以自由买卖，这简直是“专地”嘛！孝武帝的时候，董仲舒曾建议限制人民占田。这种方法颇有可取；如果要行井田，那是行不通的。不妨按照人口多少，分配田地，并限制：仅可自行耕种，不得买卖，以防止土地的兼并与集中。不然，土地集中在富豪之家，耕者向他们租田来耕，每年交给地主大半的收成，农人终身劳苦，地主却坐享其成，这实在不公平。在这种不公平的情形下，国家还要减轻赋税，轻到百分之一；结果农人每年交给地主的租税不变，而地主交给国家的赋税却减轻了。这是造福地主，不是造福人民啊！根本的办法，就是以人口数分配田地，不得买卖。(《汉纪》卷八《文帝十三年论》，并参见《申鉴·时事》）如果农人都有可耕之田，不必向地主租田，那么减轻赋税当然是一大德政了。

关系民生的东西，除了土地之外，便是货币。耕种土地可以得到生活物质，货币却能沟通有无，方便民生。汉以来的币制，经过了多次的更改，而以五铢钱最为通行。献帝初平元年，董卓废五铢钱，改铸小钱，这是极为不智的。因为五铢钱的数量，在当时已相当的多，一时又无法收回；因此改铸小钱的铜便不够，造出来的小钱数量也不够市面的需要。这就给人民带来很大的不便，使物价上涨。不如恢复通行已久的五铢钱。一种币制，通行既久，人人称便，便不宜轻易废弃。如果废置通行的币制，改用其他的币制，不管小钱、四铢、三铢，都是不适宜的（《申鉴·时事》)。

·正俗

正俗，就是要端正民俗，使人人务本，人人务实。国君所以能够感动天地，感应神明，端正万物，形成王治，便是一切必以“真实”为根本。因此，国君要审慎的依照天地间的仪则与道义，来决定一己的好恶。(《申鉴·政体》) 若能不贪爱无益民生的珠宝，不收集难得的奇珍异物，不喜爱华丽的服饰，民俗自然清淳。除去不必要的禁忌，不祭祀不该祭的神只（即淫祀），不听信稀奇怪异的事，就没有妖伪的事了。精诚治事，不浮华，不奢侈，戒绝机巧诈伪，用心务本，就能做好事业。如此，民俗就可敦厚了。(《申鉴·时事》)

至于对臣下的任免赏罚，要循名责实，认真考核。真正有德行，才授予官位；真正有才能，才赋予职事。有行事就考核其成果，真正有功劳，就奖赏；有罪就惩罚。有建议，要考核是否有效，是否有用。臣下的一举一动也要考核其善恶，考察是否名实相副。(《汉纪》卷二二《元帝永光二年论》、《申鉴·时事》) 对于臣下的考核，要以事实的功罪为准则，不可以他人的毁誉为凭据。如此，善人都得到褒扬，恶人也得到惩罚；有罪恶的人，不敢存侥幸免祸的心理；无罪过的人，也不用担忧他人的诬陷；请托钻门路的事情没有了；贿赂枉法的事情也消失了。百姓官吏看到一切求实求真，利害完全操握在自己手上，于是就能正心、诚意、修身；民俗自然就能淳正了。(《汉纪》卷十《建元二年论》、《申鉴·政体》)

舍此而外，国君还要遏制情欲，去邪说，禁伪辨，罢黜百家，崇圣人至德要道，使人人务本，使人人亲其亲、尊其尊、修其身、守其业，再施予仁恩，教以礼乐，如此风俗就淳美，而教化也完成了。(《汉纪》卷十《武帝建元二年论》)

·教民

“宣文教以章化”，就是要用圣人的经典以及道德，来教导人民。大抵说来，对君子要用“情”，用礼教、荣辱来感化他的“情”，使他行善；对小人就用“刑”，用桎梏鞭扑的手段，处罚他的过错，使他不为恶。君子不愿受到侮辱，何况是刑罚？小人不忌讳受刑罚，何况是侮辱呢？而对于中等的人，要刑礼兼用，法教并行。如果教化不行，就会使中人成了小人；教化推行，就可使中人成为君子。（《申鉴·政体》）人类中，中人占了绝大部分，因此教化的工作，不容忽视。

然而要用什么来教民呢？机智巧诈吗？诸子百家的学说吗？不，要“放邪说，去淫智，抑百家，崇圣典”。（《申鉴·时事》）就是说：放逐偏激的言论，不用诈巧机智，罢黜诸子百家，而推崇圣人典籍。圣典就是儒家经典六艺。诸子百家固然也是学说，也谈论“道”；可是并不十分切合中道，唯有儒家的圣人之道，深美博大，合乎人情，合乎中庸之道，因此要以圣典为依归。（《申鉴·杂言下》）使人内修其德，外行仁义，尊亲爱人，以趋于善。

教民之法，是要变化其本性，引导人民向善，防止人民行恶。“人性虽是善的，也要教养熏陶，才能行善；若人性有恶，就需要法律的约束，才不致行恶。”（《申鉴·杂言下》）为政治民，要刑德并行。德刑并行，是天地间的常道。先圣先王的治民，是注重教化而轻视刑法，崇尚文德而偏轻武功。治国治民，有时偏重教化，有时偏重刑法，要依照时势环境而定：拨乱世，抑强权的时代，局势未定，就要以刑法为先；扶弱小，安新民，局势刚安定时就以教化为先；而安定太平的时候，教化与刑法并用。大乱的时候，没有办法推行教化；天下大治，人人行德，就用不着刑法。而教化与刑法，都要从简略的地方做起，然而逐渐推展；等到教化大行了，就没有人不行善；刑法已定，就没有人敢犯罪。人人都能行善，即使毫毛般的小善也能做到，教化就可说完备了；人人都不犯法，那么纤芥小恶，也可以禁止，这就是“刑密”。孔子说：“不严以莅之，则民不禁；严以莅之，动之不以礼，未善也。”是说：治民要严正，要依礼教行事。这就是礼刑并施。（《汉纪》卷二十三《元帝竟宁元年论》、并见《申鉴·时事》）人民如同水流，以道德治民就如乘舟，又方便又安全；以知能治民，就如泅水渡河，又辛劳又危险。然而放纵人民情欲，就会形成乱事；阻塞人民情欲，也会形成荒乱；最好是立个限度法则，使人不逾越；如治水，只能让水循着河道流去，使水不泛滥，却不可使水不流通。(《申鉴·政体》)因此，教化或刑法，也要以合人情为本。

·立武备

为政立国，不可不修武备、立军队。因为小人在局势安定的时候，欲望无穷，天下不安的时候，就想作乱。对他宽大，他就骄矜；骄矜了就放肆；放肆就不肯安分，于是触犯刑法，受到惩治；如此便怀恨在心，怨恨政府，一有机会就想反叛作乱。这时，若没有强大的军事力量，便不能惩治反叛，敉平乱事。所以君主必定要修武备，以应付可能发生的乱事，也阻遏外寇的侵略。在安定的时候，可以把武备的力量用到内政上，一旦有了事故，也有可用的军队：这就是“秉威”——维持国家武力。(《申鉴·政体》)

武备的建立，要在平时准备；免得国家承平日久，一旦有盗贼就手足无措，死伤大半。因此，荀悦希望能设置“尚武之官”：像孝武皇帝时，由于四夷并没有完全降服，时时有外寇的侵扰，就设置“武功赏官”，来奖励战士。要建立武备，不妨比照这种方式而扩充制度，设置“尚武之官”；用司马兵法的方式来选拔人才；地位、俸禄比照博士，要他们专门研究兵法以及检阅、搜狩、田猎等武事，掌管军功爵赏；小官由五校统领，大官隶属于太尉。既适合当时的需要，也不违背礼法体制。东周末叶，战事频仍，而以秦代最乱，民不聊生。现在（案：指东汉末叶）国家忘战日久，每有寇难之作，人民死伤殆尽。孔子说：“不教民战（案：今本《论语》作“以不教民战”），是谓弃之。”这话真不假啊！

（案：荀悦设置尚武之官的意见，实在是为东汉末叶的局势而发的。当时有黄巾为乱，又有悍将跋扈，献帝初即位，只是个少年，还未成年，没有威权，没有效忠王室的军队，没有办法控制天下，故设为此论。可惜献帝羽翼未成，大权就旁落了，毫无作为，以至于被废为山阳公，失却天下。终究只是个傀儡而已。）

· 明赏罚

赏罚是政治的柄子。审慎考察清楚了，该赏的就赏，该罚的一定要罚。赏可以劝勉人行善；罚可以阻止人做恶。君主不随便赏人，并不是吝惜财物；随便奖赏，就不能劝勉人行善了。君主也不乱用刑罚，并不仅是爱怜百姓（案：《申鉴》作“慎其刑”，此用《后汉纪》引文）；乱用刑罚就不能惩治恶人。不能劝勉人行善，就是“止善”，阻人行善；不能惩治恶人，就是“纵恶”，放纵恶人行恶。君主能够不阻止人行善，能不纵人行恶，就可以把国家治好了。这就是“统法”——建立法治。（《申鉴·政体》）

信赏必罚，臣下有罪就该贬黜。即使三公六卿失职犯罪，也可以降为郡守；二千石的官，如郡守、尉官，也可以降为县令、县长。这样，官吏才会尽忠职守。如果不是失职，可以不降官，以优惠大臣；失职就降官，以惩治罪过。（《申鉴·时事》）

至于刑狱，要特别的审慎。天地的最大美德是使万物生长；万物的最后结局是死。死了就不能复生；人受了刀锯斧钺的刑罚，就不能恢复原状。因此，古代圣王，对于罪犯，都交由“官师”处理，讯问清楚，了解实情，尽可能引用较宽的条文；真的不能免其死罪，才以哀矜忧戚的态度，在市朝处斩；同时君主要停止一切欢乐，表示哀悼。这是多么审慎啊！（《申鉴·政体》）（案：建安年间，有人主张复肉刑。肉刑自汉文帝时已废；荀悦以为不必一定要恢复肉刑；但是本不该处死的罪，在废肉刑之后反而处死，那就不妨复肉刑。自从文帝除去肉刑之后，表面上有“轻刑”的名义，实际上反而加重了；如在肉刑时代只该斩右趾的，却改为死罪，斩左趾的、劓的，也被加重为死罪。那只好复肉刑；使这些本不该死罪而判弃市的人，能够活下去。这才是生养人民之道啊。（《申鉴·时事》）

有罪固然该罚，有时为了安抚民心，不妨赦免减罪。古代圣王所赦免的，只有下面五种情形：（1）“原心”，罪犯用心可悯，或是无意中的失误而犯了罪。（2）“明德”，罪犯平日有美德，偶然失察而犯罪。（3）“劝功”，罪犯曾立大功，可以将功折罪。（4）“褒化”，犯罪行为是为了维护教化。（5）“权计”，为权宜之计，而赦免罪。除了这五种之外，就“刑兹不赦”。（《申鉴·政体》）权宜之计的赦免，有时只赦大逆之人，有时只赦轻罪之人，有时只赦某一地，有时大赦天下，这要由时势而定。如汉兴，受到秦汉之际的兵革战乱，简直是人人曾有罪，因此约法三章，大赦天下，使人能重新生活。并不是新君即位，就该大赦。惠帝、文帝时代，没有可赦的环境；孝景时有七国之乱，有许多人做出奸邪叛变的事；武帝末年，赋役繁重，群贼并起，加上巫蛊之祸，栗太子之事，天下纷然，民不聊生；光武帝中兴，平定篡乱之后，像这些情况，都不该“大赦”。至于因为君臣失了礼度，政教衰微，使得很多人触犯法律，到处流亡，前后相积，布满山野，受刑势逼迫，几乎要成了强盗；或者由于政治上措施不当，暴政横行，刑法不合理，冤枉良民，使天下忧惨，无法治国；在这种情况之后，就应该赦免罪犯，来安抚民心。（《汉纪》卷二十二《元帝永光二年论》）（案：荀悦这段议论，是针对当时频频大赦而发的。汉献帝初平元年即位之后，在初平元年，二年，三年正月、五月、六月，四年；兴平元年，二年，建安元年正月、七月，大赦天下。七年之中，大赦十次，太过于滥了。）

三、学术思想

1. 论性

关于人类本性是善是恶，古来有许多争论。如孟子说人性本善，荀子说人性本恶，行善是人为的。公孙子以为性无所谓善恶。扬雄以为人之本性，善恶相混；修善则为善人，修恶则为恶人。刘向以为“性”与“情”相应。如果人性善，在尧舜时代就不该有“四凶”；如果人性恶，那么殷纣时就不该有微子、箕子、比干等有德之人；如果说人性无所谓善恶，那么，同样是周文王的儿子，受相同的教化，就不该有周公的善，与管叔、蔡叔的恶的分别了；如果说“性”善“情”恶，那么就是桀纣没有“性”而尧舜没有“情”了；如果说性是善恶相混的，那么，是上善有恶“性”，而下恶有“善性”了。这些说法都不透彻，因此荀悦赞成“性情相应”之说，主张性有三品：“上下不移，其中则人事存焉尔。”上品是善，下品是恶，中品则由人为的修养而成善成恶。（《申鉴·杂言下》）

所谓性，“生之谓性”，是天生的本质。（同上）而情是外在的“好恶”——喜怒哀乐爱憎——的表现。东汉许多学者以为仁义是性，“好恶”是情；仁义常善，故性善；“好恶”或有恶，故情恶。荀悦并不以为然。他以为：“好恶”是“性”的趋舍倾向；表现于外，才叫做“情”；“情”必本于“性”。仁义，是善性的真实表现，因此常善；而“好恶”并无分善恶，难免有恶。人见了“利”就好利，而能以仁义来节制，这并不是“性”妨害了“情”；而是“性”的善恶有多有少；善多就以仁义为节，恶多就取利。比方说有人喜欢吃酒，也喜欢吃肉；肉多就吃肉；酒多就饮酒，并不是“情”想吃酒，“性”想吃肉。人又好利又好义：好义之心胜了就行义，好利之心胜就取利，并不是“情”要得利，“性”要得义。《易》乾卦彖曰：“乾道变化，各正性命。”是说万物各有性命。咸卦彖曰：“天地感而万物化生，圣人感人心而天下和平，观其所感，而天地万物之情可见矣。”昆虫草木都有“性”，他们的“性”不全是善；天地圣人都称为“情”，情不主恶。凡情、意、心、志，都是“性”的外在表现。《易·系辞》说“情见乎辞”，是称为“情”；“言不尽意”，是称之为“意”；《诗·彤弓》说“中心好之”，就称为“心”，《左传》说“以制六志”，就称为“志”；都是就方便而称其名而已。“情”那里是恶的呢？（《申鉴·杂言下》）

善、恶都是人的“性”；“性”虽善，需要教化引导才能成为真善；“性”虽恶，由“法”的压抑，就能不行恶。只有上善与下恶的人才没法改变；中品的人，惟有善也有恶，“教”导引其“善性”，“法”抑制其“恶性”，这就是教育的重要性。（同上）

2. 论命

所谓命，就是人一生的吉凶。儒家说“天命”，道家顺乎自然，墨家“非命”。汉人扬雄以为命是天生的，不是人为的；无从避免。王充以为“性”自有善恶，命自有吉凶，有人性善而命凶，有人性恶而命吉。荀悦则以为“命”的吉凶有三品：“上下不移，其中则人事存焉尔。命相近也，事相远也，则吉凶殊矣。”上好的“命”，与最下的“命”，是无从改变的；中等的“命”，却可由人事修为而改善；中等“命”的人，命运本来是相接近的，却由于人事修为的不同，而使吉、凶之间有很大的不同。(《申鉴·杂言下》)大抵天下事物有“三势”:“有自然而成者；有待人事而成者，有失人事不成者；有虽加人事终身不可成者。”就是说：有的是天生自然就是好的；有的是必须人为力量才能好，没有人为力量就好不了；有的是虽然用尽了人为的力量也好不了。就拿疾病来说吧：有的病可以不治而痊愈；有的疾病要医治才痊愈，不医治就好不了；有的是百般医治也不会痊愈。以前虢太子尸蹶昏死了半日，扁鹊把他治活了。扁鹊说：“我不是能使死去的人复生，我只能使可以活的人活罢了。可是太子若没有遇到我，也是活不成了！”至于膏肓之疾，是如何也医治不好的。人命的吉凶也是如此。像颜回、冉耕，都好学修德，却挽回不了短寿的凶命。(《汉纪》卷六《高后七年论》)

人的命运固然有吉有凶，吉凶却不足以依赖。君子人要能循天生的本质，来辅助他的命运：命吉就要设法保存，不可因为命吉而不修为，否则“吉”也会日渐消乏的；命凶更要守德修为，不可因为命凶而妄作非为，否则命运会更凶的。(《申鉴·杂言下》)因此，君子以中和养体养神，内不伤性，外不伤物，上不违天命，下不违人事，行为中正，形神以和，就可以增加吉福，避免凶咎了。(《申鉴·俗嫌》)颜回、冉耕若不修德，命恐怕会更坏呢！

3. 论经学今古文与纬书

古时的圣王，观察天地间的事理，以及人事间的关系，制定了适宜的道德。流传到后世，就成了人人奉守的经典。到了民俗大坏的时候，各式各样的学说兴起了，古圣王的经典、道德逐渐式微了；孔子看到这种情形，就到处宣扬古圣王的经典、道德。(《汉纪》卷二十五《河平三年论》)这就是儒家的经籍。秦代灭毁儒家的六经。

到了汉初，古书又逐渐出世，朝廷也搜求遗佚的经籍。汉武帝时，罢黜百家，独尊儒术；更设立了五经博士。当时博士谨遵师法、家法，不轻易采信新发现的资料；重视章句训诂，又以阴阳灾异附会经学。在民间也有人研究古籍，却与博士的说解有所不同。景帝时，鲁恭王为了扩充宫室园囿，毁坏孔子家宅的墙壁，得到了《古文尚书》、《论语》、《孝经》等书，都是用古代文字书写的；后来，孔安国得到了这些书；他的家人就在武帝时捐献给朝廷，恰好遇上了巫蛊之乱，未能列在学官，（见《汉书》的《艺文志》、《鲁恭王传》、《孔安国传》，并见《汉纪》卷二十五《河平三年》）成帝时，刘向、刘歆父子相继校理宫中藏书，发现了孔安国家的这批书，就建议列于学官；受到当时博士的反对，于是引起了经今古文之争。所谓今文经，是指列于学官的经籍；所谓古文经，是指流传于民间，以及孔安国家所献的经籍。前者是用当时通行的文字书写的；后者的原本是古代文字。两者由于文字不同，说解也不同，人人自以为得到经书本义。荀悦以为仲尼作经，本义只有一种；今、古文有不同，却自以为所得的是孔子的本经。古文家、今文家出于同一个根源，后来流衍下来，才有所不同；却又自以为所传的，是先师的本意。孔子早已作古，先师也不在，要请谁来折中呢？秦代灭学之后，有的书藏在屋壁，有的藏在山野，有的口耳相传，没有人再去研究书中的义理。到了汉朝兴起，收拾散佚的经籍；经学已不完全了。加以简册上的文字，有的磨灭，有的残蚀（那时的书籍是写在竹简、木片或丝帛上）；各地语言也不同；书籍的出世，有先有后；也许有些学者对某一经籍的大旨不清楚，只"假定"是某种说法；后来的传人，却把这种"假定"加以推衍阐述；因此，各家差异就更大了。与其聚讼纷纭，莫衷一是，不如广设博士，扩大太学。使古今文学家在一起讨论经书的大旨，抛弃成见；这样，也许可以得知圣人的本义。（《申鉴·时事》）

至于纬书的兴起，大约在王莽篡汉前后的一段时间，东汉最为盛行。比附经书，流行于世；一般人都说纬书是孔子所作。荀悦说他的叔父荀爽，曾经写过一篇文章，辨明纬书是假的，不是孔子所作。他以为纬书内容杂而不纯，假托的人把孔子的话，杂在自己的作品之中，根本不是孔子所作。虽然不是孔子所作，无益经学，但也不必焚毁；因为纬书毕竟有可取之处，有益于文章的写作、学术领域的扩张。只要君上不听信浮华不实的言论；不做虚妄无效的事情；那么，谶纬之说，也就无从流行了。(《申鉴·俗嫌》)

4. 论灾异

所谓灾异，有三类：一是日月星辰的变异，如日蚀、月蚀、彗星、星宿越位。二是水旱之灾。三是人世间的怪事，如大石自立、男化为女、死人复生。春秋时代以后，有许多学者、政治家，都认为灾异的发生，是由于政治不修引起的。汉朝的董仲舒、京房、翼奉、刘向，都重视“天人感应”，把灾异当做上天的警告；然而王充却以为灾异的发生，是自然界的现象，不是上天对君主的警告。

至于荀悦，他相信“天人感应”之说，相信灾异是上天对于统治者的警告。他以为：凡是日月星辰的变异，是阴阳不调所致；阴阳不调是由于地上事物的不调和，政治有了失误，就形成了天上的变异。因此，明哲的君主看到变异，就要深切反省自己，改过自新，以向天下谢罪；这样祸灾就可除去。至于灾祥，有的能得到报应，有的却不能。如《尚书·洪范》谈到“咎征”，尧、汤时代却有水灾旱灾；说到改过消灾，则有周宣王时的大旱，一再的祷祭修省，灾害如故，所以《云汉》诗说：“莫我肯听”；《易经》坤卦文言说“积善之家，必有余庆”，可是有德的颜回、冉耕却是短命而死。这种灾祥的变异，是无从预知的；灾祥发生之后，能否由修省而除去，也是不可得知的。因为天下事有“三势”：有的是自然形成的；有的因人事的修为而成，有的没有人事力量就不成，有的是即使尽了人事力量也不成。如尧、汤的水、旱灾，是天数，是自然而成的；《洪范》的“咎征”，则是人事的修为；鲁僖公二年冬天到三年四月都不下雨，六月才下及时雨，这种干旱是可以因为修省而解救的；周宣王时的大旱，是无法改变的；颜回、冉耕的短寿，是关系于“性命”，不是人力所能改变的。“天人感应”，有迟有速，有深有浅，变化无常。天下事既有“三势”的不同，有天道、地道、人道的差异；因此，灾异发生时，人君要能“乘其三势，以通其精，撮其两端，以御其中”，参酌形势，采取适当的因应措施，尽力而为，以待“天命”的报应。(《汉纪》卷六《吕后七年论》)

至于人世间的怪异之事，荀悦也认为由于政治不修引起的。他以为：《易经》说有天道、地道、人道，各当其理而不相乱，如果越了理，失了本性，就会有变故。如大石头自己站立起来，枯死的柳树又生长了，这是“形神之异”；男人变化成了女人，人死了又活过来，这是“含气之异”；人间好像有鬼神存在，似乎听得到鬼神说话的声音，这是“精神之异”(案：以上事情在《汉纪》及《汉书·五行志》都有记载)。这些事情，都是因为“气”的感应而发生的。好的感应就是祥瑞；坏的感应就是灾异；祥瑞是吉，灾异却会产生灾祸。所以，违逆了“天道”之理，“神”失了节度，就有“妖神”产生；违逆了“地道”之理，“形”失了节度，就有“妖形”发生，如大石自立，枯柳复生；违逆了“人道”中和之理，“血气”失了节度，“妖物”就产生了，如男化为女，死人复生。至于“神君”之类，是“精神”之异，不是祈请就能招致；灾害也不是祈神求福就能除去的。《春秋传》说“作事不时，怨讟起于民，则有非言之物而言者”，政事不合时宜，引起人民的怨怒，就会产生妖物鬼怪了。汉武帝时，赋税劳役繁重，民生凋弊，加以喜好神仙之术，各地迂诞妖怪的人都来了，因此有“无形而言”的东西产生，《洪范》说“僭则生时妖”，这就是“时妖”。国君若能精通大道，端正其身，修己治国，那么“精、神、形、气”都处在该处的地位，天道、地道、人道，各得其宜，就不会有“妖怪”的怪异了。（《汉纪》卷十三《武帝元鼎四年论》）

5. 论神仙与黄白之术

春秋以来，就有人希望能长生不死，甚至有人要教燕王不死的方法；（《韩非子·外储说左上》）到秦始皇，更派人入海求不死的仙药。汉武帝更喜好神仙之说，希望长生不死，于是方术大兴，方士李少翁、栾大，很得信用，封为将军、通侯。更有许多人入海求仙。荀悦认为神仙之术是荒诞的，不可能的。圣人所以不学神仙，并不是不想长寿；而是人的死生，是自然律的运转，寿命的短长，则是关系于人的“命数”。“运数”并不是人力所能做到的。即使有仙人的话，那也不是人的同类。（《申鉴·俗嫌》）凡是有血脉的东西，有生必有死，这是自然律；人既有血脉，那能长生不死呢？

至于黄白之术，要把丹砂炼成黄金、河车炼成白银，荀悦认为是不可能的；他以为傅毅说的最好：“燔埴为瓦则可，烁瓦为铜则不可。”把泥土烧成瓦器是可能的；要把瓦器炼成铜，那是万万不可能的。又如摘取犬羊的肉，来造成马牛，那也是不可能的。（《申鉴·俗嫌》）物的性质不同，那里能变成不同类、不同性质的物品呢？

6. 论卜筮等

汉代阴阳、灾异之说盛行，民间也有许多迷信，如卜筮、时忌、方忌，荀悦都不相信。

他认为卜筮对于有德的人有益，对无德的人则有害。因为卜筮的吉凶，并不是事情的吉凶。如果卜筮得吉，而能修德，卜得了凶，就更加意修省，那就有益；如果依赖卜筮的吉，不肯修为；卜凶而懈怠修为，那就有害了。（《申鉴·俗嫌》）

至于时日、方位的忌讳吉凶，并无补于事情的吉凶。他以为时、日、方位，都是“天地之数”，是自然的运转，不能造成吉凶。如说东方主“生”，在东方的人也要死亡；西方主“杀”，西方却住了不少活人；南方属“火”，住在那儿的人并没有烧焦；北方属水，住在那儿的人并没有沉下去。可见方忌是无关于吉凶的。同样是“甲子昧爽”——甲子日天微明的时候——同一天，殷朝亡了，周朝兴起了；同样是在咸阳，秦朝灭亡了，汉朝兴起了。（《申鉴·俗嫌》）

然而，也不必因为时日群忌无补于事情的吉凶，就加以废绝。他以为古代先王行事，也用元辰；人在天地之间，顺着天地的阴阳、顺着日辰而行事、内心顺着阴阳之理，心安理得，那么，自然能有好的报应；如果内心不顺天地自然之理，不求心安理得，却想要以吉日良辰以及方位的吉凶来求福，那是不可能得到福祉的。（《申鉴·俗嫌》）孔子不喝盗泉的水，墨子不进入朝歌，并不是这两个处所不好，只是名字不雅，孔墨为了要求顺心，才那么做的；人对于时日群忌，若只是求“顺心”，自然不必废绝。

7. 其他

荀悦的学术思想，比较重要的已叙述了；还有些零碎的意见，值得参考的，简单叙述于下：

（一）古代圣王，先致力于民事，治好了，再分心力于鬼神；

在民事未定的时候，只祭祀重要的对象，如天、地。至于祭品，也因为对象的不同而各有一定的数量；在丰年，祭品不妨丰盛完备，凶年却要省俭。（《申鉴·时事》）

（二）厚葬对死人并没有好处，却使活人用尽了金钱，耗尽了财物，实在浪费；何况人死了没有知觉，又何必要厚葬！（《汉纪》卷二十六《成帝永始元年论》）

（三）汉文帝后元七年临崩，下令：皇帝驾崩，大功十五日，小功十四日。荀悦以为三年之丧，是天下通行的丧期，把它废了，实在有亏礼教，不合礼制。虽然要以国事为重，为了国家政权，不想"谅暗三年"，但存个大体也可以的啊！（《汉纪》卷八论）

（四）荀悦固然不信神仙之说，对方士仙家的导引服丹药也不以为然。但却相信可以因"养性"（即"养生"）而增长寿命。"养生"的方法，是要爱惜精神气力，喜怒哀乐恶欲恰到好处；不伤内在本性，不受外物伤害，上不违背天理，下不违背人道，秉持中正之道，使形体、精神达到平和的状态，这就是"仁者寿"的道理；也是"养生"的法门。

四、结论

建安时期（一九六—二一九年），是一个政治混乱的时期：曹操专权，群雄纷争。献帝年纪轻，大权旁落，毫无作为；致使侍中荀悦的"悃悃忠诚"以及"良言美意"隐而不彰，实在可惜。归纳荀悦的思想，可以看出几个特色：

（一）论政事或论学术，都是就历史事实或当前问题发表议论，所谓“不离事以言理”。

（二）在政治上强调“法教并行”，“德刑并用”；不仅重视“德”与“教”，更注重“礼”与“刑”。是以儒家为基本，兼采法家“重法”的主张。

（三）他的政治思想，与他的远祖荀卿，有深厚的渊源。荀子“隆礼”，讲“修身、劝学”，重视“王制”；而荀悦崇尚道德教化，说“正身”，宣“文教”，讲“明制”。他们的精神是相同的。

（四）论政治，固然要维持体制，维持制度；但也重视“权宜”措施。

（五）在学术上采取折中的态度。不论谈“人性”、谈“命运”，甚至于谈“灾异”，都主张“上下不移，其中则人事存焉尔”。特别注重“人事”的修为，注重人为的力量——即是注重修养。

（六）不相信纬书，但也不同意燔毁纬书。主张广设博士，比论今古文经学的异同，以折中经书大义，探求圣人旨意。

（七）不信神仙之说，却相信政治的乖失会引起灾异。不信卜筮、时日群忌，却不反对卜筮、时日群忌的存在。

至于荀悦对后世的影响，严格说来并不大；政治上如此，学术上也一样。建安时期的混乱，使他的政治主张付之东流；而学术上的主张今古文家比论经义，当时的郑玄（一二七—二〇〇年）已兼采今、古文家的说法来解说经书，有相当的成绩；却不是受了他的影响；直到今日，还没有人集合今古文学家来比论经义的。他虽然不信神仙、黄白，魏晋时代（二二〇—四一九年）却是神仙之说大盛的时代。他的影响，是在史学上的。

（一）史书体裁。中国的史书，先有《尚书》的“记言体”，后来有《春秋》的“编年体”。司马迁改变“编年体”为“纪传体”，以后正史都是“纪传体”。而荀悦又改变“纪传体”为“编年体”。后来袁宏作《后汉纪》，作法、体例，完全依照荀悦的《汉纪》。只是《汉纪》削自《汉书》，《后汉纪》掇缀各书而成。宋朝司马光敕编《历代君臣事迹》，也是用《汉纪》的编撰方式，书成，宋神宗赐名《资治通鉴》，又参用了《申鉴》的“鉴”字为书名。固然这类编年史导源于《春秋》与《左传》，然而《春秋》与《左传》在后世已列为“经籍”，而且《春秋》过于简略，《左传》又没有把国家事情逐一记载，没有《汉纪》的巨细靡遗。如果没有荀悦奉旨编撰《汉纪》，会不会有《后汉纪》、《资治通鉴》，是很成问题的。

（二）史论。《汉纪》有“赞曰”，是承《汉书》的“赞曰”而来；而《汉书》的“赞曰”，又从《史记》“太史公曰”而来，跟贾谊的《过秦论》有些类似，是对某一时期的政事做一总批判。《汉纪》又有“荀悦曰”，表示自己对史事的批评，也寄托了自己的思想、主张。这种“依史论事”的做法，可能导源于《左传》的“君子曰”。但是《左传》的“君子曰”不及《汉纪》的“荀悦曰”来得错综变化，捭阖纵横。这就开启后世“依史论事”的“史论”了。

参考书目

《申鉴》，五卷荀悦撰，陈鳣校，明正德刊本。
《申鉴》，五卷荀悦撰，《四库全书》本。
《申鉴》，五卷荀悦撰，小万卷楼本。

《申鉴》，五卷荀悦撰，黄省曾注，明文始堂本。
《申鉴》，五卷荀悦撰，黄省曾注，《汉魏丛书》本。
《申鉴》，五卷荀悦撰，黄省曾注，《两京遗编》本。
《申鉴》，五卷荀悦撰，黄省曾注，艺文印书馆影印本。
《汉纪》，三十卷荀悦撰，《四部丛刊》本。
《汉纪》，三十卷荀悦撰，商务印书馆《人人文库》本。
《汉纪》，三十卷荀悦撰，华正书局影印本。
张美煜：《荀悦申鉴思想探究》，《师大国文研究所集刊》十九期。

仲长统

杨昌年　著

目　录

一、传略

有关仲长统的传略，所能收集的资料很少，《后汉书》有《仲长统传》，《三国志·刘劭传》后附有介绍，其他散见于各史传篇章中的还有一些。根据搜材的结果，大致可以勾画出有关其人的轮廓：

1. 姓氏

仲是姓，这一姓，在商代有左相仲虺，周有仲山甫，舜十六相有仲堪、仲熊，周八士有仲突、仲忽。此外，仲长是复姓，齐后有仲长氏，唐代有仲长子光，是一位隐居的高士。《辞海》中华书局修订本即举东汉仲长统为此一复姓之例。而《后汉书》集解说仲长统是姓仲，名长统，字公理。我们现在依据《后汉书》的说法，确定本篇所要介绍的人物，是姓仲，名长统，字公理。

2. 籍贯与生卒年月

仲长统是后汉山阳高平（山阳郡，汉置，故治在今山东省金乡县西北。高平县，后汉置，在今山东省邹城西南）人，传中不曾提到他的生卒年月，但却留有线索，说是在汉献帝逊位之年去世的，时年四十一岁。献帝逊位是在魏文帝黄初元年，公元二二〇年，依此推算，仲长统应是出生于公元一八〇年，也就是汉灵帝光和三年。

3. 学行

《后汉书·仲长统传》中说他："少好学，博涉书记，赡于文辞。"可知其人是一位勤学、博识、而能以丰富文采发表辞章的人。传中又说他："年二十余，游学青（今山东及辽宁辽河以东）、徐（今江苏西北、山东南部及安徽东北）、并（今山西及陕西北部）、冀（今河北、山西及河南黄河以北辽宁辽河以西）之间，与交友者，多异之。"可知他足迹所历地区之广，在汉末时代的开发之区，人才荟萃的通邑大都，多数地方，他都已遍历，一方面结交名士，请益时贤，充实自己；另一方面，正如太史公所述"读万卷书行万里路"。仲长统涉猎之丰，游屣之广，足以证明他游学以充实人生态度之正确。经历之多，学习之博，加之以勤力，使他的见识深广，内涵充实，卓荦不凡，遂能如传中所述："与交友者，多异之。"当代的人，对他寓以青眼，正是他本身条件所必应获得的重视。

4. 仕宦

有充实的智能内涵，当然要求有服务表现的机会，仲长统的一生，并不是没有机会，而是机会不佳，二十多岁时，他遇到高干，高干本身的才具不够，不能重用仲氏，如传中所述：

并州刺史高干，袁绍甥也，素贵有名。招致四方游士，士多归附。统遇干，干善待遇，访以当时之事。统谓干曰："君有雄志，而无雄才，好士而不能择人，所以为君深戒也。"干雅自多，不纳其言，统遂去之。无几，干以并州叛，卒至于败，并、冀之士，皆以是异统。

由以上这段记述来看，也许我们会怀疑，仲长统为什么不曾为自己选择明主。“良禽择木而栖”，汉末群雄之中，他为何偏偏选上了高干？其实这一点也很容易说明，当时的青、并、冀、幽诸州，正是袁绍的势力范围。而在官渡战役之前，孙氏在江东的基业尚未稳固，刘备还在栖栖遑遑地漂流，群雄之中，唯一可与“挟天子以令诸侯”的曹操分庭抗礼的，就只有“四世三公”的袁家。袁氏占地广阔，兵员众多，图王霸之业的希望很大，袁氏的三子一甥，当时也都是“有雄志”的自命不凡，以领袖人物自居者。高干在并州，招致四方才俊之士，增强实力，是很自然的，仲长统正在袁氏的辖区，归附他也是很自然的。曹、袁两大势力的相争，决战必然难免，而鹿死谁手？尚未可料，就初期的情势看：袁氏的实力大于曹氏，决战的胜算也比曹氏大。仲长统之依附高干，并且进言，本是希望高干改一改“好士而不能择人”的缺点，培养雄霸之才，辅佐袁绍，建功立业。若能成功，仲长统当然也能得到一展骥足的机会。可惜的是，高干自以为是，既陋且固，只喜欢听奉承的话，不能接纳忠告，更不可能警惕改变，仲长统失望之余，只好离去。

曹、袁两家，当公元二〇〇年决战，这就是历史上有名的“官渡之战”，在这场战役中，曹操不愧为英雄，凭借机智，竟能败中取胜，赢得了这场关键性的战争。此后，袁氏势力土崩瓦解，公元二〇二年，袁绍死。三子一甥不和，曹操正好各个击破。二〇五年(汉献帝建安十年)，斩袁谭，袁熙、袁尚奔辽西，二〇七年，曹军追击，袁熙、袁尚奔辽东，被辽东太守公孙康诱斩，袁氏一族，兴复再起的希望终归灭绝。

正如仲长统所料，有雄志而无雄才的高干，在这场战役中表现得很糟，袁氏战败，高干曾以并州降曹，不久又叛，建安十一年（二〇六年），曹操亲征，高干赴匈奴求救不得，向荆州逃亡，路上被上洛都尉王琰捕杀。

曹袁战后，原属袁家的才俊之士，很多被曹氏罗致。曹操是一位知人善任的领袖，求贤若渴，如附袁的陈琳，在檄文中骂得曹氏痛快淋漓，而曹氏不以为忤，仍然加以礼遇重用。仲长统虽曾依附袁家，但不曾为袁氏重用，而从他对高干的进言来看，他的识见不凡，照理说，在曹氏击灭袁家，奄有冀、青、幽、并诸州之后，如此贤才，应当重用才是。但当仲长统被尚书令荀彧赏识，荐举为尚书郎，参与曹丞相军事之后，仲氏似乎并未得志，曹氏也未曾加以拔擢使尽其才，这是何故？

分析可知，绝不是因为他有过依附袁氏的记录，而是他的个性脱俗耿直，说话太直率，不容易被人接受之故。如传中所述："统性俶傥，敢直言，不矜小节，默语无常，时人或谓之狂生，每州郡命召，辄称疾不就……"当他在曹氏部下，参与军事时，他的态度，仍然是："每论说古今，及时俗行事，恒发愤叹息。"如这样一位不同于流俗的人，常发："人所不能言，人所不敢言"者，态度又是如此地激烈，缺少委婉平和，自然是不易为人接受，甚至被人目为狂傲。位尊权重的曹操，虽然极能知人善任，但也总是喜欢用具有才智而态度平和说话委婉的人。对这样一位态度激烈，常唱反调的仲长统，曹操之不感兴趣，不曾主动予以拔擢，想必是曹操自以为属下人才众多，少掉一个狂生仲长统也无所谓吧！

曹操的知人善任，不免有遗珠之憾；而仲长统的仕途乖蹇，始终未能得到施展才智抱负的机会。鉴于人的一生，受性格决定的影响最大，仲长统自知无法改变本性，碰不到伯乐，索性不再去希望作服务表现，改变方向，只求能过一种自由适性的生活，如传中所述："……常以为凡游帝王者，欲以立身扬名耳。而名不长存，人生易灭，伏游偃仰，可以自娱，欲卜居清旷，以乐其志。”立身扬名的理想虽不可成，但他已将理想发表在他毕生力作《昌言》之中，传留后世，表现自我，当可无憾。以后的他，就只有独善己身，去老庄思想、田园山水里另求寄托依归了。

二、著作

1.《昌言》

这是仲长统毕生的力作，包涵了他全部的理想。据《后汉书·仲长统传》所述，这部杰作，凡三十四篇，十余万言。《后汉书》中录有《理乱》、《损益》、《法诫》三篇。《三国志》集解《刘劭传》后记《抱朴子》中云："仲长统作《昌言》，未竟而亡，后汉缪袭撰次之。"案缪袭字熙伯，辟御史府，后仕至尚书光禄勋。《昌言》一书，仲长统自撰部分究为若干篇？缪袭有无续撰？续撰篇章多少？都已无法考证。最可惜的是，《昌言》一书，历经散失，大部分俱已亡佚，从历代经籍志的记载中可见此书散失的严重：

（一）《隋书·经籍志》（卷三十四）仲长子《昌言》十二卷，录一卷，列杂家，论曰："杂者兼儒墨之道，通众家之意，以见王者之化，无所不冠者也。古者司史，历记前言往行，祸福存亡之道，然则杂者，盖出史官之职也。后者为之，不求其本，材少而多学，言非而博，是以杂错漫羡而无所指归。"

（二）《旧唐书·经籍志》（卷四十七）仲长子《昌言》十卷，列杂家。

（三）《新唐书·艺文志》（卷五十九）仲长子《昌言》十卷，列儒家。

（四）《宋史·艺文志》（卷二〇五）仲长统《昌言》二卷，列杂家。

（五）《清史·艺文志》（卷一四八，马国翰辑）汉仲长子《昌言》一卷，列儒家。

由上可知，《昌言》一书，历经散失，到现在仅余保留在《后汉书》中完整的三篇。可说是十之八九均已亡佚，几乎已不能成一家之言了。仲长统之所以未能对后世有显著的影响，原因在此。虽然如此，但就现今所存的三篇，与散见于各书的资料来看，《昌言》一书内涵之丰富翔实轮廓可见，难怪他的友人东海缪袭称赞他的才干辞章，可继西京董（仲舒）、贾（谊）、刘（向）、扬（雄）。

2.《乐志论》

《乐志论》，二百零九字。载于《后汉书·仲长统传》中，另有诗二篇，内容都是仲氏自述其自由适性之志。

3.《兖州山阳先贤赞》

《兖州山阳先贤赞》一卷，《旧唐书》卷四十六《经籍志》归入杂传：《新唐书》卷五十八《艺文志》录记《山阳先贤传》。书已不传，内容大约是记仲氏乡里的人物。

三、性格与理想

1. 性格

（一）恬淡：从仲长统的本传与著作中看他的性格；可知他的心性是很恬淡高旷，不以富贵利禄为念，而能淡于世俗声名的。试看他在《乐志论》中所述：

……濯清水，追凉风，钓游鲤，弋高鸿，风于舞雩之下，咏归高堂之上，……与达者数子，论道讲书，俯仰二仪，错综人物，……逍遥一世之上，睥睨天地之间，……如是则可以陵霄汉，出宇宙之外矣，岂羡夫入帝王之门哉！

由上面这段自述，可见仲长统恬淡的态度。基于此：我们可有两点估计；第一：他在《乐志论》中所表现的恬淡，与在《昌言》中所发表的一些积极的主张，一是隐逸一是服务，两者不同，很是矛盾。可以假定，他的素志，原来绝非是恬淡退隐的，与一般读书人相同，他一定也是充怀着热烈的壮志，想要贡献自己，服务社会，做一番事业的。但其后由于环境所格，有志难伸，迫不得已，也就只好走一般人的老路子，接近老庄，勉强自己热烈宏远的襟怀转变为恬淡超旷；而在《昌言》之中，发表他的理想，是一种立言的贡献，同时当然也是仲氏的意志与生命力在转变为沈冥之后的一种表现。

第二：我们对仲氏不得志的看法，也该还有另一角度。正因为他得不到施展抱负的机会，所以他才能不同于凡俗，对现实社会能有更客观的分析与认识。仲氏之未能有赫赫事功，固然是值得遗憾；但正因如此，促成了他的杰作《昌言》问世，价值流传，值得庆幸。历史上的例子很多，如屈原放逐，乃赋《离骚》；左丘失明，厥有《国语》；而太史公身受腐刑，完成了《史记》之作，不都是同样的道理吗？

（二）超俗：仲长统的性格行事，除了上述的恬淡之外，更能自由超俗。其人心地公平，正直坦率，不为一切外物所移转，居心广大平正，无所偏蔽。厌恶一些不合理的世俗，如“选士而论族姓阀阅”，如“交游趋富贵之门”，而且认为“不敢正是非于富贵为可贱”，“向盛背衰者可贱”。从现存的断简残篇里，我们只看到这一些，但已足可证明他不同于凡俗的性行。选士不论才智，而以家世及人事关系为准，这是世俗的陋习，仲长统提出的呼吁，该也正是他自己悲愤的倾诉吧！此外世俗的趋炎附势，大家都只做锦上添花的事，崇敬富贵而不敢批评其劣行；雪中送炭，见义勇为的事少人去做。错误的世俗观念，使社会中的人情味越来越薄，公理正义不得伸张，罪恶的行为凭借财富权势反能大行其道。如此的不合理，是仲氏所不能接受也决不愿苟同的。他所持的反对是正确的，勇气更值得我们钦佩。同时，其人的正直坦率，也可从他的传中所述：“每论说古今，及时俗行事，恒发愤叹息，发为狂言。”那种激烈的态度中去得到证实。那么，一个不同于世俗的人，一个激烈说话不委婉的人，其之所以不容于世俗，得不到表现的机会，那也是必然的道理了。

2. 理想

仲长统的理想，可分两方面来说：

一是他服务人生观的意识，遭受压制，未能有所表现，只能在《昌言》里留下他所拟的理想，留供后世的有志者参考采择。

另一方面，是他在生命力受到抑制而转向改变，自行构筑的一个新天地。在他另一篇残留的作品《乐志论》中，可见大概：

使居有良田广宅，背山临流，沟池环匝，竹木周布，场圃筑前，果园树后，舟车足以代步涉之难，使令足以息四体之役，养亲有兼味之膳，妻孥无苦身之劳，良朋萃止，则陈酒肴以娱之，嘉时吉日，则烹羊豚以奉之，踌躇畦苑，游戏平林，濯清水，追凉风，钓游鲤，弋高鸿，风于舞雩之下，咏归高堂之上，安神闺房，思老氏之玄虚，呼吸精和，求至人之仿佛，与达者论道讲书；俯仰二仪，错综人物，弹南风之雅操，发清商之妙曲，逍遥一世之上，睥睨天地之间，不受当时之责，永保性命之期，如此则可以陵霄汉，出宇宙之外矣，岂羡夫入帝王之门哉。

《乐志论》中所述：仿佛是一幅自然的图画，是一种逍遥自适的田园生活，衣食无忧，论道讲书，平安快乐，这种凌迈霄汉，出宇宙之外的恬然淡泊的生活，自是不同于一般人的汲汲营营。可以想到，这正是他在赍志不得伸展之余，迫而改变，弃却事功之志，销镕热烈怀抱，去田园山水之中，另觅依托的一种表现。

乱世，本是英雄骋驰智能的最佳时机，时局的急遽改变，一夕之间，可使王侯降为平民，也可使布衣骤列高位，时势创造英雄，英雄创造时势，古往今来，历史常是如此。但，得志的成功者究居少数中的少数，绝大多数的志士们得不到机会，譬如良驹之不能“假通衢而骋力”就只得沉默于槽枥，人才之得不到机会，也就只能老死牖下，默默无闻。当然，那种旺盛强健的生命力，是不容易安分的，志士们无可奈何之余，就只好另觅依托：或是艺术，或是宗教，或是自然……就中国历史上看，由于老庄思想的影响，志士们另觅依归的方向，多数是接近自然，徜徉于田园山水之间，选择一种逍遥自适的生活来自得其乐，终其一生。

就如陶潜，即是一例。在晋末，他既无力纠改乱世，又不肯同流合污，只好洁身自爱，另创自适天地。在当前环境与意志欲望的冲突之下，挣扎着使自己宏远的襟抱与壮健的生命力转入沈冥玄默，在自然中构筑起理想之境，以寄托其无依之心所具的残梦与哀愁；飞扬的意气，成功的转向，成为构成创作动力的潜流。他的诗文，表露了这些，而他凭借智慧以消融人生痛苦方式的成功，最为平和，最为理想，传留后世，常为志士们所敬慕效法。

在《桃花源记》里，有渊明的理想帝乡：“……土地平旷，屋舍俨然，有良田、美池、桑竹之属，阡陌交通，鸡犬相闻。其中往来种作，男女衣着，悉如外人，黄发垂髫，并怡然自乐……”那是不可能存在于现实世界的乌托邦，找不到那样的帝乡，就只有迁就现实，把握着平凡平淡，尽量避免矫情励节，尽量求自适自由，如《归去来辞》中所述的“……世与我而相遗，复驾言兮焉求？悦亲戚之情话，乐琴书以消忧。农人告余以春及，将有事于西畴。或命巾车，或棹孤舟，既窈窕以寻壑，亦崎岖而经丘……”。正因为“富贵非吾愿，帝乡不可期”，所以他才“聊乘化以归尽，乐夫天命复奚疑”。

仲长统在《乐志论》中所述，也正如渊明在《归去来辞》中所述，同是一种适性逍遥的生活。古往今来，万千志士，当在其道不行，赍志难成之时，自然而然地，许多人的结果都是如此，把握着这一份平凡的伟大而终其一生，是一种退而求其次的理想，当然这并不是志士们原本的初衷。

四、仲长统思想内容的评介

从断简残篇里去探索仲长统思想内容的大概，仍能有一些获得。现在将它整理评介如下：

1. 有关为人

（一）重人道：对于天道的观念，我国在上古时代，本是很自然、很正常的，只是本着天时以兴作人事，决没有什么“奉天承运”一类的胡说；只是依照着天地间自然的道理去努力人事，并没有迷信的意义在内。但到后世，观念渐变，对于天道的意识，由“信任”而变为“敬畏”。认为天是有意志、有权威，主宰着人类的命运祸福的。于是便捏造出一些天命、天心、天意等等的名词，以偶发的自然现象，与原有的珍禽奇兽、祥云甘露等事物来附会，左证其神秘可信。究其因，半是由于古代科学不发达，民众不知自然现象产生之因，对之畏惧而生的误解；另一半当是专制政权的统治手段，假托“天命”，自封“天子”，搞出一套“受命于天”的谎话，利用民众迷信心理，来巩固其皇权，镇压反叛。天道之说，到秦汉之际，加上秦皇、汉武之流的帝王，以其特好神仙、欲求神仙的私欲来大力提倡，天道的诠释越来越离谱，堕入迷信之途，麻醉人心而深不可拔，渐渐产生不良影响。人们认为既然是有天在作主宰，人类不能自己掌握些什么，那就不必徒劳无功地去想什么、做什么，干脆“听天由命”好了。不仅是农业生产，个人生活的前途祈求天降福祉；甚至连政治盛衰、国家兴亡，都认为是天命天意，一切一切，影响巨大。简直弄到全靠天命而不尽人事的地步，实在是既可笑而又极危险。

战国末年的大儒荀子，算是位有眼光的学者。他在《天论》一文中大声疾呼，努力解说天是无意志、无喜恶的自然体。他的职能是以四季顺序来支持人类的工作与地利的出产。地利的出产要靠人力；而节候的顺逆也是有仗人力来适应来克服的。天地人各有职能，人决不可以放弃自己的职能而去靠天命靠地利，人类必应竭尽人事勤力来与天时地利配合。人若善尽职能，天灾不能降祸，地瘠不致贫穷。人类都应了解自身的贵重，在与天、地鼎足并立的地位中，实在是扮演着轴心，推动天时地利以促进人类社会进步的主力。

仲长统的主张与荀氏相似，他说：

所贵乎用人之道者，则指星辰以授民事，顺四时而兴功业。其人略也，吉凶之祥，又何取焉？故知天道而无人事者，是巫医卜祝之伍，下愚不齿之民也；信天道而背人略者，是昏乱迷惑之主，覆国亡家之臣也……所取于天道者，谓四时之宜也；所壹于人事者，谓治乱之实也。

由上所述，可知仲长统对天道的意见是：天之为大，决无神奇权威可言。人们对于天，应该了解的是节候时令，顺应节候时令而努力人事。吉凶与天道无关，而造成吉凶的是人事。我们善尽人职，勤力谨慎，就能趋吉避凶；若是只靠天命，放弃人事，挨饿受冻，必然有份，天也决不能保全我们。民众之中，迷信天命而不尽人事的，是巫医卜祝之类，下愚不齿之民；国君官吏，若是如此，那就是昏君乱臣。他又说：

今夫王者识忠心于自省，专思虑于治道，自省无愆，治道不谬，则彼嘉物之生，休祥之来，是我汲井而水出，爨灶而火然者耳，故欢于报应，喜于珍祥，是劣者之私情，未可谓太上之公德也。

他以为人们若能存心忠诚，做事合理，自然会有良好的结果与理想的收获，这是不足为奇的。若是对这些自然的结果还存有惊愕喜悦之心，那就足以证明求善之心还不自然，不够真诚，不能算是光明正大。我们不应为了什么目的而去故意为善，须知存心忠诚，做事合理，正是人的本分。人人都该如此，如此做了，有良好的结果是很自然的，不值得惊喜。也惟有能抱着“只问耕耘不问收获”态度的人，才会心安理得，甚至在努力之余收不到效果时也不会沮丧。

他又说：

人事为本，天道为末……故审我已善而不复恃乎天道，上也……不求诸己，而求诸天者，下愚之上也。

这就是他坚定的“人道”观念的结论：强调人类社会只有人事可靠，只有良好合理的人事最可靠。天道无凭，决不可依赖。人们若是能要求自己努力为善，决不依赖天道，那就是上等人物，如果自己不能检讨向善，只是仰望上天的赐福，那就是下愚之类的笨伯。

时至今日，科学的进步早已使人类认识了解了“天”，不仅能利用，更进一步能控制改变它来为人类造福。天道迷信可笑落伍的观念早已成为历史陈迹，早年仲长统意见的正确性已在今日人类社会中得到了证实，他的睿智与远见，是值得我们钦敬的。

（二）行中道：正如在《论语·雍也》中孔子对中道的赞叹："中庸之为德也，其至矣乎！民鲜久矣！""中道"精神，正是我中华立国的基本，民族的特性，最需阐扬实行者。仲长统认为为人修养，最须崇尚中道，排除高远玄虚之论，奇异非常之行，他说：

有天下者，莫不君之以王，而治之以道，道有大中，所以多贵也；又何慕于空言高论，难行之术哉！

他并且主张居处服御，一概要适中合用，不可过于侈靡，也不可过于简陋。以致一般士民的行为，均不可有矫激过当，不近人情之处，他说：

至若门庭足以容朝贺之会同，公堂足以容千人之坐席，台榭足以览都民之有无，防闼足以殊五等之尊卑，宇殿高显，敞而不加以雕采之巧，错涂之饰，是自其中也……在位之人，有乘柴马敝车者矣，有食菽藿者矣，有亲饮食之蒸烹者矣，有过客不敢沽酒市脯者矣，有辞爵赏者矣；莫不称述以为清邵，非不清邵，而不可以言中也，好节之士，有遇君子而不食其食者矣，有妻子冻馁，而不纳善人之施者矣，有茅茨高屏，而上漏下湿者矣，有穷居僻处，求而不可得见者矣；莫不叹美以为高处，此非不高处，而不可以言中也。

由上可知，仲长统是决不赞成舍正路而弗由，标新立异的。中庸即是正道，也就是人人都应遵行的法则。仲氏更强调领导者的条件，自身必须先能遵守中道，不踰越法度，不破坏法度，然后才能以身作则，影响规范一般民众，使之恪守中道。矫激之行之所以产生，其因有二：一是领导人物不能遵守中道，行为矫激，上行下效，一般民众自然仿效；另一原因，是由于领导人物的矫激，违反法度，违反道理，使一些有识度、有气节的人不满意，看不惯，不免会以矫激的言论与行为来表示反抗。所以说：在中国习惯上行下效的社会里，领导人物的言行最为重要，只要他们能遵守中道，影响所及，风气自然可以趋于正常。良好的治绩也自然就会出现，那便是理想的政治了。所以仲长统又说：

如使王度昭明……服章不中法，则诘之以典刑，财货不及礼，则问之以志故，向所称以清节者，将欲何矫哉？向所叹之高洁者，将以何厉哉？

故人主能使违时诡俗之行，无所复剀摩；困苦难为之约，无所复激切，步骤乎平夷之涂，偃息乎大中之居，人享其宜，物安其所，然后足以称圣贤之王公，中和之君子矣。

（三）主平实：仲长统主张平实，当是他行中道主张的延续。能行中道的人，行为自然平实。中道是平实的依据；平实是中道的履践。在仲长统的断简残篇中，我们可以看到他力主为人平实的主张。如：

慕名而不知实为可贱。
行潜德而不有，立潜功而不名。
知言而不能行为之疾！

汉代取士的方法是由地方察举，公府征辟。因此当时对人物的品鉴是很重要的问题，有名的不难青云直上，默默无闻的遭到委弃。朝廷以名为治，士风以名行相高。而士子的声名，出于乡里的舆论。臧否人物，批评品格，成为社会中不成文的法度；这种风气的影响，有好处也有坏处；理想的一面是由此而士人能重操守，洁身自爱，名教可以发挥鼓舞风气，奖励名节的效果；不理想的是清议势盛，因此士人特重交游，声气相通，附和集党，东汉党锢之祸因此而起。同时清流结党，日久产生流弊，辗转提携，相互揄扬的结果，有真实内涵的不一定为人所知；而诈伪用术的伪君子反倒声名鹊起。如后汉晋文经、黄子艾两人，自恃才智，炫耀上京，赢得声名之后，故意不应征辟，自抬身价；甚至士大夫踵门问候，都不得见。晋、黄两人随意臧否人物，操持一时品题权威，予取予夺，紊乱视听。一直到后来，由于符融、李膺的察觉，提出非议，两人之名才渐衰，惭叹逃遁。这两个伪君子坐致高名，只是当代一例，可以暴露出东汉社会士林人物名实不副的大弊。

到了汉末，名器尤滥，《抱朴子·名实》说："汉末之士，灵献之时，品藻乖滥，英逸穷滞，饕餮得志，名不准实，贾不本物，以其通者为贤，塞者为愚。"天下人士，痛名实之不讲，名家之说，大为流行。难怪仲长统目击时艰，要大声疾呼，力斥慕名而不知实为可贱了。

他是一位讲求真实，不慕声华的人，认为只慕虚名不求实际，结果名不副实，是可贱的。同时他也认为，立德、立功，是人的本分，只该实实在在地去做，有功德之实，而不必有功德之名，当然更不可有不副实际的虚名。此外他又认为平实的要义在实践，即知即行是行为的准则，能知而不能行是可耻的。

仲长统主平实之说，可说是一种最平实、最切要的主张，浮而不实，知而不行，说了不做，正是我中华国人迄今引为深戒的缺失所在，阳明先生曾大声疾呼倡导改革，想不到远在东汉，仲长统就早已有了这一份先见之明。

（四）尚德行：在前已提到仲长统"人道"观念，要求为人必要存心忠诚，做事合理。关于为人的准则，他所提出的重点是“重仁德”。认为人类必须致力于仁德的修养，并须在日常生活中力行之。尤其是服务大众的士人、领导者，要做到亲亲仁民、天下太和，其效用之所由来一定是根据仁德之施，刑罚不过是一种偶然一用的辅助力量，决不可常恃以为主体。他说：

德教者，仁君之常任也，而刑法为之佐助焉；古之圣帝所以能亲百姓、训五品、和万邦、蕃黎民、召天下之嘉应、降鬼神之吉灵者，实德是为，而非刑之攸致也。

又说：

教兴而罚罕用者，仁义相厉，廉耻成也。

“尚仁德”本是儒家学术的中心思想，也是为人修养的极致。诚于中而形于外，自己先建立“忠”的“尽己”的修养，以此仁德修养去做人做事，进一步推己及人，影响他人也能臻于理想符合标准，以完成“恕”道。仲长统阐扬此一至理，更强调“诚”的重要，待人做事，主张决不用任何的权谋诈术，他说：

忠仁为上，勤以守之，其成虽迟，君子之德也；谲诈以御其下，欺其民而取其心，虽有成立之功，至德之所不贵也。

可见他是坚持着，重视“诚”“仁”至德的标准，不容有丝毫权诈加入使之不纯。权谋诈术用在待人、办事，有时虽有速效，毕竟总会被人察觉而生反感，德行的白璧蒙玷，价值标准的不够完整是十分可惜的，所以决不可行。必须要坚守“正其谊不谋其利，明其道不计其功”的原则，本着诚心与仁德去做，不求速效，才是正道。

（五）重平等：仲长统虽是旧时代的人物，但他的思想开明，具有平等博爱的观念。他曾说：

> 同于我者，何必可爱；异于我者，何必可憎！

这是何等高尚的襟抱，难能可贵的是，他虽处在专制时代，而绝无封建、阶级、士族、学历等等的狭小、鄙陋的观念。他的为人，居心广大平正，无所偏蔽，决不党同伐异，决不崇己抑人，也绝不会因为自己是士族一分子而以学问职官为荣；对于人，只问善恶邪正；对于事，只问是非得失；至于世俗的富贵声势，在他的心目中，实在并没有什么价值。

2. 有关为政

仲长统是一位有志匡世的学者，对于为政，当然有他一套主张。我们或许可以大胆地说：好一些政治家，在尚未获得一展抱负之时，原是有一番计划主张的。但在获得机会之后，或因囿于环境，不易实现，理想打了折扣；或由于过分主观，理想之实行发生差错。总之都已不如先前的客观单纯，值得珍贵之处渐渐变质，而流于平凡琐碎。但仲长统不然，他有高远的匡济之志，却始终未能得一展骥足的机会，长期的压抑，使他的观察更细密深入，意见更客观具体，传留至今，极具价值。从残余的篇章中探究，有关仲长统政治哲学的部分是很丰富的，显示其人的志趣原本正是从政服务，而决非高蹈养性的隐者。

现在将整理所得，有关仲长统的政治哲学思想内容介绍如下：

（一）当政者的标准：仲长统认为国家的治乱安危，政令之是否能行，其关键完全在政治当局者本身的存心如何？操守如何？行为如何？他说：

我有公心焉，则士民不敢念其私交；我有平心焉，则士民不敢行其险矣；我有俭心焉，则士民不敢放其奢矣，此躬行之所征者也。

当政者果能以身作则，公平正直，实实在在地做事，行模范，其余一切的人，自然能有所仿效，有所遵循。这也正是孔子告诉季康子“子帅以正，孰敢不正”的道理。仲长统又说：

今有严禁于下，而上不去，非教法之法也。……表正则影直，范端则器良，行之于上，禁之于下，非元首之教也。

我中国社会，一直都是受着“上行下效”的影响。正如《论语·颜渊》中所述“君子之德风，小人之德草，草上之风必偃”的道理；想要一般民众不去做的事，先得在上的领导者自己不去做。如果当政的人不能有自制的力量，随心所欲做一些事，又还禁止民众不许他们做，那就是绝对行不通，也是极不合理的。所以，真正良好的政治，是在当政者自己能够以身作则，如果办不到，那就是不符标准，企图能有清明的治绩，一定是有如缘木求鱼般地不可能了，所以他说：

教有道，禁不义，而身以先之，合德者也。

他以为当政者如果不能为民模范，纵有良好的法令、制度，也是无用，国家仍然是难望求治的。他说：

君子用法制而至于化；小人用法制而至于乱，均是一法制也。或以之化，或以之乱，行之不同也，苟使豺狼牧羊豚，盗跖主征税，国家昏乱，吏人放肆，则恶复论损益之间哉！

这话证明了“法”的施行，成功与否，主要在人。纵有良好制度，没有符合标准的人去行使运用，仍然是不行的。得其人，则可以守法奉公；非其人，则可以凭法作弊，甚至于毁法为乱。我们若就历代治乱之迹试加回顾，关键所在十分明晰，能不凛然。

仲长统特别责成当政者的条件，认为即使国家太平，当政者也决不可掉以轻心，松懈了他的自律与努力，仍是应当一丝不苟，范限私欲，决不犯骄奢淫佚，若其不然，不但影响社会风气难保正常，甚至国家，也将岌岌可危，他说：

彼后嗣之愚主，见天下莫敢与之违，自谓天地之不可亡也，乃奔其私嗜，骋其邪欲，君臣宣淫，上下同恶，目极角抵之观，耳穷郑魏之声，入则耽于妇人而不反，出则驰于田猎而不还，荒废庶政，怠亡人物，澶漫弥流，无所底极，信任亲爱者，尽佞谄容说之人也，宠贵隆丰者，尽后妃姬妾之家也，使饿狼守庖厨，饥虎牧牢豚，遂至熬天下之脂膏，斲生人之骨髓，怨毒无聊，祸乱并起，中国扰攘，四夷侵叛，土崩瓦解，一朝而去，昔之为我哺乳之子孙者，今尽是我饮血之寇雠也。

当政者之兢兢业业不能持久，清平安定的政治刚露出苗头，当政者就已迫不及待想要享受。总认为自己劳苦功高，稍微地随心所欲，让子民们奉献一些是应当的，不算过分的。殊不知这正是前功尽弃的原因。明末黄宗羲在《原君》一文中所述：“……有仁者出，不以一己之利为利，而使天下受其利；不以一己之害为害，而使天下释其害。此其人之勤劳，必千万于天下之人，夫以千万倍之勤劳，而己又不享其利，必非天下之人情所欲居也。故古之君去之而不欲入者；许由、务光是也。入而又去之者：尧、舜是也。初不欲入而不得去者：禹是也。岂古之人有所异哉，好逸恶劳，亦犹夫人之情也。”这一段精辟之论，说明了当政者本是一种极大的牺牲，谁也不愿意干，实在没法背上了责任，找着合适的替身就想让，这便是禅让政治的基本精神。因为当政服务只是牺牲受苦，尽管能为国民造福，对自己却没有好处，所以尝到滋味的都不愿恋栈。可是中国的政治，演变到后来，这种良好的服务精神渐已变质而不存，如《原君》所述：“……后之为人君者不然，以为天下利害之权皆出于我，我以天下之利尽归于己，以天下之害尽归于人，亦无不可。使天下之人不敢自私，不敢自利；以我之大私，为天下之公，始而惭焉，久而安焉，视天下为莫大之产业，传之子孙，受享无穷……”遂至于：“……是以其未得之也，屠毒天下之肝胆，离散天下之子女，以博我一人之产业，曾不惨然，曰：‘我固为子孙创业也！’其既得之也，敲剥天下之骨髓，离散天下之子女，以奉我一人之淫乐，视为当然，曰：‘此我产业之花息也。’”如此的君主，如此的当政者，难怪天下之人怨恶，视之如寇雠，名之为独夫，与上古时代的当政者，被民众比之如父，拟之如天，相差何啻天壤！追究原因，如黄宗羲所述，其差别在：“……古者以天下为主，君为客，凡君之所毕世而经营者，为天下也；今也以君为主，天下为客，乃天下之无地而保安宁者，为君也。”换句话说，也就是当政者的标准不同；上古时代的当政者能牺牲服务，自律自重；而后世的君主却不能，甚至连牺牲服务的观念都没有，反以为牺牲他人，增益自身享受是帝王的特权，两者相较，何等可怕。

仲长统目击时艰，痛心阙漏，举出当政者的标准，勉励有志服务者自律自重，希望能恢复到上古时代当政者理想的标准，进而造成理想的政治，他的见解是极正确的。另外，我们同时也可以想到，他的这一套主张，与那时当政者自私的习惯、心理相违，他之所以遭到排斥的命运，也是必然的。

（二）为政择人：仲长统的政治哲学，除要求当政者应符合标准外；有关用人方面，他是非常注重而认真的。他认为；纵使当政者一人符合标准，若没有股肱干部的协助，良好的政治也决不能成。因此，优良的干部是善政施行的先决条件。仲长统认为，政治人才与一般人才不同，为政择人，为的是要做基于爱民的改革，所选的干部在学养上如果不懂治理，在心理上对民众的疾苦艰难如不能具有同情，即使具有干练之才，也决不可用。他说：

> 使通治乱之大体者，总纲纪而为辅佐，知稼穑之艰难者，亲民事而布惠利。
>
> 下无侵民之吏，京师无邪佞之臣。

所述虽简，已可看出他对为政择人主张之慎重。由于用人不免偏私，偏私则弊端遂生。仲长统特别提出，用人必须要求贤能，决不可徇私。并且要有尊重贤能的精神，对于贤能的人，当政者应时时访询、亲近，不可只注意到新进人才，而把平时所熟悉亲近共事借重的人才忽略冷淡了。他说：

> 王者官人无私，惟贤是亲，勤恤政事，屡省功臣。

关于用人，除了任用贤能之外，仲长统还有另一重点：主张必须要建立一套法则，进退升降，均有可循，未用的人，不能夤缘幸进，既用的人，也不可无故斥退，赏功罚罪，必须公正严明，他说：

公卿大夫，莫不先历三七之官，虽有贤才，阶级次进，官之有级，犹阶之有等也，升降越等，其步也乱，登朝越等，败礼伤法，是以古人之初仕也，虽有贤才，皆以级赐进焉，贾生有言，治国取人，务在求能，故裁国之无利器，犹镂以错刀，而望其切，不亦疏乎？

他又主张当政者应该不惮烦劳，去亲近臣民。决不可堂帘高拱，深居简出地摆架子，应该主动地去与一切僚属人员接近周旋，咨访谈话。这样的做法当可收到两项效果：其一是因切实考察可知真正可用的优良人才与不可用的奸滑愚顽之流，以为奖惩黜陟的根据；第二是广泛的接触必能增进自身的学识、经验与品德。这是一举而数得，极有意义的做法，是每一位当政者都该放弃崖岸自高而努力实行的，若其不然，时间一久，为政恐怕就会流于荒淫放恣，流于昏暗腐化了。试看他说：

论道必求高明之士，干事必使良能之人，非独三太三少，可与言也，凡在列位者，皆宜及焉。故士不与之言，何以知其术之浅深？不试之事，何以知其能之高下？与群臣言议，又非但用观彼之志行，察彼之才能也，乃所以自弘天德，益圣性也。

试从历史上去看主管的用人，一般的弊端为：有的是专信故旧而不用新进，只要是平时认识熟悉，有亲故关系的人，不问其人的品性如何？学识如何？能力如何？一定录用；而对平时不相熟悉，毫无关系的人，纵然品性、学识、能力都属一流，也决不肯用。另有一种是只信有影响力量、有地位的介绍推荐者，不问被介绍推荐的人品性、学问、能力如何，只要是对自己地位有影响力的人士所介绍推荐的，无论如何，是不得不用，不敢不用，不肯不用的。还有一种是只信任高级职位人员，注重接近的也是这些高级僚属。对于所谓的“末秩下僚”总觉得是“卑无高论”、“不足观也”。遇到这样的上级，就算是一流人才，也将会永远“屈沉下僚”不获知遇，不被重用。人才的沉沦埋没，不仅是他个人因生命力不得发挥而极为可悲，蒙受更大损失的是国家社会。陋弊不除，用人的方法不当，严重地影响到一切。所以仲长统对此特别注意，很郑重地表示他的意见：主张要“询事考言”“听其言、观其行”，以实事求是的切实办法来考核人才。必须要留心考察人才，虚心下问，宏奖引用，知其所学所能，给予机会，使能尽其所学所能，这才是为政择人施行的要领。此外，由以上仲长统的言论来看，对于用人，纯粹是人才主义，公开办法，决不受地位阶级家世关系学历经历等等的限制，只以“求高明之士良能之人”为目的，不管他职位大小高低。地位高的不会都是圣贤，而地位低的也绝不会尽是下愚。只有公平选拔，才能杜绝幸进、谗谤，才能分别贤愚，消除怨望，进一步要求人尽其才，向清明的政治，天下为公的境界进行。

介绍到此，笔者愿略抒己见，用以说明对仲氏主张所兴共鸣之既深且烈。我认为在人性本能之中，原就有一种想要“表现自我”的欲望，当然这欲望有强有弱，有大有小，无论其大小强弱如何，都是弥足珍贵，因为这就是“生命力”的主体。生命力强大者，表现发挥，可为万千人服务造福；生命力弱小者，表现出来，也可为二三人，甚至只为自身一人服务；完全没有事业心与服务热忱的，人群之中，可说是绝少。理想的社会中，如果人人都能尽此生命力量，发挥服务，表现事功，则在“人尽其才”之后，非但社会国家飞速进步；而个人在畅行其志之余，能获得一种快感与满足，那就是人生中最为珍贵难得的“生之喜悦”了。

可惜的是，能亲历体会“生之喜悦”的人毕竟太少，什么原因？那就是生命力与表现欲，在现实社会中，常受到无情的压制、打击。不但不能畅行其志，甚至连试一试才智能力的机会都没有。长久的压抑之后，有的人惊觉此路不通，强迫自己的生命力表现欲转向。去艺术领域中表现自我；或去宗教天地中求取荫庇。但这些都还是少数，绝大多数的，在长久压抑之下，渐渐由失望而麻木，生命力潜藏了，表现欲也销磨了，成为人类世界中占绝大多数庸碌平凡者的一员。

这些，在过往历史中的例子不胜枚举：如王维，本是才气纵横，热切渴求功名的。安史乱后，受到打击，隐居辋川，勉强自己热烈宏远的襟抱转向、升华，去画笔、诗情、禅境里去表现自我，肯定自己的价值，然后仰赖着这份寄托而继续活着。再如渊明：他何尝是生性恬淡，而是那时的环境不容他表现，不得不“恬淡”。他只好放弃服务，去田园生活里构筑属于自我的境界，以其智慧消融人生悲苦。我们现在颂扬他是“魏晋思想的净化者”，以为他的隐逸是高洁，而仕进却是庸俗，这都是不切实际的看法。事实上，渊明何尝不想以自己的才智作一表现，作一番匡济大业，只是他不曾得到机会，没奈何只好“守拙归田园”了，试看他在《归去来辞》中所述的：“世与我而相遗”明白地表示没有机会，不能委屈自己同流合污的愤慨，在“倚南窗以寄傲”“登东皋以舒啸”句中，试一追究，他为何要倚窗远眺，登高长啸？这正是他内心苦闷的抒发，也正是在他勉强自身热切宏远怀抱，转变而为恬然冥静过程中，残余的愤嗟仍在不安地跳跃。

元末明初，两大杰作《三国演义》与《西游记》的作者——罗贯中与吴承恩，根据考证，罗贯中是一位“有志图王者”，而吴承恩的诗里表示自己是“平生不肯受人怜”的志士。他俩都有强烈的生命力与创造欲，想要作一番轰烈的事业。可惜的是，两人的机会比不上小和尚出身的朱元璋，甚至连盐贩子张士诚和读书人陈友谅也不如，得不到表现的机会，那一股壮盛浩大的生命洪流，必得另找一处宣泄的决口。两人转向，在“稗史”里找到了表现自我的机会。罗本《三国演义》，写活了诸葛亮、刘备、关羽；吴本《西游记》，写活了孙行者。二本杰作里的主角人物，也就正是两位作者的化身，他俩以全部生命血泪感情，付出灌溉，终使这些书中人物不朽，也就是两位作者生命力发挥表现的成功。他们的理想在书中实现，愤嗟在书中畅吐，感情能得到宣泄。纵然心力交瘁，但毕竟可信的是获得了“生之喜悦”。较之一般普通的庸碌者，他们的一生，可以无憾。

我们若再深入分析：人才之得不到表现机会，是应该怪他们自己不善表现。虽然有此可能，但绝不是主要的原因。造成这种结果的主因还是因为人才得不到赏识与拔擢。当政者与主管们的用人，用的都是“有关系的”“旧的”“有来头的”“高级的”“学经历辉煌的”；甚至还有“贵远贱近”，以为只有远来的和尚才会念经的；有“贵耳贱目”，只信吹嘘听闻而反忽略亲眼所见的；有“老板”观念，喜欢用只会听话，连守户之犬都不如的乡愿人物的。而其他的人，连一试的机会都没有，才智的表现又如何能行？仲长统的议论说明了为政择人之不当，千万才智压抑的悲酸。除了他主张用人不应该破格拔擢，不应躐等一节稍嫌拘泥之外，他的意见，征之于后世，也还是社会阙漏所在，极能引发共鸣的。

此外，我们还可以想见，他所述的一切，很可能正是他自己的遭遇与本身不得不吐的愤嗟。

（三）论变法：一种制度，常得受时间、空间的限制。在某一地区，某一段时间内是比较完善可行的，时间一久，即使地区不变，但客观的一切情势都已改变，制度如不能因应改进，很快就会发生弊害。“革命”一词的意义在“除旧布新”。除去在旧的传统中一切不合理、不合时代的，保留合理的菁华，更加上新的菁华，重新镕铸，这便是新的文化。也就是革命的意义。所以，我们可以说，因为时代永远是在不停地进步中，时时刻刻处处，我们都会发现旧有的已不合时代、已不合理；而新的、合理的已经出现，其价值亟待承认，其施行亟待推广。理智告诉我们：不容眷恋什么，必应立即去从事“除旧布新”的工作，谋求进步，谋求福祉，而免落伍，而免痛苦。正因为时代永远在进步，所以这“除旧布新”的工作也就永无休止，时时刻刻处处，都在持续进行。这也就是悬在孙中山先生遗像旁的联语所述“革命尚未成功，同志仍须努力”的深切意义。

基于此，我们既知，制度之要求变革改进，重要性既是如此，但在变法的施行中，又该考虑些什么呢？

固守成法不事改革，渐会落伍腐化，贻误国家；但若好事纷更，轻举妄动，同样的也极易使政治紊乱，病国害民。仲长统有鉴于此，对于变法，他所持的意见是很审慎的。他以为在政治上，轻举妄动的维新与因循畏葸的守旧都是极端，都是不合中道的，不对的。他认为政治是以利国福民为目的，变革必须因时制宜。如果在一时期，感到率由旧章不如稍加损益，那就何妨从事改革；如果法度并非不善，其弊端之生只是在人谋之不臧，只要能得其人，法度即成有利无弊的良法，我们就只须革新人事，不可因有少数人意见不合，或是因法制与某些私人利害发生冲突，而径行鼓动改变，那是极危险极错误的。法制的行使不善，先该检讨人事施为；若只是人为的因素，只须加强人事改革，不必在制度上去求变革；若是人事健全，弊漏之发生确因制度之不善，检讨确实，才可以来从事变法。他说：

作有利于时，制有便于物者，可为也。事有乖于数，法有翫于时者，可改也；故行于古有其迹，用于今无其功者，不可不变，变而不如前，易而多所败者，亦不可……

变法大事，有关国计民生，不可不慎。仲长统认为变法与否的关键，是要看政令法度之施行如何？有利于时，有便于物，有其功者当存；有乖于数，有玩于时，无其功者应改。决不作胶柱鼓瑟的率由旧章；也不做卤莽灭裂的好事纷更。以政治上真正的得失利病，国家民众真正的安危苦乐为前提，这一点，是非常正确的。

（四）节制资本与平均地权：政治的首要在民生，民众的衣食能足，然后才能施以要求，教育与法治之效始能发挥。否则，对着一群饥冻困苦的民众，要想要求如何如何，那完全是不切实际的梦呓。仲长统对于田产之不均、贫富之相悬、富者垄断骄奢、贫无立锥者饥寒困苦的社会实况，是非常同情而亟思改革的。他以为想要使国家进入升平之域，人人各得其所，必须调剂社会经济，平均地权，节制资本，才能消除贫富之悬殊，进而巩固民生丰足的理想基础。他说：

井田之变，豪人货殖，馆舍布于州郡，田亩连于方国，身无半通青纶之命，而窃三辰龙章之服，不为编一伍之长，而有千室名邑之役，荣乐过于封君，势力侔于守令，财赂自营，犯法不坐，刺客死士，为之投命，致使弱力少智之子，被穿帷败，寄死不殓，冤枉穷困，不敢自理，虽亦由纲禁疏阔，盖分田无限，使之然也。今欲张太平之纪纲，立至化之基趾，齐民财之丰寡，正风俗之奢俭，非井田实莫由也，此变有所败而宜复者也。

又说：

豪人之室，连栋数百，膏田满野，奴婢千群，徒附万计，船车贾贩，周于四方，废居积贮，满于都城，琦赂宝货，巨室不能容，马牛羊豕，山谷不能受，妖产美妾，填乎绮室，倡讴妓乐，列乎深堂，宾客待见而不敢去，车骑交错而不敢进，三牲之肉，臭而不可食，清醇之酎，败而不可饮，睇盼则人从其目之所视，喜怒则人随其心之所虑，此皆君侯之广乐，君长之厚实也，苟能运智诈者，则得之焉。苟能得之者，人不以为罪焉。源发而横流，路开而四通矣。求士之舍荣乐而居穷苦，弃放逸而赴束缚，夫谁肯为之者邪？夫乱世长而化世短，则小人贵宠，君子困贱。当君子困贱之时，局高天，蹐厚地，犹恐有镇压之祸也；逮至清世，则复入于矫枉过正之检，老者耄矣，不能及宽饶之裕，少者方壮，将复困于衰乱之时。是使奸人擅无穷之福利，而善士挂不赦之罪辜，苟目能辨色，耳能辨声，口能辨味，体能辨寒温者，将皆以修洁为讳恶，设智巧以避之焉，况肯有安而乐之者邪？斯下世人主一切之愆也。

从上两段话看来，所述的是雄于赀财者的那种凶横放恣的气焰，骄奢淫佚的行为，以及穷苦困乏者的颠连无告，受着剥削与无情压迫，求生不得悲苦挣扎的实况，对比如此强烈，真可说是“痛快淋漓慨乎言之”应有尽有的和盘托出。十几行字的内容，实在已可抵得上一部社会经济史，可以作为民生主义的缩影了。这种言论，就政治而言，实已是颠扑不破的至理。

由上可知：在一位真正符合标准的政治家心目中，并不一定要专在空的法令上去讲究，必须要自巩固根本着手。国家政治的根本是什么？就是如何设法去支配社会经济，稳固国民恒产，使人人都能各安其业，各遂其生。如果舍此基本弗顾，只是去苛求制度，讲究法令，那便是舍本逐末的愚行，不但不会致国家于太平，即便能苟安一时，也不过是凭借着呆板的法制禁令强制执行，不能使人心悦诚服，不定何时，终会有土崩瓦解的一天。

仲长统又认为：资产不能平衡，贫富阶级悬殊，纵有良善优秀的贤士，如不雄于赀财，在现实的社会之中，也必然得不到一般人的敬重。重富轻贫的现实观念发展下去，社会将日益形成病态与畸形；社会国家的重心逐渐转移，不在真有才智的人才，而在饶于赀财的富豪。豪富之家，除了多有金钱以外，更能再加上权势。正因为他们浅陋的本质不会改变，赀财权势落在这些人的手中，他们绝不会利用来做富国利民的事，反将更形放恣，利用着来做损人利己、祸国害民的勾当。如此，不仅民众饱受荼毒，更严重的是豪家的贪鄙骄横，奢靡荒淫，对社会风气，必将产生莫大的恶劣影响。不合理的不能改革，任其蔓延，长久下去，邪正黑白不分，正义公理不存，风气一旦形成，积非成是，纵有善良有志之士，也将徒呼负负，无法纠改。其后果之严重可知。所以仲长统又说：

汉兴以来，相与同为编户齐民，而以财力相君长者，世无数焉。而清洁之士，徒自苦于茨棘之间，无所益损于风俗也。

因此，在他的主张之中，强调垄断不均之弊必须革除，即使是开垦荒地，也绝不能任一般人随意占据，务必要杜绝此一阙漏。他说：

今者，土广民稀，中地未垦，虽然犹当限以大家，勿会过制，其地有草者，尽曰官田，力堪农事，乃听受之，若听其自取，后必为奸也。

民生问题的重要性尽人皆知，历代多有具备真知灼见之士，提出具体的改进方案。众多才智之中，仲长统特别可贵的是，他的意见与我孙先生的主张相符。如今三民主义已为我国策之基本，仲氏理想已可欣见实行于国内。年代邈遥，清音独远，抚今追昔，仲氏的价值具在不泯。

（五）地方政治：旧时代的政治，中央与地方的权限，很难做到理想合理。如果行的是中央集权制，则地方上力量不够，甚至缺乏武力，失去了屏障中央的作用，外患一旦发生，敌人常可长驱直入，直迫京师，危险性不谓不大；但如果以地方分权制，地方上有力量，有武力，所用的地方首长得人则罢，若是所任非人，极易造成尾大不掉、拥兵自重、割据称雄的军阀政治。两种制度，各有利弊，弊端不是外患，就是内乱。地方政治的重要如此，难处也最多。

旧时代的王侯，就是封疆大吏。仲长统以为，除了中央政府当局以外，疆吏便是最重要的了，就算不使他们的子孙世袭，他们的威福权力已是不小，如果再加上世袭，那弊病就不可胜言了。所以，他主张疆吏决不可世袭，而且一定要服从中央，然后政令才可以通行无碍。如其不然，他们作威作福，跋扈专横，操纵把持，各自为政，政令的推行，决不能统一，则国家的扰乱不安，一定难免。因此，仲氏主张，疆吏的尊贵，万不可专之于一人之身，以致使贤能循良的人，湮没在下，永远出不了头。他说：

汉之初兴，分王子弟，委之以士民之命，假之以杀生之权，于是骄逸自恣，志意无厌，鱼肉百姓，以盈其欲，报蒸骨肉，以快其情，上有篡叛不轨之奸，下有暴乱残贼之害……时政凋敝，风俗移易，纯朴已去，智慧已来，出于礼制之防，放于嗜欲之域久矣！固不可授之以柄，假之以资者也，是故收其奕世之权，校其纵横之势，善者早登，否者早去，故下土无壅滞之士，国朝无专贵之人。

分封侯王，子孙世袭，只凭着与皇帝的特殊关系，而不问其人的才智操守如何，这种毫无道理的封建制度，本来就是不该存在的。

就是藩镇、节度、督抚、督军，结果总也是极易擅权为虐，祸国殃民。所以仲氏竭力主张，对于主持地方政治的疆吏，决不可予以奕世之可能，养成其纵横不轨之势，以至于“遥断朝政，糜烂地方”，而竟然不能控制，无可奈何。他以为疆吏如果有不忠实、不尽职的，应该立予罢免，而易之以贤明循良的人，则贤才也不至于废弃埋没于乡野，能有机会为国家宣力服务，国家也不至于养成奸雄，致有颠覆之祸。

我们除了同意仲氏以上的意见外，还可就他的意见所发生的影响作一分析：他的仕途如此乖蹇，也许正是他的言论，招致到疆吏出身的曹操不喜吧！曹操虽能用人，但不愿用一位立论反对自己的人，那该是很明显的。

（六）论刑赏：仲长统认为：国家纵然有良好的教化，也终难免会有不肖之徒，败坏政治，蔑视法纪。所以，一面有良好的教化施行在前，同时也须有严明的赏罚继之于后。如果治理得当，赏罚不谬，则政治自然清明，国家也就自然太平了。他说：

尝锡期于功劳，刑罚归于罪恶，政平民安，各得其所。则天地将自从我而正矣，休祥将自应我而集矣，恶物将自舍我而亡矣，求其不然，乃不可得也。

同时，他也认为：刑亦不可滥用，亦不可施之于不测。滥用则必将殃民，不测则民众将无所适从。所以在刑政施行之前，必须先做种种的提防与告诫。如果有人还不能遵奉法令，循规蹈矩，那就只好依法办理了。这也就是孟子所说的“杀之而不怨”的意思，试看他说：

开道涂焉，起堤防焉，舍道涂而不由，踰堤防而横行，逆我政者也，诰之而知罪，可使悔过于后矣；诰之而不知罪，明刑之所取者也。

（七）十六要政：仲长统曾提出最简单切要而为当务之急的十六项要政，那是——

明版籍以相数阅：划分疆界，以相拣择。

审什伍以相连持：健全保甲地方基本组织，以收守望相望、察除奸宄之效。

限夫田以断并兼：平均地权，节制资本。

定五刑以救死亡：明定刑规，保障善良，安定社会。

益君长以兴政理：为政择人，健全人事，发挥作用。

急农桑以丰委积：致力农桑，节约储财。

去末作以一本业：免除不急之务，专力根本。

敦教学以移情性：振兴教育，陶冶德智。

表德行以厉风俗：表扬有德，敦厚风俗。

核材艺以叙官宜：因材授官，人尽其才。

简精悍以习师田：精兵习武，以备需用。

修武器以存守战：整顿武器，充实国防。

严禁令以防僭差：严行禁令，安定社会。

信赏罚以验惩劝：赏罚明信，取信于民。

纠游戏以杜奸邪：禁止不良嬉游，杜绝奸邪发生。

察奇刻以绝烦暴：检讨祛除苛政以谋便民。

这十六项施政要务，可说是仲氏有关为政意见心得的总整理；简要不繁，当是他亲见当代政局之弊，以及鉴诸过去各项阙漏所提出政论的浓缩。历史发展到今日，我们深深感到，如果订出许许多多法规，列出许许多多的要务，繁杂冗琐，其中难免会有相互矛盾，甚至会有相互牵制而行不通的地方。更严重的影响是，法令滋多，民众动辄得咎，行将无所适从。本来可以安分守己的，也会被逼得铤而走险。所以，以简驭繁，行简明之政以便民，是当政者最需切实把握的纲维。汉高入关，尽去秦时苛令，而只与民约法三章，终能赢得人心拥戴，其理在此。仲氏不事冗琐，仅以十六项要务提供，看起来似乎是很简单，但试想如果当政者，将这十六项切实做好，那一定已是极理想的政治了，也已不必再故烦其令了。政治是众人之事，当然是千头万绪，做起来是不易为的，所以一定要把握纲维，以简驭繁，施行最重要的大项，避免芜琐繁杂。仲氏所提的十六要项，可说正是最切实，最具体，最为便民可行的纲维。

3. 有关礼教

在仲长统的思想看，有关为人与为政，认为要求符合理想；必须以礼义教化为本。至于刑罚法令，那绝不是为人为政的主体，应当只处于辅佐地位，偶尔一用，以补礼教之不及而已。可以说，礼教是一切的根本，试看他说：

> 教化以礼义为宗，礼义以典籍为本，常道行于百世，权宜用于一时……故制不足则引之无所至，礼无等，则用之不可依，法无常，则网罗当道路，教不明，则士民无所信，引之无所至，则难以致治，用之不可依，则无所取正，网罗当道路，则不可得而避，士民无所信，则其志不知所定，非治理之道也。

他又说：

情无所止，礼为之检，欲无所齐，法为之防，越礼宜贬，踰法宜刑，先王之所以纪纲人物也，若不制此二者，人情之纵横驰骋，谁能度其所极者哉？

如前文所述，在仲长统的政治理论中，他决不主张繁文缛节，只求其简要得体，易守易行。礼法既立之后，就不可轻易改变，而使一般人无所遵循。同时他又认为，往往在礼法立定之后，当政者常以为不便于己，而有踰礼越法的行为发生；或者径行改变，这都是足以扰民情，乱民志的，所以他说：

诚令方来之作，礼简而易用，仪省而易行，法明而易知，教约而易从，篇章既著，勿复刊剟，仪故既定，勿复变易，而人主临之以至公，行之以至仁，壹德于恒久，先之用己身。

良好的礼教制度之施行，能自然陶冶国民心性，培养使之向正途发展，具备优良的品德，充实的智能，健康的身心，合群的精神，进入社会服务，互助合作，为人类幸福共同努力。另一方面，在社会中，礼教常能自然地发挥其规范作用，使国民能自然地避免一切不善。礼教的施行若能成功，则能“期于无刑”，不需要刑罚的补助，这是何等的理想，这便是大同世界的至善之境了。

周公制礼作乐，孔子极力提倡礼乐。笔者认为“礼”的意义，相当于现在的“不成文法”，不曾明载于法令规章，但是经过了教化的陶冶，它已深入民众的思想，使他们能知什么是合理可行的，什么是悖理不可行的。在了解这一些群体生活中最应具备的基础观念之后，进一步能自然地恪守，表现实践在日常生活之中，尊重群体，尊重他人，讲信修睦，互助合作，人人如果都能如此，国家社会自能安定进步，人类生活自能更趋美善。

再说“乐”的意义，中正平和之音，对人类本是潜移默化之效，人是情感动物，各类情感，常有不得不发，压制绝不是办法，只能希望它“发之中节”，不可过分，影响产生不良行为。为求规范情感的发泄使之正常，不成文法的“礼”，力量或有不足，“乐”的作用，当可收效。礼乐二者，相辅相成，作用都是自然的规范。

礼乐与刑法的比较，礼乐是积极的，它的作用，可以消弭罪恶于事先；而刑罚是消极的，它的作用，只能制裁罪恶于事后。虽然刑罚在罪恶发生之前，也能具备吓阻作用，但对于人性来说，那总是勉强的，比不上礼乐，能自自然然地为人们接受。至于刑罚在罪恶发生之后所具备的制裁作用，那更是十分的消极可悲：“杀人者死”，被杀的人死了，杀人者又得受刑法制裁而死。假若我们能摒除浅陋的报复心理，再想一想：以不自然的方式来结束他人的生命，固然是一种恶劣的暴行；而暴行者本身生命的结束，岂不也正是人类社会的损失，同样地会使人觉得无奈、可惜、可悲。

现在有更好的办法，能自然地消弭罪恶，不使罪恶发生，没有损失，没有无奈、惋惜与可悲，那将是多么的理想，这就是礼乐教化的价值了。虽然时至今日，人类社会发展进步一日千里，道德江河日下，人类的心性在繁杂的社会、尖锐的斗争中日趋不安、麻木、自私，与旧道德规范的距离日远，迫得非“乱世用重典”不可，但，人类的良知仍在，我们仍有希望，希望教化的方式改进，从陶冶人类心性的根本着手。总有一天，礼乐教化的施行能名副其实，能见功效，不需刑罚，人类都能自然地、正常地生活着，那才是真正的幸福，人同此心，心同此理，我们所衷心期待着实现的目标。

参考书目

《后汉书》，《二十五史》第五册，集解五八九页起，艺文印书馆。

《三国志》，《二十五史》第七册，集解第五五四页起，艺文印书馆。

《南京遗编》，第十四册首页起，台湾商务印书馆。

图书在版编目（CIP）数据

中国历代思想家. 汉 / 中华文化总会，王寿南主编；王更生等著. —北京 : 九州出版社，2011.3
ISBN 978-7-5108-0799-2

Ⅰ. ①中… Ⅱ. ①中… ②王… ③王… Ⅲ. ①思想家—评传—中国—汉代 Ⅳ. ①B2

中国版本图书馆CIP数据核字(2010)第252299号

中国历代思想家. 汉

作　　者	中华文化总会　王寿南 主编　王更生等 著
出版发行	九州出版社
出 版 人	徐尚定
地　　址	北京市西城区阜外大街甲 35 号 (100037)
发行电话	(010)68992190/2/3/5/6
网　　址	www.jiuzhoupress.com
电子信箱	jiuzhou@jiuzhoupress.com
印　　刷	涿州市星河印刷有限公司
开　　本	880 毫米 ×1230 毫米　32 开
印　　张	17.75
字　　数	432 千字
版　　次	2011 年 4 月第 1 版
印　　次	2011 年 4 月第 1 次印刷
书　　号	ISBN 978-7-5108-0799-2
定　　价	36.00 元